Erkki Tuomioja
Da ich aber eine sehr unverwüstliche Frau bin …
Hella Wuolijoki – Stichworte für Brecht

Erkki Tuomioja

Da ich aber eine sehr unverwüstliche Frau bin …
Hella Wuolijoki
Stichworte für Brecht

Aus dem Englischen von Monika Zemke

Die Übersetzung wurde aus Mitteln des Suomen kirjallisuuden tiedotuskeskus
(FILI, Finnish Literature Information Centre) gefördert.
Der Verlag dankt dem Finnish Literature Information Centre, dem Finnland-Institut
Berlin, der Botschaft Finnlands in Berlin und Herrn Prof. Hannes Saarinen für die
großzügige und fachkundige Beratung.

Bibliografische Informationen der Deutschen Nationalbibliothek
Die Deutsche Nationalbibliothek verzeichnet diese Publikation in der Deutschen
Nationalbibliografie; detaillierte bibliografische Angaben sind im Internet über
http://dnb.ddb.de abrufbar.

Der Text folgt der neuen Rechtschreibung (Stand August 2006).
Zitate aus älteren Texten sind in der damals gültigen Rechtschreibung belassen.
Übersetzt aus dem Englischen: Dr. Monika Zemke

Copyright © 2008 by Militzke Verlag GmbH, Leipzig
Alle Rechte vorbehalten.
Published by agreement with Tammi Publishers
Titel der finnischen Originalausgabe: Häivähdys Punaista
Für die finnischen Originalausgabe Copyright © 2006 by Erkki Tuomioja
ja Kustannusosakeyhtiö Tammi, 2006

Lektorat: Sabrina Hermann, Prof. Hannes Saarinen, Julia Lössl, Julia Vaje
Umschlaggestaltung: Ralf Thielicke unter Verwendung
einer Zeichnung von dpa Picture Alliance GmbH
Satz und Layout: Ralf Thielicke
Gesetzt aus der Sabon LT
Druck und buchbinderische Verarbeitung: GEMI s.r.o., Prag

Printed in Europe
ISBN 978-3-86189-809-2

Besuchen Sie den Militzke Verlag im Internet unter:
http://www.militzke.de

Inhaltsverzeichnis

Vorwort		9
1	*Der schreckliche Winter von 1940*	15
2	*Kindheit und Schule in Estland*	23
	Nach Tartu	28
	Jaan Tônisson	30
	Langer Abschied von Estland	35
3	*Der Weg zur Finnin*	41
	Der Weg zur Sozialistin	46
	Anatoli	51
	Aus Murrik wird Wuolijoki	55
4	*Eine estnische Schriftstellerin*	63
5	*Von Moskau nach Helsinki*	69
	Selbstexil in Sibirien	71
	Aus Murrik wird Pekkala	74
6	*Eine weiße Krähe in einer Männerwelt*	77
	Arbeiten mit Amerikanern	81
	Agentin für den finnischen Senat	86
7	*Der Bürgerkrieg in Finnland und seine Folgen*	91
	Die Wuolijokis und der Bürgerkrieg	97
8	*Zwischen Ost und West*	103
	Estland wird unabhängig	105
	Salongastgeberin	107
	Harold Grenfell	110
	George Lansbury, John Reed und andere	112
	Pro-Entente oder Sozialistin?	115
	Rot, feuerrot oder hellrot?	121

9	*Eine Aufgabe in London*	*127*
	Salme Pekkala und die Geburt	
	des britischen Kommunismus	131
	Im Dunkel der Untergrundarbeit	141
10	*Rückkehr ins Geschäftsleben*	*145*
	Die karelische Verbindung	151
	Eine Frau als Holzhändlerin	154
	Öl und Filme	159
11	*Die Herrscherin von Niskavuori*	*163*
	Tervapää und Niskavuori	167
	Der Marlebäck-Salon	174
	Eine letzte Liebe?	182
12	*Britische Kommunistin*	*185*
	Aus Pekkala wird Dutt	188
	Brüssel	190
	Ein Führer aus der Ferne	196
	Zurück nach Großbritannien	200
13	*Wuolijoki in der Politik*	*205*
	War Wuolijoki eine sowjetische Agentin?	212
	Kriegswolken	217
14	*Krieg und Frieden I*	*227*
	Interimsfrieden	234
	Wuolijoki sichert den Frieden	236
15	*Brechts Besuch*	*241*
	Von Marlebäck nach Jokela	249
16	*Krieg und Frieden II*	*253*
	Die Fallschirmspringerin	256
	Wuolijoki im Gefängnis	268
	Tanner und Wuolijoki	270
17	*Wuolijoki und die zweite Republik*	*275*
	Wuolijoki als Kabinettmacherin	279
	Familie und Feinde	285

18	*Die Zeit bei Yleisradio*	*291*
	Die Kommunisten werden in die Schranken verwiesen	297
	Säuberungsaktion im Rundfunk	302
19	*Kalte Krieger*	*307*
	Dahinschwindende Familie	312
20	*Zurück zum Theater*	*317*
	Wuolijokis Werke im Film	319
	Niskavuori lebt	321

Anhang	*326*
Biografische Anmerkungen	327
Abkürzungen	338
Fußnoten	339
Quellen und Bibliografie	358
Bildnachweis	368

Vorwort

Hella Wuolijoki ist Gegenstand zahlreicher Biografien gewesen, und ihre Arbeit als Autorin ist in zahllosen Publikationen analysiert worden. Ihre Erinnerungen in fünf Bänden und ihre Theaterstücke sind in viele Sprachen übersetzt, und ihre Stücke sind in noch mehr Sprachen aufgeführt worden, einschließlich auf Englisch. Ihr international bekanntestes Stück *Herr Puntila und sein Knecht Matti* wurde mit Bertolt Brecht gemeinsam verfasst, wobei die beiden Dramatiker die Lizenzeinnahmen zu gleichen Teilen unter sich aufteilten. Dennoch wird das Stück, wenn es außerhalb der nordischen Länder aufgeführt wird, in der Regel Brecht allein zugeschrieben, höchstens mit einer Verfasserzeile, die besagt, dass es auf einer von Hella Wuolijoki erzählten Geschichte beruht. Brecht war natürlich dafür berühmt, sich der Werke anderer Autoren freizügig zur eigenen Verwendung zu bedienen, ohne sich um die Nennung der ursprünglichen Autoren zu kümmern.

Hella Wuolijoki war meine Großmutter, aber bei diesem Buch handelt es sich in keiner Weise um persönliche Memoiren. Ich war acht Jahre alt, als sie 1954 starb, und natürlich habe ich mir ein paar Erinnerungen an sie bewahrt, aber sie war nicht die Art von Großmama, die ihre Enkelkinder abgöttisch liebte. Meine ältere Schwester Tuuli, die während einer für Hella Wuolijoki kritischen Zeit auf dem Höhepunkt des Winterkrieges geboren wurde, stand ihr näher, aber Hella Wuolijokis Meinung nach wurden Kinder hervorgeholt, um Besucher zu begrüßen, und wurden ansonsten lieber den Kindermädchen überlassen. Ihre eigene Tochter Vappu, meine Mutter, erinnert sich, dass Hella erst anfing, sich für sie zu interessieren, als sie alt genug war, um als eine Person mit unabhängigem Verstand angesehen zu werden.

Mein Interesse an Hella Wuolijoki und ihrer Schwester Salme Dutt ist in erster Linie das eines Historikers. Ich habe keine persönlichen Erinnerungen an Salme, und ich habe sie nur einmal getroffen, als ich als Neunjähriger in Begleitung meiner Mutter zu Besuch bei den Dutts in London war. Ich erinnere mich nicht an den Besuch, aber sie hat mich mit Murmeln auf der Türschwelle spielend in Erinnerung. Während man sich an Salme kaum erinnert, es sei denn als engagierte Kommunistin, weckt Hella weiterhin Interesse und sorgt für die Entstehung neuer Bücher, und zwar eher trotz ihrer suspekten prokommunistischen politischen Einstellung, nicht wegen ihr. Daher sind ihre politischen Aktivitäten niemals der Hauptschwerpunkt derjenigen gewesen, die über sie geschrieben haben. Das war ein Aspekt, der meiner Ansicht nach ein eingehenderes Studium verdiente, besonders als mir bewusst wurde, dass es eine Fülle von Material in vielen Archiven gibt, das von Wissenschaftlern noch nicht genutzt worden ist.

Unglücklicherweise bleibt vieles von diesem Material selbst heute noch unzugänglich. Die interessantesten und relevantesten Akten liegen in ehemals sowjetischen Archiven in Moskau. Als ich von Dr. Seppo Isotalo erfuhr, dass Kopien einiger Akten in Verbindung mit Hella Wuolijokis Friedensmission (Stockholm im Januar 1940) im russischen Kriegsarchiv lagerten – Dr. Isotalo konnte mir sogar die relevanten Aktenzeichen geben – startete ich eine energische Kampagne, um Zugang zu diesen Papieren zu erhalten. Im Verlauf dieser Bemühungen schrieb ich an und sprach persönlich mit Präsident Wladimir Putin, dem Akademiker Jewgeni Primakow und Außenminister Igor Iwanow. Ich habe versucht, ganz schamlos die Privilegien meines Amtes als Außenminister Finnlands zur Förderung meines Bestrebens zu nutzen, aber letzten Endes ohne Erfolg: Die Papiere, die ich sehen wollte, waren und sind immer noch geheim und unzugänglich. Und ich hatte noch nicht einmal versucht, Zugang zu Akten in den Archiven der früheren sowjetischen Geheimdienste zu erhalten, wo es eine Fülle von Material über die Person geben muss, der sie den Codenamen »Poet« gegeben hatten.

Es gab eine Zeit in den Jahren nach dem Zusammenbruch der Sowjetunion, in der Material aus früheren sowjetischen Archiven bedeutend zugänglicher war, wenn auch mit manchmal unorthodoxen Mitteln. So war zum Beispiel Anatoli Sudoplatow 1998 in Helsinki, um Werbung für das Buch *Special Tasks* (Der Handlanger der Macht. Enthüllungen eines KGB-Generals), das er mit seinem Vater Pawel Sudoplatow gemeinsam verfasst hatte, zu machen. Er wollte auch mich treffen, angeblich um die finnischen Sozialdemokraten über das Schicksal Raoul Wallenbergs zu unterrichten, der 1945 in Budapest von der sowjetischen Armee entführt worden war. Ich nutzte das Treffen, um ihn zu fragen, ob er mir in irgendeiner Weise helfen könnte, Zugang zu den Wuolijoki-Dokumenten in Moskauer Archiven zu erhalten. Er gab an, dass er Beziehungen zur Duma hätte, die hilfreich sein könnten und die er nutzen könnte – besonders, wenn ich im Gegenzug dafür sorgen könnte, dass eine Million Dollar in die Stilllegung von Atom-U-Booten auf der Kola-Halbinsel investiert würden. Das ging jedoch über meine Möglichkeiten hinaus.

Auch wenn das wichtigste Material unzugänglich bleibt, habe ich dennoch den russischen Behörden für ihre Kooperation zu danken. Sie gaben sich große Mühe, die Archive des MID, des russischen Außenministeriums, sowie die Archive der früheren KP und der Komintern zu durchforsten, um mich mit Dokumenten zu versorgen, die sich entweder auf Hella Wuolijoki oder Salme Dutt bezogen. Ich habe keinen Zweifel daran, dass dies eine höchst umfassende Suche gewesen ist, und dass mir kein Material vorenthalten wurde, zumindest soweit es das MID-Archiv betrifft. Es kann gut sein, dass das auch für das Komintern-Archiv zutrifft, obwohl ich erwartete, dass dort mehr über Salme Pekkala zu finden sein würde, die 1920 mit dem Codenamen »Maud« nach Großbritannien geschickt wurde.

Es sollte angemerkt werden, dass Russland nicht das einzige Land ist, wo selbst ganz alte Dokumente in verschiedenen Archiven begraben und unzugänglich bleiben. Einmal nutzte ich meine guten Beziehungen zum damaligen Außenminister Robin Cook, um ihn um Hilfe beim Zugang zu Material über Rajani Palme Dutt und Salme Dutt in den Archiven der britischen Geheimdienste zu bitten. Etwa einen Monat später nahm Cook mich bei einem Treffen der EU-Außenminister beiseite, um mir einen schmalen Ordner mit Kopien relevanter Dokumente zu überreichen. Er sagte mir weiter, dass mir die Genehmigung erteilt worden sei, die Büros der Sicherheitsabteilung aufzusuchen, wo noch etwas mehr Material vorhanden sei, wobei er entschuldigend hinzufügte, dass andere Akten immer noch geheim blieben und mir nicht gegeben werden könnten. Seit diesem Austausch ist jedoch wichtiges neues Material der Öffentlichkeit im Public Record Office in Kew Gardens zugänglich gemacht worden, und ich bin dankbar für die Hilfe des Foreign Office bei seiner Nutzung.

Meine oben erwähnte Begegnung mit Cook fand nur ein paar Tage nach einem Besuch in Moskau statt, wo mein russischer Kollege Igor Iwanow mir am Ende unserer offiziellen Gespräche eine Akte mit Kopien von Dokumenten zu Hella Wuolijoki aus den MID-Archiven übergab und mir erzählte, dass mir für die weitere Arbeit Zugang zum MID-Archiv gewährt würde, wobei auch er wie Cook entschuldigend hinzufügte, dass das Material, zu dem ich besonders um Zugang gebeten hatte, geheim bliebe und mir nicht gegeben werden könne.

Im Laufe der letzten zehn Jahre habe ich viele Archive aufgesucht, und ich habe in Archiven Dokumente gelesen und Notizen angefertigt, lange bevor ich irgendeine feste Vorstellung davon hatte, dieses Buch zu schreiben. Die größte Fülle an Material ist im Nationalarchiv in Helsinki zu finden, wo Hella Wuolijokis Papiere verwahrt werden, und im National Museum of Labour History in Manchester, wo die Dutt-Papiere lagern. Es stellte sich auch heraus, dass meine Mutter zu Hause eine überraschend große Menge davon zurückgehalten hatte, was sie vermutlich als heikle Korrespondenz ansah, sowie anderes Material von Hella Wuolijoki und ihren Verwandten. Im Verlauf meiner Studien habe ich unter anderem auch das Estnische Nationalarchiv, das Komintern-Archiv in Moskau, das Archiv der schwedischen Geheimpolizei in Stockholm sowie Polizeiarchive in London und Brüssel aufgesucht.

Wie immer bei dieser Art von Arbeit muss man kein Perfektionist sein, um zu erkennen, dass man, je mehr man erfährt, sich auch umso mehr dessen bewusst wird, was noch zu erforschen ist. Zeitliche und räumliche Beschränkungen haben mir nicht gestattet, all die vielen privaten und öffentlichen Archive anzusehen, die ich hätte durchsehen müssen. Aber abgesehen von den noch geschlossenen Archiven in Russland erwarte ich nicht, dass es irgendwelche bedeutenden versteckten Bestände mit Material über die Murrik-Schwestern geben kann, das etwas, das ich geschrieben habe, wesentlich ändern würde.

Ich habe für diese Arbeit keine Tonbandinterviews gemacht, in erster Linie deshalb, weil so gut wie keine Zeitgenossen der Murrik-Schwestern mehr lebten. Die einzige Person, die mir sehr bei meiner Arbeit hätte helfen können, wäre meine Mutter Vappu Tuomioja gewesen. Ich habe sie tatsächlich für die Biografie meines Vaters Sakari Tuomioja, die ich vor 20 Jahren geschrieben habe, interviewt, aber ich habe sie in keiner systematischen Weise über ihre Mutter, noch weniger über ihre Tante, befragt. Zur damaligen Zeit war ich nicht besonders an ihnen oder der alten Familiengeschichte interessiert. Das bedauere ich nun zutiefst. Bis zu dem Zeitpunkt, als die Idee, dieses Buch zu schreiben, in meinem Kopf Gestalt angenommen hatte, wenige Jahre vor dem Tod meiner Mutter im Jahr 1998, war ihre Erinnerung zu schwach und unzuverlässig geworden, um sehr hilfreich zu sein. Dennoch haben ihre Erinnerungen dieses Buch beeinflusst, weil ich mir beim Schreiben häufig viele ihrer Geschichten und Kommentare über die Jahre in Erinnerung gerufen habe, die für meine Arbeit eine Hilfe gewesen sind. Obwohl ich es damals versäumte, genug Notiz von ihren Erinnerungen zu nehmen, sind sie ein bedeutender Teil des Hintergrundes und Material, das meine Einschätzungen und Schlussfolgerungen beeinflusst hat und mir geholfen hat, einige anscheinend rätselhafte und isolierte Ereignisse oder Dokumente in ihren richtigen Kontext zu stellen.

Ich habe mich großenteils auf Untersuchungen gestützt, die von anderen erarbeitet und veröffentlicht wurden, besonders über die weniger politischen Aspekte des Lebens der Murrik-Schwestern. Von den vielen, die zu Hella Wuolijoki und/oder Salme Dutt geforscht haben und über sie und ihre Zeit geschrieben haben, möchte ich erwähnen, dass ich John Callaghan, Jörn Donner, Max Engman, Magnus Ilmjärv, Pirkko Koski, Oskar Kruus, Ohto Manninen, Kevin Morgan, Tore Pryser, Kimmo Rentola, Tauno Saarela, Arkadi Vaksberg und Vesa Vares Dank schulde, nicht nur für ihre veröffentlichten Erkenntnisse, sondern auch für die Möglichkeit von Diskussionen oder Briefwechseln mit ihnen über das Thema. Sie haben ihr Wissen, ihre Einsichten und Quellen großzügig mit mir geteilt. Von den vielen anderen, die mir geholfen haben, möchte ich Marjatta Hiltunen und Irina Santto danken, die alle Dokumente, die ich für meine Arbeit brauchte, aus dem Russischen übersetzt haben.

Helsinki, 31. März 2006
Erkki Tuomioja

1
Der schreckliche Winter von 1940

Im Sommer 1939 war es offensichtlich, dass Europa auf einen Krieg zusteuerte. Wann genau und zwischen welchen Ländern, war noch offen. In Moskau war Stalin davon überzeugt worden, dass die westlichen Demokratien nicht imstande und unwillig waren, Hitlers Expansionsplänen für das nationalsozialistische Deutschland Einhalt zu gebieten. Großbritannien und Frankreich, die das Ziel hatten, eine Einheitsfront gegen Deutschland zu schaffen, standen in Verhandlungen mit der Sowjetunion aber sie wollten Stalin nicht die freie Hand geben, die er gegenüber Russlands Nachbarn verlangte, um sie in die Sicherheitssphäre der Sowjetunion zu bringen. Die Alternative für Stalin bestand darin, eine Annäherung mit Hitler zu erreichen, um Zeit für die Vorbereitung auf den deutschen Angriff nach Osten zu gewinnen, der im Mittelpunkt von Hitlers Zukunftsvision für die Expansion des Deutschen Reiches stand.

Im August entsandte Hitler seinen Außenminister Joachim von Ribbentrop nach Moskau. Die Parteien brauchten nicht lange, um einen Nichtangriffspakt zu vereinbaren, den Ribbentrop und sein sowjetisches Pendant Wjatscheslaw Molotow am 23. August unterzeichneten. Der Pakt verpflichtete die Vertragspartner, darauf zu verzichten, Drittländer zu unterstützen, die in einen Konflikt mit einem der Vertragspartner gerieten.

Diese dramatische Neuordnung war für die Kommunisten überall ein Schock, da sie eine komplette Kehrtwende der damals vorherrschenden Komintern-Linie zur Unterstützung von Volksfronten gegen den Faschismus und zur Isolierung des nationalsozialistischen Deutschland darstellte. Die tatsächliche Bedeutung des Paktes wurde eine Woche später klar, als Deutschland Polen angriff und als die Sowjetunion weniger als drei Wochen später Polens Ostgrenze überschritt, um die Aufteilung Polens zwischen Deutschland und sich selbst durchzuführen, wie es in dem dem Nichtangriffspakt angefügten Geheimprotokoll vereinbart war.

Großbritannien und Frankreich befolgten die Garantien, die sie Polen gegeben hatten, und erklärten Deutschland den Krieg. Moskau wies die Kommunisten in diesen Ländern an, diesen neuen imperialistischen Krieg zu verurteilen. Während ein paar einzelne Kommunisten rebellierten und einige ihre Partei verließen, befolgten die Führer der kommunistischen Parteien im Allgemeinen gehorsam die Anweisungen aus Moskau. In Frankreich führte das zum Verbot der Partei und in Großbritannnien zu einer Krise innerhalb der Partei.

Harry Pollitt, der Generalsekretär der britischen Partei, gab anfangs – aus Komintern-Sicht – eine falsche Einschätzung der Situation, welche mehr oder weniger von der gesamten Führung der KPGB geteilt wurde. Pollitts leidenschaftliche Streitschrift *How to win the War* kam am selben Tag heraus, an dem Moskaus neue Instruktionen London erreichten. Pollitt musste wohl oder übel nach einer schmerzlichen und hitzigen Debatte im Zentralkomitee der Partei Fehler in seiner Einschätzung anerkennen. Er blieb in der Führung, musste aber im Oktober als Generalsekretär der Partei zugunsten von Rajani Palme Dutt, der die Attacke auf Pollitt angeführt hatte, zurücktreten.

Rajani Palme Dutt war langjähriges Mitglied der Parteiführung, Autor zahlreicher Bücher und Herausgeber der *Labour Monthly*. Palme Dutt, der teils indischer, teils schwedischer Herkunft war, war mit der in Estland geborenen ehemaligen Komintern-Agentin Salme Murrik verheiratet. Die offizielle Legende, wie sie die Parteimitglieder kannten, war, dass sie von keinem Geringeren als Lenin selbst 1920 nach Großbritannien geschickt wurde, wo sie Palme Dutt traf, den sie 1924 heiratete. Salme Dutt hatte niemals einen offiziellen Posten in der britischen Partei inne, aber sie wurde von Experten in Fragen des britischen Kommunismus als ein zentraler Einfluss in der Partei identifiziert, sodass kein Dokument von ideologischer Bedeutung von der Partei ohne ihre vorherige Zustimmung verabschiedet wurde.

Wie Rajani Palme Dutt war Salme eine kompromisslose Kommunistin, die nicht von der vorherrschenden stalinistischen Orthodoxie abrückte. Das waren Zeiten der Prüfung für Kommunisten, da die Umsetzung der Stalin-Hitler-Übereinkunft fortgesetzt wurde.

Bald nach der Teilung Polens erhielten die baltischen Länder und Finnland eine Vorladung nach Moskau, um über »konkrete politische Fragen« zu verhandeln. Das Geheimprotokoll des Hitler-Stalin-Paktes hatte alle diese Länder der sowjetischen Einflusssphäre zugeteilt, und Stalin beabsichtigte, die Schritte zu tun, die ihm notwendig erschienen, um diese Staaten unter seine Kontrolle zu bringen. Die Verhandlungen zwischen den baltischen Ländern und der Sowjetunion führten in schneller Folge dazu, dass alle diese Länder Stalins Forderungen zustimmten. Das bedeutete Abtretung von Militärstützpunkten an die Rote Armee in allen baltischen Staaten, wobei ihre Souveränität formell unangetastet blieb.

Bei allen baltischen Staaten wurde das schnell umgesetzt, aber als Finnland am 5. Oktober seine Vorladung erhielt, führte das zu sechs Wochen langwierigen Verhandlungen, bei denen die Finnen es schließlich ablehnten, sowjetische Forderungen zu akzeptieren, die sich auf finnisches Territorium bezogen. Die finnische Regierung dachte naiverweise, dass dies das Ende der Geschichte wäre, und ließ Stalins ominöse Worte darüber, dass »es nun am Militär sei, fortzufahren« bei dem letzten Treffen der Verhandlungen außer Acht. Am 26. November inszenierte der NKWD den Mainila-Vorfall und behauptete, dass die finnische Artillerie über die Grenze gefeuert habe, und dabei vier Soldaten der Roten Armee getötet worden seien. Am 30. November griffen sowjetische Bombenflugzeuge Helsinki und andere finnische Städte an, und sowjetische Truppen überschritten die finnische Grenze und begannen mit dem, was als der Winterkrieg bekannt werden sollte.

Stalin war zuversichtlich bezüglich des Erfolges der Roten Armee und warnte seine Truppen, nicht versehentlich die schwedische Grenze zu überschreiten, wenn sie ihren Parademarsch durch Finnland abschlössen. Er setzte eine angebliche »Volksregierung« in der kleinen finnischen Grenzstadt Terijoki und den finnischen Kommunisten Otto Ville Kuusinen als ihren »Ministerpräsidenten« ein und behielt so unter einem Deckmantel weiterhin Einfluss. Stalin lehnte alle Versuche der hastig umgebildeten finnischen Regierung in Helsinki zur Wiederaufnahme von Verhandlungen ab, indem er auf die Vereinbarung verwies, die er gerade mit der Terijoki-Regierung geschlossen hatte, die er als die einzige Autorität in Finnland anerkannt hatte. Kuusinens Regierung habe in dieser Vereinbarung alle sowjetischen Vorkriegsforderungen erfüllt, und sie sei zur Entschädigung im Territorienaustausch mit etwa zweimal soviel Land in Sowjetkarelien belohnt worden.

Zu Beginn des Krieges bestand das sowjetische Ziel in der vollständigen Besetzung Finnlands und der Einsetzung der Regierung Kuusinen in Helsinki. Die Finnen überraschten Stalin ebenso wie den Rest der Welt mit ihrem hartnäckigen Widerstand an der sogenannten Mannerheim-Linie auf der karelischen Landenge. Die finnische Regierung war sich aber sehr wohl darüber im Klaren, dass sie ohne Hilfe dem Angriff einer Großmacht nicht lange würde standhalten können, und da sie keine Aussicht darauf hatte, dass Schweden oder Deutschland ihr zu Hilfe kommen würden, und da Frankreich und Großbritannien zu weit entfernt waren, versuchte sie, den Kontakt mit Moskau wieder herzustellen und die Verhandlungen wieder aufzunehmen, um den Krieg zu beenden.

Inzwischen saß Hella Wuolijoki, die zwei Jahre ältere Schwester von Salme Dutt, in Finnland, in ihrem Gutshaus etwa 150 km nordöstlich von Helsinki und überdachte die Situation, während alle Ressourcen des kleinen Landes von drei Millionen Menschen mobilisiert wurden, um dem sowjetischen Angriff zu widerstehen. Am Heiligabend nahm sie ihren Stift zur Hand, um einen Brief an den neuen Außenminister, ihren langjährigen Bekannten und sozialdemokratischen Führer Väinö Tanner zu schreiben.

Lieber Väinö Tanner,
ich habe es geschafft, den Bombardements zu entkommen und Marlebäck zu erreichen und habe hier drei Wochen lang gesessen und mit der Hilfe von ein paar übrig gebliebenen Männern und tatkräftigen Frauen für mein Haus und meine 84 Kühe gesorgt, obwohl Kuusinen droht, mir das Haus wegzunehmen. Natürlich ist es auch nötig, sich um die Kühe zu kümmern, aber gibt es denn, verdammt noch mal, in unserem gemeinsamen Fiasko wirklich nichts Wichtigeres zu tun? Ich hatte etwas bittere Gefühle Ihnen gegenüber, aber es lohnt nicht, darüber länger zu sprechen, my country right or wrong! [Original in englisch]
Ich glaube nicht, dass ich Wunder bewirken kann, aber vielleicht könnte ich dennoch in irgendeiner Weise Ratschläge geben, um bei der Beseitigung unserer gemeinsamen Notlage zu helfen – ich habe teuer genug für das Recht, zu beraten, zahlen müssen. Gibt es noch irgendwelche Versuche, mit Moskau zu sprechen? Ich habe das Gefühl, auch sie wollen aus dieser Situation herauskommen. Bitte nehmen Sie zur Kenntnis, dass ich versuchen könnte, mit Kollontai privat zu sprechen und dass die Möglichkeit besteht, dass sie uns helfen könnte. Und außerdem gehöre auch ich zu den Menschen, die sie mit einiger Freundschaft betrachtet haben. Ich glaube, sie könnten damit einverstanden sein, privat mit mir zu sprechen, und wenn Sie es für

nützlich halten, könnte ich nach Stockholm oder sonstwohin reisen. Ich könnte nach Helsinki kommen, falls Sie mich treffen wollen – natürlich würde ich Sie und Linda gern an den Feiertagen hier haben, aber ich nehme an, dass Sie dafür keine Zeit haben. Ich gebe diesen Brief meinem Schwiegersohn Tuomioja mit und wünsche Ihnen und Linda wenigstens ein kleines bisschen weihnachtlichen Frieden.

Ihre Hella Wuolijoki [1]

Es war ein seltsamer, ja sogar bizarrer Brief, der während der finstersten Tage eines Krieges, der die Existenz eines unabhängigen und freien Finnlands bedrohte, geschrieben worden war. Der Brief wurde von einer damals 53-jährigen *grande dame* geschrieben, die in ihrer Jugend eine idealistische Revolutionärin gewesen war, später eine erfolgreiche Geschäftsfrau, die nach dem finanziellen Fehlschlag ihrer spektakulären Unternehmungen zu ihrer ursprünglichen Berufung als Autorin zurückgekehrt war. Sie war eine berühmte Dramatikerin geworden, deren Stücke über die Niskavuori-Familie ein riesiger Kassenschlager geworden waren und sie mit allem versahen, was den relativ luxuriösen Lebensstil, zumindest gemessen an den finnischen Standards der 1930er Jahre, den sie als Gutsherrin und Großgrundbesitzerin genoss, aufrecht erhalten ließ.

Darüber hinaus war sie auch für ihre linksgerichteten Ansichten bekannt und hatte einen wohlverdienten Ruf als Sympathisantin. Sie war niemals Mitglied irgendeiner kommunistischen Partei, aber sie hatte sehr enge Beziehungen zu sowjetischen Geheimdiensten, die sie als ihre Agentin führten. Der genaue Grad und Charakter ihrer Zusammenarbeit mit dem NKWD ist noch eine offene Frage, so lange die maßgeblichen ehemaligen Sowjetarchive nicht offen sind.

Der Empfänger des Briefes, Väinö Tanner, war fünf Jahre älter als sie und der anerkannte und unumstrittene Führer der Sozialdemokratischen Partei Finnlands. Er war schon 1917 Senator gewesen und war 1926 für ein Jahr der erste sozialdemokratische Ministerpräsident Finnlands und Finanzminister in der ersten Agrarier-SDP-Koalition im Jahr 1937 gewesen. Er und der *Elder Statesman* J. K. Paasikivi waren die Chefunterhändler der Finnen mit Stalin und Molotow im Vorfeld des Winterkrieges gewesen. Jetzt war er Außenminister in Risto Rytis Kriegskoalitionsregierung. Sein vorrangiges Ziel war die Wiederaufnahme der Verhandlungen mit Moskau und die Beendigung des Krieges.

Tanner war der Generaldirektor einer erfolgreichen Verbraucherkooperative und wurde – als dem rechten Flügel angehörender Sozialdemokrat – als dem Kommunismus feindlich gesinnt, angesehen, aber er war gewiss kein Kriegstreiber. Er hatte die junge Hella Murrik schon gekannt, als sie beide studentische Radikale waren, und zusammen mit Hellas zukünftigem Ehemann Sulo wurde er 1907 in das erste Einkammerparlament des Landes gewählt. Seine Frau Linda, die immer radikaler als ihr Mann gewesen war, war bedeutend enger mit Wuolijoki befreundet, mit der sie Erinnerungen an studentische Politik in der Häme-Nation und an jugendliche revolutionäre Leidenschaft während des Generalstreiks von 1905 verband.

War der Brief allein die Initiative von Hella Wuolijoki? Es ist möglich, dass sie ihn auf Anforderung oder Anweisung aus Moskau geschrieben hat, aber es gibt keinen greifbaren Beweis dafür.

Väinö Tanners Antwort war eine lakonische Postkarte: »Wenn Du in der Stadt bist, besuche mich, Väinö.«

Der sachliche Tanner stand ihrem Angebot sicherlich sehr skeptisch gegenüber. Er hielt nicht viel von Frauen in der Politik im Allgemeinen oder von Hella Wuolijoki im Besonderen. Dennoch erkannte er, mit etwas Nachhilfe seiner Frau Linda, dass er es sich nicht leisten konnte, auch nur einen Strohhalm, der helfen könnte, den Krieg zu beenden und das Land zu retten, außer Acht zu lassen. Er wusste auch genug über Hella Wuolijokis Hintergrund und ihre Aktivitäten, um zu erkennen, dass sie eine echte Möglichkeit haben könnte, einen Kontakt mit der sowjetischen Regierung herzustellen, die formell nur Kuusinen in Terijoki anerkannte.

Hella Wuolijoki war tatsächlich viel besser über den Stand der finnisch-russischen Beziehungen informiert als die Allgemeinheit, oder sogar die meisten Mitglieder der finnischen Regierung. Der NKWD-Agent Boris Rybkin, unter dem Decknamen des ersten Attaché Boris Jartsew an der sowjetischen Gesandtschaft in Helsinki, hatte schon im Frühjahr 1938 Kontakt zuerst mit dem Außenminister Rudolf Holsti und später auch mit Ministerpräsident A. K. Cajander und Finanzminister Tanner aufgenommen, um die Möglichkeit für eine Art Sicherheitsvereinbarung zwischen der Sowjetunion und Finnland zu sondieren, falls der Frieden in Europa gestört werden sollte. Als die Führer der finnischen Regierung es sowohl aus inhaltlichen als auch protokollarischen Gründen ablehnten, Jartsews Vorstoß ernst zu nehmen, gewann er Hella Wuolijoki, damit sie als Lobbyistin für eine sowjetisch-finnische Wiederannäherung tätig wird. Hella Wuolijoki tat das auch, indem sie mit Tanner und einigen anderen sprach. Auch bei diesen Sondierungsgesprächen kam nichts heraus, doch Tanner wusste, dass Hella Wuolijoki eine von sehr wenigen in Finnland war, die Insiderwissen über diese Geheimverhandlungen vor dem Krieg besaßen.

Selbst vor diesem Hintergrund war es ein gewagter Versuch, Hella Wuolijoki zu einem heimlichen Treffen mit der altgedienten sowjetischen Gesandtin in Schweden, Madame Alexandra Kollontai, nach Stockholm zu schicken. Letzten Endes half der Griff zu diesem Joker, die Verhandlungen wieder aufzunehmen und den Krieg im März 1940 zu beenden.

Für Hella Wuolijoki, die sich um eine Quadratur des Kreises bemüht hatte, indem sie gleichzeitig patriotische Gefühle gegenüber Estland, Finnland und der Sowjetunion unterhielt, war der Winterkrieg eine persönliche Tragödie, die sie zu einem schnellen Ende bringen wollte. Aber wie war die Stimmung ihrer Schwester in London zu dieser Zeit?

Für loyale Kommunisten wie Salme schloss die Einhaltung der Parteilinie die Zustimmung zu Stalins Angriff auf Finnland, dessen Bürgerin sie auch gewesen war, ein. Später schloss sie auch die Zustimmung zur Einverleibung Estlands, ihres Geburtslandes, in die Sowjetunion, ein. Es ist unwahrscheinlich, dass Salme diesen Ereignissen kritisch gegenüber gestanden hat, und es gibt keine Unterlagen über irgendwelche Bedenken, die die Ereignisse ausgelöst haben könnten, weder damals noch später.

Rajani Palme Dutts Artikel mit dem Titel *Finland – The Facts* im *Daily Worker* am 30. November ist eine schamlose Verteidigung von Stalins Krieg. Natürlich machten sich auch viele andere treue Gläubige dieselbe Linie zu eigen. Der dänische Schriftsteller Martin Andersen-Nexö brachte sogar auf die Schnelle ein Pamphlet mit dem Titel *Finland – den politiska terrorns land* (Finnland – das Land des politischen Terrors) heraus.[2] Als Andersen-Nexö später der Autorenkollegin Hella Wuolijoki signierte Ausgaben seiner Bücher schickte, beinhalteten diese das Pamphlet nicht. Seine Bücher blieben jedoch auf jeden Fall in der Wuolijoki-Bibliothek ungeöffnet und ungelesen.

Während Hella als Geschäftsfrau und Autorin arbeitete, deren Leben, selbst als Parlamentsabgeordnete, niemals von Politik ausgefüllt war, war Salme in erster Linie Ideologin und politische Aktivistin, mit einer Laufbahn als Ganztags-Revolutionärin und Einfluss hinter den Kulissen. Aber auch sie hatte Ambitionen, Schriftstellerin zu werden, wie es ihr posthum veröffentlichtes Buch *Lucifer and other poems* beweist.

Wie wurden die beiden Murrik-Schwestern, die in den 1880er Jahren in eine Mittelklasse-Familie in einer Kleinstadt in Südestland hineingeboren wurden, zu kosmopolitischen Revolutionärinnen, die Stalins Russland ihre Loyalität schenkten, und welche Rolle spielten sie in der Politik ihrer späteren Heimatländer? Das will ich auf den folgenden Seiten zu erzählen und zu erläutern versuchen.

2

Kindheit und Schule in Estland

Als Schweden 1808–1809 seinen Krieg mit Russland verlor, war es gezwungen, Finnland, das schon von russischen Truppen besetzt war, an seinen Nachbarn abzutreten. Der in Hamina unterzeichnete Friedensvertrag erwähnt Finnland nicht wirklich, er führt lediglich die neun am weitesten östlich gelegenen Provinzen des Schwedischen Königreichs auf, die in russische Souveränität zu überführen waren. Dennoch wurde das als die Geburtsstunde des heutigen finnischen Nationalstaates interpretiert, auch wenn es damals sehr wenige Finnen so sahen. Später haben finnische Historiker das Ereignis hochgespielt, indem sie hervorhoben, wie Zar Alexander auf der 1809 in die Stadt Porvoo einberufenen Ständeversammlung »Finnland in die Familie der Nationen erhob«. Auf dem Treffen schworen die Repräsentanten der vier Stände dem neuen Monarchen Treue im Gegenzug für sein Versprechen, die bestehende Gesetzgebung in Finnland zu respektieren.

Was auch immer die genaue Beschaffenheit der in Porvoo abgegebenen Verpflichtung und die Absichten des Zaren gewesen sein mögen, es bleibt die Tatsache, dass dadurch, dass Finnland unter russische Herrschaft kam, zum ersten Mal in der Geschichte eine separate finnische Verwaltung geschaffen wurde, die ihre eigene separate Gesetzgebung anwendete, einschließlich der von Schweden übernommenen Grundgesetze. Im Verlauf des 19. Jahrhunderts war Finnland allmählich imstande, eigene, kompetente nationale Institutionen zu entwickeln, sich seine eigene Währung zu schaffen und politische Freiheiten einzuführen, von denen man in Russland selbst noch nichts gehört hatte. Dadurch war es für Finnland möglich, 1917 die Verpflichtungen eines unabhängigen und souveränen Staates zu übernehmen.

Die auf der anderen Seite des Finnischen Meerbusens lebenden Esten hatten weniger Glück. Ihr Land war schon 100 Jahre früher, zusammen mit dem nördlichen Teil des heutigen Lettland, Russland einver-

Die Kirche von Taagepera in Estland, deren Glocken Ott Kogamäki, der Großvater der Schwestern, trotz des Verbots von deutscher Seite drei Stunden lang läuten ließ, um den verstorbenen Autor Carl Robert Jakobson zu ehren

leibt worden. Während den sogenannten Ostseeprovinzen nichts dergleichen wie die Autonomie, die Finnland genoss, gewährt wurde, waren die Rechte und Privilegien der örtlichen deutschen Grundbesitzeroberschicht garantiert worden, zum Nachteil der estnischen Bevölkerungsmehrheit. Anders als in Finnland, wo die örtliche Oberschicht schwedisch sprach, aber national orientiert war und aus ihren Reihen die erste Generation von Finnophilen hervorging, die dazu überging, die finnische Sprache zu verwenden, identifizierten sich die baltischen Deutschen niemals mit der Mehrheitsbevölkerung und blieben eine kolonisierende Minderheit abseits von oder sogar feindlich gegenüber der estnischen Mehrheit.

Die nationalen Bestrebungen der Esten begannen in der zweiten Hälfte des 19. Jahrhunderts während einer Zeit Gestalt anzunehmen, die als die Ära des Erwachens bekannt ist. Die nationale Bewegung begann als eine Sprachbewegung, die die Anerkennung der estnischen Sprache zu erreichen suchte und eine estnische Literatur schuf. Als sie politischer wurde, prallte sie mit dem aufkommenden russischen Nationalismus und Panslawismus zusammen. Noch blieb die evangelische Kirche vorherrschend angesichts der von den Russen unterstützten Bemühungen zur Stärkung des orthodoxen Einflusses. Die Kirche war teilweise für den hohen Anteil von Lesekundigen im Lande verantwortlich. Gleichzeitig verursachten unterschiedliche Haltungen zur Kirche Spannungen in der nationalen Bewegung.

Auch wirtschaftlich entwickelte sich das Estland des 19. Jahrhunderts rasch. Schon bis zur Jahrhundertwende war es eine der am höchsten industrialisierten Regionen im russischen Reich. Die Industriearbeiterschaft war jedoch größtenteils russisch, während die Landwirtschaft die vorherrschende Beschäftigung der estnischen Bevölkerung blieb. Seit den 50er Jahren des 19. Jahrhunderts waren die Esten auch zunehmend Eigentümer des Landes geworden, das sie bebauten. Die Leibeigenschaft wurde früher abgeschafft als in Russland, aber die gesamte Lage auf dem Lande begann sich erst dann grundlegend zu ändern, als die Deutschen begannen, Land an die Esten zu verkaufen. Die Landwirtschaft war relativ fortgeschritten, wobei Leinenexporte nach Großbritannien der estnischen Landbevölkerung neuen Wohlstand brachten.

Das war die Situation im Land zu der Zeit, als die Murrik-Schwestern geboren wurden. Die estnischen Bevölkerungsakten haben infolge von Kriegen mehr gelitten und sind nicht so vollständig wie in Finnland, was genealogische Forschung in Estland schwieriger macht. Aber es ist bekannt, dass die drei Familien Murrik, Kokamägi und Tôrvand sich über viele Generationen vermischt und alle ihre ursprünglichen Wurzeln auf der Insel Saarenmaa hatten, von wo sie südwärts in den Landkreis Viljandi, der an Lettland grenzt, gewandert waren. Der Name Murrik soll von dem Namen eines Hundes, Murri, abgeleitet sein, der bei der Flucht einiger Murrik-Vorfahren vom Gut eines besonders bösartigen deutschen Barons half.

Zu der Zeit, als der Großvater der Schwestern, Henn Murrik, Mari Tôrvand heiratete, florierte das Gut der Murriks. Aber das Glück verließ die Familie, als Henn unerwartet 1847 im Alter von 47 Jahren starb. Ein sich lange hinziehender Familienstreit um das Erbe zwang die Familie, das Landgut aufzugeben.

Daher bearbeitete Ernst Murrik, 1863 als das sechste von sieben Kindern geboren, nicht weiter das Land, sondern arbeitete in Taagepera als Gemeindebeamter und Lehrer. Seine formale Bildung war beschränkt, aber er lernte genug über Jura, um später in der Lage zu sein, seinen Lebensunterhalt als Rechtsanwalt in Valga zu verdienen. Später schrieb er sogar ein Buch über Erbschafts- und Zivilrecht, wofür die schmerzliche Erfahrung des Kampfes um das Familienerbe über viele Jahre hinweg zweifellos nützlich war.

Als Ernst Murrik 1886 in Taagepera Kadri Kokamägi heiratete, war auch die Familie Kokamägi ziemlich wohlhabend, da Kadris Vater Ott das Gut Lupe besaß und betrieb. Seine Ehefrau Ann aus der Familie Ermas kann tatsächlich das uneheliche Kind des örtlichen deutschen Barons von Stryck gewesen sein. Das ist es zumindest, was Hella Wuolijoki in entscheidenden Momenten ihres Lebens im Vertrauen zu verstehen gab, aber es gibt keine andere Quelle für diese unbestätigte Behauptung. Ott Kokamägi war eine interessante Persönlichkeit, ein Freund und Anhänger des Schriftstellers Carl Robert Jakobson, eines nationalen estnischen Anführers während der Ära des Erwachens. Als Jakobson 1882 starb, verboten die Deutschen das Läuten der Kirchenglocken zu seinen Ehren, worüber sich der Atheist Ott Kokamägi hinwegsetzte, indem er persönlich die örtliche Kirche stürmte und drei Stunden lang die Glocken läutete.[1]

Obwohl ihre Familie wohlhabend war, musste Kadri nach ihrer Heirat das begrenzte Familieneinkommen ergänzen, das Ernst Murrik als Lehrer hatte, indem sie als Gastwirtin arbeitete. In dieser Gastwirtschaft an einer Kreuzung auf der Fernstraße zwischen Pärnu und Tartu wurde das erste Kind der Familie, Ella Marie, am 22. Juli 1886 geboren. Zwei Jahre später wurde ihre zweite Tochter Salme Annette am 17. August 1888 geboren, 1891 gefolgt von Albert Leonhard (Leo), 1893 von Erna Amalie (Mimmi) und 1897 von Linda Irene (Nina).[2]

Die ersten Sommer der älteren Kinder verbrachte man glücklich auf dem Gut Lupe, mit häufigen Besuchen in den Häusern anderer Verwandter. Das half Hella Wuolijoki, eine lebenslange sentimentale Neigung zur estnischen traditionellen Lebensweise, der Landschaft und den komplizierten traditionellen Beziehungen zwischen dem Land und denen, die es besitzen und denen, die es bearbeiten, zu entwickeln. Als sie nach Finnland emigrierte, hatte sie kein Problem damit, diese Neigung auf die finnische Landschaft und besonders auf die Provinz Häme zu übertragen. Viljandi wurde nicht zufällig als das Häme von Estland bezeichnet. Die tiefen Gefühle von Hella Wuolijoki für ihre Familie und ihre Erinnerungen an eine glückliche Kindheit werden auf schöne Weise in den Memoiren widergespiegelt, die sie nach dem Zweiten Weltkrieg schrieb.

Im Jahr 1897 zog die Familie Murrik nach Valga, einer kleinen Stadt an der estnisch-lettischen Grenze. Ihr erstes Zuhause war ein Wohnhaus

Ella Murrik im Alter von 12 Jahren in Valga, Estland

in der Stadt, in der Ernst Murrik einen Buchladen betrieb. Wenn das auch sicher den unersättlichen Lesehunger der Murrik-Mädchen stillte, war der ziemlich planlos geführte Buchladen kein kommerzieller Erfolg. Als das Geschäft in die Brüche ging, zog die Familie in ein Haus etwas außerhalb des Stadtzentrums. Das Haus lag direkt auf der späteren estnisch-lettischen Grenze, wobei das eine Ende des Hauses in Lettland war, das andere in Estland. Verwaltungstechnisch gesehen waren Nordlettland und Südestland Teile derselben Provinz Livland, und daher gab es damals keine Grenze, die beide trennte. Aber obwohl es Letten und Esten freistand, sich miteinander zu mischen, gab es im Allgemeinen wenig Sympathie zwischen ihnen.

In Valga kamen Ella und Salme zur Schule, Ella 1897 und Salme zwei Jahre später. Ella ging von der Mädchenschule Valga 1901 zum Puschkin-Gymnasium in Tartu.

Nach Tartu

Die Ausbildung der Mädchen war mehrsprachig und multikulturell. Als Kinder lebten und bewegten sie sich in einer Umgebung, in der Estnisch die vorherrrschende Sprache auf dem flachen Lande, aber Deutsch die bei ihnen zu Hause gesprochene Sprache war. Das war in estnischen Mittelklassefamilien in Städten üblich, obwohl die Murriks zu Estnisch übergingen, als Ella zwölf war. Russisch war natürlich die vorherrschende Sprache des Zarenreiches und seiner höheren Bildung, und ein Grund, warum Ella in Tartu Untermieterin im Haus der polnischen Familie Liosko wurde, war es, ihre Kenntnisse der russischen Sprache zu verbessern, die am Gymnasium verwendet wurde. Eine neue Sprache für die Mädchen am Gymnasium in Tartu war Französisch. Später lernten beide Schwestern auch Finnisch, Schwedisch und Englisch.

Als Salme zwei Jahre später zu Ella ans Gymnasium kam, fanden sie eine neue Unterkunft und teilten sich ein Zimmer im Haus von Aadu Jaakson, einem Journalisten bei der Zeitung *Postimees*. Das war keine sehr gesunde Umgebung für sie, denn Jaakson war an Tuberkulose erkrankt, die er jedoch zu verbergen versuchte. Während sie in Jaaksons Haus lebten, bekam Ella die Krankheit nie, aber Salme steckte sich möglicherweise dort an. Auch das Gymnasium kann die Ansteckungsquelle gewesen sein, da ein merklicher Teil aller Schüler an der Krankheit litt. Das enge und stickige Schulgebäude trug wenig dazu bei, einer Ansteckung vorzubeugen.

Jaakson hatte auch andere Untermieter. Einer war Artur Paulmeister, ein Journalist bei der *Postimees*, der ein hoffnungsloser Trinker war. Ein anderer war der Dichter Juhan Liiv. Als literarisches Genie ist er mit dem ersten wirklich finnischen Autor Aleksis Kivi verglichen worden, auch weil beide unter der gleichen schweren psychischen Instabilität litten. Liiv wurde in eine geschlossene Anstalt eingewiesen, aber sein Arzt Johan Luiga, selbst Schriftsteller, erkannte sein Genie und war imstande, ihn durch Pflege soweit wieder herzustellen, dass er ein halb unabhängiges, aber unsicheres Leben unter dem wohlwollenden Auge von Jaakson führen konnte. Liiv litt an schwerer Depression und wiederkehrenden Halluzinationen. Er pflegte lange Briefe an die Murrik-Schwestern zu schreiben, wobei er sich besonders auf die jüngere Salme konzentrierte. Er steckte die Briefe unter ihrer Tür durch, später lief er auch unter ihrem Fenster auf und ab und versuchte, ihre Aufmerksamkeit auf sich zu lenken. Er war niemals gefährlich oder bedrohlich, aber schließlich musste Luiga ihn wieder zur Behandlung einweisen.

In den 1930er Jahren schrieb Hella Wuolijoki das Theaterstück *Lucius ja luuletaja* (Lucius und der Dichter), in dem Liiv, Luiga und die junge Ella selbst als Hauptfiguren leicht erkennbar waren. Das Vanemuine Theater in Tartu war an dem Stück interessiert, aber es wurde nie aufgeführt. Nach dem Krieg schrieb Wuolijoki das Stück um, wählte einen finnischen Schauplatz und gestaltete den Dichter im Stück nach dem finnischen Dichter Eino Leino. Es wurde als *Kuningas hovinarrina* (Der König als Hofnarr) aufgeführt.

Um die Jahrhundertwende war der Zugang zu höherer Bildung sehr beschränkt, aber diejenigen, die ihn erhielten, profitierten von der besten Lehre, die das Land zu bieten hatte, wobei Professoren und Dozenten der Universität Tartu auch als Lehrer tätig waren. Unter den Lehrern der Schwestern in deutscher Sprache waren Heinrich Bauer, der später estnischer Bildungsminister wurde, und Oskar Kallas, künftiger estnischer Gesandter in Helsinki und London. Er und seine finnische Ehefrau, die Autorin Aino Kallas, waren auch von entscheidender Bedeutung, indem sie Ellas Umzug nach Finnland erleichterten. Sie wurden und blieben Freunde, aber nicht vorbehaltlos. Als Aino Kallas im September 1904 scharfsichtig an Oskar schrieb, Ella wäre »ein fabelhaftes Mädchen, von Grund auf vielleicht etwas kalt und egoistisch – aber durchaus imstande, zu weinen und sich zu begeistern – mit dieser Sicherheit wird sie ihren Platz im Leben einnehmen, ihr Ziel festlegen – und sich dann darauf zubewegen. Ich glaube, sie wird hindurchgehen wie durch einen langen beleuchteten Korridor – keine Überraschungen«,[3] irrte er sich, zumindest, was Ellas Fähigkeit zu überraschen angeht.

Ein anderer ausgezeichneter Lehrer war der umstrittene Hugo Treffner, ein abgefallener Priester, dessen Fach Religion war, dessen Unterrichtsstunden aber ausführliche Seminare über umfangreiche politische, nationale und philosophische Themen waren, die meistens aufgrund dessen ausgewählt wurden, was die Schüler selbst diskutieren wollten. In ihren Memoiren erinnerte sich Hella Wuolijoki, wie Treffner seine Schüler lehrte, dass sie immer die Russen anlügen und die Deutschen hassen sollten.

Jaan Tônisson

Tartu war das Zentrum der estnischen Kultur und der nationalen Bewegung. Die Universität Tartu war ursprünglich 1632 gegründet worden, wurde dann aber für fast ein Jahrhundert geschlossen, bevor sie 1810 wieder eröffnet wurde. Tartu war auch die Stadt von Jaan Tônisson und der Zeitung *Postimees*, der Stimme des liberal gesinnten Nationalismus, die er seit 1896 besaß und herausgab. Tônisson war eine Schlüsselfigur in der estnischen Politik, der unangefochtene Führer der Volkspartei, der später mehrmals Ministerpräsident, Außenminister und Parlamentspräsident im unabhängigen Estland und Führer der demokratischen Opposition gegen die autoritäre Herrschaft von Konstantin Päts in den 1930er Jahren war. Er war eine fast überlebensgroße Gestalt mit einer leichten Ähnlichkeit mit den meisten Illustrationen des Helden in Cervantes' *Don Quijote*. Er war auch Junggeselle, als Ella Murrik nach Tartu kam.

Ella Murrik war erst 15, als sie in Tônissons Büro bei der *Postimees* hineinmarschierte, uneingeladen und unangekündigt. Der Grund ihres Besuchs war es, Tônisson um – auch finanzielle – Unterstützung zu bitten, für die Bemühungen bei den Behörden das Recht auf estnischsprachigen Unterricht zu erhalten. Als sie sich vorstellte, gelang es ihr, an die Bekanntschaft Tônissons mit ihrem Vater zu erinnern, auch wenn Ernst Murrik ein Förderer von Tônissons Gegenspieler und Ellas Patenonkel Ado Grenzstein war. Ella sagte, auch sie sei eine Anhängerin von Grenzstein gewesen, hätte aber nun ihre Meinung geändert und versprach, auch ihren Vater in das Tônisson-Lager zu holen, was sie auch tat.

Wir haben nur Ellas Bericht über dieses erste Treffen, aber es gibt keinen Zweifel, dass der fast 18 Jahre ältere Tônisson von dem kühnen, freimütigen und frühreifen jungen Schulmädchen beeindruckt war. Aus diesem Treffen erwuchs eine bleibende Freundschaft, die auf gegenseitigem Respekt beruhte. Diese Beziehung überlebte auch vier Jahre später Ellas Übertritt zum sozialistischen Lager und eine die ganze

Ella Murrik im Alter von 16 Jahren in Tarttu, Estland

Nacht dauernde Debatte der beiden im Dezember 1905 in St. Petersburg. Tônisson war dort als Leiter der estnischen Delegation, um volle Autonomie für sein Land zu fordern, und er hatte Ella eingeladen, mit ihm zu kommen, in der Hoffnung, seine vielversprechendste Anhängerin im national-liberalen Lager zu halten. Seiner leidenschaftlichen Verwendung von Kant gegen Marx gelang es nicht, Ella von ihrer neu entdeckten marxistischen Ideologie abzubringen. Auch über dieses Treffen gibt es nur Ellas Bericht, aber wenn man Übertreibung und Emotionen beiseite lässt, klingt er wahrheitsgetreu.[4]

Es scheint augenfällig, dass die Beziehung zwischen den beiden mehr als nur ein Zusammentreffen Gleichgesinnter war, vereint in ihrer Liebe zu Estland und seiner Kultur und angeregt vom Intellekt des anderen. Jahre später behauptete Hella Wuolijoki – in Haft, gegenüber ihrem Vernehmer, nicht in der Öffentlichkeit – dass sie im Alter von 15 Jahren heimlich mit einem Mann verlobt gewesen sei, der 15 Jahre älter war als sie. Stimmt ihre Behauptung, kann der Mann nur Tônisson gewesen sein.

In ihrem Briefwechsel sind keine Liebesbriefe gefunden worden. Die Briefe, die überdauert haben, wahren eine korrekte Förmlichkeit. Aber die darunter liegende Tendenz kommt in dem Brief ans Licht, den Murrik am 2. März 1905 an Tônisson schrieb, worin sie behauptete, dass »ich von keinem Menschen auf der Welt mehr bekommen habe als von dir. [...] Du hast mir alles gegeben, das mein Leben ausfüllt und ihm Bedeutung verleiht. Wenn es mir jemals möglich ist, etwas Klares aus dem Chaos der Macht der Gefühle und des Willens zu schaffen, bist du es, dem ich dafür zu danken habe.«[5]

Ein Muster von augenblicklicher und tiefer Vernarrtheit mit langfristigen Konsequenzen wiederholt sich in Hella Wuolijokis Leben, und diese Schwärmereien hatten Züge, die an die Schwärmerei eines Schulmädchens für ältere Männer erinnerten. In Tônissons Fall ist es nicht sicher, in welchem Maße dies erwidert wurde, aber es gibt keinen Zweifel daran, dass sie eine Zuneigung füreinander empfanden, die auch nach Hellas nächster Vernarrtheit in »Anatoli« (zu ihm später), ihrer Eheschließung 1908 mit Sulo Wuolijoki und Tônissons Eheschließung mit Hilda Lôhmus im selben Jahr, die drei Jahre jünger war als Ella und dasselbe Gymnasium abgeschlossen hatte wie sie, andauerte.

Ein anderer Hinweis auf die Beziehung Wuolijoki–Tônisson ist, wie das Thema einer Liebesbeziehung zwischen einer jungen radikalen Frau und einem älteren bürgerlichen Politiker in vielen von Wuolijokis Stücken wiederholt wird, wie in *Talulapsed* (Kinder des Gutes), *Juura-*

kon Hulda (Tochter des Parlaments), *Minister ja kommunisti,* (Der Minister und die Kommunistin) und *Laki ja järjestys* (Gesetz und Ordnung). Von diesen hat nur *Juurakon Hulda* ein Happy End, was die Beziehung angeht.

Talulapsed, nur einmal 1913 in Tallinn aufgeführt, bevor es von den Behörden verboten wurde, ist als eine indirekte Kritik an Tônissons Politik zu interpretieren. Am Ende des Stückes erklärt die Heldin Peeter Mägisten, der Hauptfigur mit Ambitionen, der Anführer seines Volkes zu werden: »Ich kann deine Arbeit nicht respektieren, ich kann nicht mit dir zusammenarbeiten, Peeter!« Die kurze Kritik des Stückes in *Postimees* war nicht positiv.[6)]

Wenn das Stück ein Angriff auf Tônisson war und selbst wenn Tônisson es als solchen erkannte, beeinträchtigte das nicht die Beziehung Wuolijoki–Tônisson. Sie korrespondierten weiter, sie trafen sich fast jedes Mal, wenn der eine oder die andere Finnland oder Estland besuchten. Sie diskutierten und korrespondierten auch über politische Fragen, bis zur Besetzung und Einverleibung Estlands in die Sowjetunion im Jahr 1940. Danach hörte man nichts mehr von Tônisson, der 1942 in einem sowjetischen Gefängnis starb.

Tônissons politischer Einfluss auf die Murrik-Schwestern war genauso groß wie auf die Esten im Allgemeinen. Die Schwestern wurden dadurch in den Kreis von Journalisten, Politikern und Schriftstellern um Tônisson und die *Postimees* gezogen, als sie nicht älter als 15 Jahre waren. Ella war diejenige von den beiden, die sich, wie es für sie typisch war, rückhaltlos in den Kreis stürzte. Salme, immer zurückhaltender und distanzierter, stand einer rivalisierenden Gruppe um August Hanko näher, der eine kritische Haltung zu Tônisson einnahm, obwohl deren Zynismus weniger Überzeugung als cleveres Posieren widerspiegelte.

Es gab auch andere junge Aktivisten mit literarischen und politischen Ambitionen in Tartu. Der herausragendste von ihnen war Gustav Suits, drei Jahre älter als Ella und Schüler am Alexander-Gymnasium für Jungen. Suits gründete später die Bewegung Junges Estland, die Tônissons Führung in Frage stellte, wenn auch mehr auf literarischem als auf politischem Gebiet. Als Gymnasiast in Tartu hatte er Ella kennengelernt und mit ihr bei einigen Unternehmungen zusammengearbeitet, die von ihrem jugendlichen Idealismus und Enthusiasmus genährt wurden.

Die beiden Teenager waren die Hauptorganisatoren eines literarischen Abends zu Ehren der estnischen Nationaldichterin Lydia Koidula am 15. Dezember 1902. Suits war derjenige, der eine programmatische Ansprache hielt, während Ella für eine Vorführung eines von Koidulas

Stücken verantwortlich war. Das Programm des Abends war kaum revolutionär, aber der nationale Akzent des Ereignisses genügte, um die Behörden zu alarmieren, die einen Kriminalinspektor schickten, um die Angelegenheit zu untersuchen. Im zaristischen Russland hätte das schwerwiegende Konsequenzen für die Beteiligten haben können. Ella wurde einen ganzen Tag lang von dem rüden Inspektor verhört, aber dank des Eingreifens ihrer einflussreichen Beschützer Hugo Treffner und Jaan Tônisson führte das Verfahren zu keiner Klage gegen sie. Das Resultat war schwerwiegender für Suits, der von seinem Gymnasium verwiesen wurde.[7]

Der Vorfall tat dem erfolgreichen Abschluss von Ellas Studien am Gymnasium keinen Abbruch. Sie hatte schon bei ihrem ersten Besuch in Finnland im Jahr 1903 beschlossen, dass sie ihr Studium an der Universität Helsinki fortsetzen wollte.[8] Bevor das möglich war, musste sie die Zulassung zu einer russischen Universität erreichen, und dafür brauchte sie eine Goldmedaille. Für dieses Ziel musste sie Spitzennoten in ihren Abschlussprüfungen erreichen, in allen Fächern. Es zeugt von ihrem starken Willen, dass ihr das gelang, einschließlich der ihr verhassten Mathematik.

Die Goldmedaille, so wertvoll und notwendig sie auch war, garantierte die Verwirklichung ihrer Pläne nicht von selbst. Staatliche Universitäten in Russland nahmen keine Frauen als Studenten auf, darum bewarb sie sich um Zulassung bei der privaten Bestuschew Universität. Das war schwierig, weil sie noch nicht das erforderliche Mindestalter von 18 Jahren hatte. Sie bekam schließlich die Sonderregelung, die sie brauchte, indem sie direkt zum Bildungsminister Grigori Sanger ging, wobei sie ihn offenbar genug bezauberte, um ihn dazu zu überreden, den erforderlichen Brief oder die Empfehlung zu schreiben. Ihre Aufgabe wurde dadurch nicht einfacher, weil sie auch erklären musste, dass sie eigentlich nicht in St. Petersburg studieren wollte, sondern erst die Zulassung zu einer russischen Universität brauchte, um zur Universität Helsinki zugelassen zu werden.[9]

Langer Abschied von Estland

Damals war es noch nicht ihre klare Absicht, in Finnland zu bleiben. Hella Murriks – in Finnland fügte sie ihrem Namen das »H« hinzu – Übergang von der Estin zur Finnin war ein allmählicher Prozess. Ihre Heirat mit Sulo Wuolijoki 1908 war ein Meilenstein auf dem Weg, aber es war vielleicht noch wichtiger, dass sie beim Schreiben ihrer Stücke vom Estnischen zum Finnischen überging. Als also Hella Murrik ihre Reise von dem Treffen mit Tõnisson in St. Petersburg vom Dezember 1905 nach Estland fortsetzte, war sie noch zwischen zwei Ländern und zwei Leben gespalten.

Der Dezemberbesuch in Estland fand unter dramatischen Umständen statt. Die verheerende Niederlage der russischen Kriegsmarine im Russisch-Japanischen Krieg hatte die Schwäche der zaristischen Autokratie offenbart. Die revolutionäre Bewegung von 1905, die im Januar in St. Petersburg begann, hatte in Russland ihren Höhepunkt schon überschritten, nachdem der Zar die Wahl einer Duma und einen Anschein von konstitutioneller Herrschaft zugesagt hatte. Doch sie breitete sich noch immer in die Randgebiete des Russischen Reiches aus. In Estland und Lettland nahm sie einen besonders gewaltsamen Verlauf, da widerstreitende Nationalismen das Ihre zur Situation beitrugen. Wenn die Revolution 1905 in Russland größtenteils eine soziale Revolution und in Finnland mehr eine nationale mit sozialen Untertönen war, war sie in den baltischen Ländern beides.

Da etwa 1100 großen Gütern etwa 42 Prozent allen Kulturbodens in Estland gehörten und die deutschen Grundbesitzer die estnischen Bauern im Allgemeinen schlecht behandelten, entfesselte die Revolution die angestaute Wut und den Groll der estnischen und lettischen landlosen Bauern. Fast 200 Gutshäuser wurden niedergebrannt oder zerstört, ebenso einige Kirchen. In Tallinn und anderen Industriezentren traten estnische und russische Arbeiter in den Streik, und die von Tõnisson geführten estnischen Nationalisten forderten von Russland Selbstverwaltung. Doch bald wendete sich das Glück, der Zar lehnte alle estnischen Forderungen ab und die Deutschen rächten sich, in engem Zusammenwirken mit den russischen zaristischen Behörden, an den Bauern und allen, die für Revolutionäre gehalten wurden, ob sie nun Liberale, Populisten oder Sozialdemokraten waren. Viele waren gezwungen, aus dem Land zu fliehen.

Hella Murrik kehrte Weihnachten 1905 zu einer Zeit in ihr Haus in Valga zurück, in der die Unterdrückung am schärfsten war. Tausende wurden ausgepeitscht, nach Sibirien geschickt oder exekutiert. Die Murriks gewährten denen, die vor der Unterdrückung flohen, Zuflucht, so gut es ihnen möglich war. Um die Situation noch dramatischer zu machen, erkrankte Kadri Murrik, Hellas Mutter, schwer und musste langsam durch Pflege wieder ins Leben geholt werden. Diese Ereignisse wurden später in vielen literarischen Werken Hella Wuolijokis widergespiegelt.

Es war auch das erste Weihnachtsfest, das nicht die ganze Familie Murrik zusammen verbrachte. Der 14-jährige Leo war in seinem russischen Gymnasium in Pskow, wohin der widerstrebende Junge im August von seinen älteren Schwestern begleitet worden war. Salme war ebenfalls abwesend, sie war buchstäblich mit 17 Jahren aus dem Puschkin-Gymnasium davongelaufen, um ihr Leben in Moskau in die eigenen Hände zu nehmen. Die Familie hatte nichts von ihr aus Moskau gehört und war verständlicherweise besorgt um sie, und das nicht ohne Grund, da sie nahe bei den Kämpfen gewesen war, die sich dort abspielten.

Als die Schwestern sich trennten, war Salme immer noch eine Anhängerin von Leo Tolstoi. Ihre plötzliche Flucht nach Moskau war nicht die Folge ihrer Beteiligung an revolutionären Untergrundaktivitäten. Es war mehr eine Reaktion auf die ziemlich un-Tolstoiische und hedonistische Atmosphäre in Tartus intellektuellen Kreisen, die den Anstoß für ihren Umzug gab. Aber in Moskau wurde sie radikalisiert und kann einige Verbindungen zur revolutionären studentischen Untergrundbewegung gehabt haben. Ob das tatsächlich mit sich brachte, dass sie sich den Bolschewiki anschloss, wie zur Stützung ihres kommunistischen Stammbaums behauptet worden ist, ist unklar und unwahrscheinlich.[10]

Es war ein ziemlicher Kraftakt für sie, zum Katharina-II.-Gymnasium in Moskau zugelassen zu werden und ihren Lebensunterhalt an einer der teuersten Schulen des Landes durch das Geben von Privatstunden für die weniger begabten Schüler aus reichen Familien zu bestreiten. Auch sie bestand die Abschlussprüfungen, gewann eine Goldmedaille und damit die Zulassung zur Moskauer Universität.

Obwohl es eine Zeit der Angst ohne Nachrichten von Salme in Moskau gab, hatte sie nicht die Absicht, die Beziehungen zu ihrer Familie abzubrechen. Für den Sommer 1906 kehrte sie nach Valga zurück, ebenso wie Hella. Es gab einen schwierigen Moment mit ihrem Vater, weil sich die Schwestern weigerten, das lutherische Abendmahl mit Ernst Murrik zu nehmen, der Salme in einem Wutanfall schlug und dann für ein paar Tage schmollte. Doch der Vorfall ging vorüber und hinterließ keinen bleibenden Groll. Hella setzte ihre Debatten mit Tônisson fort und hatte am Rande mit estnischen Sozialisten und Revolutionären zu tun, aber hauptsächlich konzentrierte sie sich auf ihr Studium und ihre literarische Arbeit, bevor sie nach Helsinki zurückkehrte.

Es gab große Unterschiede in Lebensart und Ideologie innerhalb der Familie Murrik. Ernst Murrik blieb ein liberaler Freidenker, der in kritischen Momenten dazu griff, Immanuel Kant zu lesen, während Kadri Murrik wahrscheinlich Trost in der Bibel suchte. Hella blieb zwar Mitglied der lutherischen Kirche, wuchs allerdings zu einer frei denkenden Marxistin heran, und wenn sie auch niemals Mitglied der KP wurde, war sie mit Stalin einverstanden und hatte gleichzeitig die Mittel, einen höchst bürgerlichen Lebensstil zu genießen. Salme wurde Vollzeit-Kominternagentin und eine lebenslänglich treue Kommunistin. Hella wurde finnische Staatsbürgerin und Parlamentsabgeordnete ihres neuen Landes, während Salme ein paar Jahre lang finnische Bürgerin war und schließlich als Britin endete.

Die jüngeren Geschwister mieden die Politik. Leo hatte keine intellektuellen Ambitionen und wurde Offizier in der russischen Armee. Er erlangte später den Rang eines Hauptmanns in der estnischen Armee. Er heiratete eine Finnin, Kleopatra (Ljalja) Norlander, mit der er zwei Töchter hatte. Die Beziehungen zwischen Ljalja und Hella waren nicht eng, aber Salme betrachtete sie als eine gute Ehefrau für Leo. Auch wenn es keine Aufzeichnungen über ihre Beteiligung an Politik gibt, stand Ljalja dennoch wegen ihrer Beteiligung an der verdächtigten Medea Company in den 1920er Jahren unter polizeilicher Überwachung. (siehe Kap. 12, Seite 192) Hauptmann Murrik tat sich in der Armee nicht besonders hervor, und seine Akte zeigt, dass er wiederholt wegen kleiner, meist unter Alkoholeinfluss begangener Verstöße bestraft wurde. Seine Militärlaufbahn endete, als er der Unterschlagung kleiner Geldsummen seiner Armeekameraden für schuldig befunden und im Sommer 1928 zu zwei Jahren Gefängnis und Aberkennung des Ranges verurteilt wurde. Im November desselben Jahres wurde das Urteil von der Regierung, welche zur damaligen Zeit von Tônisson geführt wurde, in eine Bewährungsstrafe von sechs Monaten umgewandelt. Zwei Wochen vor dieser Entscheidung hatte Hella Wuolijoki an Tônisson über den Fall geschrieben und gefragt, ob er helfen könnte, das harte Urteil zu mildern. Ob Leo Murriks Urteil ohne dieses Eingreifen umgewandelt worden wäre, kann man unmöglich wissen, aber Wuolijoki brachte ihre Dankbarkeit in einem Brief an Hilda Tônisson zum Ausdruck. Leo Murrik und seine Familie durchlebten die Entbehrungen des Zweiten Weltkrieges in Estland bis zum April 1944, als es ihnen wie Tausenden ihrer Landsleute mit der Hilfe des finnischen Karelien-Aktivisten Vilho Helanen – damals als finnischer Verbindungsoffizier in Tallinn stationiert – gelang, nach Finnland zu fliehen, wo Leo 1952 starb.[11]

Mimmi folgte Salme an die Schule in Moskau, wo sie ebenfalls ihre Prüfungen mit einer Goldmedaille bestand. Sie ging zurück nach Estland, verdiente sich ihren Lebensunterhalt mit dem Erteilen von Deutschunterricht, heiratete Karl Mitt und hatte zwei Kinder. Ihr Ehemann verschwand, als Estland sowjetisiert wurde, und sie fand Zuflucht in Schweden, wo sie 1983 starb. Hella Wuolijoki widmet ihr in ihren Memoiren nur fünf Zeilen, in denen sie als »extrem konservativ« und antikommunistisch charakterisiert wird.

Die jüngste Schwester Nina – die vierte Goldmedaillenträgerin der Familie – war eine begabte Pianistin, die ihren Abschluss am gleichen Gymnasium in Moskau wie Salme machte, in Helsinki Musik studierte, Konzerte gab und am Konservatorium von Tallinn unterrichtete. Hella Wuolijoki beschreibt sie als eine Schönheit, nach der die Männer sich umdrehten, wenn sie die Straße entlang ging. Die Quellen weichen darin voneinander ab, ob sie drei oder vier Mal verheiratet war. Darüber hinaus war sie mit sieben anderen Männern öffentlich verlobt. Sie hatte keine Kinder und ist die Einzige aus der Familie, die 1947 in ihrem Geburtsland Estland starb.[12]

Alle Murrik-Kinder blieben ihr ganzes Leben lang miteinander und mit ihren Eltern in Verbindung. Die engste Beziehung bestand immer zwischen den beiden ältesten Schwestern Hella und Salme, die auch schon vor 1914 Finnin geworden war.

Hella Wuolijoki war immer darauf bedacht, sich um das Wohlergehen und die Sicherheit ihrer Eltern zu kümmern. Sie liebte und respektierte ihren Vater und entwickelte in den späteren Jahren eine irgendwie beschützende, um nicht zu sagen mütterliche Haltung gegenüber dem Mann, der allen Berichten zufolge eine sanfte und ziemlich unpraktische Seele war, vertieft in seinen geliebten Kant und Mathematik. Aber trotz Ernst Murriks Liebe zu seiner Familie und einer ruhigen Lebensweise nahm er 1906 ganz unerwartet eine spekulative Geschäftsunternehmung in Angriff, veranlasst durch einen mit ihm befreundeten Ingenieur, und investierte die gesamten Ersparnisse der Familie in eine kleine Firma, die einen kurzen Abschnitt der Transsibirischen Eisenbahn im Ural bei Tscheljabinsk baute. Selbstredend hatte er bei seiner Rückkehr aus Sibirien alle Ersparnisse verloren, was bedeutete, dass von nun an alle seine Kinder mehr oder weniger selbst für ihre Ausbildung aufkommen mussten. Seine Frau und die Töchter gaben ihm niemals die Schuld für diese Eskapade, die durch den Drang hervorgerufen worden sein mag, von der häuslichen Vorherrschaft seiner resoluten Ehefrau wegzukommen. Hella Wuolijokis Verhältnis zu ihrer Mutter war niemals so eng wie das zu ihrem Vater, aber sie schrieb oder sagte nie etwas Negatives über sie, noch erlaubte sie jemand anderem, das zu tun. Ihre liebevolle und respektvolle Haltung gegenüber ihren Eltern wurde von Salme in ähnlicher Weise geteilt.[13]

Als der Erste Weltkrieg ausbrach und Estland von der vorrückenden deutschen Armee bedroht wurde, sorgte Hella Wuolijoki dafür, dass ihre Eltern und Geschwister Zuflucht in Finnland fanden, bis sie 1919 in das unabhängige Estland zurückkehren konnten. Sie blieben nur drei Jahre lang dort und wanderten 1922 für immer nach Finnland aus, um auf Hella Wuolijokis neu erworbenem Anwesen in Marlebäck zu leben, wo sie für sie ein Haus hatte bauen lassen. Als Kadri Murrik 1929 in Finnland starb, sorgte ihre Tochter dafür, dass sie auf dem Friedhof der Taagepera Kirche zur letzten Ruhe gebettet wurde. Ernst Murrik starb 1942 in Finnland.

Die Familienbande der Murriks waren immer stärker als die religiösen, politischen, geografischen oder sonstigen Unterschiede, die sie trennten. Das spiegelte sich in der Niskavuori-Saga wider, einer Serie von Theaterstücken, die Hella Wuolijoki schrieb und die ein sehr unmarxistischer Tribut an die Kraft solch traditioneller Familienbande war.

3
Der Weg zur Finnin

Die Esten und Finnen sind nach den Ungarn die größten Nationalitäten in der Familie der finnougrischen Völker. Sie sind einander auch geografisch und sprachlich am nächsten. Die Ähnlichkeit zwischen den beiden Sprachen ist jedoch trügerisch, da viele ihrer gemeinsamen Worte in beiden Sprachen eine leicht oder sogar völlig andere Bedeutung haben. Darin sind sie weiter voneinander entfernt als die skandinavischen Sprachen, da Dänisch, Norwegisch und Schwedisch Sprechende in der Lage sind, ohne jeglichen Unterricht in den Sprachen der anderen miteinander zu kommunizieren.

Die finnougrische Romantik blühte im späten 19. Jahrhundert. Nationalgesinnte auf beiden Seiten des Finnischen Meerbusens schwärmten von der sogenannten Finnlandbrücke (Suomen silta), die die beiden Brudervölker zusammenbringen würde. Das Konzept wurde ursprünglich von Lydia Koidula in einem Gedicht vorgestellt, das sie für die Anthologie zum 50. Jubiläum der Finnischen Literaturgesellschaft im Jahr 1881 schrieb.

Die zwei berühmtesten Beispiele von Schriftstellern, die diese Brücke überquert haben, sind Aino Kallas und Hella Wuolijoki. Die Autorin Aino Kallas wurde 1878 in Finnland in die Familie Krohn geboren, aus der eine außergewöhnlich große Zahl von prominenten Gestalten dem finnischen Kultur- und Universitätsleben angehörten. Aino heiratete 1900 Oskar Kallas und zog mit ihm nach Tartu, wo sie in der Bewegung Junges Estland aktiv waren. Zusätzlich zu seiner Tätigkeit an der Universität lehrte Oskar Kallas auch am Puschkin-Gymnasium, an dem Ella Murrik seine Star-Schülerin war, deren Intelligenz und Persönlichkeit auch auf Aino Kallas einen starken und vielversprechenden Eindruck machten und in deren literarischen Zirkel sie eintrat.[1]

Hella Murriks erster Besuch in Finnland im Sommer 1903 war von Aino und Oskar Kallas ermöglicht worden, und als sie ein Jahr später ihr Studium an der Universität aufnahm, kam sie nach Helsinki, bewaffnet mit Einführungsschreiben und Empfehlungen von beiden, Tônnison und Kallas. Aino Kallas' enge Freundin Ilona Jalava nahm Hella Murrik unter ihre Fittiche, besorgte ihre ersten Unterkünfte in einem Wohnheim und später im Hause eines Medizinprofessors, wo sie die Miete durch das Erteilen von Deutsch- und Russischunterricht bezahlte. Jalava führte Hella Murrik auch in den Freundeskreis ein, der Teil der kulturellen und politischen Elite des Landes war. Zwei Jahre später wurde Hella Murrik Untermieterin im Hause von Augusta af Heurlin, der Schwester von Kaarlo und Emilia Bergbom und Mutter von Lauri af Heurlin, einer prominenten Gestalt in der neuen Generation sozialdemokratischer Studenten. Die Bergboms waren zentrale Figuren des finnischen Nationaltheaters, und in ihrem Hause zu leben, verschaffte Hella Murrik eine Nähe zu den dramatischen Künsten, die sie liebte.[2]

Es gibt viele Parallelen zwischen Aino Kallas und Hella Wuolijoki. Die eine war eine Finnin, die zur Estin wurde, die andere eine Estin, die zur Finnin wurde, wobei beide in engem Kontakt mit ihren Geburtsländern und ihren alten Freunden und Bekannten blieben. Sie und ihre Familien blieben ebenfalls Freunde und in häufigem Kontakt miteinander. Obwohl sich ihr Verhältnis etwas abkühlte, als Hella sich den Sozialismus zu eigen machte – und auch wegen der Sympathien, die sie für russische Revolutionäre hegte – gestatteten sie es ihren unterschiedlichen politischen Anschauungen nicht, sich zwischen sie zu stellen.[3] Das erstreckte sich auch auf ihre Nachkommen, da Vappu Wuolijoki und Hillar Kallas, der als Kind oft in den Ferien zu den Wuolijokis geschickt wurde, Zeit ihres Lebens Freunde waren. Vappu stand Hillar nahe und mochte den Sohn viel lieber als die Mutter, weil sie sich von dem theatralischen Auftreten abgestoßen fühlte, das Aino Kallas zur Schau trug.[4] Dass Vappus Mutter sich weniger daran störte, mag zumindest teilweise daher kommen, dass auch sie diesen Charakterzug hatte, wenn auch in bescheidenerem Maße.

Auch als Schriftstellerinnen hatten Aino Kallas und Hella Wuolijoki vieles gemeinsam. Beide wurden von Lydia Koidula inspiriert. Im Gymnasium war Ella Murrik mit der Festveranstaltung, die sie zu Ehren Koidulas organisiert hatte, in Schwierigkeiten gekommen; 30 Jahre später schrieb sie ein Theaterstück über sie, während Kallas 1915 eine Biografie über Koidula veröffentlichte. Ein anderer Dichter, zu dem sich beide hingezogen fühlten, war Eino Leino, der berühmteste und beliebteste finnische Dichter seiner Zeit. Kallas war in Leino verliebt, ihre Liebe wurde jedoch nicht erwidert, für Wuolijoki aber, die ansonsten zu schnellen Schwärmereien neigte, fehlte dieser Aspekt in der Beziehung. Wuolijoki schrieb später ein Erinnerungsbuch über Leino und den Sommer, den sie 1914 zusammen mit Hellas Ehemann Sulo verbrachten.[5] Leino war auch von Estland dermaßen inspiriert, dass er in den 1920er Jahren erklärte, er würde die estnische Staatsbürgerschaft beantragen, selbst wenn er darin niemals mehr als eine Geste sah.

Es gab etliche in Finnland lebende Esten, und sie hatten auch eine Organisation gegründet, die *Helsinki Eesti Heategev Selts* (Estnische Wohltätigkeitsgesellschaft in Helsinki), der Hella Murrik beitrat, sobald sie nach Helsinki kam. Die Esten in Helsinki waren größtenteils Kunsthandwerker, auch einige Arbeiter und ein paar Intellektuelle. Die Zahl der Mitglieder der Gesellschaft hatte sich 1905–06 durch einen Zustrom von Flüchtlingen vergrößert, die vor der Unterdrückung in Estland flohen. Die Aktivitäten der Esten wurden offenkundig politischer und im Oktober 1906 wurde zusätzlich zu der Wohltätigkeitsgesellschaft eine andere Organisation mit einer begrenzteren akademischen Mitgliedschaft gegründet, der *Suomalais-Virolainen liitto* (Finnisch-Estnischer Verband), in den auch Finnen als Mitglieder aufgenommen wurden. Hellas Professor Kaarle Krohn wurde zum Vorsitzenden der letzteren Gesellschaft gewählt, und auch Hella Murrik wurde in den Vorstand gewählt. Das war eine der sehr wenigen formellen Positionen, die Hella Murrik-Wuolijoki jemals in irgendwelchen Organisationen inne hatte.[6]

Einer der neuen Immigranten aus Estland war der Sozialdemokrat Mihkel Martna. Andere Sozialisten, die vor der Repression in Estland nach Finnland geflohen waren, waren Otto Strandman und Eduard Vilde. Ein weiterer Radikaler war der Freund der Schülerin Ella, Gustav Suits, ein Schriftsteller, der die Brücke nach Finnland überquerte, um eine Finnin zu heiraten. Als er zum Studium an die Universität kam, erzählte Hella Murrik einem Freund, dass sie verlobt wären. Da dies nicht stimmt, ist es schwer zu sagen, ob das einfach nur Neckerei, Aufschneiderei oder Wunschdenken war, es hatte aber auf jeden Fall keine Konsequenzen. Suits wurde ebenfalls in den Vorstand des Finnisch-Estnischen Verbandes gewählt. im Jahr 1917 trat Suits, inzwischen Mitglied der Sozialdemokratischen Partei in Finnland und der Sozialrevolutionären Partei in Estland, ernsthaft für einen losen Staatenbund zwischen Finnland und Estland ein, aber die Idee setzte sich niemals durch.[7]

Helsinki war damals eine kleine Stadt mit etwa 100 000 Einwohnern. Dennoch war es weltstädtischer als Tartu, das damals 40 000 Einwohner hatte. Die 1632 gegründete Universität Tartu war älter als die Universität Helsinki, aber nur um acht Jahre, und bis 1904 hatte Helsinki viel mehr Studenten und Lehrer. Als Ausländerin wurde Hella Murrik an der Universität durch eine Sonderregelung immatrikuliert, da die Finnen keine Tür für eine automatische Immatrikulation für Russen von russischen Universitäten öffnen wollten. Dadurch war sie formell nicht dazu berechtigt, sich der Studentenschaft oder anderen finnischen Organisationen anzuschließen, aber das hinderte sie nicht daran, an ihren Aktivitäten teilzunehmen. Wie die meisten idealistischen Finnen vor dem Ersten Weltkrieg war sie einige Zeit lang auch in der Abstinenzbewegung. Das war eine Zeit, als diese Bewegung mit dem Ziel der Prohibition eine wirkliche Massenbewegung war. Die finnischen Sozialdemokraten waren ihr voll ergeben, zumindest im Prinzip, da viele der Parteiführer wohl kaum Muster an tugendhafter Enthaltsamkeit waren.

In Finnland war Hella Murrik mit Hilfe ihrer Einführungsschreiben und insbesondere mit der Hilfe von Ilona Jalava in der Lage, sofort in die maßgebenden Kreise zu gelangen, wobei sie sich anfangs in einem Umfeld bewegte, in dem die meisten Menschen zur vorherrschenden Finnischen Partei gehörten. Die Finnische Bewegung hatte sich in einem frühen Stadium zu einer Partei entwickelt, deren Gründungsvater J. V. Snellman schon vor seinem Tod 1881 zu einer finnischen Nationalikone erhoben worden war. Auch Hella Murrik war so sehr von Snellman fasziniert, dass sie noch zur Zeit ihres Todes plante, ein Stück über ihn zu schreiben. Die Finnische Partei war gegen die Schwedische Partei aufgetreten und kämpfte für die Rechte der finnischen Sprache, aber die kulturell konservative Partei, die die Kirche unterstützte, war zunehmend zwischen der alten Garde und den Jungfinnen gespalten. Im Jahr 1894 spalteten sich die Jungfinnen von der Mutterpartei ab. Sie hatten liberale und freidenkerische Ideen und sie unterstützten eine Politik des passiven konstitutionellen Widerstandes angesichts der russischen Verletzungen der finnischen Autonomie. Als die Russifizierung intensiviert wurde, nahm die Bedeutung der Sprachenfrage ab, und die Jungfinnen begannen zunehmend mit der ebenfalls konstitutionalistischen Schwedischen Partei zusammenzuarbeiten. Die (Alt)finnische Partei repräsentierte eine nachgiebigere Politik gegenüber Russland, aber sie hatte auch ein relativ fortschrittliches Sozialprogramm, das mit Blick auf die Gewinnung der Unterstützung der landlosen Landbevölkerung angenommen worden war.

Die Konfrontation zwischen den Alt- und Jungfinnen und zwischen Befürwortern von Nachgiebigkeit und passivem Widerstand war zeitweilig erbittert, spaltete Familien und beendete Freundschaften. Hella Murrik hatte kein Problem damit, mit Menschen auf beiden Seiten zu verkehren, die kaum miteinander sprachen. Unter ihren Bekannten bei den Jungfinnen waren die Schriftstellerin Anni Swan, die zukünftige Parlamentsabgeordnete Tekla Hultin und Aino Malmberg, die die prominenteste Frau im Untergrundwiderstand war. Einige in Finnland wollten, dass der Widerstand mehr als nur passiv sein sollte und waren bereit, zu aktiveren Maßnahmen zu greifen, einschließlich Gewalt und Attentaten. Als der liebeskranke Student Eugen Schauman den verhassten russischen Generalgouverneur Nikolai Bobrikow und dann sich selbst 1904 erschoss, stieß das auf stilles Einverständnis oder sogar offene Zustimmung bei vielen, auch unter denjenigen, die nicht den Aktivismus unterstützten. Als aber ein anderer Aktivist den Prokurator der Altfinnen Eliel Soisalon-Soininen ermordete, war das zu viel für alle, abgesehen von den engagiertesten Aktivisten. Hella Murrik, die zugab, Schauman zu bewundern, war gerade der sympathischen Frau Soisalon-Soininen vorgestellt worden und war über den Mord entsetzt.[8]

Mit ihrer Direktheit, Aufgeschlossenheit und Gesprächigkeit, Eigenschaften, für die die Finnen nicht notwendigerweise bekannt sind, wurde Hella Murrik in den Kreisen, in denen sie sich bewegte, wahrgenommen und beachtet. Sie hinterließ einen positiven Eindruck. »Ich habe das Gefühl, dass der gesunde, starke Lebenswille, der durch Murriks Adern fließt, hier wieder frei geworden ist – das harte und schwierige Leben dort auf der anderen Seite des Meerbusens hat es nicht geschafft, ihre Jugend zu vernichten – sie erhebt sich umso stärker unter günstigen Umständen – und ich kann das nur zu gut verstehen«, schrieb Ilona Jalava im Frühling 1906 an Aino Kallas. Aino Kallas machte die gleiche Beobachtung über Hella Murriks blühende Schönheit, wie viele in Helsinki, und bemerkte ebenso den Hauch von etwas Exotischem und Unerreichbarem um sie.[9]

Sie besuchte fleißig ihre Lehrveranstaltungen als Studentin der Folkloristik im Hauptfach. Sie war auch ziemlich kritisch gegenüber vielen ihrer Professoren und dachte nach ihrem ersten Jahr, dass die meisten Vorlesungen, die sie besuchte, Zeitverschwendung waren. Sie war im Studentenleben aktiv. Die Studentenschaft der Universität war nach Nationen organisiert, und Hella Murrik trat der Häme-Nation bei, eine natürliche Wahl, weil ihre Herkunftsregion Viljandi als Estlands Häme angesehen wurde. Da sie nicht in das Studentenimmatrikulationsregister eingeschrieben war, konnte sie nicht formell als Mitglied registriert werden, aber sie war der Nation willkommen. Bei dem ersten Treffen in der Nation, an dem sie teilnahm, begrüßte deren Kustos Julius Ailio sie herzlich mit einer kurzen Rede, worin er sie Vertreterin eines Brudervolkes nannte.

Auf den wöchentlichen Treffen der Häme-Nation machte sie schnell Eindruck, sowohl durch ihr Aussehen als auch durch ihren Intellekt, und wurde von Arvo Ylppö in seinen Erinnerungen als die neue »first lady« des Studentenlebens beschrieben.[10] Die Nation war politisch in Alt- und Jungfinnen geteilt, wobei sie zu beiden gute Beziehungen hatte, auch wenn diese nicht immer freundlich zueinander waren. Unter ihren Freunden in der Gruppe der Altfinnen waren K. N. Rantakari und Antti Tulenheimo, der künftige Ministerpräsident, Universitätsrektor und Bürgermeister von Helsinki. Um 1905 hatte sie auch eine kurze Romanze mit Tulenheimo, unbemerkt oder zumindest unkommentiert von anderen.[11] Schließlich gab es auch eine kleine Gruppe von Sozialisten wie Julius Ailio. Ihre Zahl sollte sich bald vergrößern.

Der Weg zur Sozialistin

In Estland hatte Hella Murrik keinerlei Kontakt zur aufstrebenden Arbeiterbewegung gehabt, und das war anfangs auch in Finnland der Fall. Es gab Sozialdemokraten in Estland, aber die erste kleine Partei wurde erst 1904 in Tartu gegründet. In Finnland war die Sozialdemokratische Partei 1898 als Finnische Arbeiterpartei gegründet worden, die 1903 den Namen Sozialdemokratische Partei Finnlands (SDP) und ein sozialistisches Programm annahm. Die Partei in Finnland wuchs schnell, und die revolutionäre Leidenschaft von 1905 führte zu einem sprunghaften Anwachsen von Mitgliedern und Einfluss. Im Jahr 1904 hatte die Partei weniger als 20 000 Mitglieder gehabt, 1906 erreichte sie mit mehr als 80 000 ihren Höhepunkt.

Unter den neuen Mitgliedern waren auch eine Reihe von Studenten und Intellektuellen, die sogenannten November-Sozialisten, die durch den Generalstreik in Finnland radikalisiert worden waren. Sie waren zahlenmäßig gering, aber viele von ihnen sollten eine bedeutende Rolle in der Arbeiterbewegung und dem Land spielen. Viele dieser studentischen Radikalen kamen aus der Häme-Nation, und Hella Murrik hatte sie schon gekannt, bevor sie Sozialisten wurden. Eine von denen, die Hella Murrik am nächsten standen, war Linda Anttila, die zukünftige Frau von Väinö Tanner. Viele von ihnen stammten aus der Altfinnischen Partei, wie Otto Ville Kuusinen, der Sohn eines Schneiders aus Jyväskylä, oder die Wuolijoki-Brüder Wäinö und Sulo. Kuusinen hatte mit Sulo, der aus Hauho im Herzen von Häme stammte, dieselbe Schule und Klasse in Jyväskylä besucht. Ihr Vater, Juho Robert Wuolijoki, war der reiche Besitzer eines alten *rustholli*, eines großen Bauernhofes mit einem nicht adligen Besitzer, der in der schwedischen Zeit dem König einen Mann und ein Pferd für seine Kriege stellen musste. Er war ein standhafter Anhänger der Altfinnischen Partei und war auch stellvertretender Sprecher des Bauernstandes im Vierständelandtag gewesen.

Die revolutionären Unruhen in Russland erreichten ihren Höhepunkt in einem Generalstreik im Oktober 1905. Als die Finnen am 30. Oktober so weit waren, sich daran zu beteiligen, war er in St. Petersburg vorbei, wo Zar Nikolaus II. gezwungen worden war, eine konstitutionelle Herrschaft und die Wahl einer neuen Nationalversammlung, der Duma, zu versprechen. Die Finnen hatten kein Interesse an einer russischen Duma, sie wollten eine Aufhebung aller zaristischen Maßnahmen, die die finnische Autonomie verletzt hatten und eine Rückkehr zur konstitutionellen Herrschaft in Finnland. Ihre erste Forderung war, dass der russische Generalgouverneur und der Senat – die Regierung Finnlands, in der nur diskreditierte Mitglieder der Altfinnischen Partei vertreten waren – zurücktreten sollten, was sie auch taten. Ihre zweite Forderung war die nach einer Parlamentsreform und einem modernen Einkammerparlament, das durch allgemeines Wahlrecht gewählt werden und das Vierständeparlament ersetzen sollte, in dem weniger als fünf Prozent der männlichen Bevölkerung vertreten waren. Auch dies wurde zugesagt, als der Zar am 4. November das von den Finnen entworfene Manifest unterzeichnete und all ihre Forderungen akzeptierte.

Der Generalstreik von 1905 begann als ein landesweiter Streik, hinter dem alle politischen Kräfte standen, aber schnell entstanden soziale Spannungen und gaben der Konfrontation eine andere Färbung. Die Sozialdemokratische Partei wurde zum ersten Mal eine politische Macht im Land. Als die Polizei sich dem Streik anschloss, wurde eine Nationalgarde gebildet, um die Verantwortung für die Aufrechterhaltung der öffentlichen Ordnung in Helsinki zu übernehmen. Der mehr oder weniger selbst ernannte Kommandeur der Garde war ein ehemaliger Armeehauptmann namens Johan Kock mit unbestimmten linksgerichteten Ansichten. Die Garde wurde von sozialdemokratischen Arbeitern dominiert und entwickelte sich praktisch zu einer Roten Garde.

Die Studenten wurden in die Bewegung hineingezogen und beteiligten sich aktiv an den Demonstrationen für Reformen. Viele, die später erbitterte Gegner der Arbeiterbewegung werden sollten, unterstützten damals die »Roten«, weil sie als die Avantgarde im Kampf gegen die Zarenherrschaft gesehen wurden. Die Mitgliederzahl der Sozialdemokratischen Studentenvereinigung, die zuvor im März gegründet worden war, wuchs und ihre Zusammenkünfte wurden von vielen besucht, die sich erst vor kurzem während der Tage der revolutionären Leidenschaft den Sozialismus zu eigen gemacht hatten. Viele verließen die Bewegung bald wieder, aber viele von denen, die blieben, wie Kuusinen, die Brüder Wuolijoki, Väinö Hakkila, Edvard Gylling und Yrjö Sirola, wurden prominente Führer der sozialdemokratischen Arbeiterbewegung, einige später sogar als Kommunisten.

Die sozialdemokratischen Studenten folgten dem Appell, der neu gebildeten Nationalgarde zu helfen, die das Polizeihauptquartier übernommen hatte. Auch Frauen waren willkommen, wenn auch nicht, um in den Straßen zu patrouillieren, so doch um bei der Sekretariatsarbeit zu helfen und natürlich, um die Männer mit Kaffee und Essen zu versorgen. Linda Anttila und Hella Murrik waren unter diesen Frauen, die dem Ruf folgten, ebenso wie ein paar Nichtsozialisten. Wegen ihrer Russischkenntnisse umfasste die Arbeit Murriks nicht nur das Ausschenken von Kaffee, sondern auch die Tätigkeit als Dolmetscherin bei einem Treffen, das einberufen worden war, um der besorgten russischen Bevölkerung in Helsinki zu versichern, dass der Streik sich nicht gegen Russen an sich richtete.

Der Generalstreik war in etwas mehr als einer Woche vorbei. Der konstitutionalistische schwedischsprachige Liberale Leo Mechelin bildete einen neuen Senat. Die Senatoren wurden aus den Reihen der Schwedischen und der Jungfinnischen Partei herangezogen, aber sie schlossen auch den sozialdemokratischen Parteisekretär J. K. Kari ein. Er wurde aus der Partei wegen des Eintritts in eine bürgerliche Regierung ohne Zustimmung der Partei ausgeschlossen. Die versprochene Gesetzgebung für ein neues Einkammerparlament wurde von dem Vierständeparlament verabschiedet, unter dem Druck sozialdemokratischer und radikaler Demonstranten, die zu Recht Versuchen misstrauten, die Reformen zu verwässern. Letzten Endes stimmte der Zar der neuen Gesetzgebung im Juli 1906 zu, wodurch er Finnland mit einem Streich das zur damaligen Zeit modernste und demokratischste Parlament der Welt gab. Das neue Parlament mit 200 Abgeordneten sollte nach dem Verhältniswahlrecht in allgemeiner Wahl gewählt werden, einschließlich des Frauenwahlrechts. Bei der durch die Reform hervorgerufenen Euphorie wurde der Tatsache nur wenig Beachtung geschenkt, dass die Besetzung des Senats das absolute Vorrecht des Zaren blieb, der sich ebenfalls ein absolutes Veto über jegliche vom neuen Parlament verabschiedete Gesetzgebung vorbehielt.

Der Umsturz von 1905 änderte nicht viel an den Bedingungen des täglichen Lebens für die Menschen in Finnland, aber er veränderte ihre Mentalität. Das spiegelte sich in den Ergebnissen der ersten Wahlen zum neuen Parlament wider, wobei die Sozialdemokratische Partei 80 Sitze gewann, was sie zur populärsten Arbeiterpartei in Europa machte – ein wenig zu ihrer eigenen Überraschung. Dieser Erfolg wurde in einem Land erzielt, das überwiegend agrarisch war und nur eine kleine städtische Arbeiterklasse hatte.

Die Erfahrungen von 1905–1906 stärkten die soziale Harmonie in Finnland nicht. Die nationalbetonte Begeisterung unterdrückte Klassengegensätze oder sogar Klassenhass nicht lange, und die letzte Phase der revolutionären Bewegung endete in einem Blutvergießen. Einer der stärksten Stützpunkte der russischen Ostseeflotte befand sich in Viapori, der von den Schweden errichteten alten Festung auf einigen Inseln etwas außerhalb von Helsinki. Im 19. Jahrhundert war die Bevölkerung von Viapori – »dem Gibraltar des Nordens«, wie übertriebene Rhetorik es nannte – größer als die von Helsinki selbst gewesen. Am 30. Juli 1906 meuterten die Truppen in Viapori. Das sollte ein Teil einer Zarenreich-weiten Reihe militärischer Aufstände sein, aber es gab auch viele lokale Gründe für die Meuterei: die schlechten Bedingungen und die schlechte Behandlung der Wehrpflichtigen der Ostseeflotte – verfaultes Fleisch bildete einen Teil der Grundnahrung – und ihr Radikalismus. Die Militärorganisation der Bolschewiki in Finnland war im Oktober 1905 gegründet worden und hatte etwa 600 Mitglieder. Die Sozialrevolutionäre Partei war sogar noch stärker, und es war Hauptmann Sergei Zion aus ihren Reihen, der die Rebellion anführte. Ein zusätzlicher Funke, der dazu beitrug, die Sicherung durchbrennen zu lassen, war die Auflösung der Duma durch den Zaren.

Der Aufstand von Viapori war nicht gut vorbereitet, keine größeren Garnisonen anderswo taten es ihnen gleich, und die Meuterer wurden leicht isoliert. Die Meuterei wurde blutig niedergeschlagen und war in gerade mal 60 Stunden vorbei. Über 60 Meuterer wurden bei den Kämpfen getötet, 24 zum Tode verurteilt und exekutiert und fast 900 erhielten harte Gefängnisstrafen. Bevor die Meuterei ausbrach, hatten die künftigen Meuterer Kontakte zu finnischen Aktivisten und Sozialdemokraten. Heimliche Treffen wurden zwischen Kock von der Nationalgarde, Zion und anderen von der Garnison in Viapori abgehalten.

Kock versprach Unterstützung, aber als die Meuterei ausbrach, waren die Rotgardisten nicht imstande, viel anderes zu tun als zu einem Generalstreik aufzurufen und einige Eisenbahnlinien zu unterbrechen, um zu verhindern, dass zaristische Verstärkung Helsinki erreichte. Einige Rotgardisten gelangten nach Viapori, aber der einzige Kampf, an dem finnische Rotgardisten beteiligt waren, war ein Zusammenstoß zwischen ihnen und der neu geschaffenen studentischen Weißen Garde. Die Schießerei fand im Stadtzentrum statt und kostete zwei Roten und sieben Weißen das Leben. Das war ein böses Omen und ein kleiner Vorbote dessen, was sich 1918 ereignen sollte.[12]

Für Hella Murrik war 1905 auch in vielerlei Hinsicht ein Wendepunkt. Es war während der belebenden Tage und Nächte des Generalstreiks, dass sie zum ersten Mal den finnischen Arbeiter kennenlernte. Das hinterließ bei ihr einen bleibenden Eindruck, wie sie in ihren Erinnerungen verzeichnete:

Er [der finnische Arbeiter] war geduldig, ernst, stark und selbstbewusst, ein anderer Menschenschlag als die betrunkenen, ungehobelten Männer, vor denen wir Studentinnen uns mitten am Tage auf der Alexanderstraße bei den Automaten fürchteten. Er hatte ein klares Verständnis dafür, was die Gesellschaft ihm schuldig war und was er für die Gesellschaft bedeutete. Ich erinnerte mich an die Instleute und Knechte in Estland und an ihre Untüchtigkeit [...] Ich lernte, die Würde und Ruhe des finnischen Arbeiters und sein Kraftgefühl zu respektieren.[13]

Das waren romantische Anwandlungen einer Frau, die sich, außer in einem sehr abstrakten Sinne, niemals mit eben diesen Arbeitern identifizieren würde und könnte. Eine Identifizierung würde stets idealistisch und theoretisch bleiben, und obwohl Hella Wuolijoki die grundlegenden Werke von Karl Marx und anderen marxistischen Sozialisten las und sie möglicherweise besser begriff als die meisten Politiker der Arbeiterbewegung, nahm sie niemals für sich in Anspruch, eine marxistische Ideologin zu sein.

Anatoli

Es ist nicht klar, wo und wann genau im Jahr 1906 Hella Murrik »Anatoli« zum ersten Mal begegnete, aber ihre engere Beziehung datiert aus der Zeit kurz vor dem Aufstand von Viapori. Anatoli war eine weitere von Hella Murriks augenblicklichen Schwärmereien. Sie gab in ihren Erinnerungen oder anderswo in der Öffentlichkeit nie mehr als Anatolis Decknamen preis und war wortkarg, was den genauen Charakter ihrer Beziehung anging, aber als sie während des Zweiten Weltkrieges in Haft verhört wurde, verwies sie auf ihre heimliche Verlobung. Schließlich enthüllte sie auch Anatolis wahre Identität gegenüber ihrem Vernehmer. Es war wohl kaum zu ihrem Vorteil, bekannt zu machen, dass der Freund und Liebhaber aus ihrer Jugend, mit dem sie über die Jahre hinweg unregelmäßig Kontakt gehabt hatte, eine zentrale Figur im sowjetischen Geheimdienst war. Obwohl sie zugab, zu wissen, dass er in der GPU war, behauptete sie immer, sie habe ihn nur als jungen Mann gesehen, der sich in sie verliebt hatte und den sie im Stich gelassen hatte. Aber wie Hella es im Alter von 57 Jahren formulierte, die Beziehung war »die schönste Geschichte unter der Sonne«. Das stimmt bemerkenswert mit der Kurzgeschichte überein, die sie 1909 schrieb. Darin öffnet ein jugendlicher Revolutionär namens »Orkadi« auf der Flucht vor den Behörden einem jungen, Hella-artigen Mädchen die Augen für die Wahrheit, wie sie durch den Historischen Materialismus enthüllt wird.[14]

Anatoli hieß Meir Abramowitsch Trilisser und war 1883 in Astrachan seinem georgisch-jüdischen Eltern geboren worden. Er schloss sich 1901 den Bolschewiki an und betätigte sich in der Parteiarbeit in Odessa, Astrachan, Samara und Jekaterinburg. Im Jahr 1906 war er in Finnland für die geheime Organisation der Bolschewiki innerhalb des russischen Militärs tätig. Hella Wuolijoki behauptet, dass er der wichtigste sozialdemokratische Organisator war, der hinter dem Aufstand von Viapori stand. Falls das so war, dann war er im Untergrund tätig, da sein Name nicht unter denen auftaucht, die damals als Anführer der Meuterei identifiziert wurden, von denen die meisten Sozialrevolutionäre waren.

Anatoli war nicht der einzige Bolschewik, mit dem Hella Murrik 1906 zusammenarbeitete. Unter den anderen waren Nikolai Burenin und Wladimir Smirnow, ebenso wie der berüchtigte Israel Helphand, besser bekannt als Alexander Parvus. Burenin organisierte Maxim

Hella Murrik im Alter von 20 Jahren in Helsinki, Finnland

Gorkis Besuch in Finnland 1906. Er war ein begabter Pianist und wurde später Direktor der Moskauer Oper in der Sowjetunion, aber zu der Zeit, als er und Hella Murrik zusammentrafen, war er ein bolschewistischer Untergrundorganisator und Experte für Schusswaffen und Sprengstoff. Burenin und Hella Murrik erneuerten ihre Freundschaft in den 1920er Jahren, als Burenin 1922 Hella Wuolijoki als einer der Hauptberater des Volkskommissars für Handelsangelegenheiten, Leonid Krassin, besuchte.[15]

Ein anderer ihrer Freunde unter den Bolschewiki war Wladimir Smirnow, der Bibliothekar der Slavica-Sammlung der Universität, Russischlehrer und einer derjenigen in Finnland, die Lenin in Helsinki Unterschlupf gewährten. Damals waren viele finnische und russische Gegner der Zarenherrschaft in der Lage, über politische und nationale Trennlinien hinweg zusammenzuarbeiten. Viele nichtsozialistische Finnen und besonders diejenigen, die in der Untergrundaktivistenbewegung waren, waren froh, mit jemandem zusammen zu arbeiten, der ernsthaft danach strebte, die Zarenherrschaft zu stürzen. Die Finnen hatten damals wenig Kenntnis davon oder Interesse daran, was Bolschewiki und Menschewiki oder sogar Sozialdemokraten und Sozialrevolutionäre trennte, obwohl die Aktivisten in der Praxis meistens mit Letzteren Kontakt hatten.[16]

Eine weitere zwielichtigere und Verdacht erregende Persönlichkeit, die Hella Murrik damals kannte, war der Este Alexander Kesküla, den sie, als ob sie seine geheimnisvolle Gestalt noch hervorzuheben suchte, in ihren Erinnerungen nur mit seinen Initialen A. K. erwähnt. Sie waren sich früher in Tartu begegnet, wo Kesküla unter Vorspiegelung falscher Tatsachen von Tônisson bei der *Postimees* angestellt worden war. Bald schon begann er gegen diesen ein Komplott zu schmieden. Als er schließlich von der Zeitung gefeuert wurde, war er drauf und dran, Tônisson bei der feierlichen Eröffnung einer Landwirtschaftsausstellung physisch anzugreifen, wo Hellas Schwester Salme diejenige war, die verhinderte, dass es zu einem Skandal kam, indem sie ihn ablenkte und wegführte. Er war Sozialdemokrat, aber ob er damals auch ein Bolschewik war, ist weniger klar. Er war zusammen mit Parvus, den Hella Murrik kurz traf und ihm 1906 bei seinem Weg ins Exil half, eine der Schlüsselfiguren, die die Kontakte zwischen Lenin und dem deutschen Generalstab während des Ersten Weltkrieges vermittelte. Kesküla setzte sich im Herbst 1917 in Stockholm auch mit Wuolijoki in Verbindung, aber sie wahrte ihre Distanz zu ihm.[17]

Hella Murrik wurde zunächst von Anatolis Persönlichkeit angezogen. In ihren Erinnerungen schrieb sie:

Er war ebenso mein sehr guter Freund wie unvergesslicher Lehrer. Er lehrte mich, das Leben als ein soziales Phänomen und eine Realität zu sehen, und durch sein Leben gab er das

Beispiel dafür ab, was menschliche Werte, Opferbereitschaft und Güte bedeuten. Er lehrte mich, systematisch zu arbeiten, brachte mir bei, mit dem Bleistift in der Hand und einem Notizbuch ein Buch zu lesen und furchtlos alle Probleme anzugehen und stattete mich mit einem Lehrplan aus, der besser war als der jeder Universität zur damaligen Zeit – außer dem der russischen Gefängnisse, wo die Führer des heutigen Russland ihre gründliche Ausbildung erhalten haben.

Sie befolgte dann auch die Lektüreempfehlungen von Anatoli und fastete mit einer Diät von Kautsky, Bebel, Lassalle, Marx, Bogdanow, Engels und Mach, welche sie mit Büchern von David und Bernstein, die ihr Tônnisson geschickt hatte, ausbalancierte. Das Ergebnis war, wie sie behauptete, dass sie zu »einer Ideologie gelangte, die fest auf dem historischen Materialismus beruhte und die ihr ganzes Leben hindurch allen Stürmen trotzte«.[18]

Praktisch gesehen bleibt unklar, was Murrik und Trilisser 1906 taten. Hella Wuolijoki sagt, dass Anatoli sie kurz vor dem Ausbruch des Aufstandes von Viapori aus der kleinen Stadt Tammisaari, wo sie Übersetzungsarbeiten für Smirnow erledigte, zurück nach Helsinki gerufen habe. In Helsinki bestand ihre Aufgabe in erster Linie im Auffinden sicherer Treffpunkte für die Verschwörer und sicherer Häuser für diejenigen, die auf der Flucht waren, nachdem der Aufstand niedergeschlagen worden war.

Die unmittelbare Repression nach dem Aufstand zielte auf diejenigen im Militär, die direkt beteiligt waren, aber auch andere fühlten sich unsicher. Hella Wuolijoki sagte ihren Vernehmern während des Krieges, dass sie ihren Vater Trilisser für eine Weile in ihrem Haus in Valga hatte verstecken lassen. Das könnte der Fall gewesen sein, denn im Mai 1907 schrieb sie an ihren Vater in einer Weise darüber, einen Brief von Anatoli erhalten zu haben, die darauf hindeutet, dass er auch Ernst Murrik bekannt gewesen sein muss. Der Aufenthalt in Valga mag eher nur für Ruhe und Entspannung als zum Verstecken gewesen sein. Im Dezember 1906 war Trilisser schon in Stockholm, wo er auf dem Parteitag der bolschewistischen Sozialdemokratischen Arbeiterpartei Russlands Bericht über den Aufstand von Viapori erstattete.[19]

Hella Murrik hatte damals Kontakte zu anderen Bolschewiki. Zusätzlich zu den Genannten gehörte dazu Lenin, obwohl ihr Kontakt zu dem schon berühmten bolschewistischen Führer sich darauf beschränkte, ihm in der Universitätsbibliothek gegenüber zu sitzen. Es wäre aber anachronistisch, sie damals als eine Bolschewikin zu sehen. Die solide Mehrheit der Sozialdemokratischen Partei Finnlands vertrat die Kautskysche Mitte. Konzepte wie Bolschewismus und Revisionismus waren in der finnischen Partei wenn überhaupt von geringer Bedeutung. Die finnische Partei war vielmehr mit anderen Fragen beschäftigt als die russischen und deutschen Parteien. Nur eine sehr begrenzte Zahl finnischer Sozialdemokraten war von Bernsteins Revisionismus beeinflusst, und die einzigen Finnen, die sich als Bolschewiki ansahen, waren in St. Petersburg zu finden, wo sie Mitglieder der russischen Partei waren.

Auch kann Hella Wuolijoki in keiner Weise als bolschewistische Agentin betrachtet werden, da sie auch, zu Anatolis Verärgerung, die russischen Konstitutionellen Demokraten (Kadetten) unterstützte, als sie in Finnland ihr Treffen abhielten. Doch die Erfahrungen von 1906 scheinen bei ihr einen lebenslänglichen Appetit auf konspirative Arbeit hinterlassen zu haben, wenn auch mehr in romantischer als in professioneller Weise. Einigen ihrer alten Freunde gefiel ihre Veränderung nicht. Aino Kallas schrieb ihrem Mann, Hella Murrik sei jetzt eine »Revolutionärin, beteiligt sich aktiv, verkehrt mit Russen, spricht schon von Gefängnis (und wie im Gefängnis Zeit zum Schreiben wäre!). Ich mache mir Sorgen um sie.«[20]

Nach 1907 verlor Hella Murrik den Kontakt zu Trilisser, und bis 1921 korrespondierte sie weder mit ihm noch sah sie ihn wieder. Von Trilisser ist auch nicht bekannt, dass er andere Kontaktpersonen in Finnland hatte, und er war ohnehin aus dem Spiel, da er zu fünf Jahren Haft in der Festung Schlüsselburg verurteilt und wegen seiner revolutionären Aktivitäten danach nach Sibirien verbannt worden war. Zu diesen konnte er bis zur Februarrevolution nicht zurückkehren.[21]

Aus Murrik wird Wuolijoki

Im Jahr 1908 fanden zwei wichtige Veränderungen in Hella Murriks Leben statt. Sie schloss die Universität ab als erste estnische Frau, die einen Universitätsabschluss erwarb, und sie heiratete Sulo Wuolijoki.

Hella Murrik und Sulo Wuolijoki hatten sich in der Häme-Nation und auf einem Treffen der sozialdemokratischen Studenten kennengelernt. Es war keine Liebe auf den ersten Blick, und andere hatten bemerkt, dass Fräulein Murrik zunächst mehr an Sulos schon kahl werdendem älteren Bruder Wäinö interessiert zu sein schien. Aber als sie sich ineinander verliebten, war es eine äußerst leidenschaftliche Beziehung.

Es gab da allerdings ein kleines Problem: Sulo Wuolijoki war schon mit Ilma Syrjänen aus dem selben Teil von Häme wie die Familie Wuolijoki verlobt, und Einladungen zur Hochzeit waren schon verschickt worden, als Sulo und Hella sich im Frühling 1907 Hals über Kopf ineinander verliebten. Die Hochzeit abzusagen, wurde als unvorstellbar angesehen. Nach der Trauung reisten die Jungvermählten zu sehr sonderbaren Flitterwochen nach Deutschland, wo der Bräutigam an Treffen mit führenden deutschen Sozialisten teilnahm und leidenschaftliche Briefe an Hella in Finnland schrieb, in denen er schwor, dass er seine unglückselige Braut nicht angerührt hatte, die die meiste Zeit sehnsüchtig und allein in ihrem Hotelzimmer saß.[22]

Zurück in Finnland begann Sulo mit den Vorbereitungen für die Trennung der Jungvermählten und die Heirat mit Hella. Das war ein kompliziertes juristisches Verfahren, welches erforderte, das Gericht dazu zu bekommen, die nicht vollzogene Ehe aufzulösen und auf der Grundlage von Sulo Wuolijokis und Hella Murriks »Geständnis« des Ehebruchs die beiden zu rechtmäßigen Eheleuten zu erklären. Das war damals auch der einzige Weg, um rechtmäßig nicht kirchlich zu heiraten, was die beiden wollten. Alles in allem war Sulos erste Ehe eine Episode, über die keiner von beiden sprechen oder schreiben wollte und die sie vor ihrer Tochter verheimlichten, selbst als sie erwachsen geworden war.[23]

Sie waren ein attraktives Paar und anfangs ziemlich glücklich. Sulo Wuolijoki war schon zweimal, ebenso wie sein Bruder Wäinö, in das neue Einkammerparlament gewählt worden und er wurde als ein junger Mann mit einer glänzenden Zukunft angesehen. Er war gut aussehend, liebenswürdig, intelligent, flink und ein guter Schreiber mit einem feinen Sinn für Humor, wie die vielen Bücher mit Memoiren und Anekdoten beweisen, die er später schrieb. Er war auch gut in Sprachen, und die Internationale wird in Finnland immer noch mit dem Text von O. V. Kuusinen und Sulo Wuolijoki gesungen. Aber Sulos schneller Verstand und seine Missachtung konventionellen Verhaltens kränkten auch viele. Er wurde als ein »richtiger Kerl« charakterisiert. Das sollte positiv gemeint sein, kann aber auch geringschätzig verstanden werden.

Sulo Wuolijoki zog es zur Flasche hin, was die Ehe mehr als alles andere zugrunde richtete. Hella Wuolijoki war selber keine Abstinenzle-

Sulo Wuolijoki und Vappu, die 1911 geboren wurde

rin – eine der liebenswertesten Figuren in ihren Stücken ist Herr Puntila, basierend auf einem Verwandten der Wuolijokis aus dem wirklichen Leben, der nett und großzügig war, wenn er betrunken und widerlich und gemein, wenn er nüchtern war – aber sie duldete keine Betrunkenen in ihrer Gesellschaft.

Hella Wuolijoki hatte ursprünglich beabsichtigt, an der Universität mit einer Doktorarbeit weiterzumachen, aber sie beendete sie niemals. Das erste und einzige Kind der Wuolijokis, die Tochter Vappu – der Erste Mai wird im Finnischen Vappu genannt – wurde am 20. März 1911 geboren, und die Verantwortung für das Kind und den Haushalt lastete auf ihren Schultern. Vor Vappus Geburt hatten sie eine Villa in

Hella und Vappu Wuolijoki

Alberga, unweit von Helsinki, gekauft. Die Umgebung mit dem Garten und dem, was Hella Wuolijoki ihren Zoo nannte – mit einer Kuh, um die Versorgung des Babys mit frischer Milch sicher zu stellen – hatte ihre Reize, aber das Haus hatte keine modernen Annehmlichkeiten. Hella fühlte sich zunehmend einsam, isoliert und erschöpft – auch mit der Hilfe einer Magd und einer Melkerin für die Kuh und das Schwein, die sie hielten – durch die Anforderungen des Babys und ihrer Übersetzungs- und Schreibarbeit, mit der sie das Familieneinkommen ergänzte. Nach zwei Jahren halb ländlichem Leben verkauften sie das Haus und zogen zurück in die Stadt.[24]

Parlamentsabgeordnete wurden nicht als Vollzeitbeschäftigte betrachtet, und ihnen wurde nur eine relativ kleine Vergütung gezahlt. Das reichte für die Familie nicht aus, und wenn Sulo, der etwas länger brauchte,

Serafina Wuolijoki, Hellas Schwiegermutter, nach deren Vorbild die Autorin die alte Patriarchin in den Niskavuori-Stücken gestaltete

um sein Studium abzuschließen und seinen akademischen Grad zu erwerben, ihr Einkommen auch mit Anwaltshonoraren aus Gerichtsverfahren ergänzte, waren seine Lebensweise und der fröhliche Umgang, den er pflegte, kostspielig. Seine Gefährten waren nicht nur Politiker oder Sozialisten, sondern auch Künstler wie der Dichter Eino Leino und gelegentlich der Komponist Jean Sibelius und der Maler Akseli Gallen-Kallela. Ein Aspekt dieses Lebens wird durch das dicke Bündel von Bankwechseln widergespiegelt, die unter den Familienpapieren erhalten geblieben sind und bei denen die Unterschriften von Schuldnern und Bürgen, die über die Rückseite der Papiere verlaufen, sich wie ein »Who is Who« der Politik und Kultur im Helsinki der frühen 1910er Jahre lesen.

Der Familiensitz der Familie Wuolijoki in Hauho, Finnland

Sulo Wuolijoki wurde problemlos in fünf aufeinander folgenden Wahlen in das Parlament gewählt, aber bei den Wahlen von 1913 stellte er sich nicht mehr zur Wiederwahl. Hella Wuolijoki wurde von mindestens zwei unterschiedlichen Parteibezirken gebeten, eine Nominierung als Kandidatin zu akzeptieren, aber sie lehnte die Angebote ab. Sie hatte beschlossen, an der Universität Jura zu studieren, als besten Weg, um ein stabiles Einkommen zu erzielen und Sulo bei seiner Arbeit helfen zu können, aber daraus wurde nichts. Väinö Tanner bemerkte später, das Jurastudium verlange zu viel Konzentration für ihre lebhafte Fantasie, aber wahrscheinlicher als diese leicht chauvinistische Erklärung ist, dass sie ihr Studium wegen ihrer sonstigen Arbeit nicht fortführte.[25]

Mit dem Ausbruch des Ersten Weltkrieges im nächsten Jahr kam das politische Leben in Finnland mehr oder weniger zum Stillstand. Für die Wuolijokis ist der außergewöhnlich warme Sommer von 1914 nicht nur wegen des Kriegsausbruchs unvergesslich, sondern auch wegen der Monate, die sie mit Eino Leino in einem Häuschen auf einer kleinen Insel am Kukkia-See in Häme verbrachten. Dort erlebten sie den schönen Sommer mit Fischen, Schreiben und endlosen Diskussionen ohne Alkohol. Hella Wuolijoki sollte 30 Jahre später ein sehr herzliches Erinnerungsbuch über ihren gemeinsamen Sommer schreiben.[26]

Die Familie Wuolijoki hatte Hella mit offenen Armen aufgenommen, und sie wurde auch nach ihrer Scheidung von Sulo weiter als Familienmitglied betrachtet. Die starken Familienbande, die die Wuolijokis zusammenhielten, schlossen weder frühere angeheiratete Verwandte und ihre Nachkommen aus noch wurden sie von unterschiedlichen oder entgegengesetzten politischen Meinungen beeinträchtigt. Der zu den Altfinnen zählende Patriach der Familie, Juho Robert Wuolijoki, hatte nicht mit seinen Söhnen gebrochen, als sie sich zum Sozialismus bekannten, nicht einmal, als von ihnen gesagt wurde, sie hätten die Pächter des Familiengutes zum Streiken angestiftet, um bessere Bedingungen zu fordern.

Für die neue Schwiegertochter wurde die erweiterte Familie Wuolijoki zu einer Goldmine an Stoff für ihr künftiges Schreiben. Viele Figuren, Ereignisse und Orte aus der Familiengeschichte und der Landschaft Häme fanden Eingang in ihre Werke, wie Onkel Roope, das Vorbild für Herrn Puntila. Das Wuolijoki-Anwesen als solches hat vieles gemeinsam mit der Bauernelite der künftigen Niskavuori-Stücke.

4

Eine estnische Schriftstellerin

Ella Murrik schrieb ihr erstes Stück mit 13 Jahren, aber es hat nicht überlebt, weil sie das Manuskript zerriss, nachdem ihr Vater seine Kritik zu ihren Bemühungen vorgebracht hatte. Die Prügel, die sie dafür erhielt, lehrten sie, mit Kritik gut fertig zu werden. Ihre ersten veröffentlichten Arbeiten waren unsignierte Artikel in der *Postimees*, die sie schrieb, als sie noch auf dem Gymnasium war. Nachdem sie ihr Abitur bestanden hatte, wurde sie regelmäßige Mitarbeiterin der Zeitung unter ihrem eigenen Namen. Ihre ersten Kurzgeschichten wurden in der Zeitung um 1902–1903 veröffentlicht. Sie begann auch, an einem Theaterstück zu arbeiten, aber das Manuskript ihres Frühwerkes *Marianna Madonna* wurde zerstört, als das Haus der Familie in Valga 1907 abbrannte. Sie nahm jedoch die Arbeit an dem Thema vier Jahre später wieder auf, und das Ergebnis war ihr erstes veröffentlichtes und aufgeführtes Stück *Talulapsed*.

Dass sie auf Estnisch schreiben wollte, war ihre Entscheidung, da ihr Finnisch schon gut genug war, um Maxim Gorkis Roman *Ispoved* (Eine Beichte) und Leonid Andrejews *Tsar Golod* (König Hunger) 1908 ins Finnische zu übersetzen. Der Roman von Gorki wurde von einem Arbeiterverlag in Turku mit einer unerschrocken sozialistischen Einleitung von Wuolijoki veröffentlicht, worin sie Gorkis Buch so beschreibt, dass es »die Geschichte erzählt, wie ein denkender Mann mit tiefen Gefühlen sich seinen Weg aus dem persönlichen Glauben an Gott zu einer proletarischen Lebenssicht erkämpft«.[1] Auch wenn sie Gorkis Schreiben und seine proletarische Ideologie bewunderte, versuchte sie doch nie, seinen sozialistischen Realismus in ihren eigenen Werken nachzuahmen.

Talulapsed wurde im Frühling 1911 vollendet, und es erschien im Oktober 1912 als Buch. Als es im nächsten Jahr in Tallinn auf die Bühne kam, wurde es nach dem ersten Abend verboten. Die leicht erkennba-

Minu abikaasa
Katarina Murriku haual.
8. juunil 1929.

Sa olid armas, olid kallis
Tugipaik me perekonnale;
Loid kodu kuldseks ilmas hallis -
Sa olid meile päikene;
  Me armu hallik, õnne hüüd -
  Lein nüüd, lein nüüd!

Me päikene! Läinud looja,
Me elus hõljub ämarus;
Ei ole kodus seda sooja,
Mis lõi su hinge heledus!
  See oli kaste, elu jõud -
  Nüüd põud, nüüd põud!

Su elu kustus tasakesi,
Su põrmu mulda panime;
Kuid sina oled, sina ise,
Me juures jäädavalt järgeste -
  Ei kaduda, mis surmal lõi
  Ei või - ei või!

Su armsam sõber on täide läinud;
Mu kodu muld see katku mind,
Kus olen õnne, ilu näinud,
Kus elukaares õitses rind.
  Ma voorgel veel - Sa siia jääd -
  Ööd hääd! ööd hääd.

Ein Gedicht von Hella Wuolijoki zum Andenken an ihre Mutter ren Assoziationen zwischen den Hauptfiguren des Stückes und Hella Wuolijokis eigener Beziehung zu Jaan Tônisson waren nicht der Grund für das Verbot. Es war vielmehr die radikale soziale Tendenz des Stückes, die vor dem Hintergrund der Ereignisse im Jahr 1905 zu viel für den zaristischen Zensor war. Das estnische Verbot hinderte die Kansan-Bühne – das Volkstheater mit linksorientierten Verbindungen – nicht daran, das Stück in einer finnischen Übersetzung 1914 in Helsinki aufzuführen, mit demselben Ergebnis, dass es nach dem ersten Abend verboten wurde. Das war kein vielversprechender Start ihrer Karriere als Dramatikerin, und auch die Kritiker waren nicht begeistert. Die Autorin war verbittert wegen des Verbots, aber später musste sie selbst zugeben, dass es nicht eines ihrer besten Stücke war.[2]

Als nächstes verfasste sie einen Roman *Udutaguset* (Die hinter dem Nebel), der 1914 erschien. Es war eine Geschichte um das wohlhabende Bauerngut Valgemägi in Mulgimaa. Die Figuren haben Eigenschaften, die vielen Verwandten der Autorin entlehnt sind, und von Valgemägi wurde vieles für das Gut Niskavuori ihrer späteren Stücke entlehnt. Das Thema, der Konflikt zwischen alten Traditionen und notwendiger Veränderung, war ebenfalls ein sich wiederholendes Merkmal in Wuolijokis Schreiben. Der Roman bekam in Estland umfassende und ziemlich gute Kritiken. Einer der Kritiker, der an dem Buch herumkrittelte, war Gustav Suits, der meinte, die marxistische Autorin hätte zu viel Verständnis für den Gutsherrn von Valgemägi gezeigt.[3]

Im Jahr 1914 veröffentlichte Hella Wuolijoki auch eine Sammlung estnischer Folklore über den Krieg unter dem Titel *Sôja laul* (Lieder des Krieges). Sie wurde zuerst in der Zeitschrift *Tallinna Kaja* veröffentlicht und im Jahr darauf in Buchform. Sie war in der estnischen Folklore gut bewandert, der sie natürlich als Kind gelauscht hatte. Folkloristik war auch eines ihrer Fächer an der Universität. Die Lieder, Gedichte und anderes Material über Kriegsthemen hatten ihr Interesse erweckt, als sie nach ihrem Universitätsabschluss den Vorschlag von Kaarle Krohn, ihrem Professor für Folkloristik an der Universität, angenommen hatte, die Gedichtsammlung zu ordnen, zu kopieren und zu katalogisieren, die der Sohn des estnischen Folkloresammlers Jakob Hurt nach Hurts Tod im Jahr 1907 der Universität Helsinki zur Verwahrung überlassen hatte. Es waren etwa 70 000 Gedichte – oder passender Lieder, da sie lyrischer waren und in Estland häufiger als Lieder rezitiert werden als finnische Folklore – in der Sammlung, und sie hatte 50 000 davon katalogisiert, als die Mittel von der Finnischen Literaturgesellschaft für das Projekt versiegten.

Der Ausbruch des Ersten Weltkrieges gab ihr den Anstoß, zu Hurts Sammlung zurückzukehren. Wie sie darlegte, geht es in der estnischen Folklore über den Krieg nicht um Helden oder Heldentaten und Schlachten, sondern um das Leiden und die Tragödien, die Krieg und Kämpfe den einfachen Menschen bringen. Da sie die Geschichte der Esten als Objekte von Eroberung und Kolonisation widerspiegeln, sind die Lieder des estnischen Volkes die am meisten pazifistischen Kriegslieder, die man finden kann. Hella Wuolijoki beschreibt ihre Methode zur Auswahl und Redigierung der Gedichte als dem Beispiel von Elias Lönnrot folgend, der das finnische Nationalepos *Kalevala* zusammentrug. Das hieß, dass sie sich treu an das ursprüngliche Folkloremateriel hielt, anders als F. R. Kreuzwald, der selbst einen Großteil von *Kalevipoeg*, dem estnischen Gegenstück zum *Kalevala*, geschrieben hatte. Aber sie war sich auch dessen wohl bewusst, dass das Material, das Lönnrot verwendete, ziemlich zersplittert war und stark überarbeitet werden musste, um die Art eines Epos zu schaffen, wie es das *Kalevala* ist.[4]

Als *Sôja laul* erstmals veröffentlicht wurde, erregte es nur wenig Aufmerksamkeit und fand erst nach dem Zweiten Weltkrieg eine breitere Anerkennung. Im Sommer 1940 stellte Hella Wuolijoki *Sôja laul* Bertolt Brecht vor, der sich damals als Flüchtling und Wuolijokis Gast in Finnland aufhielt. Sie las und sang die Lieder Brecht, dessen Interesse sie erweckten, in improvisierter deutscher Übersetzung vor. Die beiden Autoren begannen, systematisch mit Margarete Steffin – Brechts Sekretärin, Kollegin und Geliebter – als Dritter an einer deutschen Übersetzung zu arbeiten. Brecht war von Wuolijokis flüssigem Deutsch beeindruckt und war der Meinung, ihre Arbeit benötige höchstens kleinere Korrekturen. Darüber hinaus war er auch so sehr von dem Material beeindruckt – es war das erste Mal, dass er auf ein folkloristisches Werk positiv reagierte – dass er Teile davon freizügig für seinen *Kaukasischen Kreidekreis* ausborgte. Wie bei Brecht üblich, wurde das ohne jegliche Anerkennung für Wuolijoki getan. Erst später gewann Wuolijokis Werk unabhängige Anerkennung.[5]

Nach der Veröffentlichung von *Sôja laul* publizierte Hella Wuolijoki 16 Jahre lang keine Prosa, bis sie 1932 eine Fortsetzung zu *Udutaguset*, *Udutaguste Leni Tartus* (Leni von denen hinter dem Nebel in Tartu) schrieb. Zwischen der Veröffentlichung der beiden Bücher hatten sich die estnische Sprache und Literatur beträchtlich entwickelt und Wuolijokis Estnisch war etwas archaisch geworden. Das wurde auch von den Kritikern vermerkt, die ihr Stück *Koidula* bewerteten, das ebenfalls 1932 veröffentlicht wurde. Diese Kritik kann ihre Entscheidung, als Autorin zum Finnischen überzugehen, nur bestärkt haben.

Hella Wuolijoki hat gesagt, dass sie *Udutaguset* für Geld geschrieben hat. Immer noch war das Schreiben von Büchern nicht einträglich genug für sie und den Bedarf der Familie. Den größten Teil ihres Einkommens bezog sie aus der Übersetzungstätigkeit und für die Artikel und Rezensionen, die sie anfangs für *Postimees* schrieb – 1907 war sie als Korrespondentin der Zeitung auf der Pressetribüne des Duma-Treffens in St. Petersburg – und später hauptsächlich für *Työmies* (Der Arbeiter), der Tageszeitung der Sozialdemokratischen Partei Finnlands. Im Jahr 1914 beschloss sie, die journalistische Laufbahn aufzugeben und als Geschäftsfrau zu arbeiten. Das bedeutete auch eine längere Pause für ihre andere literarische Arbeit.

5
Von Moskau nach Helsinki

Salme Murrik war 17 Jahre alt, als sie im Jahr 1905 aus Tartu weglief, das Puschkin-Gymnasium und ihre Familie verließ und sich auf den Weg nach Moskau machte. Dort schaffte sie es, eine so gute Figur zu machen, dass sie in das renommierte Katharina-II.-Gymnasium aufgenommen wurde und mit Hilfe der ihr wohlgesinnten Direktorin Bereschkowa ihr Schulgeld an der teuersten Schule im Zarenreich bezahlen konnte, indem sie weniger begabten Schülern aus wohlhabenden Familien Privatstunden gab. Sie bestand die Abschlussprüfung mit einer Goldmedaille und schrieb sich an der Moskauer Universität ein.

Über diese Phase ihres Lebens ist nicht viel mehr bekannt. Die offizielle Parteilinie über ihren Werdegang, wie sie von Robin Page Arnot in seiner schmalen biografischen Einleitung zu Salme Dutts posthumer Gedichtsammlung präsentiert wurde, behauptet, dass sie gezwungen gewesen sei, wegen ihrer Teilnahme an revolutionärer Untergrundaktivität aus Tartu zu fliehen, die sie dann in Moskau in der bolschewistischen Studentenorganisation aktiv fortsetzte. Dieser Versuch, ihr einen frühen revolutionären Hintergrund zu verschaffen, ist keinesfalls überzeugend. Dieses eine Mal ist Hella Wuolijoki eine zuverlässigere und glaubhaftere Erzählerin, wenn sie Salmes Flucht als eine persönliche Krise schildert, als der jugendliche Tolstoische Idealismus ihrer Schwester mit der vorherrschenden nicht-Tolstoischen Umgebung der Kreise kollidierte, in denen sich die Schwestern in Tartu bewegten. Ein Anzeichen dafür ist in der Entrüstung zu finden, die sie in einem Brief an Hella darüber ausdrückte, wie die Befürworter der »freien Liebe« die Frauenvereinigung in Tartu übernommen hatten.[1]

Salmes plötzliches und unerwartetes Unterfangen zeigt auch einen unabhängigen Geist und Selbstvertrauen, worin sie sich von ihrer Schwester unterschied. Salme war immer die in sich gekehrtere, ernsthaftere und kompromisslosere von den beiden. Wenn sie auch nicht ungesellig war – im Gegenteil, alle Zeitgenossen bestätigen ihre Liebenswürdigkeit und Hilfsbereitschaft – hatte sie nichts, was Hellas Bedürfnis glich, sich mit Menschen zu umgeben und für Bewunderer Hof zu halten, auch ohne Kontrahenten auszuschließen, wenn sie nur ausreichend bedeutende und interessante Menschen waren.

Ihre Unterschiede wurden auch in der Weise widergespiegelt, wie sie den Sozialismus als ihren Leitstern annahmen. Während Hella sich oberflächlich mit dem Marxismus beschäftigte, hatte ihn Salme aufgesogen. Nach der Oktoberrevolution sah sie sich selbst nicht nur als Marxistin, sondern als Marxistin-Leninistin, etwas, das Hella niemals als ihr Etikett akzeptierte. Hella Wuolijoki mochte es generell nicht, eingeordnet zu werden und genoss es, mit ihrer Missachtung akzeptierter Denk- und Verhaltensnormen Verwirrung zu stiften. Für sie war es nicht nur ein Fall von *effrayer le bourgeois*, da sie engagierte Kommunisten genauso schockieren konnte. Salme hatte eine bedeutend unnachgiebigere Einstellung, und sie nahm ihre Ideologie zu ernst, um darüber Scherze zu machen. Wann genau sie aber den Sprung wagte, ist eine offene Frage.

Ihre Ansichten über Jaan Tônisson waren zwangsläufig unterschiedlich. Hella hatte immer große Achtung vor Tônisson und schätzte ihre Freundschaft, Salme jedoch war nicht beeindruckt von der estnischen Nationalikone, von der sie gehört hatte, dass er »hirmus« verliebt (schrecklich verliebt) in Hella sei. In ihrer Antwort auf einen Brief von Hella fragte sie mit beißendem Spott, welches Recht Tônisson habe, an Hella zu schreiben, dass er sie »zu einem Menschen und einer Frau machen« wollte, als ob er Hella als ein kleines Kind betrachte, das großgezogen werden müsse und sich als eine Art von Übermensch darstellte. Salme war auch eine strengere Kritikerin von Tônissons Politik.[2]

Von Salme Murriks Zeit in Moskau ist nicht viel bekannt. Hella schreibt, dass Salme durch ihre Privatstunden gerade soviel verdiente, um die Gebühr von 200 Rubel an ihr Gymnasium zu bezahlen und ihren Lebensunterhalt zu bestreiten, aber auch, um die Ausgaben einer armen Schulkameradin zu tragen, die ihr von Tartu nach Moskau gefolgt war. Während des Aufstandes im Dezember 1905 in Moskau waren die Mädchen in ihren Zimmern geblieben, in einem Stadtviertel, wo einige der schwersten Kämpfe stattfanden. Von dort wurden sie durch Alexander Pörk in Sicherheit gebracht, einem Freund von Alexander Kesküla, der damals Assistent am Rumjantsew-Museum war. Hella zufolge war es während dieser Tage, dass Salme sich mit Tuberkulose infizierte, die sie für die nächsten 20 Jahre plagen sollte. Und wenn Hella auch nicht die Behauptung aufstellt, dass Salme schon damals auf den Barrikaden war, schreibt sie dennoch, dass das Erlebnis Salme zu der sozialistischen Revolutionärin machte, die sie bis zu der Zeit, als sie das nächste Mal nach Estland zurückkehrte, geworden war.[3]

Salme schloss ihr Gymnasium mit einer Goldmedaille ab und ging an die Moskauer Universität. Sie brachte auch ihre zwölfjährige Schwester Mimmi nach Moskau an das Katharina-II.-Gymnasium.

Selbstexil in Sibirien

Salme blieb nicht lange in Moskau. In ihren Erinnerungen behauptet Hella, dass es die Verwicklung ihrer Schwester mit Revolutionären war, die sie dazu gedrängt hatte, aus Moskau wegzugehen. Es hatte eine Haussuchung in dem Gebäude gegeben, in dem sie und andere Studenten lebten. Im Zimmer der Schwestern, in dem sie ungerührt blieben und vorgaben, in ihren Büchern zu studieren, wurde nichts gefunden. Sie ignorierten die Gendarmen, die die Durchsuchung durchführten, während eine wachsende, der Polizei feindlich gesonnene Menschenmenge die Tätigkeit durch die offene Vordertür verfolgte. Es wurde nichts Belastendes gefunden – es war vermutlich auch nichts Belastendes vorhanden – aber im selben Gebäude wurde eine geheime Druckerei gefunden. Auf den Rat eines wohlgesonnenen Professors an der Universität beschloss Salme, Moskau freiwillig zu verlassen und nach Werchneudinsk bei Irkutsk am Baikalsee in Sibirien zu gehen, wohin sie empfohlen worden war, um eine Tätigkeit als Lehrerin der Kinder einer Millionärsfamilie anzutreten. Sie gab ihrer eigenen Familie in Valga erst Bescheid über ihre Abreise, als sie schon auf dem Weg nach Sibirien war – wobei sie fast täglich Postkarten schickte, aber während ihrer elftägigen Zugreise nicht viel erzählte – entweder, weil sie ihnen nichts erzählen wollte, bevor es eine vollendete Tatsache war oder weil sie ziemlich hastig weggehen musste. Aber Salme war auch schon früher bereit gewesen, eine Lehrtätigkeit irgendwo im Zarenreich aufzunehmen – sie erwog dabei Kasan oder Kiew als Alternativen für den Sommer 1905.[4]

Irkutsk entsprach nicht so ganz dem allgemeinen Bild eines absoluten Kleinstadtkaffs inmitten der frostigen sibirischen Taiga, wohin der

Zar und die Bolschewiki gleichermaßen bereitwillig ihre Dissidenten schickten. Irkutsk hatte 1910 etwa 50 000 Einwohner mit, wie es die Ortsgeschichte peinlich genau verzeichnet, 18 187 Häusern, von denen 1 190 aus Stein waren. Es gab etwa 40 orthodoxe Kirchen und viele reiche Kaufleute, die auch zur Architektur und dem Kulturleben der Stadt einen Beitrag leisteten. Irkutsk wurde einmal sogar das Paris von Sibirien genannt, nicht zuletzt wegen des intellektuellen Stimulus, den Exilanten aus den Reihen der Dekabristen im Jahr 1825 bis zu den vorrevolutionären Bolschewiki gaben. Aber wenn auch Welten dazwischen und allem, was der GULAG später sein würde, gelegen haben mögen, war es doch auch Welten und eine Neuntagesreise auf der gerade fertiggestellten Transsibirischen Eisenbahn entfernt von Moskau, ganz zu schweigen von Paris. Und während Werchneudinsk aus Moskauer Sicht als eine Vorstadt von Irkutsk angesehen werden konnte, trennte die Stadt mit weniger als 15 000 Einwohnern tatsächlich eine Tagesreise von Irkutsk.[5]

Der Briefwechsel zwischen Salme und Hella oder Salme und ihren Eltern während ihrer Zeit in Sibirien enthält keine Beschreibung und keinen Kommentar über ihre Umgebung oder über das Leben in Sibirien allgemein. Auch offenbaren ihre Briefe nichts über mögliche politische Aktivitäten. Obwohl das für sich genommen kein Beleg für das Fehlen einer solchen Tätigkeit ist – Hella hätte eine Menge über ihre politische Tätigkeit schreiben können, aber es wäre dumm gewesen, so etwas zu Papier zu bringen, damit die Polizei es lesen konnte – ist es fast sicher, dass Salme weder Zeit für Politik hatte noch sich dazu berufen fühlte. Stattdessen berühren Salmes Briefe selten etwas anderes als ihre andauernden wirtschaftlichen Schwierigkeiten und ihre sich ständig verschlechternde Gesundheit. An ihre Schwester Mimmi in Moskau schrieb sie aus Irkutsk: »Ich bin krank. Von dieser Krankheit werde ich mich nie wieder erholen. Wer weiß, vielleicht habe ich nur noch ein paar Jahre zu leben. Schreib davon nichts nach Hause.«[6]

Natürlich war es nicht möglich, Salmes Krankheit vor ihrer besorgten Familie zu verbergen. Hella erfuhr davon von Mimmi in Moskau und plante, die zwölfjährige Mimmi zu schicken, um sich um Salme in Irkutsk zu kümmern und sie wenigstens nach Moskau zurückzubringen. Als Mimmi die lange Reise nach Irkutsk beendet hatte, konnte Salme das Krankenhaus verlassen. Mimmi besuchte das örtliche Gymnasium und kümmerte sich um Salme, die mit ihrem Privatunterricht für beider Unterhalt aufkam.[7]

Im August 1908 kehrten Salme Murrik und ihre Schwester, mit einer Gruppe von Waisenkindern, die die örtlichen Behörden für die Reise ihrer Obhut anvertraut hatten, nach Moskau zurück. Von Moskau aus fuhren sie weiter nach Tartu, wo Dr. Luiga eine Kur in einem finnischen Sanatorium empfahl. Als ihr Vater sie im Herbst nach Finnland brachte, war es ihr erster Besuch in dem Land, das sie bald als ihr eigenes ansehen sollte. Sie war im Sanatorium von Nummela, etwa 40 Kilometer von Helsinki entfernt, untergebracht, wo Hella einen Platz für sie besorgt hatte.[8] Nachdem sowohl Mimmi als auch Nina ebenfalls nach Helsinki kamen, um die Schule zu beenden und ihre Goldmedaillen am Maria-Gymnasium zu erwerben, lebten nun alle vier Schwestern in Finnland. Die Direktorin des russischen Maria-Gymnasiums war Sophie Mering, eine Frau mit modernen liberalen Ansichten, und sie wurde eine Freundin von Hella Wuolijoki. Doch Mering musste Helsinki verlassen, um das Gymnasium in Kronstadt zu leiten, weil sie den Zorn der Ehefrau des reaktionären Gouverneurs erregte.[9]

Als Salme in das Nummela-Sanatorium aufgenommen wurde, hatte sie fast ständig 39 Grad Fieber. In Nummela sank das Fieber allmählich. Eine von Salmes Mitpatienten in einem angrenzenden Zimmer war die zukünftige modernistische Dichterin Edith Södergran, die vier Jahre jünger war als sie. Sie wurden Freundinnen, obwohl sie unterschiedliche Ansichten über Dichtung und vermutlich auch über Politik hatten. Aber sie hatten das Laster des Rauchens gemeinsam, das natürlich die Krankenhausvorschriften verboten. Doch die beiden waren zu abhängig, um mit der Gewohnheit aufzuhören – Salme brauchte zwölf weitere Jahre, um es aufzugeben – was für ihre Genesung wohl kaum hilfreich war. Hella hatte Gewissensbisse, weil Salme von ihr erwartete, dass sie diese mit Tabak versorgte, aber Salmes Arzt, Professor Bonsdorff, war vernünftig genug, um zu begreifen, dass es andere Komplikationen verursacht hätte, die Mädchen dazu zu bringen, ganz mit dem Rauchen aufzuhören. Salme blieb ein Jahr lang in Nummela und wurde anscheinend von der Krankheit geheilt.[10] Edith Södergran, die ihr erstes Werk 1916 veröffentlichte, hatte weniger Glück, da sie 1923 an Tuberkulose starb.

Wenn sich Salmes Gesundheitszustand während ihres Aufenthaltes in Nummela auch bedeutend verbesserte, so brauchte sie doch noch länger, um sich vollständig zu erholen. Nach ihrer Entlassung aus dem Sanatorium kehrte sie für eine Weile nach Tartu zurück. Ihre eigenen Zukunftspläne waren damals noch offen, aber es scheint so, dass ein Bleiben in Estland nicht zu ihren Möglichkeiten zählte. Sie war bald wieder in Helsinki und lebte für einige Zeit bei Hella und Sulo in ihrem Haus in Alberga. Von ihren Kontakten zu anderen ist nicht viel bekannt, aber 1909 verwies sie in einem Brief auf eine enge Freundschaft mit der Familie Jännes, deren Vater der Sohn des früheren Senators der Altfinnen und Linguistikprofessors Arvid Genetz war. Sie sprach bald fließend Finnisch und machte auch gute Fortschritte mit ihrem Schwedisch. Zu den Freundschaften, die sie mit Esten beibehielt, gehörte die mit Otto Sternbeck. Spätere Generationen kennen ihn als einen ziemlich rechtsgerichteten General in der estnischen Armee und Konstantin Päts' Verkehrsminister im unabhängigen Estland, aber damals war er noch ein Revolutionär, der den Sozialrevolutionären in der Untergrundbewegung zuneigte. Er wurde für kurze Zeit von den Murrik-Schwestern als Nachhilfelehrer für Leo Murrik beschäftigt. Einige Jahre vor dem Krieg schrieb er lange Briefe an Salme und andere Mitglieder der Familie Murrik.[11]

Während sich Salmes Gesundheit allmählich besserte und sie für geheilt erklärt wurde, verbesserten sich ihre wirtschaftlichen Umstände nicht. Ihre Unzufriedenheit während dieser Zeit kommt in einigen ihrer Briefe zum Ausdruck, in denen sie keinen Ausweg aus ihren Schwierigkeiten sah. Sie hatte Pläne, an die Universität zu gehen, aber daraus wurde nichts, höchstwahrscheinlich, weil sie es sich nicht leisten konnte, ihre Büroarbeit im Handelshaus Reincke aufzugeben.[12]

Aus Murrik wird Pekkala

Wann und wie Salme Murrik und Eino Pekkala sich begegneten und sich ineinander verliebten, ist nicht aufgezeichnet worden. Eino Pekkala wird zuerst in Salmes Briefwechsel mit ihren Eltern im April 1913 erwähnt – wenn auch in einer Weise, die darauf hindeutete, dass Eino ihnen schon bekannt sein musste – und zwei Wochen später schrieb sie schon über ihre Vorkehrungen für die Hochzeit und bat sie auch um ein Darlehen, um die Kosten zu decken.[13] Als Salme und Eino später in diesem Jahr heirateten, folgte Salme ihrem Ehemann nach Hämeenlinna, wo er eine Stelle als Geschichtslehrer am Gymnasium hatte.

Eino Pekkala, geboren 1887 in Seinäjoki, war ein athletischer und gut aussehender Mann. Er hatte 1906 und 1908 den Titel eines finnischen Sportkönigs gewonnen, der dem Sieger im Zehnkampf verliehen wurde. Er gewann auch 1910 die finnische Meisterschaft im Zehnkampf, als zum ersten Mal Meistertitel in allen athletischen Disziplinen verliehen wurden. In der Weltsportstatistik dieser Jahre rangiert er unter den ersten zehn, sowohl im Dreisprung als auch im Zehnkampf. Er hätte ein Spitzenteilnehmer an den Olympischen Spielen von 1908 in London sein können, aber der Zehnkampf war in London nicht im olympischen Programm. Vier Jahre später in Stockholm war der Zehnkampf wieder im Programm, aber Pekkala hatte sich 1911 den Fuß verletzt und war nicht mehr in Topform.

Sport blieb seine Leidenschaft, und er förderte von früh an die Sportvereine, die mit der Arbeiterbewegung in einer nationalen zentralen Organisation verbunden werden sollten. Über das Thema schrieb er 1916 eine kleine Broschüre. Diese Reorganisation fand erst nach dem Bürgerkrieg 1919 statt, als der Finnische Gymnastik- und Sportverband die Vereine ausschloss, die im Krieg die Roten unterstützt hatten. Diese organisierten sich in der Arbeitersportunion (Työväen Urheiluliitto – TUL) und wählten Eino Pekkala zu ihrem ersten Präsidenten, ein Posten, den er (auch während seiner Haftstrafe) bis 1927, als die Sozialdemokraten die Mehrheit in der Union gewannen und ihn absetzten, innehatte.[14]

Vor dem Bürgerkrieg arbeitete Pekkala, der 1906 seine Studentenprüfung in Tampere bestanden und zwei Jahre später an der Universität seinen Abschluss gemacht hatte, 1910–1911 als Direktor des Arbeiter(bildungs)instituts in Tampere und dann bis 1916 als Geschichtslehrer in Hämeenlinna. Salme mochte die kleinstädtische Provinzatmosphäre in Hämeenlinna nicht. Sie kehrte nach Helsinki zurück und arbeitete für die russische Versicherungsgesellschaft Salamandra. Eino gab seine Lehrtätigkeit auf und folgte ihr nach Helsinki, wo er begann, Jura zu studieren. Nachdem er 1918 seinen Abschluss gemacht hatte, arbeitete er als Anwalt, dessen Fähigkeiten bei der Verteidigung von Roten nach dem Bürgerkrieg sehr gefragt und geschätzt wurden. Sie hatten keine Kinder, aber als Einos jüngere Brüder bei ihnen einzogen, kümmerte Salme sich um sie. Hella erinnert sich daran, dass Salme die jüngeren Geschwister mit starker Hand regierte – einschließlich des zukünftigen Premierministers Mauno Pekkala, der schon 23 Jahre alt war und einen Universitätsabschluss in Forstwirtschaft besaß.[15]

Eino Pekkala war Mitglied der Sozialdemokratischen Partei, aber er war vor dem Bürgerkrieg, an dem er nicht teilnahm, nicht besonders aktiv. Vor dem Bürgerkrieg war er Mitglied der SDP-Ortsgruppe in

Hämeenlinna, es gibt jedoch keine Aufzeichnung über eine Mitgliedschaft Salmes in der Partei oder eine andere politische Tätigkeit während dieser Zeit. Es ist nicht nur übertrieben, sondern offensichtlich lächerlich zu behaupten, wie Page Arnot es tut, »in diesem revolutionären Kampf und Bürgerkrieg erfüllte Salme ihre Verpflichtungen, wobei sie eng mit dem Arbeiterführer Otto Kuusinen zusammenarbeitete.«[16]

6

*Eine weiße Krähe
in einer Männerwelt*

Im Jahr 1913 begann Hella Wuolijoki zunächst als Sekretärin in der Anwaltskanzlei von Castrén und Snellman zu arbeiten, wo ihre Tätigkeit hauptsächlich im Übersetzen bestand. Ihre Karriere als Geschäftsfrau begann, als sie im nächsten Jahr für die Importfirma Kontro & Kuosmanen arbeitete. Diese Firma war erst Ende des Jahres 1913 von zwei jungen Kaufleuten, Kaarlo Kontro und Juho Kuosmanen, gegründet worden, beide etwa im selben Alter wie Hella Wuolijoki. Die Partner waren eng befreundet und hatten eine ähnliche karelische Herkunft aus Sortavala. Sie hatten den Beruf in Hamburg und Lübeck erlernt, den traditionellen hanseatischen Zentren für den Ostseehandel. Sie wollten als Finnischsprachige geschäftlichen Erfolg in einem Geschäft, das noch von Schwedischsprachigen beherrscht wurde. Das späte 19. Jahrhundert und der Beginn des 20. Jahrhunderts waren eine Zeit, in der viele neue Firmen mit den Worten *finnisch*, *national* oder mit einem aus dem Kalevala entlehnten Wort in ihrem Namen gegründet wurden. Die Kritik, auf die die Firma von Kontro & Kuosmanen stieß, beinhaltete auch einen Hauch von Sprachpolitik.

Der Krieg wirkte sich anfangs positiv auf die finnische Wirtschaft aus. Zu Beginn des Krieges wurde in Helsinki mit Panik eine deutsche Invasion erwartet. Doch die Kampfhandlungen erreichten Finnland niemals, und es waren auch keine finnischen Familien beteiligt, da Finnen nicht in der russischen Armee dienen mussten. Der Bau russischer Festungsanlagen in Finnland brachte Geld und Arbeit ins Land, und die finnische Industrie profitierte nicht schlecht von Anordnungen, die durch die russische Kriegswirtschaft bewirkt wurden.

In der panischen Atmosphäre des August 1914 schlossen auch Kontro und Kuosmanen ihr kleines Unternehmen und verließen Helsinki in

Hella Wuolijoki (am Fenster), während ihrer Tätigkeit als Bürokraft bei Kontro & Kuosmanen, 1915

Richtung Savo (eine Provinz im östlichen Finnland), um einen Monat später zurückzukehren und die Firma wieder zu eröffnen. Sie waren die ersten, die die neue Situation, die der Krieg geschaffen hatte, erkannten und ausnutzten, als der Handel mit Deutschland abgeschnitten war. Ihre Innovation bestand darin, die Deutschen als Vermittler auszuschließen und, ungeachtet der Angebote von dänischen und schwedischen Firmen, die Rolle der Deutschen zu übernehmen, ihre Bestellungen direkt an die südamerikanischen Verkäufer zu schicken. Sie boten auch an, als Agenten für südamerikanische Exporteure von »Kolonialwaren« tätig zu werden, womit hauptsächlich Kaffee gemeint war – die Finnen waren schon damals starke Kaffeetrinker. Die Partner begannen auch, auf dem russischen Markt Handel zu treiben, und dafür brauchten sie jemanden, der sich um ihre russische Korrespondenz kümmerte. Sie entschieden sich für Hella Wuolijoki, die sich auf ihre Stellenanzeige hin gemeldet hatte und von ihnen anfangs als Übersetzerin in Teilzeit eingestellt wurde. Sie war begierig darauf, verantwortungsvollere Arbeit zu übernehmen und gewann bald das Vertrauen der Partner, die sie ganztags beschäftigten und sich keine unnützen Sorgen wegen ihrer wohlbekannten sozialistischen Ansichten machten.

Der Aufstieg von Kontro & Kuosmanen von bescheidenen Anfängen zu einem der führenden Handelshäuser in Finnland war spektakulär. Der Geschäftsumsatz wuchs von neun Millionen Finnmark im Jahr 1916 auf 88 Millionen im Jahr 1917. Diese Expansion und die lukrativen Geschäftsabschlüsse dahinter machten die Partner zu zwei der reichsten Männer im Land. Unvermeidlich erzeugte ein solcher Erfolg Neid und Kritik wegen Kriegsgewinnlertums. Als sie sich später zu dieser Kritik äußerten, gaben die Partner lediglich zu, Valutabestimmungen verletzt zu haben, als sie während des Krieges überflüssige Rubel zurück nach Russland geschmuggelt hätten. Dieses Geständnis war harmlos, da es im unabhängigen Finnland eher als patriotisch denn als kriminell angesehen wurde. Sie leugneten entrüstet, sich an irgendeiner anderen kriminellen oder unschicklichen Aktivität beteiligt zu haben, für die es auch keinen Beweis gab.[1] Was auch immer die ethischen Aspekte ihrer Handelstätigkeit zu Kriegszeiten waren, es war nicht illegal, die Gelegenheiten, die die ungewöhnlichen Kriegsbedingungen schufen, für das Geschäft zu nutzen. Das war auch Hella Wuolijokis Einstellung.

Die Partner nahmen Wuolijoki zuerst als ihre Dolmetscherin auf ihren Reisen nach Petrograd mit, wie St. Petersburg nach dem Ausbruch des Krieges mit Deutschland hieß. Bald betrauten die Partner sie mit eigenständigen Aufgaben. Sie reiste selbstständig mit Koffern voller Rubelscheine nach Petrograd. Das war ihr Beitrag zu der Wechselkursspekulation, mit der sich die Firma beschäftigte. Aber ihr eigentlicher Beitrag zum Erfolg von Kontro & Kuosmanen war die Betreuung der westlichen Interessen der Partner.

Im Jahr 1916 wurde sie als Firmenvertreterin nach Stockholm geschickt. Ihre erste Aufgabe bestand darin, von der Firma von Otto Dahlström eine Entschädigung für das Scheitern der Lieferung einer Kaffeesendung zu erlangen, die ursprünglich auf dem Weg nach Deutschland gewesen war, und die die Briten beschlagnahmt und in Kirkwall festgehalten hatten. Dahlström hatte diesen Kaffee von den Briten gekauft, und Kontro & Kuosmanen wiederum von Dahlström, um ihn an Kunden in Finnland zu verkaufen. Aber die Briten gewährten Schweden, das trotz seiner erklärten Neutralität als Deutschland zuneigend wahrgenommen wurde, nur ungern Exportlizenzen. In Stockholm suchte Wuolijoki die Hilfe eines Anwalts, den sie ganz zufällig aus dem Telefonbuch heraussuchte. Dieser Anwalt empfahl Elias Löfgren als Vorsitzenden des Schiedsgerichts, was nicht nur zu einem sehr zufriedenstellenden Ergebnis des Rechtstreits führte, sondern auch politische Diskussionen zwischen Wuolijoki und Löfgren anregte, der später Führer der Liberalen Partei, Justizminister und Außenminister wurde.[2]

Versuchte sie auch, Löfgren zu bezaubern, um eine günstige Entscheidung des Rechtsstreits für Kontro & Kuosmanen zu erwirken? Hella Wuolijoki gibt in diesem Falle nichts dergleichen zu verstehen. Ansonsten äußerte sie sich jedoch recht offen darüber, wie sie ihr Geschlecht und die Kraft ihrer Persönlichkeit im Geschäftsleben zu ihrem Vorteil ausnutzte. Das schloss auch ein wenig Flirten nicht aus, wenn nötig, aber sie war, angesichts ihrer Herkunft, die bei ihr einen Anflug von baltischer Mittelklasse-Prüderie hinterlassen hatte, bestimmt nicht promisk. Sie war sich sehr wohl des Neuigkeitswertes einer Frau in Geschäftsverhandlungen bewusst – eine weiße Krähe, wie sie es selbst nannte – und nutzte ihn ungeniert aus. In diesem Fall wirkte ihr Charme auch auf Dahlström, der ihr zu Weihnachten 10 000 Kronen schenkte, um ihr zu ihrer Arbeit zu gratulieren und meinte, er bezweifele, dass ihre Arbeitgeber ihren Beitrag angemessen zu schätzen wüssten.[3]

Der zweite Auftrag Wuolijokis betraf eine weitere abgefangene Lieferung von Kaffee und Kakao im Wert von über zehn Millionen Dollar, die ebenfalls in Kirkwall beschlagnahmt worden war und welche die schwedische Firma Halvdan Burman & Co. für Kontro & Kuosmanen zu kaufen vereinbart hatte. Burman selbst zierte und weigerte sich, Angaben über Verkäufer, Käufer oder Bestimmungsort der ursprünglichen Sendung preiszugeben. Wuolijoki, Kontro & Kuosmanen und die Käufer des Kaffees in Finnland waren enttäuscht und ungeduldig, als es Wuolijoki durch eine Kombination aus glücklichem Zufall und ihrer Intuition gelang, den amerikanischen Verkäufer der Sendung zu finden, einen Mann, den sie bei einem von Burman arrangierten Abendessen kennengelernt hatte. Aber nachdem Burman umgangen war, benötigte der Geschäftsabschluss immer noch die Zustimmung der schwedischen Behörden, die keine Transfertransporte genehmigen würden, wenn nicht ein Teil der Waren in Schweden verkauft würde.

Obwohl dieser Geschäftsabschluss missglückte, war die Erfahrung im Umgang mit schwedischen Behörden – die sich Wuolijoki aneignete, indem sie direkt zu Dr. Markus, dem mächtigen Vorsitzenden des Ausschusses, der für Lebensmittellizenzen in Schweden zuständig war, Kontakt aufnahm – nützlich, weil sie Kontro & Kuosmanen dabei half, viele erfolgreiche Geschäfte abzuschließen. Typischerweise bekam sie den begehrten Zugang zu Markus mit der Hilfe von Löfgren, wobei der unfähige offizielle finnische Handelsrepräsentant zu seinem großen

Ärger ignoriert wurde. Ebenso wichtig für Kontro & Kuosmanen sollte der Kontakt werden, den Wuolijoki mit den Amerikanern und der riesigen amerikanischen Handelsgesellschaft W. R. Grace herstellte. Als die Hauptquelle knapper Waren und Finanzen hatten die Amerikaner eine Menge Einfluss darauf, den Handel sowohl in Großbritannien als auch in Schweden zu erleichtern.[4]

Arbeiten mit Amerikanern

Die amerikanische Verbindung war für Wuolijoki aus vielen Gründen von Bedeutung. Eine ihrer amerikanischen Kontaktpersonen war John Daniel, ein reicher kalifornischer Geschäftsmann. Was als Geschäftsbeziehung begann, entwickelte sich zu einem Liebesverhältnis. Hella Wuolijoki beschrieb es viele Jahre später in einem privaten Brief so:

> *Ungefähr zu dieser Zeit [1916] drang auch ein Mann in mein Leben ein, der das einsame Mädchen hinter meiner Frau-von-Welt-Fassade entdeckte, der ohne Erlaubnis meine Hand nahm, um mich über die Straße zu führen und damit begann, meinen Weg leichter zu machen. Wie wunderbar und seltsam war es für ein einsames Mädchen, zu fühlen, dass es da ein paar sichere Arme gab, in die man sich flüchten konnte. Diese Hand begann mein Leben zu lenken, mein Zimmer füllte sich mit berauschenden Blumen, ein Auto tauchte zu meiner Nutzung vor meinem Hotel auf, der Portier verneigte sich, die amerikanische Gesandtschaft begann, Einladungen zu schicken, die fremdesten Türen öffneten sich.[5]*

John Daniel hatte Frau und Kinder in den USA, aber anscheinend war die Ehe dabei, zu zerbrechen, mit oder ohne Hella Wuolijokis Einfluss. Jedenfalls verliebte er sich in sie und wollte, dass sie zurück nach Finnland ginge, ihre Arbeit aufgäbe, sich von ihrem Mann scheiden ließe und ihre Tochter und Dienstmädchen mit ihm nach San Francisco nähme. Sein Plan sah für Hellas Gefolge vor, nach Wladiwostok zu reisen und von dort nach Tokio (oder Honolulu), wo sie heiraten und auf seiner eigenen Privatjacht nach San Francisco weiter reisen würden.[6]

Die innige Zuneigung wurde zweifellos von Hella-Marie, wie sie von Daniel genannt wurde, erwidert, der wiederum seine Briefe in ihrem leidenschaftlichen Briefwechsel, der etwa ein Jahr dauerte, mit Jean-Jacques unterzeichnete. Am Ende war es Hella Wuolijoki, die seinen Vorschlag ablehnte, aber es fiel ihr nicht leicht. Im März 1918 beantragte sie tatsächlich ein Visum für die USA, das im Mai erteilt, aber niemals genutzt wurde. Noch 1919 schrieb sie ihm Briefe, in denen sie sich wehmütig an ihre gemeinsamen Momente erinnerte:

Ich frage mich, ob jemals ein Mädchen so glücklich gewesen ist, wie ich es war. Ich erinnere mich an die Morgen letztes Jahr, wenn ich die Augen aufschlug, gab es etwas, auf das ich mich freuen konnte, das mich all meine Träume vergessen ließ. Ich frage mich, ob es je wieder solch einen Morgen geben wird. Es gibt nichts, auf das man sich freuen könnte.[7]

Hella fühlte sich zu dem Mann hingezogen und hätte ihm sogar als seine Geliebte folgen können, aber sie hatte kein Interesse an der Rolle der Ehefrau, die er für sie im Sinn hatte. Auch war er nicht die Art von Mann, der gern in der Gesellschaft von Männern wie Jack London, Hellas derzeitigem amerikanischen Helden, gesehen worden wäre. Die beiderseitige Zuneigung lebte noch für eine Weile fort, aber es gibt keinen Beleg für Antworten Daniels nach 1918. Er hatte ihr eine kostbare Perlenkette geschenkt, die sie in den 1920er Jahren in einem Banktresor in London hinterlegte und ihm den Schlüssel schickte. Ihre Tochter sagt, dass ihre Mutter auch eine Diamantenbrosche von Tiffanys behalten hatte, die ihr amerikanischer Liebhaber ihr geschenkt hatte.[8]

John Daniel war offensichtlich ein bemittelter Mann mit Kontakten, und er machte Hella Wuolijoki mit vielen wichtigen und interessanten Amerikanern bekannt. Dazu gehörten Vertreter der W. R. Grace Company, für die Hella Wuolijoki unbedingt als Vertreterin tätig werden wollte. Zu den zahlreichen politischen und diplomatischen Kontakten zu Amerikanern, die Daniel und die Grace Connection für sie nicht nur in Schweden, sondern auch in Russland zu knüpfen halfen, gehörte auch der amerikanische Botschafter David Frances in Petrograd. Wuolijoki beschrieb ihn als einen typisch amerikanischen Diplomaten, der gern mit der Art von Aristokratie verkehrte, die in den Vereinigten Staaten nicht zu finden war, aber dennoch verweist sie auf ihn als »einen liebenswerten Mann«, der offensichtlich nützlich für ihre geschäftlichen und politischen Interessen war. Außerdem half ihr dieser Umgang mit Amerikanern in Stockholm und Petrograd, die englische Sprache zu meistern, die sie vor ihrer Zeit in Stockholm hinreichend lesen und auch schreiben, aber nicht sprechen konnte. Sie bedauerte lediglich, dass sie sie mit amerikanischem Akzent sprechen lernte, den sie niemals wieder ganz los wurde.[9]

Wuolijokis Leistung und Ergebnisse in Stockholm wurden in Helsinki von den Partnern hoch geschätzt, und sie erhielt ansehnliche Provisionen. Sie bekam praktisch freie Hand dafür, die Stockholmer Seite des Firmengeschäfts zu leiten. Das bedeutete, dass fast der gesamte Einkauf für die Firma in ihren Händen lag, während Kontro und Kuosmanen in Helsinki für den Verkauf verantwortlich waren. Unter den Finnen werden die Karelier als von der Natur begnadete Verkäufer mit flinker Zunge angesehen, und Wuolijoki schenkte den Partnern ihren ganzen Glauben für deren Geschäftstüchtigkeit. Sie stellte auch fest, dass der Verkauf importierter Nahrungsmittel unter Kriegsbedingungen nicht allzu schwierig war, wenn alles, was die Firma importieren konnte, sofort von begierigen und zunehmend hungrigen Käufern weggeschnappt wurde.[10]

Zu Beginn des Jahres 1917 wurde die Lebensmittelversorgung in Finnland knapp. Insbesondere drohte dem Land eine Zuckerknappheit. Die W. R. Grace Company hatte schon im Herbst 1916 ihr Interesse am Verkauf von Zucker nach Finnland über Kontro & Kuosmanen angezeigt. Dazu wurde eine Genehmigung vom finnischen Senat benötigt, der damals mit russifizierten Finnen besetzt war. Kontro & Kuosmanen baten den Vizevorsitzenden des Senats Michail Borowitinow – die Position entsprach der eines Ministerpräsidenten – um eine Audienz, die gewährt wurde. Dem Bericht der Partner zufolge, nahmen sie Wuolijoki als ihre Dolmetscherin mit, und es gelang ihnen, die benötigte Genehmigung mit bestimmten Bedingungen von dem Senator zu erhalten.[11]

Hella Wuolijokis Bericht weicht davon etwas ab und ist entschieden farbiger. Sie erwähnt nicht einmal, ob die Partner bei der Audienz anwesend waren. Borowitinow war Professor an der Universität Tartu gewesen, und Wuolijoki bezog sich darauf, um eine gemeinsame Basis zwischen ihnen herzustellen. Nachdem etwas gegenseitiges Schwelgen in Erinnerungen das Herz des Senators aufgetaut hatte, erzählte sie ihm weiter, wie wichtig der Zucker für Finnland sein würde. Sie brachte ihn dazu, den Vorteil einer Verbesserung des negativen Rufes, der dem Senat anhaftete, zu sehen, wenn der Zucker ins Land importiert werden könnte. Der Senator stimmte nicht nur dem Verkauf zu, sondern auch einer garantierten zehnprozentigen Gewinnspanne auf die Grundkosten des Importeurs.[12]

Bevor das Geschäft abgeschlossen werden konnte, musste es noch finanziert werden, worum sich die finnische Handelsbank Kansallis-Osake-Pankki kümmerte, indem sie einen Kredit bereitstellte. Es war auch eine Genehmigung der schwedischen Behörden vonnöten, ebenso wie die Zustimmung der russischen Außenhandelsbehörde, und Wuolijoki wirkte bei der Sicherung dieser Genehmigungen für den Geschäftsabschluss mit. Die Logistik war ebenfalls ziemlich kompliziert. Der Zucker kam aus Amerika per Überseedampfer nach Göteborg, wo er auf Boote geladen wurde, die ihn über das schwedische Kanalsystem zur Ostküste brachten, von wo er nach Finnland verschifft wurde. Trotz vieler Verluste unterwegs – eines der drei den Ozean überquerenden Schiffe lief auf Grund – war es ein ungeheuer profitabler Geschäftsabschluss für die Firma und zweifellos auch für Wuolijoki.[13]

Von Februar bis Mai 1917 blieb Hella Wuolijoki in Stockholm, wobei sie zwischen Helsinki, Stockholm und Petrograd pendelte. Als sie Wind von 40 000 Säcken Kaffee bekam, die ursprünglich für Finnland bestimmt gewesen waren und immer noch in Kirkwall herumlagen, schlussfolgerte sie, dass das ihr die Möglichkeit bot, selbst mit dem Handel zu beginnen. Der Plan, den sie sich ausdachte, war genial. Sie würde Kontro & Kuosmanen von dieser Kaffeesendung wissen lassen und stellte sich vor, dass die Partner ihre großen finnischen Kaffeekäufer kontaktieren würden, die sich dann wiederum mit Lars Krogius von der Finnischen Dampfschiffgesellschaft, der Transitos Mann in Finnland war, in Verbindung setzen würden. Transito, eine 1915 gegründete Firma, kümmerte sich um den Transport der Waren von Großbritannien nach Russland. Wenn auch schwedische Geschäftsleute die Haupteigner der schwedisch-britischen Gesellschaft waren, wurde die eigentliche Kontrolle darüber von der britischen Botschaft in Stockholm ausgeübt. Hella Wuolijoki erwartete, dass die Information über den Kaffee von Krogius zu Transitos Hauptquartier in Stockholm weitergeleitet würde, wo dessen Manager Axel Bildt sich mit Wuolijoki in Verbindung setzen würde mit dem Ziel, sie dazu zu bringen, ihm ihre Informationen kundzutun und sie daraufhin das Geschäft in ihrem eigenen Namen abschließen zu lassen.[14]

In ihren Erinnerungen rühmt Wuolijoki sich damit, dass ihr Plan wie ein Uhrwerk funktionierte. Sechs Stunden lang, während der Verhandlungen, tat sie so, als ob sie sich sträubte, bis sie sich verlocken ließ, ihr Wissen über den Kaffee Bildt gegenüber zu enthüllen und bei Kontro & Kuosmanen zu kündigen, um sich mit dem Kaffeegeschäft auf eigene Rechnung zu befassen, was von Anfang an ihr Ziel gewesen war. Ihre Kündigung bei Kontro & Kuosmanen wurde Mitte April 1917 wirksam. Als Teil der Übereinkunft vereinbarte sie, sich für die Partner um einige noch schwebende Geschäftsabschlüsse zu kümmern, so wie den Abschluss des großen Zuckergeschäfts. Sie unterzeichnete auch eine Klausel, in der sie sich dazu verpflichtete, zu Kontro & Kuosmanen zurückzukehren, wenn die Vereinbarung, die sie mit W. R. Grace eingegangen war, ablief.

Die Firmengeschichte von Kontro & Kuosmanen bezeichnet Wuolijokis List als »ihren Arbeitgeber im Stich lassen«, aber damals fand ihre Kündigung nach außen hin gütlich statt. Die Partner hätten eine etwas andere Ansicht gehabt, wenn ihnen die Wahrheit über ihre Beziehungen zu Transito bekannt gewesen wäre, aber die wurde erst 1953 in ihren Memoiren enthüllt. Sie könnten sich auch an einigen Vorschlägen gestört haben, deren genaue Beschaffenheit unklar bleibt und die sie hinsichtlich von Geschäften mit Kontro & Kuosmanen machte, welche der Stockholmer Repräsentant von Grace, Murray Sayer, als unmoralisch abgelehnt zu haben scheint. Und sie wären sicher verletzt gewesen über die ziemlich geringschätzigen und bissigen Beurteilungen, die sie über sie in ihren Briefen abgab.[15]

Mit W. R. Grace machte Wuolijoki Pläne, eine Firma in Finnland zu gründen, eine Skandinavische Handelsgesellschaft, an der Grace 51 Prozent der Anteile halten würde und Wuolijoki den Rest. Bevor die Firma registriert wurde, handelte sie in ihrem eigenen Namen für die Grace Company, vermittelte auch Geschäftsabschlüsse mit Grace als dem amerikanischen Verkäufer und Kontro & Kuosmanen als dem finnischen Käufer. Sie vermerkte mit Befriedigung, dass sie aus diesen Geschäftsabschlüssen mehr Gewinn machte als ihr Gehalt für mehrere Jahre Arbeit für Kontro & Kuosmanen gewesen wäre. Zu den Waren, mit denen sie handelte, gehörten Kaffee, Tee, Kakao, Weizen und Reis, aber sie sah sich schon nach einer Möglichkeit um, auch in das Gebiet industrieller Rohstoffe zu expandieren. Als Graces Vertreterin ging sie auch in Petrograd ihrer Arbeit nach, wo in der Zwischenzeit der Zar durch die Februarrevolution gestürzt worden war. Die Kaffeelieferung, mit der ihr Start als unabhängige Geschäftsfrau begann, landete größtenteils in Russland bei einer dänischen Firma, die an dem Geschäft beteiligt war.

Agentin für den finnischen Senat

In Finnland verschlechterte sich die Ernährungslage, da russische Getreidequellen rasch versiegten. Das führte zu einem der größten Geschäftsabschlüsse, den Hella Wuolijoki als Agentin machte, und zwar über 50 000 Tonnen Getreide mit Grace als dem Verkäufer und dem finnischen Senat als dem Käufer. Infolge der Februarrevolution hatte auch die Regierung in Finnland gewechselt. Schon 1916 hatten die Sozialdemokraten eine noch nie da gewesene einfache Mehrheit von 103 Sitzen in dem 200 Mitglieder umfassenden Parlament errungen, das hatte jedoch keine Auswirkungen auf den Senat, da die zaristische Regierung dem Parlament nicht einmal gestattete, während des Krieges zusammenzutreten. Mit einem Federstrich aber wurden alle Beschränkungen der finnischen Autonomie durch die neue provisorische Regierung in Petrograd aufgehoben. Es war an den Finnen, einen neuen Senat zu etablieren, der die parlamentarische Situation widerspiegelte.

Trotz ihrer Mehrheit zögerten die Sozialdemokraten – oder hatten sogar Angst davor – Regierungsverantwortung in einer Situation zu übernehmen, in der sie keine Aussicht für ihr sozialistisches Programm sahen, so vage es auch war, in einer bürgerlichen Gesellschaft umgesetzt zu werden. Schließlich wurde ein Koalitionssenat, an dem die SDP und alle bürgerlichen Parteien beteiligt waren, gebildet, bei dem der Sozialdemokrat Oskari Tokoi stellvertretender Vorsitzender, oder tatsächlich Ministerpräsident war. Unter den sozialdemokratischen Senatoren waren Hella Wuolijokis Schwager Wäinö Wuolijoki, der für den Bereich Versorgung zuständig war, und Väinö Tanner, mit dem Verantwortungsbereich Finanzen, mit dem sie damals noch auf freundschaftlichem Fuß stand.

Zwangsläufig erhoben konkurrierende Importeure Verdächtigungen, dass sie mit dem lukrativen Getreidegeschäft wegen ihrer besonderen Beziehung zu diesen Schlüssel-Senatoren betraut worden war. Beide, Väinö Tanner und Hella Wuolijoki, geben sich in ihren nach dem Zweiten Weltkrieg geschriebenen Erinnerungen – als sie sich kaum noch leiden mochten – besondere Mühe, um jegliche Behauptungen einer Unrechtmäßigkeit ihrer Handlungsweise zu widerlegen. Tanner schrieb, dass es mehrere Angebote gab, von denen das von Grace das vorteilhafteste gewesen sei, während Wuolijoki die Kritik als den Neid der Konkurrenten abtat, ohne Details zu nennen, die sie vergessen zu haben behauptete.[16]

Tanners Bericht ist irreführend. Es gab keine Angebote, und das Geschäft war im März 1917 bereits besprochen und in der Tat als abgeschlossen betrachtet worden, weit bevor Konkurrenten davon Wind bekommen hätten, wie es Hella Wuolijoki in einem Brief an Sayer erklärte. Es ist auch zwecklos zu leugnen, dass ihre Verbindungen zum Senat das Geschäft nicht erleichtert hätten. Im selben Brief erzählt sie, wie sie zunächst durch ihre Kontakte erfahren habe, dass der Senat versucht hätte, Weizen zu importieren und schon an die Zentralgenossenschaft SOK herangetreten wäre, um ein Importabkommen abzuschließen. Hella Wuolijoki wäre gerne als Agentin von Grace bei der SOK tätig geworden, aber das war nicht möglich, weil Letztere schon andere amerikanische Verkäufer angefragt hätten, die jedoch nicht in der Lage waren, eine Lieferung zuzusagen, solange der Krieg dauerte. Das machte den Weg für sie frei, als Agentin tätig zu werden. Ihre Beziehung zu den Senatoren ließ es jedoch als unpassend erscheinen, ihre Provision vom Käufer zu beziehen und so überzeugte sie Grace, diese vom Verkäufer zu erhalten.[17]

Aber auch, wenn man das alles berücksichtigt, macht es den Geschäftsabschluss nicht unzulässig oder nachteilig für Finnland. Hella Wuolijoki bat den Senat weder um eine Provision für ihre Arbeit noch erhielt sie eine solche. Sie hatte ihre Verbindungen zu alliierten Diplomaten umfassend genutzt, um den Abschluss für das Getreide und seinen Transport zu ermöglichen. Dass das große Konzept der alliierten Politik und schließlich die deutsche Intervention im finnischen Bürgerkrieg im nächsten Jahr es unmöglich machten, dass das Getreide nach Finnland geliefert wurde, war schwerlich ihr Fehler. Während die Finnen immer hungriger wurden, weil das Getreide das Land niemals erreichte, zog die finnische Regierung sogar finanziellen Gewinn aus dem unvollendeten Geschäft, da sie die Dollars behielt, die Hella Wuolijoki ebenfalls von der National City Bank zur Sicherung des Geschäfts hatte beschaffen können, um das Geschäft gegen Rubel von zweifelhaftem Wert zu günstigen Bedingungen finanzieren zu können.[18]

Zwischen Geschäft und Krieg hatte Hella Wuolijoki auch gelegentliche Momente zum Entspannen und Feiern. Einer war vor Weihnachten 1917, als Mimmi Murrik Karl Mitt heiratete, einen estnischen Marineoffizier in der russischen Flotte. Die Trauungszeremonie wurde in Hellas Haus abgehalten, wobei viele Gäste, auch aus Estland, einschließlich der Tônissons und Juhan Luiga, anwesend waren. Die finnischen Gäste waren größtenteils von der Familie Wuolijoki, und die Feierlichkeiten dauerten mehrere Tage, wie es die Tradition erforderte. Aber nicht lange danach stürzte sich Finnland in den Krieg.[19]

Der Bürgerkrieg zwischen den Roten und den Weißen, der sieben Wochen nachdem Finnland am 6. Dezember 1917 seine Unabhängigkeit proklamiert hatte, ausbrach, beendete zunächst einmal Hella Wuolijokis Geschäftskarriere. Bis dahin war sie schon ziemlich reich geworden und hatte etwa 100 000 Dollar – im Jahr 2005 entspräche das einem Wert von fast zwei Millionen Dollar – auf ihrem Bankkonto in Stockholm.[20]

Für eine Frau, die keinen Reichtum für einen Geschäftsbeginn ererbt hatte, war das eine herausragende Errungenschaft, selbst wenn man den Krieg berücksichtigt, der es ermöglichte, viel schneller als unter normalen Bedingungen große Vermögen zu machen – und zu verlieren. Es ist offensichtlich, dass Hella Wuolijoki außerordentlich erfolgreich darin war, in einem neuen ausschließlich von Männern dominierten Geschäftsfeld als Frau – eine weiße Krähe – zu bestehen und Kapital zu schlagen. Sie erzählt zum Beispiel, dass sie sich bewusst dafür entschieden habe, die übliche überalterte Sprache der Geschäftsbriefe zu ändern. So behauptete sie, dass ihr gewählter Stil, in dem sie zum Beispiel vorgeschlagene Geschäfte als »Wunschträume« bezeichnete, im Grace Co. Hauptquartier beträchtliche Verwirrung verursacht habe. Die Wahl ihres bevorzugten Stils war darauf ausgelegt, ihre sanfte Weiblichkeit auszunutzen, aber das schloss nicht aus, je nach den Umständen so zäh und hart wie nötig zu sein.

Sie selbst hatte gemischte Gefühle wegen ihres geschäftlichen Erfolges. Aber was auch immer sie über die Reichen und ihren Besitz oder gelegentlich über ihre Bedenken bezüglich ihres eigenen Reichtums sagte oder schrieb, es besteht kein Zweifel daran, dass sie die materiellen Wohltaten, die ihr dieser Erfolg eintrug, genoss und zu schätzen wusste, ohne dass Gewissensbisse ihr unnötig zu schaffen gemacht hätten. Sie hielt den Status, den sie erreicht hatte, für selbstverständlich und wollte ihre Lebensweise nicht aufs Spiel setzen, als ihre Geschäfte später scheiterten.

Hella Wuolijoki war auch bescheiden hinsichtlich der Gründe ihres Erfolges.

Die Zeiten waren so, dass alle Pläne für Geschäfte zu Gold wurden, wenn sie verwirklicht wurden. Die Welt war so, dass alle nach Geld riechenden Träume, Träume im Opiumrausch, wahr werden konnten, wenn man auch nur ein wenig Fantasie hatte. Jeder wilde Plan konnte ausgeführt werden; alles, was dazu nötig war, waren die richtigen Leute und Kapital. Und beides konnte man immer finden, wann immer eine Möglichkeit bestand, große Gewinne zu machen.

Sie betonte jedoch, dass es einen Unterschied zwischen ihr und den in diesem Geschäft tätigen Männern gebe. Sie behauptete, dass sie die Entschlossenheit, mit der ihre männlichen Kollegen an das Geldmachen herangingen, nicht ernst nehmen könne.

Ich berechnete niemals den Gewinn, den ich mit einem Geschäft machen könnte, ich blieb wohl oder übel eine Journalistin, ein zuschauender Beobachter. Es ist schrecklich, es zuzugeben, aber ich rieb mir schadenfroh die Hände, wenn ich die Ernsthaftigkeit und Wichtigkeit sah, mit der diese Geldleute meine Wunschträume behandelten. Und oh weh, die Sorgen und Ängste, dass der Krieg zu Ende gehen könnte!

Ihre Geschäftsbriefe machen jedoch klar, dass sie sehr wohl dazu imstande war, auch zu ihrem eigenen Vorteil harte Forderungen zu stellen.[21]

7

Der Bürgerkrieg in Finnland und seine Folgen

Die nationale Euphorie, mit der die Februarrevolution in Finnland begrüßt worden war, als die verfassungsmäßigen Rechte des Landes wiederhergestellt wurden, hielt nicht lange an. Die Arbeiterbewegung wurde schnell von alten und neuen Klassenantagonismen, der Lebensmittelknappheit und durch die revolutionäre Leidenschaft von jenseits der russischen Grenze radikalisiert. Die Aussicht auf Unabhängigkeit für Finnland wurde sowohl von der Linken als auch von der Rechten begrüßt, aber sie war nicht stark genug, um die zunehmende Klassentrennung zu überwinden.[1)]

Zu Beginn des Ersten Weltkrieges sahen viele Aktivisten und Konstitutionalisten den Krieg als eine Möglichkeit für Finnland, seine Freiheit von Russland zu erringen. Sie nahmen Kontakt zum deutschen Kaiserreich auf und erzielten eine Vereinbarung, junge finnische Männer heimlich zur militärischen Ausbildung nach Deutschland zu schicken. Die Führer dieser Jägerbewegung waren bürgerliche Akademiker, aber auch sozialdemokratische Führer wussten von der Rekrutierung und wandten sich nicht dagegen. Wenn sie auch gewöhnlich als von Studenten dominiert wahrgenommen wird, hatte die Mehrheit der Jägerrekruten einen bedeutend niedrigeren sozialen Status und umfasste viele Arbeiter. Wann, wo und wie die militärische Ausbildung, die sie erhielten, stattfand, war unklar und hing von den Entscheidungen des deutschen Generalstabs ab.

Die Existenz der Jägerbewegung war ein offenes Geheimnis, aber die Russen waren nicht in der Lage, sie auszumerzen, auch wenn viele Helfer der Bewegung in das berüchtigte Kresty-Gefängnis in Petrograd geschickt wurden. Es erzeugte auch Spannungen zwischen denen, die Deutschland zuneigten, denen, die ihren Glauben in die Entente setzten und denen, die erwarteten, dass Freiheit für Finnland von einer Revolution in Russland kommen würde. Diese Gruppen waren etwas diffus, wobei einige Finnen bereit waren, mit jeder dieser Kräfte zusammenzuarbeiten, um Finnlands Chance, die Unabhängigkeit zu erlangen, zu verbessern. Darin waren sie in vielem wie Lenin, der keine Bedenken deswegen hatte, deutsche Geldmittel anzunehmen und den berühmten versiegelten Zug zu benutzen, der ihm 1917 vom deutschen Generalstab zur Verfügung gestellt wurde, um zur Verwirklichung seiner geplanten Revolution nach Russland zurückzukehren. Vor 1917 dachten jedoch nur sehr wenige in Finnland an eine Unabhängigkeit. Trotz unbarmherziger Zensur, Kriegsrecht und der De-Facto-Annullierung der finnischen Autonomie war anfangs Loyalität zum im Krieg befindlichen Russland vorherrschend. Mannerheim war nur einer der vielen finnischen Generäle, die in der zaristischen Armee dienten.

Wegen ihrer estnischen Herkunft war Hella Wuolijoki antideutsch und ententefreundlich eingestellt. Sie klagte, dass die Existenz der Jägerbewegung Misstrauen gegenüber Finnland erzeuge und dass sie hart arbeiten müsse, um das bei britischen und amerikanischen Repräsentanten zu überwinden, um deren Zustimmung für Lebensmittelexporte nach Finnland zu bekommen.

Nach der Februarrevolution waren die Sozialdemokraten mutiger als die Mehrheit der bürgerlichen Politiker; sie verlangten die vollständige Selbstverwaltung und beschworen die Aussicht auf volle Unabhängigkeit. Im Juli 1917 setzten die Sozialdemokraten, mit Unterstützung von einigen mehr unabhängigkeitsorientierten Abgeordneten der rechten Parteien und denen der Mitte, das sogenannte Ermächtigungsgesetz im Parlament durch. Dieses strebte danach, die ausstehende Verfassungsfrage zu lösen, wer nach dem Ende der russischen Monarchie die dem Zaren gehörende Macht als Großfürst von Finnland geerbt hätte. Das Ermächtigungsgesetz erklärte, dass es das Parlament selbst war, das nun die oberste Autorität hatte, die früher dem Zaren gehört hatte. Das Wesen dieses Gesetzes als De-Facto-Unabhängigkeitserklärung war jedoch durch die Tatsache beschränkt, dass es nichts über Außenpolitik und militärische Angelegenheiten aussagte und sie stillschweigend der Provisorischen Regierung in Petrograd überließ.

Kerenskis Provisorische Regierung akzeptierte das Gesetz nicht, löste das finnische Parlament auf und schrieb Neuwahlen aus. Die Unterstützer des Gesetzes wiederum akzeptierten diese Auflösung nicht, und im Senat stimmten die Sozialdemokraten gegen die Veröffentlichung des Auflösungsdekrets, während alle bürgerlichen Senatoren dafür stimmten. In einer sechs zu sechs Pattsituation hätte die Frage durch die ausschlaggebende Stimme des Sozialdemokraten Oskari Tokoi als dem Vorsitzenden geklärt werden müssen. Aber in dieser Sitzung war ausnahmsweise der russische Generalgouverneur anwesend, der formell immer noch Vorsitzender des Senats war, obwohl er an dessen Sitzungen seit Februar nicht mehr teilgenommen hatte. Er stimmte mit den bürgerlichen Senatoren. Das verursachte große Erbitterung unter den Sozialdemokraten, die sich ebenso gegen die bürgerlichen Politiker wie gegen Russland richtete. Die SDP zog ihre Senatoren aus dem Amt zurück (wobei Tanner etwas länger als seine Parteikollegen blieb). Der sozialdemokratische Präsident des aufgelösten Parlaments berief das Parlament zu einer Sondersitzung ein, bei der auch eine Handvoll der bürgerlichen Unterstützer des Gesetzes anwesend waren, um gegen die Auflösung zu protestieren, aber letzten Endes fügte sich die Partei und beteiligte sich an den im September abgehaltenen allgemeinen Wahlen.

Die bürgerlichen Parteien gingen in fast allen Wahlbezirken Wahlbündnisse ein. Das Ergebnis war, dass die SDP ihre Mehrheit verlor und 92 Sitze erzielte, und dass der neue Senat von dem rechtsorientierten Jungfinnen Pehr Evind Svinhufvud gebildet wurde – der konsequent die konstitutionellen Rechte Finnlands verteidigt hatte und nach Sibirien verbannt worden war – mit Beteiligung aller Mitte-Rechts-Parteien.

Der bolschewistische Staatsstreich in Petrograd am 6. November überraschte alle in Finnland. Er stärkte die Unabhängigkeitsbewegung im Bürgertum und polarisierte das Land weiter. Die Bildung und Bewaffnung sowohl der Roten als auch der Weißen Garden wurde beschleunigt. Im November riefen die Sozialdemokraten einen Generalstreik als Auftakt zur Machtübernahme aus, brachen den Streik aber nach einer Woche ab, ohne ihre Absichten in die Tat umzusetzen. Der Streik war von gewalttätigen Vorfällen gekennzeichnet gewesen.

Als der Svinhufvud-Senat die Unabhängigkeitserklärung dem Parlament zur Abstimmung sandte, war das Ereignis durch wachsende Spannungen zwischen Roten und Weißen überschattet, wobei beide Seiten sich auf eine militärische Kraftprobe vorbereiteten. Der Senat bat die Westmächte, Finnlands Unabhängigkeit anzuerkennen, aber sie wollten dem nicht stattgeben, bevor Russland es zuerst getan hatte. Der widerstrebende Svinhufvud musste nach Petrograd gehen und Lenins Rat der Volkskommissare bitten, Finnlands Unabhängigkeit anzuerkennen. Der Rat der Volkskommissare tat das am Silvesterabend. Es half, dass sich die Sozialdemokraten unabhängig vom Senat auch an die neue sowjetische Regierung mit der Bitte gewandt hatten, Finnlands Unabhängigkeit anzuerkennen. Ob Lenin aufrichtig dazu bereit war, Finnlands Abspaltung zu akzeptieren oder ob er es in Erwartung einer sozialistischen Revolution, die Finnland in Russlands Arme zurückbringen würde, tat, ist Gegenstand langer Debatten in Finnland gewesen.

Der Bürgerkrieg wurde von den Roten und den Weißen gleichzeitig begonnen. Die Roten Garden übernahmen die Regierungsgewalt in Helsinki, in Erwartung dessen war der Senat einige Tage zuvor nach Vaasa in Bottnien umgezogen, die »weißeste« der Provinzen Finnlands. Nachdem er vom Senat zum Oberbefehlshaber ernannt worden war, begann General Mannerheim, frisch aus Russland zurück, Operationen auf eigene Faust, wobei er einen in letzter Minute eintreffenden Befehl des Senats ignorierte, diese zu verschieben, indem er damit fortfuhr, die russischen Truppen in Bottnien zu entwaffnen. In dem anschließenden Bürgerkrieg, der am 27. Januar 1918 ausbrach, trennte die Frontlinie das Land in den roten Süden und den weißen Norden, mit Widerstandsnestern auf beiden Seiten.

Der finnische Bürgerkrieg war kurz, aber wie das bei allen Bürgerkriegen zu sein scheint, blutig und mit noch blutigeren Nachwirkungen, ein Krieg, der ein langes und schmerzliches Erbe hinterließ. Die Roten hatten am 27. Januar in Helsinki die Macht übernommen und wurden zehn Wochen später aus der Stadt vertrieben. Der Senat in Vaasa hatte um eine deutsche Intervention ersucht, und Helsinki wurde von der deutschen Ostseedivision unter dem Kommando von General von der Goltz eingenommen. Sie war an der Südküste westlich von Helsinki bei Hanko gelandet und in weniger als zehn Tagen zur Hauptstadt marschiert, wobei sie auf ihrem Weg nur auf sehr geringen Widerstand traf. In Helsinki gab es ein paar Nachhutgefechte und -kämpfe, aber fast alle Führer der Roten waren vor dem Eintreffen der Weißen ostwärts und ins Exil nach Sowjetrussland geflohen.

Die schwersten Schlachten wurden um die rote Industriestadt Tampere ausgefochten, die am selben Tag an Mannerheims Truppen fiel, an dem die Deutschen in Hanko landeten. Es dauerte noch einen weiteren Monat, bis die Kämpfe vorüber waren. Der Entente-orientierte Mannerheim mochte die Deutschen nicht, die der Senat nach Finnland eingeladen hatte. Als Oberbefehlshaber hätte er es vorgezogen, den Krieg mit seinen eigenen finnischen Truppen zu gewinnen. Aber die gut ausgebildeten finnischen Soldaten des Jägerbataillons waren gewiss willkommen, ebenso wie die schwedischen Stabsoffiziere, die sich seinem Hauptquartier anschlossen.

Der Bürgerkrieg hatte seine internationalen Dimensionen. Zusätzlich zu den Deutschen waren immer noch 40 000 Mann starke russische Truppen in Finnland stationiert. Ihre Haltung zum Krieg war unklar. Die meisten russischen Soldaten wollten einfach nur ein Ende des Krieges und nach Hause zurückkehren, und sie blieben größtenteils neutral. Das sowjetische Kommando in Petrograd hatte die Truppen anfangs angewiesen, den Roten zu helfen, machte den Befehl jedoch schnell wieder rückgängig. Viele der revolutionäreren russischen Elemente halfen jedoch den Roten mit Waffen, Munition und ausgebildeten Offizieren, womit sie der Behauptung der Weißen Auftrieb gaben, dass es ein Krieg sei, der für Finnlands Freiheit geführt werde. Schweden, wo die Sozialdemokraten im Oktober 1917 an die Regierung gekommen waren, wahrte eine neutrale Haltung. Die schwedischen Sozialdemokraten missbilligten den Übernahmeversuch der finnischen Partei und boten Vermittlung an, aber ihr Angebot wurde abgelehnt.

Außer den Stabsoffizieren in Mannerheims Hauptquartier gab es auch schwedische Freiwillige, die mit den Weißen Streitkräften kämpften. Unter ihnen war Olof Palme, der in der Schlacht um Tampere getötet wurde. Er war ein Cousin sowohl des künftigen Ministerpräsidenten Olof Palme als auch von Salme Murriks künftigem Ehemann Rajani Palme Dutt. Schweden blieb in dem Konflikt neutral, aber nach dem Krieg, als sich die Deutschen zurückzogen, besetzten uneingeladene schwedische Streitkräfte eine Zeit lang die Ålandinseln.

Die Roten, die die Macht in Helsinki übernommen hatten, waren keine Bolschewiki und ihre Handlungen wurden nicht von Petrograd gelenkt. Sie strebten auch keine proletarische Revolution an, da trotz einer Welle der industriellen Entwicklung mit Säge- und Papiermühlen seit dem späten 19. Jahrhundert und auch trotz eines Wachstums der Metallbranche, unterstützt durch russische Kriegsbestellungen, Finnland ein vorwiegend ländlich und landwirtschaftlich geprägtes Land blieb. Es gab viel zu wenige Industriearbeiter, um der SDP wenigstens die Hälfte der Stimmen der Bevölkerung zu verschaffen. Es waren die landlosen Landarbeiter und Pächter, die der Partei die Mehrheit ihrer Unterstützung gaben. Sulo Wuolijoki wurde als einer der Landwirtschaftsexperten der Partei angesehen und war Vorsitzender des ersten nationalen Treffens der Pächter gewesen. Wenn die Pächter oder Kleinbauern gewöhnlich auch nicht die Ärmsten auf dem Lande waren, so waren sie doch infolge der Unsicherheit ihres Pachtbesitzes leichter zu radikalisieren.

Die Entscheidung, die Macht zu übernehmen, wurde nicht von der Sozialdemokratischen Partei getroffen, sondern von einem Ad-Hoc-Exekutivausschuss, der vom Parteirat mit einem unklaren Mandat gebildet wurde, um alle notwendigen Schritte zur Vorbereitung der Machtübernahme zu ergreifen, und zwar mit Vertretern von der Partei, den Gewerkschaften und den Roten Garden. Nur die radikalen Elemente der Roten Garden waren eindeutig für die Revolution. Zu ihnen gehörte die Handvoll von Petrograder Finnen, die auch Mitglieder der russischen bolschewistischen Partei waren – vor Finnlands Unabhängigkeit war die russische Hauptstadt die »zweitgrößte finnische Stadt«. Die meisten anderen wurden wohl oder übel dazu gebracht, Revolutionäre zu spielen. Die Führer der Roten waren nicht für die Ereignisse verantwortlich, sie reagierten lediglich darauf und versuchten, auf den von Leidenschaft, revolutionärer Begeisterung und Klassenhass geschaffenen Wellen zu reiten, ohne eine klare Vorstellung davon, wie das alles enden würde.

Die Rote Regierung, Rat der Volksbeauftragten genannt, wurde von Kullervo Manner geführt und umfasste viele Freunde und Gefährten der Wuolijokis, wie Kuusinen, Edvard Gylling und Yrjö Sirola. In der Roten Regierung war nur Oskari Tokoi einer der sechs sozialdemokratischen Senatoren im Koalitionssenat gewesen. Die meisten der neuen Ministerdelegierten sollten im August 1918 in Moskau die Gründungsmitglieder der Kommunistischen Exilpartei Finnlands werden, aber damals waren sie noch Zentristen oder linksorientierte Sozialdemokraten. Der von Kuusinen als dem Volksbeauftragten für Bildung erarbeitete Verfassungsentwurf war mehr radikal-demokratischer als kommunistischer oder gar sozialistischer Natur.

Nicht alle Sozialdemokraten beteiligten sich. Die revisionistische Rechte, die in der starken Kooperativenbewegung mit Männern wie Väinö Tanner und Väinö Wuolijoki als ihren Anführern gut verwurzelt war, hatte nichts mit der roten Regierung zu tun. Andere lehnten verantwortliche Positionen ab, akzeptierten aber aus Solidarität mit der Bewegung etwas niedrigere Posten. Ihre Haltung wurde von Eetu Salin, einem der Gründungsväter der Partei, zusammengefasst, der die Revolution nicht billigte, aber sich dazu hinreißen ließ, zu sagen: »[W]enn ich nun schon ein Vierteljahrhundert in der Arbeiterbewegung dabei gewesen bin, wie könnte ich sie jetzt im Stich lassen, wo sie eine Torheit begeht«.[2] Salin und andere sollten teuer für ihre Solidarität bezahlen.

Die Wuolijokis und der Bürgerkrieg

Sulo Wuolijoki war einer derjenigen, die die Revolution nicht unterstützten und eine Aufforderung, sich den Volksbeauftragten als »Finanzminister« anzuschließen, ablehnte. Aber er nahm an, als er gebeten wurde, als unbezahlter Sekretär der vom Rat der Volksbeauftragten bestellten Kommission zur Aushandlung eines Abkommens über die Lösung aller ausstehenden Fragen, die die Trennung von Russland geschaffen hatte, mit der Lenin-Regierung tätig zu werden. Nach dem Krieg fanden die meisten Weißen in dem Vertragsentwurf, den die Kommission ausgehandelt hatte, wenig oder nichts von Substanz, das nicht im nationalen finnischen Interesse war. Das war nicht überraschend, da die Kommission ihr Bestes tat, um für die finnischen Interessen zu sorgen, und in ihrem ersten, von Väinö Voionmaa geschriebenen Entwurf, Finnland große Teile von Ostkarelien und sogar die Region Murmansk einverleiben wollte. Sulo Wuolijoki beriet sich auch mit dem enthusiastischen Eino Leino und dem karelischen Schriftsteller und Groß-Finnland-Aktivisten Iivo Härkönen über das Werk.[3]

Nach dem Krieg wurden weder Voionmaa noch Leino, die nur als informelle Berater für die Kommission tätig gewesen waren, angeklagt, aber die Tätigkeit als Sekretär der Kommission und Reisen nach Petrograd in dieser Eigenschaft, um mit Lenins Regierung zu verhandeln, wurden als Landesverrat betrachtet, und Sulo Wuolijoki wurde nach dem Krieg in einem der Gefängnislager inhaftiert, die die Weißen errichteten, um nach dem Krieg mehr als 30 000 Rote aufzunehmen. In seinem Verteidigungsschreiben unterstreicht er sein Widerstreben, die Tätigkeit zu übernehmen, aber in seinen Erinnerungen von 1945 sagte er, er habe bei dem Angebot einen Luftsprung gemacht. In allen Berichten betont er jedoch, dass sein Motiv gewesen sei, dabei zu helfen, eine Vereinbarung zu erzielen, die Finnland mehr Territorium verschaffen würde.[4]

In dem kurzen Krieg selbst wurden 9 403 Menschen getötet, 5 199 auf der Seite der Roten. Während der Hass der Weißen gegen ihren Feind von Geschichten und Gerüchten über Greueltaten der Roten genährt wurde, fielen nur 1 424 von ihnen dem roten Terror zum Opfer. So schrecklich er auch war, verblasst er doch neben der Zahl der Menschen, die im Ergebnis des weißen Terrors starben. Schnelljustiz-Exekutionen forderten 7 370 Opfer, als sich die Weißgardisten an den gefangenen Roten rächten. Zu diesen Zahlen müssen die 11 652 Roten hinzugerechnet werden, die in Gefängnislagern an Hunger oder Misshandlung starben, ebenso wie die 2 819, die unmittelbar nach ihrer Entlassung aus dem Gefängnislager oder auf andere mit dem Krieg verbundene Weise verschwanden oder starben. Es gab auch über 4 000 andere Opfer, meistens Russen und ein paar Deutsche. Und das alles ereignete sich in einem Land, das damals eine Gesamtbevölkerung von etwa 3 340 000 Menschen hatte.[5]

Hella Wuolijoki war im Januar 1918 auf einer Geschäftsreise nach Stockholm und kehrte kurz vor Ausbruch des Bürgerkrieges nach Helsinki zurück. Der Krieg verursachte ihr keine direkten Verluste, da ihre Geschäftätigkeit sowieso abnahm. Später behauptete sie, sie habe ihr Geschäft mit der Grace Company beendet, indem sie ihnen telegrafierte: »Wo Menschen getötet werden, werde ich keinen Handel treiben«. Es gibt keine Bestätigung dafür, und ihr Briefwechsel mit dem Stockholmer Grace-Repräsentanten Murray Sayer zeigt, dass sie nach dem Ausbruch des Krieges weiter Pläne für neue Abschlüsse machten, obwohl aus denen nichts wurde. Es scheint auch so, dass die Beendigung ihrer Beziehung zu ihrem Geschäftspartner Sayer etwas mit unterschiedlichen Ansichten darüber zu tun hatte, wie Provisionen unter den beiden aufgeteilt werden sollten, obwohl Sayer sich besondere Mühe gab zu betonen, dass er keinerlei Forderungen stellen würde.[6]

Während des Krieges blieb sie in Helsinki. Sie hatte den Krieg nicht erwartet und war nicht auf ihn vorbereitet. Das bedeutete, dass sie sich, da der größte Teil ihrer Einnahmen sicher, aber unzugänglich in Stockholm war und die Banken in Helsinki ihre Türen geschlossen hatten – in Vaasa zahlten sie die Rechnungen des Senats – wegen eines Überbrückungsdarlehens an ihre früheren Arbeitgeber Kontro & Kuosmanen wenden musste, die es ihr großzügig gaben. Sie half auch anderen, die durch den Krieg gestrandet waren. So fand Hilda Tônisson Zuflucht in ihrem Haus, während Jaan Tônisson in Stockholm für die estnische Unabhängigkeit arbeitete.[7]

Die meisten, wenn nicht alle Mitglieder im Rat der Volksbeauftragten waren Hella Wuolijoki wohlbekannt und einige waren auch enge Freunde. Sie machten keinen Versuch, Hella Wuolijoki in den Dienst der Roten Regierung zu stellen, und sie achtete darauf, nicht hineingezogen zu werden. Aber sie war durch Yrjö Sirola und Oskari Tokoi, »Außenminister« und »Versorgungsminister« in der Roten Regierung, über deren Bemühungen informiert worden, Finnland amerikanischen Weizen zu sichern, da die Nahrungsmittelsituation prekär war. Am 23. Februar schrieb sie in ihrem noch immer auf wackligen Füßen stehenden Englisch an ihren Freund Mr. Bailey in der amerikanischen Botschaft in Petrograd, der bei ihren Geschäftsabschlüssen hilfreich gewesen war, einen Vorschlag, um den immer noch nicht gelieferten Weizen zu bekommen, um den sie sich im Vorjahr als Agentin für Finnland bemüht hatte. In Kenntnis der politischen und praktischen Schwierigkeiten, die der andauernde Bürgerkrieg verursacht hatte, schlug sie einen fantastischen Plan vor:

Es würde noch etwa zwei Monate dauern, um etwa 30 000 Tonnen hinüber nach Narvik zu bekommen. In der Zwischenzeit sind beide kämpfenden Seiten ausgehungert, und wenn dann die Alliierten zu Finnland sagen: Voilà, wir haben hier Nahrung für euch, und ihr könnt sie in ein paar Tagen aus Narvik herüber nach Finnland haben: jetzt müsst ihr euren Streit begraben, und nach der Versöhnung, ihr dummen Kinder, bekommt ihr die Lebensmittel, die ihr haben wollt. Ansonsten, wenn die Lebensmittel dann erst von Amerika hergebracht werden, wenn der Kampf hier beendet sein wird, wird es für dieses Volk nur sehr wenig Hoffnung auf Überleben geben, weil es doch mehr als einen Monat dauert, um die Lebensmittel herüber zu bekommen.[8]

Es gibt keine Aufzeichnung über eine Antwort auf diesen Vorschlag zum Einsatz von Nahrungsmitteldiplomatie oder darüber, ob er jemals erhalten oder auch nur abgeschickt wurde, aber er spiegelt zweifellos Hella Wuolijokis Haltung zu dem Konflikt und die großen Hoffnungen, die sie in die amerikanische Politik setzte, wider, da sie hoffte, Bailey als den ersten amerikanischen Gesandten in Finnland willkommen heißen zu können. Bei seiner Verteidigung im Sommer 1918 verwies Sulo Wuolijoki auch auf das Weizengeschäft als seinen primären Grund dafür, dass er es akzeptiert hatte, im Auftrag der Volksbeauftragten während des Krieges nach Petrograd zu gehen. Seinem Bericht zufolge wollte Hella Wuolijoki, dass er sich darum kümmerte, dass die von der Bank von Finnland bei der noch funktionierenden Zweigstelle der National City Bank in Petrograd deponierten fünf Millionen Rubel nicht an die Volksbeauftragten ausgezahlt würden, da diese als Sicherheit für Grace Companys Transportkosten der Weizenlieferung hinterlegt worden waren. Sulo Wuolijoki behauptet, es sei ihm gelungen, das zu erreichen, indem er direkt zu Trotzki ging und ihn davon überzeugte, dass es keine gute Idee wäre, die Amerikaner wütend zu machen.

Während Sulos Bericht einem Verteidigungsschreiben gleicht, das dazu gedacht war, seine Aktivitäten im bestmöglichen Licht zu zeigen, als er mit schweren Beschuldigungen konfrontiert wurde, ist es natürlich ebenso glaubwürdig, dass Hella Wuolijoki damit ihr geschäftliches Ansehen bei Grace wahren wollte.[9]

In der Zeit des Krieges hatte es auch einige schwedische Bemühungen zur Beilegung des Konflikts gegeben. Hella Wuolijoki war Gastgeberin eines Abendessens, bei dem Wäinö Wuolijoki und der liberale W. A. Lavonius mit dem sozialdemokratischen Bürgermeister von Stockholm Carl Lindhagen zusammentrafen, der Anfang März in Helsinki war, um die Aussichten für einen vermittelten Frieden zu sondieren. Bedauerlicherweise gab es keine, da die Führer auf beiden Seiten solche Kontakte kurzerhand ablehnten.[10]

Als die Weißen in Helsinki einzogen, war Sulo Wuolijoki unter denen, die in ein Gefängnislager gebracht wurden. Es lag auf einer der Festungsinseln von Viapori, heute umbenannt in Suomenlinna (Festung von Finnland). Obwohl Hellas und Sulos Ehe tatsächlich vorbei war, überließ Hella Wuolijoki ihren Ehemann nicht seinem Schicksal, sondern mobilisierte ihre beträchtlichen Mittel – finanzielle und andere – um ihm zu helfen. Sie ergänzte die spärlichen Rationen von Sulo und vieler seiner Kameraden mit Lebensmittelpaketen. Sie engagierte auch Heikki Ritavuori als Rechtsbeistand. Er war ein liberaler Rechtsanwalt und Parlamentarier, der 1922, als er Innenminister war, von einem rechtsgerichteten Fanatiker ermordet werden sollte – Sulo Wuolijoki hatte kurz in seinem Anwaltsbüro mit ihm zusammengearbeitet, bevor er seine eigene Kanzlei eröffnete.

Durch Ritavuoris Bemühungen – und möglicherweise auch unterstützt durch das Eingreifen des britischen Konsuls Henry Bell – wurde Sulo Wuolijoki im Herbst auf Bewährung aus dem Gefängnis entlassen, aufgrund eines Urteils des Obersten Gerichts, das eingerichtet worden war, um Verbrechen gegen den Staat zu verhandeln. Sein ursprüngliches Urteil im August 1918 vor einem niedrigeren Gericht lautete zwei Jahre Zwangsarbeit, mit einem knappen Stimmenverhältnis der Richter von drei zu zwei. Die Mehrheit blieb von den zahlreichen Zeugenaussagen unbeeinflusst – einschließlich einer vom amerikanischen Konsul Thornwell Haynes – die ihm seine Gegnerschaft zu den Bolschewiki und der Revolution, seine Begeisterung für Großfinnland bescheinigten und bestätigten, wie er zahlreichen Weißen dabei geholfen hatte, freigelassen zu werden, nachdem sie von der Roten Garde inhaftiert worden waren.[11] Auch Hella Wuolijoki ersuchte um seine

Begnadigung, aber all ihre Aktivität für Sulo rettete ihre Ehe nicht und sollte auch nicht dazu dienen.

Sulo Wuolijoki kehrte auf der linken Seite der Sozialdemokratischen Partei zur aktiven Politik zurück, die im Dezember 1918 unter Väinö Tanners Führung wieder zum Leben erweckt worden war. Als die Linke auf dem Parteitag von 1919 eine Niederlage erlitt, trat sie aus und gründete 1920 ihre eigene Partei, die Sozialistische Arbeiterpartei (STP). Die Partei stand unter dem Einfluss der in Petrograd ansässigen Kommunistischen Partei Finnlands. Während einige in der STP insgeheim Mitglieder der Kommunistischen Partei waren, waren viele ihrer aktiven Mitglieder linke Sozialisten mit großer Sympathie für den Arbeiterstaat in Russland und bereit, kommunistische Unterstützung anzunehmen, aber sie wollten auch ihre Unabhängigkeit von Moskau bewahren. Unter Letzteren waren die Ehemänner der Murrik-Schwestern, Sulo Wuolijoki und Eino Pekkala, von denen keiner jemals in die KP eintrat.

Der Gründungsparteitag der Sozialistischen Arbeiterpartei Finnlands war im Mai 1920 von der Polizei aufgelöst worden, als der Parteitag am Ende seines siebentägigen Zusammentreffens beschlossen hatte, der dritten Internationale, der Komintern, beizutreten – wenn auch »mit ihrem eigenen Programm«. Alle Parteiführer, einschließlich Wuolijoki und Pekkala, wurden inhaftiert. Die zentrale Rolle in dem darauffolgenden Prozess spielte die Frage, ob der Vorsitzende der Versammlung tatsächlich die Worte »mit ihrem eigenen Programm« benutzt hatte oder nicht, und wenn ja, welche Bedeutung dem beigemessen werden sollte, da die Übernahme des Programms der Komintern definitiv als Beweis für den Kommunismus der neuen Partei angesehen worden wäre.[12]

Sulo Wuolijoki wurde im September 1920 freigelassen, aber im März des nächsten Jahres erneut verhaftet und in das Gefängnis für politische Straftäter in Tammisaari gebracht, um eine fast fünfjährige Gefängnisstrafe wegen Verrats zu verbüßen, die das Berufungsgericht in Turku über ihn verhängt hatte. Selbst viele Liberale in Finnland betrachteten das als weiße Justiz im schlimmsten Sinne. Zum Beispiel sah der rechtsorientierte Professor für Strafrecht Allan Serlachius keine rechtlichen Gründe für das Urteil. Es gab in dieser Justiz auch keine Konsequenz. Nur Eino Pekkala und ein paar andere wurden in ähnlicher Weise angeklagt und verurteilt, während der Logik zufolge Dutzende mehr für die gleichen Aktivitäten verhaftet und verurteilt hätten werden müssen.[13]

Die Inkonsequenz wurde offenkundig, als es der Ortsorganisation von Helsinki gestattet wurde, sich als neue nationale Partei zu reorganisieren – ohne jegliche Erwähnung der Komintern – und ihr auch gestattet wurde, in den 1920er Jahren an den Wahlen teilzunehmen. Bei den ersten Nachkriegswahlen im März 1919 erlebte die SDP als damals einzige linksgerichtete Partei eine sensationelle Wiederherstellung, indem sie 80 Sitze erzielte. Drei Jahre später verlor sie bei der Wahl von 1922 27 davon an die Sozialistische Arbeiterpartei. Später wurde die neue Partei verboten und durch eine andere linke sozialistische/kommunistische parteiähnliche Wahlorganisation ersetzt, bis 1934 die faschistische Lapuabewegung der gesamten legalen politischen Tätigkeit links von der SDP ein Ende setzte. Eino Pekkala wurde 1927 als einer der Parlamentsabgeordneten der Partei gewählt, und er wurde 1930 von Lapuaschlägern gewaltsam aus dem Parlament hinausgeworfen.

8

Zwischen Ost und West

Die Weißen, die im Bürgerkrieg gesiegt hatten, waren ein gespaltener Haufen. Im Jahr 1917 war das Parlament formell einstimmig für eine Republik gewesen, aber der Bürgerkrieg und der Einfluss Deutschlands hatten bereits vorhandenen monarchistischen Gefühlen der Rechten Auftrieb gegeben. Mit einer und später zwei Ausnahmen wurden die Sozialdemokraten daran gehindert, ihre Sitze im Parlament einzunehmen, als es im Sommer 1918 wieder einberufen wurde. Das ermöglichte es den Monarchisten, in diesem Rumpfparlament auf Paragraf 38 der alten schwedischen Verfassung von 1772 zurückzugreifen, der besagte, wenn die Monarchie ohne einen Thronerben aussterben würde, würden die Stände zur Wahl eines neuen Königs zusammentreten. Im August beschloss das Parlament mit 58 zu 44 Stimmen, den Senat damit zu beauftragen, die notwendigen Schritte für die Wahl eines neuen Monarchen zu unternehmen. Die Monarchisten hätten gewollt, dass einer der Söhne Kaiser Wilhelms die Krone annähme, aber der Kaiser lehnte dies ab, und die finnischen Monarchisten mussten sich mit dem Schwager des Kaisers, Prinz Friedrich Karl von Hessen, begnügen.

Das Parlament wählte ihn am 9. Oktober zum König, nur wenige Wochen vor dem Zusammenbruch des kaiserlichen Deutschland und der Abdankung des Kaisers. Svinhufvud, der die Position eines vorläufigen Staatsoberhaupts und Regenten innegehabt hatte, trat im Dezember zurück, und Mannerheim wurde aus dem selbst auferlegten Exil zurückgerufen, um das Amt zu übernehmen. Mannerheim war kein Republikaner, aber er neigte der Entente zu und war nach dem Bürgerkrieg aus Protest gegen die Deutschorientierung des Senats als Oberbefehlshaber zurückgetreten.

Die Orientierung und Steuerbarkeit Finnlands waren von augenfälligem Interesse für die Großmächte, solange der Erste Weltkrieg dauerte. Dieses Interesse ließ nach dem Krieg nicht nach, als es um die Zukunft des bolschewistischen Regimes in Russland ging. Die Entente-Mächte versuchten, in Russland zu intervenieren, indem sie die vielen weißen Generäle ermutigten und unterstützten, die versuchten, die Bolschewiki zu vertreiben. Einer von ihnen, Judenitsch, hatte sein Hauptquartier in Helsinki, wo er mit Mannerheim und finnischen Aktivisten einen finnischen Angriff auf Petrograd im Jahr 1919 plante. Mannerheim war ausgesprochen interessiert und verlockt durch den historischen Ruhm, den er als der Befreier von St. Petersburg von der bolschewistischen Herrschaft erlangen würde. Letztendlich führten die Pläne zu nichts, da er vor dem De-Facto-Staatsstreich zurückscheute, den der Plan erforderlich gemacht hätte, wobei nur ein Teil der Rechten willens war, ein solches Abenteuer zu unterstützen, und auch wegen des Widerstrebens der russischen Weißen, Finnlands Unabhängigkeit anzuerkennen.

Die Briten waren ebenfalls im Ostseeraum aktiv und entsendeten ein Marinegeschwader in die Region, welches die finnische Insel Koivisto als Basis benutzte. Von dieser führten mit Torpedos bewaffnete Armeeschnellboote im Juni 1919 einen waghalsigen Überraschungsangriff auf die russische Ostseeflotte in Kronstadt aus, wobei mehrere größere Schiffe kampfunfähig gemacht wurden. Es gab auch britische Streitkräfte auf der Kola-Halbinsel, die sich ehemaliger aus Finnland geflohener Rotgardisten als Hilfstruppen bedienten und die die 1 300 Mann starke Murmansk-Legion unter britischem Kommando bildeten. Oskari Tokoi, der mehr durch die Umstände als durch seine Entscheidung unter britischem Schutz anstatt unter Lenins Herrschaft gelandet war, war der prominenteste Legionär und bekam den Rang und die Uniform eines britischen Oberstleutnants.

Finnland und Russland blieben formell bis zur Unterzeichnung des Friedensvertrags von Tartu (Dorpat) im Oktober 1920 im Krieg miteinander. Davor versuchten finnische Freischärler, bewaffnet und unterstützt von der finnischen Armee, den Separatismus in Ostkarelien zu schüren, das die finnischen Aktivisten annektieren wollten. Die russischen Bolschewiki wiederum unterstützten die finnischen Kommunisten und bildeten Exil-Rote zu Offizieren aus, die eine schnelle Revanche an den Weißen wollten, auch wenn die Aussichten für eine Revolution im vom Krieg zerrissenen Finnland völlig unrealistisch waren. Kuusinen begriff das schnell, nachdem er heimlich nach Finnland zurückgekehrt war, aber nicht alle seine finnischen Genossen in Russland taten das. Das führte zu Spannungen zwischen den im Untergrund in Finnland arbeitenden und den im Exil lebenden kommunistischen Führern in Russland, die, wie Kuusinen behauptete, unter der »Kinderkrankheit«

litten, wie Lenins berühmte Diagnose lautete. Es gab auch schwere Spannungen innerhalb der Exilgemeinschaft, die zu innerparteilicher Gewalt führten, die mit den Morden im sogenannten Kuusinen-Klub 1920 in Petrograd ihren Höhepunkt erreichten.[1]

Die Beziehungen des Westens zu Finnland waren seinen Interessen gegenüber Russland untergeordnet. Solange der Weltkrieg dauerte und einige Zeit nach seinem Ende war das Durchkreuzen des deutschen Einflusses das primäre westliche Interesse an Finnland.

Für die junge finnische Republik waren die Jahre 1918–1920 eine Zeit des Aufruhrs, der Intrigen und der Neuorientierung. Nachdem Russland die Unabhängigkeit Finnlands anerkannt hatte, folgte innerhalb einer Woche die Anerkennung auch durch Frankreich, Schweden, Deutschland, Dänemark und Norwegen. Großbritannien und die Vereinigten Staaten blieben jedoch misstrauisch wegen der prodeutschen Politik der finnischen Regierung und hielten eine formelle Anerkennung bis zum Mai 1919 zurück. Auch Frankreich brach die diplomatischen Beziehungen nach der Wahl des deutschen Prinzen zum König von Finnland ab. Aber auch ohne formelle diplomatische Beziehungen waren die Westmächte daran interessiert, wohin Finnland ging und hatten ihre Agenten im Lande, um die Entwicklungen zu beobachten und zu beeinflussen. Finnland wurde auch zur Haupttransitroute zwischen Russland und den Westmächten.[2]

Estland wird unabhängig

Die Situation im Süden des Finnischen Meerbusens war ebenfalls in Bewegung. Als der Weltkrieg begann, wurden die baltischen Provinzen zu einem Schlachtfeld mit den Deutschen, die ab 1915 das Gebiet knapp südlich von Riga in Lettland besetzt hielten, und wo sich die Frontlinie zwei Jahre lang stabilisierte. Die Februar- und Oktoberrevolution in Russland gaben Unabhängigkeitsbestrebungen in den baltischen Provinzen, deren Grenzen nach nationalen Gesichtspunkten neu gezogen wurden, ebenfalls Auftrieb. Den neuen Provinzen Lettland und Estland wurde im April 1917 Selbstverwaltung gewährt. Wie in Finnland wurde die baltische Politik sowohl von der nationalen Frage als auch vom Klassenkampf dominiert, wobei ein bedeutender Teil der lettischen und estnischen Arbeiter sich den Bolschewiki anschloss, und auch die baltischen Deutschen separatistische Pläne mit Berlin schmiedeten. Eine erneute deutsche Offensive im September nach Riga und im Oktober zu den estnischen Inseln Saarenmaa und Hiidenmaa führte dazu, dass diese von den Deutschen besetzt wurden.

In Estland begann der neu gewählte Landtag, den Boden für eine Abspaltung zu bereiten – wobei Unabhängigkeit oder ein Staatenbund mit Skandinavien und/oder Finnland immer noch als mögliche Alternativen betrachtet wurden und ihre Vertreter in die wichtigsten europäischen Hauptstädte entsandt wurden. Inzwischen fanden die Bolschewiki Unterstützung und gewannen die Mehrheit in den örtlichen Sowjets, wo ihr estnischer Anführer Jaan Anvelt Vorsitzender wurde. Bis Anfang 1918 hatten die Bolschewiki in Estland tatsächlich die Macht übernommen und die Anführer des Landtages dazu gezwungen, in den Untergrund oder ins Ausland zu gehen. Als aber die russisch-deutschen Friedensverhandlungen abgebrochen wurden, als Trotzki zu seiner berühmten Formel »weder Krieg noch Frieden« griff, brachen die Deutschen praktisch den Waffenstillstand und besetzten ganz Lettland und Estland. Der Landtag nutzte die kurze Zeitspanne zwischen dem Abzug der Bolschewiki und dem Vorrücken der Deutschen, um am 24. Februar, einen Tag, bevor die Deutschen Tallinn besetzten und die estnische Regierung fliehen musste, die Unabhängigkeit Estlands zu erklären.[3]

Die deutsche Besetzung Estlands dauerte bis zum Zusammenbruch des deutschen Kaiserreichs im November 1918. Während dieser Zeit arbeiteten im Exil lebende estnische Führer in Helsinki und anderen Hauptstädten für die estnische Unabhängigkeit. Dabei zählten sie auf Hella Wuolijoki als Verbündete und Helferin. Das war natürlich, da sie, auch nachdem sie Bürgerin Finnlands geworden war, ihre engen Kontakte zu Estland und den Esten beibehalten hatte. Als die 1913 gegründete Helsinki Eesti Haridusselts (Estnische Kulturgesellschaft in Helsinki) im Juni 1914 für 1 500 Esten einen Ausflug nach Helsinki arrangierte, hatten die russischen Behörden das zu Recht als eine verdächtige Demonstration von estnischem Nationalismus betrachtet. Die russische Gendarmerie hatte auch vermerkt, dass die Abendveranstaltung für die Besucher mit 2 000 Teilnehmern in dem Arbeiterversammlungshaus von Helsinki mit dem Singen der Marseillaise begonnen hatte und dass die Hauptrednerin Hella Wuolijoki gewesen war, die »eine gegen die Regierung gerichtete Rede« hielt »und alle dazu drängte, für ihre Rechte zu kämpfen«.[4]

Das geschriebene Wort, nicht das gesprochene, war Hella Wuolijokis Medium. Sie war eine gute Erzählerin, aber eine weniger wirkungsvolle Sprecherin. Das war besonders der Fall, wenn sie das Finnische benutzte, wobei sie trotz ihrer Sprachbeherrschung niemals ihren estnischen Akzent oder den mehr singenden und schnelleren Tonfall los wurde, den die Esten verwenden. Manchmal mag der Effekt im Finnischen unabsichtlich komisch geklungen haben, aber ihre Ansprache an eine estnische Versammlung in deren Sprache ist gewiss bedeutend besser angekommen.

Die wichtigsten und einflussreichsten estnischen Repräsentanten im Ausland waren alte Freunde von ihr. Tônisson in Stockholm hatte ihr eine Woche zuvor geschrieben und ihr von den Vorbereitungen für die estnische Unabhängigkeitserklärung erzählt, die er unterstützte, nachdem er erkannt hatte, dass die skandinavische Union, die er ursprünglich favorisiert hatte, unerreichbar war. Er hatte Wuolijoki gebeten zu tun, was sie konnte, um ihre Verwirklichung zu unterstützen. Auch Ants Piip – ein weiterer künftiger estnischer Ministerpräsident – in London war ein alter Bekannter von ihr, und er wurde im Mai 1918 deutlicher und forderte Wuolijoki auf, dabei zu helfen, die Kosten der estnischen Gesandtschaft in London zu bezahlen. Wenn die Einzelheiten einer finanziellen Unterstützung auch nicht aufgezeichnet worden sind, hat sie doch zweifellos die junge Republik dabei unterstützt, sich im Ausland zu etablieren. Und als ein anderes Mitglied der estnischen Auslandsdelegation, Eduard Virgo, der ihr estnischer Verleger gewesen war, auf Piip als Vertreter Estlands in London folgte, wollte er sie 1920 als Presseattaché in London einstellen, in der Erwartung, dass sie nicht von der Regierung bezahlt werden müsse.[5]

Salongastgeberin

Das war der Hintergrund, vor dem Hella Wuolijoki im Herbst 1918 ihren Salon in Helsinki eröffnete. Als der Bürgerkrieg endete, nahm sie ihre politischen und geschäftlichen Aktivitäten mit erneutem Schwung auf. Mit ihrem neuen Reichtum hatte Hella Wuolijoki sich kurz vor dem Bürgerkrieg eine geräumige neue Wohnung an der Ecke Neitsytpolku und Merikatu im vornehmen Bezirk von Kaivopuisto gekauft. Sie war so geräumig, dass Sulo sein eigenes getrenntes Schlafzimmer haben konnte, da das voneinander entfremdete Paar nicht mehr länger eines teilte. Diese neue Wohnung war es, in der sie ihren berühmten Salon eröffnete.

Kulturelle, literarische und politische Salons kamen zuerst im Frankreich des 17. Jahrhunderts und im England des 18. Jahrhunderts auf. Sie waren eine Erweiterung der verschiedenen Zirkel, deren Gastgeberinnen die Prinzessinnen gewesen waren, außerhalb des Hofes. Salons boten auch eine Möglichkeit für Frauen, politischen Einfluss auszuüben, indem sie Männer und Frauen mit unterschiedlichen Überzeugungen und Bestrebungen zusammenbrachten und Ideen- und Informationsbörsen einrichteten. In Frankreich waren sie einflussreich bei der Verbreitung der Ideen der Aufklärung. Als Voraussetzungen für Salongastgeberinnen in Paris wurden ein liberaler, abwesender oder toter Ehemann, der Besitz von Kultur und die Möglichkeit, die Funktion des Salons ständig aufrechtzuerhalten, genannt. Diese erfüllte Hella Wuolijoki.

Es gab keine Eröffnungs- oder Abschlusszeremonie für den Salon, der so lange bestand, bis Hella Wuolijoki die Wohnung 1924 verkaufte. Seine Blütezeit endete aber schon früher, gegen Ende des Jahres 1920, als sie das Gut Marlebäck in Iitti etwa 150 Kilometer nordöstlich von Helsinki kaufte. Sie begann mehr Zeit in Marlebäck zu verbringen, und wenn sie in Helsinki war, begannen sich ihre Interessen wieder mehr auf das Geschäft als auf Politik zu konzentrieren. Zwei Jahre lang war ihr Salon jedoch ein Treffpunkt für unterschiedliche westliche Liberale, Sozialisten, Kommunisten und Radikale aller Richtungen, die Helsinki besuchten oder sich dort aufhielten.

Zu den Finnen, die ihren Salon frequentierten, gehörten Väinö Tanner, der anerkannte Führer der wieder hergestellten Sozialdemokratischen Partei; andere führende SDP-Politiker wie Väinö Hakkila, Anton Kotonen, J. W. Keto, Hannes Ryömä und Wäinö Wuolijoki; Linke wie Dr. Ivar Lassy, eine originelle Persönlichkeit, ein namhafter Orientalist und aktiver Gegenspieler von Tanner in der SDP, bevor er in die STP eintrat; Schriftsteller, Künstler und Gäste aus dem Bereich der Kultur wie der Dichter Elmer Diktonius; Aino Malmberg, die herausragendste weibliche Untergrundaktivistin vor und während des Weltkrieges, und die Schauspielerin Elli Tompuri und viele andere. Auch Eino Leino hatte zumindest einen Auftritt, obwohl er von Hella aus dem Heim der Wuolijokis verbannt worden war, als ein böser Geist, der Sulo zum Trinken verlockte.[6]

Unter den nichtfinnischen Gästen können fast alle amerikanischen und britischen offiziellen Vertreter in Finnland zur damaligen Zeit aufgezählt werden. Zu ihnen gehörten Henry Bell, der 1918 zum britischen Konsul ernannt wurde, und sein Nachfolger Lord Acton, der den Titel,

Hella Wuolijoki im Salon in der Neitsytpolku

aber nicht die Fähigkeiten seines berühmten Vaters geerbt hatte, Professor Arthur Cotter und Marinekapitän Harold Grenfell von der britischen Vertretung; die höchsten militärischen Vertreter der Briten in der Region, General Hubert Gough und Admiral Walter Cowen und der amerikanische Konsul Thornwell Hayes, der auch zweimal Mieter einer Wuolijoki gehörenden Villa etwas außerhalb von Helsinki war. Der französische Konsul Louis Raynaud war ebenfalls ein Besucher.

Arthur Cotter war ein begnadeter Linguist und hatte sowohl Finnisch als auch Schwedisch gelernt, als er vor dem Krieg an der Handelshochschule von Helsinki Englisch unterrichtet hatte. Ende 1918 kehrte er als neu ernannter Presseattaché nach Helsiniki zurück. Er war ein Mann mit linksliberalen Neigungen, und außer Wuolijoki gehörten zu seinen engsten Kontakten in Finnland Rudolf Holsti und Heikki Ritavuori, zwei der führenden zur Entente neigenden Liberalen im Lande. Seine Kontakte zu westlichen Journalisten, die kritisch über die finnischen Deutschlandfreunde und den weißen Terror schrieben, machten ihn in den Augen der finnischen Rechten zu einem Mann auf der Schwarzen Liste, und der dem rechten Flügel angehörende finnische Gesandte in London Ossian Donner sorgte dafür, dass er von den Briten im Herbst 1920 entlassen wurde.[7]

Harold Grenfell

Harold Grenfell war von 1912–1917 britischer Marineattaché mit Verbindungen zum Marinegeheimdienst in St. Petersburg gewesen. In Helsinki hatte er dieselbe Funktion von Dezember 1918 bis Mai 1919 inne. Nach der russischen Revolution zog es ihn stetig nach links bis zu einer Sympathisantenposition auf dem linken Flügel der britischen Labour Party. Bis 1919 wurde auch er von den Weißen als schlechter Einfluss angesehen und Donner – der Grenfell als »persönlich liebenswürdigen Mann« charakterisierte, aber einen, der nur mit »roten Finnen« verkehrte, »aber Mannerheim ignorierte« – schaffte es, auch seinen Rückruf zu arrangieren.[8]

Captain Grenfell war 46 und Hella Wuolijoki 31 Jahre alt, als sie sich begegneten. Er hatte schon vor dem Krieg von seiner britischen Ehefrau getrennt gelebt und war später von ihr geschieden worden. In Russland ging er eine Bindung mit Anna Lewoschkina ein, einem einheimischen Mädchen bäuerlicher Herkunft aus Lujban. Im Jahr 1918 gelang es Grenfell mit Hilfe des Volkskommissars A. V. Lunatscharski und des Korrespondenten des *Manchester Guardian* Morgan Phillips Price, sie aus Russland heraus und nach Großbritannien zu bekommen, wo sie ihm im April 1920 ein Kind gebar.[9]

Grenfell und Hella Wuolijoki wurden enge Freunde und bald auch ein Liebespaar. Der leidenschaftliche Charakter der Beziehung Grenfell–Wuolijoki offenbart sich in ihrem recht umfangreichen Briefwechsel seit 1917. Die Beziehung basierte von Anfang an auf gegenseitigem Respekt und Zuneigung, aber bis 1922 – als ihr Briefwechsel auf 203 Briefe

links: Hella Wuolijoki die erfolgreiche Geschäftsfrau
rechts: Captain Harold Grenfell in Arkhangelsk 1916

in einem Jahr allein von Grenfells Seite anschwoll – erblühte er zu einer leidenschaftlichen Liebesbeziehung, bei der die Liebenden einander als Dundas und Iselin anredeten. In diesem Briefwechsel wechselte der Ton in Hellas Briefen zwischen jugendlicher Vernarrtheit und reifer Analyse – und sogar scharfer Präzision, wenn Geschäftsabschlüsse betroffen waren. Grenfell, der die Marine 1920 verlassen hatte, wurde von ihr auch als Partner und Vertreter ihrer Interessen in Großbritannien eingespannt.

Im Jahr 1924, als Anna starb und Hella Wuolijoki formell von Sulo geschieden wurde, erwogen sie sogar eine Eheschließung. Beide scheinen dazu bereit gewesen zu sein, aber ein Hindernis war Ernst Murrik, der eine starke Abneigung gegen Grenfell hatte. Einmal ergriff er sogar seinen Stock, um Grenfell von Marlebäck zu vertreiben. Es war persönliche und politische Abneigung, aber auch eine Frage des Prinzips, da eine Ehe für Ernst Murrik nahezu etwas Heiliges war, und nach seiner Moralvorstellung ließen sich Frauen nicht von ihren Ehemännern scheiden. Er schrieb auch an den Gouverneur der Provinz Uusimaa und verlangte, Grenfell als gefährlichem Agitator die Einreise nach Finnland zu verweigern. Er mag damit Erfolg gehabt haben, Grenfell einmal aus dem Land zu bekommen, aber das beendete weder die Beziehung noch hielt es Grenfell von einer Rückkehr ab. Grenfell kam fast jährlich nach Finnland, um Hella zu besuchen – während ihr Vater ihn weiter bei den Behörden denunzierte – einschließlich auf seinem Weg von und nach Russland als Sekretär der TUC-Delegation (Trade Union Congress). Diese wurde nach Moskau geschickt, um die Wahrheit über den sogenannten Sinowjew-Brief herauszufinden, einer Fälschung des MI5 (Secret Security Service), die zum Sturz von Ramsay MacDonalds erster Labour-Regierung 1924 beitrug.

Nur die Geheimdienste scheinen Ernst Murriks tiefes Misstrauen gegenüber Grenfell geteilt zu haben. Sogar Hella Wuolijokis angeheiratete Verwandte mochten ihn und akzeptierten die Aussicht auf ihre Heirat mit ihm. Es mag mehrere andere Gründe außer der Meinung ihres Vaters dafür gegeben haben, warum die Heirat niemals stattfand, aber es ist klar, dass für Hella Wuolijoki Ernst Murriks Verhalten und außergewöhnliche Machenschaften zu dem tiefsten Riss zwischen ihr und ihrem Vater führten, den sie jemals erlebten. Es dauerte einige Jahre, bis dieser Riss verheilte, als die Aussicht auf eine Heirat entschwand, aber keiner der Protagonisten änderte seine Ansichten über Grenfell.

Hella Wuolijoki und Harold Grenfell blieben einander nahe, auch nachdem ihre Beziehung die Leidenschaft verloren hatte. Er korrespondierte regelmäßig mit Hella Wuolijoki und war in den 1920er Jahren häufig in Marlebäck zu Gast. Sein Sohn, der offiziell Wladimir getauft wurde, aber immer Bobby genannt wurde, verbrachte über viele Jahre lange Zeiträume in Finnland und hielt den Familienkontakt selbst nach dem Tod seines Vaters 1948 und dem von Hella Wuolijoki 1954 aufrecht.[10]

George Lansbury, John Reed und andere

Zu den vielen Journalisten und Schriftstellern, die ihren Salon besuchten, gehörten W. T. Goode vom *The Manchester Guardian*, Guy Moyston von der *Associated Press (AP)*, Arthur Ruhl von *Collier's Weekly*, Clifford Sharp vom *The New Statesman*, Frazier Hart und John Heber Clayton von der *Chicago Tribune*, Arthur Ransome vom *Manchester Guardian*, Griffin Barry vom *The Daily Herald* und Lincoln Steffens. Häufig schrieben sie auf ihrem Weg nach und von Petrograd auch darüber, was sie in Finnland gehört und gesehen hatten, was in der Regel nicht das war, was die weißen Machthaber berichtet haben wollten.

Zu den Politikern, die durch ihren Salon zogen, gehörte der christlich-pazifistische britische Labour-Party-Politiker und künftige Parteiführer George Lansbury ebenso wie der britische Parlamentsabgeordnete Colonel Cecil L'Estrange Malone, damals auf seinem Weg von Großbritannien über Finnland nach Russland, ebenso wie von der Liberalen Partei über die Labour Party zur Kommunistischen Partei. Der wohl berühmteste ihrer Besucher war vielleicht der radikale amerikanische Journalist und Gründer der Amerikanischen Kommunistischen Partei John Reed.

Als George Lansbury 1920 Russland besuchte, reiste er auch durch Finnland. Damals war er nicht im Parlament, aber als Herausgeber des *Daily Herald* und durch seine unnachgiebigen Aktivitäten schon eine nationale Größe. Beim Schreiben seiner Erinnerungen über seinen Besuch in Russland verweist er herzlich auf Madame Wuolijoki, von der »ich dieselbe herzliche Begrüßung und Gastfreundschaft erhielt, die diese gute Freundin so vielen von uns hat zuteil werden lassen, die durch Helsingfors nach Russland reisten«.[11] Obwohl sie es noch nicht wussten, sollte es in ihrem Leben interessante Annäherungspunkte geben, selbst wenn sie möglicherweise niemals von ihnen erfuhren. Lansbury war Inhaber und Manager eines großen Sägewerkes und eines Holzlagers in London, und Wuolijoki würde ein paar Jahre später eine Zeit lang eine äußerst engagierte Unternehmerin in der gleichen Branche sein. Beide sollten ihre Unternehmen scheitern sehen, Lansbury drei Jahre früher als Wuolijoki, als seine Firma, damals von seinen beiden Söhnen geführt, 1928 Bankrott ging. Die andere Verbindung war familiär: Hellas Schwester Salme Pekkala würde 1922 Rajani Palme Dutt und Lansburys Tochter Violet würde 1935 Clemens Palme Dutt, den älteren Bruder von Rajani, heiraten.[12]

In Helsinki half Wuolijoki bei beiden Besuchen Lansburys auf der Durchreise, seine Treffen mit Außenminister Rudolf Holsti und sozialdemokratischen Führern zu arrangieren. Sie versuchte auch, ihm zu einem bequemeren Weg für seine Durchreise nach Petrograd zu verhelfen, indem sie der finnischen Regierung vorschlug, ihn auf einem Eisbrecher über den zugefrorenen Finnischen Meerbusen nach Tallinn zu bringen. Das war nicht möglich, aber Lansbury wusste den Versuch sehr zu schätzen. In Helsinki sprach Lansbury auch auf einigen öffentlichen Versammlungen. Nicht alle seine Erinnerungen an Finnland waren positiv, da er bei seiner Rückkehr aus Russland zu seinem Entsetzen von den finnischen Behörden unter scheußlichen, gefängnisartigen Bedingungen unter Quarantäne gestellt wurde. Er wurde nach einigen Tagen durch die vereinten Bemühungen der britischen Regierung, des Roten Kreuzes und Hella Wuolijokis aus der Quarantäne entlassen.[13]

John Reed hatte noch weniger Glück als Lansbury. Seine erste Durchreise mit seiner Ehefrau Louise Bryant über Finnland nach Russland im Frühling 1917 verlief ereignislos und legal, aber seine Rückkehr im Februar 1918 war wegen des Bürgerkrieges schon schwieriger. Zurück in den Vereinigten Staaten schrieb und veröffentlichte er *Zehn Tage, die die Welt erschütterten*, seine berühmte Reportage über die russische Revolution. In Russland hatte er sich mit Lenin angefreundet und war etwas ähnliches wie ein Kommunist geworden. Im September 1919 kehrte er illegal nach Russland zurück, wobei er die von finnischen Kommunisten zum Schmuggel von Menschen und Waren von Stockholm nach Petrograd eingerichtete Route benutzte. Die genauen Details von Reeds Reise bleiben von Geheimnissen umhüllt, aber es ist bekannt, dass Hella Wuolijoki eine zentrale Gestalt war, die ihm half. Im Jahr 1935 schrieb sie an Reeds Biografen Grenville Hicks:

Er wurde in einer Winternacht bis zu meinem Haus getragen, mit einem erfrorenen Fuß und kaum imstande, zu sprechen vor völliger Erschöpfung nach einer zwölfstündigen Autofahrt in einem schweren Schneesturm.[14]

Reed blieb bei Wuolijoki, sich unter die anderen Gäste des Salons mischend, bis er in der Lage war, mit Ivar Lassy als seinem Helfer weiter ostwärts zu reisen. Im März des nächsten Jahres war es wieder Hella Wuolijoki, die ihm Unterkunft gewährte, bevor sie ihn auf seine Heimreise in die USA westwärts schickte. Aber er kam nicht weiter als bis zum Hafen von Turku, wo die finnische Polizei ihn dabei entdeckte, als er sich im Kohlenkasten an Bord des Dampfschiffes *Oihonna* versteckte. Bei der Verhaftung hatte er falsche Papiere bei sich, Briefe von Lenin, Trotski, Emma Goldman und anderen, etwas ausländische Währung und ein Geheimversteck mit russischen Diamanten zur Finanzierung der Arbeit der amerikanischen Kameraden.

Die antikommunistischen finnischen Behörden waren davon überzeugt, einen großen Fisch gefangen zu haben, der lebenswichtige Informationen über geheime Netzwerke der Roten enthüllen könnte. Sie hätten gern gegen ihn ein Verfahren wegen Landesverrats eingeleitet, aber die einzigen Anklagen, die sie vorbringen konnten, waren wegen

Schmuggels und illegalem Grenzübertritt. Reed wurde dennoch bis Juni in Haft gehalten, als er mithilfe der Bemühungen von Wuolijoki, Aino Malberg und anderen an Bord eines Schiffes nach Tallinn gebracht wurde, von wo aus er schnell zurück nach Petrograd reiste. Wuolijoki war möglicherweise auch daran beteiligt, über Guy Mouston von AP das falsche Gerücht zu verbreiten, dass Reed in Finnland hingerichtet worden sei. Diese Desinformation half, das amerikanische Interesse an seinem Fall zu wecken und beschleunigte seine Freilassung. Später, im selben Jahr, starb er in Moskau und blieb für immer einer der Lieblingshelden von Hella Wuolijoki und in ihren Augen der beispielhafte Amerikaner.[15]

Pro-Entente oder Sozialistin?

Zu den anderen Gästen in ihrem Heim gehörte die in Russland geborene Lydia Stahl, die von der Schauspielerin Elli Tompuri in den Salon eingeführt worden war. Stahl hatte eine intime Beziehung sowohl mit Otto Ville Kuusinen und John Reed als auch mit dem finnischen Bildhauer Wäinö Aaltonen. Sie war auch Mäzenin und Geliebte von Elmer Diktonius und lockte ihn 1921 nach Paris. Von Finnland ging Stahl weiter nach London, wo sie Salme Pekkala traf. Stahl erlangte später traurige Berühmtheit, als sie in Frankreich als sowjetische Spionin verhaftet und vor Gericht gestellt wurde.[16] Eine andere Dame mit bewegtem Ruf, die Wuolijoki besuchte, wenn auch möglicherweise später in den 1920er Jahren, war Moura Budberg, Geliebte von Maxim Gorki und H. G. Wells. Sie hatte eine Beziehung zum sowjetischen Sicherheitsapparat, die jetzt als erwiesen angesehen wird. Hellas Tochter erbte die Freundschaft mit Budberg und traf sich mit ihr bei ihren häufigen Besuchen in London.[17]

Otto Ville Kuusinen blieb von Mai 1919 bis Juni 1920 in Finnland, wobei er insgeheim die Untergrundaktivitäten der Kommunistischen Partei leitete. Sulo Wuolijoki war einer seiner Beschützer, und Salme Pekkala stand auch in enger Verbindung zu ihm. Hella Wuolijoki gehörte zweifellos zum Kreis der Menschen, die ihm halfen und ihn höchstwahrscheinlich auch trafen, aber ihn in ihrem Haus zu treffen, wäre ziemlich gefährlich gewesen. Es ist sogar noch unwahrscheinlicher, dass er sich in der Wohnung versteckte, in der Hella ihre Eltern untergebracht hatte, wie Aino Sarola, die künftige Ehefrau von Kuusinen, in ihren effekthaschenden Memoiren behauptet.[18]

Das Publikum im Salon war kosmopolitisch. In einem an die Salongastgeberin im Dezember 1920 geschriebenen Brief trug sich der inhaftierte Ivar Lassy mit der Idee, eine Geschichte des Salons zu schreiben und entwarf eine Galerie von Persönlichkeiten. Er präsentierte eine Liste, der zufolge es, zusätzlich zu Familie und Verwandten, »8 Künstler und Autoren, 12 finnische Sozialdemokraten, 2 Kommunisten, 6 Esten, 1 Schwede, 10 Amerikaner, 9 Engländer, 2 Franzosen, 1 Ukrainer und 1 Japaner« waren.[19] Die Liste ist weder genau noch vollständig, gibt aber einen Anhaltspunkt für die internationale Atmosphäre des Salons.

Politisch und ideologisch waren die Salongäste in den Jahren 1918–1919 eine vielschichtige und heterogene Gesellschaft. Was sie im Allgemeinen vereinte, war die Gegnerschaft zur Intervention in Russland. Für einige beruhte das auf ideologischer Affinität zur bolschewistischen Revolution. Zur damaligen Zeit waren nicht alle, die Lenin unterstützten, notwendigerweise Kommunisten, da andere linke Parteien und Gruppen wie Sozialrevolutionäre, Anarchisten und Menschewiki anfangs in Sowjetrussland toleriert wurden. Lenins Rat der Volkskommissare war ursprünglich eine Koalition mit den linken Sozialrevolutionären als Juniorpartner, und Informationen über die allmählich zunehmende Repression aller nicht bolschewistischen Formationen erreichten andere Linke außerhalb Russlands langsam und wurden auch nur langsam von ihnen erfasst. Erst nach der blutigen Unterdrückung des Aufstandes von Kronstadt 1921 begriffen endgültig alle, dass die Kommunisten keine politischen Gruppen außer ihrer eigenen dulden würden. Lange Zeit waren jedoch viele Linke und sogar Liberale außerhalb Russlands bereit, im Zweifel für das russische Experiment zu sein, auch wenn sie das russische Modell nicht als etwas ansahen, das in ihren eigenen Ländern umgesetzt werden sollte. Darüber hinaus waren auch viele derjenigen, die wirklich die Bolschewiki scheitern und ihre Macht an andere verlieren sehen wollten, nicht bereit, eine ausländische Intervention, die dies gefördert hätte, zu unterstützen. Andere, die bereit gewesen wären, das zu unterstützen, was in der heutigen Welt als humanitäres Eingreifen bezeichnet werden würde, um den Roten Terror zu beenden, wurden von den möglichen Alternativen der Weißen abgestoßen, da diese nicht jedermann mit ihren demokratischen Empfehlungsschreiben beeindrucken konnten.

Väinö Tanner und die Mehrheit der finnischen Sozialdemokraten waren zum Beispiel in einen zähen Kampf mit den linken Sozialisten und Kommunisten in der finnischen Arbeiterbewegung verwickelt und hatten keine Sympathie für Lenin, waren aber ebenso unnachgiebig gegen eine finnische Intervention jenseits der Grenze. Das war auch die Politik der britischen Labour Party, selbst wenn einige ihrer Führer, wie Lansbury, im Hinblick auf Lenin blauäugiger und einige auch ideologisch dem Kommunismus nahe gewesen sein mögen.

Offenbar nahmen viele der Journalisten und Diplomaten, die den Salon frequentierten, Hella Wuolijokis Einladung gerne an, weil der Salon eine wertvolle und unersetzliche Informationsquelle war, ungeachtet dessen, wie nahe oder fern sie den politischen Ansichten der Gastgeberin standen. Es sollte auch nicht übersehen werden, dass es im Nachkriegs-Helsinki nicht allzu viele Möglichkeiten für eine aufgeklärte Konversation mit einer gebildeten, höchst sachkundigen, attraktiven – zumindest intellektuell – und aufgeschlossenen finnischen Frau gab, die fließend sieben Sprachen beherrschte.

So verweist zum Beispiel der britische Marinekapitän Augustus Agar, der MI6-Agent, der den Schnellbootangriff auf Kronstadt befehligte und der sicherlich keine Bedenken in Bezug auf Überraschungsschläge auf das bolschewistische Russland hatte, in seinem Buch über seine baltischen Heldentaten mit diesen Worten auf den Salon:

Ich kann an dieser Stelle nicht einen, wenn auch nur beiläufigen Verweis auf eine andere Persönlichkeit weglassen – eine Dame, die zur damaligen Zeit eine ziemliche Persönlichkeit am politischen Horizont von Helsingfors war.

Madame W. – so kannte man sie – war eine außergewöhnliche Persönlichkeit und unterhielt einen äußerst interessanten »Salon«. Sie hatte einen guten Koch und, was zur damaligen Zeit in Finnland noch wichtiger war, da das Land trocken war, einen guten Weinkeller. Ihre »five o'clock teas« waren berühmt – man traf in ihrem Haus Politiker, Marine- und Armeeoffiziere, russische, estnische, litauische und lettische Emigranten, aber keine deutschen – buchstäblich jeden, der eine politische Axt zu schleifen hatte. Die meisten ihrer Gäste waren NICHT, um den gängigen russischen Ausdruck zu benutzen, »politisch zuverlässig«. Obwohl er sehr wohlhabend war, hatte ihr Ehemann an dem roten Aufstand 1918 teilgenommen und wurde in der Festung Sveaborg [Viapori] inhaftiert. Er war tatsächlich zum Tode verurteilt worden, wurde aber von der finnischen Regierung begnadigt, großenteils, wie gesagt wurde, durch den guten Einfluss von Bell.

Sie war eine kluge Frau, sehr sprachgewandt und hatte großartigen persönlichen Charme. Ich persönlich habe ihren Salon nicht besucht, aber obwohl die Finnen sie als »politisch zuverlässig« ansahen, waren fast alle Ausländer, einschließlich der Briten, dort zu sehen. Monate später erwies sie mir einen wertvollen Dienst.[20]

Worum es sich bei diesem Dienst handelte, ist nicht verzeichnet. Der sachliche Irrtum hinsichtlich Sulo Wuolijokis Todesurteil könnte seinen Ursprung in Hellas eigenem Bericht haben, da es typisch für die Art von dramatischer Ausschmückung war, die sie gern in ihren Erzählungen verwendete. Auch Henry Bell macht, als er seine Erinnerungen über den Salon schreibt, in genau der gleichen Art wie Agar, denselben Fehler hinsichtlich Sulo Wuolijokis Todesurteil.[21]
Lord Acton wurde im Mai 1920 nach nur sechs Monaten Dienst in Helsinki nach London zurückbeordert. Dieses Mal war es das britische Außenministerium, das zu der Schlussfolgerung gelangt war, dass der zur Linken neigende und undiplomatische Acton zurückgerufen werden musste. Es war kein Anstoß von Ossian Donner notwendig, auch wenn er sicher beim Fall des Gesandten gejubelt hat. Aber auch sein Nachfolger George Kidston, ein »Anti-Roter Rechtsaußen«, wie Donner beobachtete, fühlte sich verpflichtet, sich mit Hella Wuolijoki in Verbindung zu setzen. Inzwischen war der Salon jedoch in den Augen des Gesandten zu kompromittiert, sodass er in einem höchst »inoffiziellen« Vorstoß ein Treffen auf »neutralem Boden« vorschlug. Das Treffen fand statt, aber Kidston hütete sich davor, jemals den Salon zu betreten.[22]
Tatsächlich wahrte Kidston seine Distanz nicht nur zu Wuolijoki persönlich, sondern er beendete auch jegliche nachklingenden Sympathien, die britische Vertreter für ihre Aktivitäten oder selbst für die finnische Linke allgemein gehabt hatten. Der Bruch wurde in seinem Brief am 1. Juni 1920 an Außenminister Lord Curzon in London unmissverständlich klar gemacht:

Ich war heute schockiert. Vor ein paar Tagen besuchte die Polizei hier ein Treffen der extremen roten Partei [STP], beschlagnahmte eine Reihe von Dokumenten und verhaftete danach mehrere der

Anführer, einschließlich der berüchtigten Vuolijoki. Sie führten auch eine Haussuchung im Hause der Madame Vuolijoki, einer gefährlichen roten Intrigantin, durch, vor der ich von Donner und anderen in London gewarnt worden war, bevor ich hierher kam. Sie machte mit Lebensmittelspekulationen während des Krieges ein großes Vermögen, betreibt einen roten Salon und hat sich darauf spezialisiert, zu versuchen, unvorsichtige Diplomaten in ihrem Netz zu fangen. Anhand von Papieren, die mir heute gezeigt wurden und von denen ich Abschriften beilege, scheint es so, als ob sie im Falle unserer Gesandtschaft außerordentlich erfolgreich war. [...] Ich glaube nicht, dass es auch nur den leisesten Zweifel an der Echtheit der Dokumente gibt, und daraus geht eindeutig hervor, dass unsere Gesandtschaft systematisch als ein Zentrum bolschewistischer Propaganda und als Kommunikationszentrale zwischen den Roten in Finnland, England und vielleicht anderswo benutzt worden ist. Ich nehme nicht an, dass Acton etwas anderes als ein unbewusstes Werkzeug in der Angelegenheit war. Ich habe immer vorausgesetzt, dass er völlig unter dem Einfluss von Cotter stand. Die Protagonisten sind Grenfell, Cotter und Gough, und sie alle umkreisten Madame Vuolijoki.[23]

Der Salon und seine Gastgeberin standen natürlich unter strenger Beobachtung durch Finnlands neu geschaffene politische Sicherheitspolizei (Etsivä keskuspoliisi). Laut einem Bericht vom Mai 1919 hatte sie die Ziele des Salons – ein Erreichen eines Friedensvertrages zwischen Estland und Sowjetrussland – erkannt, das Sammeln von Informationen über den weißen Terror und ähnliche Phänomene in Finnland und ihre Verbreitung als Artikel in der britischen und französischen Presse. Das war eine ausgewogene und ziemlich genaue Beschreibung und eine, die auch Väinö Tanner mehr oder weniger geteilt hätte.

Die estnische Leidenschaft der Gastgeberin war entschieden auf Seiten der neu erklärten Unabhängigkeit ihres Geburtslandes und gegen eine deutsche Intervention, ebenso wie gegen russische Bestrebungen, das Land wieder einzunehmen. Die neue estnische Regierung war im Februar 1918 gezwungen gewesen, zu fliehen. Als das Deutsche Reich im November 1918 zusammenbrach, waren die Russen an der Reihe, das Land wieder zu besetzen. Die Situation für die Esten, die sich um Hilfe sowohl an die Entente als auch an die finnische Regierung gewandt hatten, war prekär. Von Tallinn schickte Tônisson Wuolijoki einen dringlichen Aufruf zu einer britischen Intervention zur Unterstützung der jungen Republik, welchen sie unverzüglich an Henry Bell weitergab. Sowjetischen Truppen, die einige Formationen estnischer Bolschewiki enthielten, gelang es, mehr als ein Drittel des Landes zu besetzen, bevor die Esten mit etwas Hilfe von der britischen Kriegsmarine und finnischen Freiwilligen ihr Fortschreiten aufhalten konnten. Eine estnische Gegenoffensive drängte die Russen im nächsten Frühling zurück über die Grenze. Die Kämpfe ließen nach, aber Frieden wurde erst im Januar 1920 geschlossen. Die Esten gerieten unter Druck, sowohl von denen, die gegen, als auch von denen, die für den Friedensschluss Einfluss ausübten. Zu Ersteren gehörten diejenigen in Finnland, die wollten, dass Estland sich der Offensive der russischen Weißen auf Petrograd anschließen sollte; unter den Letzteren waren die Masse der finnischen Sozialdemokraten und der größte Teil des Publikums in Wuolijokis Salon.[24]

Es gab aber auch extremere Ansichten im und über den Salon. Von der finnischen Sicherheitspolizei wurde der Detektiv Hemming damit beauftragt, sich Hella Wuolijokis Unternehmungen im Sommer 1920 eingehend anzusehen, und er legte den folgenden Bericht vor:

[Sie] wird in Arbeiterkreisen allgemein als politisch klüger und aktiver angesehen als ihr Ehemann Sulo Wuolijoki. S. W. war immer in der vordersten Reihe in Vertrauensstellungen von Arbeitervereinen, allerdings von seiner Frau gelenkt, und es ist aufgedeckt worden, dass H. M. Wuolijoki eine landesweite linkssozialistische, d. h. kommunistische Organisation mit Hella Wuolijoki an der Spitze unterhält, um die sie sich mit größter Entschlossenheit kümmert, und das Folgende ist klar geworden. Hella Wuolijoki hat eine Villa in Seurasaari, wo es eine Menge Bewegungen bestimmter Leute gibt und auch eine große Menge ausländischer Journalisten und anderer, die bolschewistische Literatur im ganzen Land verbreiten.[25]

Der Bericht von Detektiv Hemmings widerspiegelt ungeachtet seiner Absurditäten eine gewisse Änderung im Charakter des Salons, mit zunehmend pro-kommunistischen Teilnehmern gegen Ende des Jahres 1920. Ein weiteres Anzeichen ist, dass Tanner seine Kontakte mit Wuolijoki einschränkte und in seinen Erinnerungen seine Unzufriedenheit darüber zum Ausdruck bringt, dass mehr und mehr Kommunisten den Salon zu frequentieren begannen.[26]

Hella Wuolijoki und ihr Salon standen unter Beobachtung durch mehr als einen ausländischen Geheimdienst, und einige ihrer Gäste erstatteten offensichtlich solchen Diensten Bericht. Ihre Berichte müssen ziemlich durchwachsen gewesen sein, angesichts der sehr unterschiedlichen Perspektive, aus der sie die finnische Politik betrachteten. Die Leute in den westlichen Militärgeheimdiensten blieben besorgt wegen Deutschland und deutschem Einfluss ebenso oder sogar mehr als wegen des Kommunismus. In ihren Berichten geriet Hella Wuolijoki wegen ihrer Freundschaft und Zusammenarbeit mit Aino Malmberg unter Verdacht, die wegen ihrer Verbindungen zu Aktivisten und Jägern beinahe als deutsche Agentin angesehen wurde. Diejenigen aber, die Hella Wuolijokis unerschütterlich antideutsche Ansichten kannten, was für alle Besucher ihres Salons galt, betrachteten sie als nützlich für die Alliierten.

Dieser Ton wird in einem von einem ungenannten Berichterstatter am 23. März 1920 nach London geschriebenen Bericht über eine Diskussion mit dem sehr rechtsgerichteten finnischen Professor Julio Reuter gut wiedergegeben. In diesem Gespräch wies der Gesprächspartner des Professors darauf hin, dass er es »als einen Skandal ansehe, dass Personen, die Mme Vuolijoki besuchten, sofort als ›rot‹ stigmatisiert würden,« und fragte, warum die Rechte nicht einen Gegensalon betreibe. Der Professor wurde daraufhin etwas aufgeregt und sagte, sie hätten das erwogen, hätten aber keine geeignete Person gefunden, um ihn zu betreiben. Dann schlug Reuter Annie Furuhjelm vor – eine Abgeordnete der schwedischen Volkspartei mit kosmopolitischem Hintergrund – was eine verächtliche Antwort des Berichterstatters nach sich zog, der sich an eine ihrer Soireén erinnerte, bei der jedermann zu Tode gelangweilt gewesen war: »Diese Dame hat nicht die Gewandtheit, um ihre Zusammenkünfte unterhaltsam zu machen und den Leuten die Befangenheit zu nehmen – Qualitäten, die Mme Vuolijoki zu einem hohen Grad besitzt«.[27]

Rot, feuerrot oder hellrot?

Britische Meinungen zu und Reaktionen auf Hella Wuolijoki wurden im Januar 1920 auf die Probe gestellt. Eduard Virgo hoffte, sie als Presseattaché an der estnischen Gesandtschaft in London einstellen zu können. Mit diesem Wunsch wandte er sich auch an das britische Außenministerium und erhielt eine schnelle, kurz gehaltene Antwort von der

Sicherheitsabteilung, die erkennen ließ, dass sie nicht willkommen wäre. Es wurden keine Angaben dazu gemacht, warum oder wie man zu dieser Ansicht gelangt war.[28]

Als Hella Wuolijoki ebenfalls im Januar ihren eigenen Visumantrag für Großbritannien stellte, war sie sich nicht einmal notwendigerweise der estnischen Initiative bewusst. Ihr Antrag wurde einer gründlichen Prüfung unterzogen. Anfänglich berichteten die Dienste über sie, sie sei identisch mit einer gewissen Mme Francesca, die in ihren Akten mal als deutsche, japanische und/oder sowjetische Agentin auftauchte. Nachdem dieses Missverständnis aufgeklärt war, begann eine ausgedehnte innerbürokratische Debatte über den tatsächlichen Charakter von Hella Wuolijokis Politik und ob man sie ins Land einreisen lassen solle oder nicht.

In den vielen Papieren, die der Sicherheitsapparat bezüglich des Visumantrages herumreichte, gab es Spekulationen, aber einen Mangel an tatsächlichen Informationen über die Antragstellerin. Haldane Porter vom Passkontrollbüro (der Deckadresse für den MI6) formulierte es im Februar so: »Das ist einer dieser hoffnungslosen Helsingforser Fälle, bei denen es unmöglich zu sein scheint, die Wahrheit herauszufinden«. Seine Empfehlung war es, bei der Visumablehnung zu bleiben, um kein Risiko einzugehen. Im März war er jedoch bedeutend bestimmter: Mme Wuolijoki »ist eine der roten Hauptagenten in Finnland und ist als Vermittlerin zwischen den Bolschewiki in Russland und ihren Agenten in der ganzen Welt tätig«.[29]

Die Hauptprotagonisten in Whitehall scheinen Vernon Kell und Basil Thompson gewesen zu sein, jeweils Leiter des MI5 und der Spezialabteilung. In den vielen Berichten, die sie miteinander austauschten, waren sie sich darin einig, dass Hella Wuolijoki »eine schlaue und gefährliche Frau« sei. Sie stimmten weiter in ihrer Beschreibung als »klein, hässlich und mondgesichtig mit großen Augen« überein. Worin sie uneins waren, war die richtige Schattierung zur Beschreibung ihrer Politik. Kell behauptete, dass ihre Verbindung zu Aino Malmberg zeige, dass sie »intim mit einer Bande deutscher Agenten verbunden war«, sie aber auch viel zu »rot« war, um ins Land gelassen zu werden. Thomson sah sie, bezugnehmend auf die Meinung von General Sir Hubert Gough, den er konsultiert hatte, als »nur zartrosa« an und empfahl angesichts der schriftlichen Verpflichtung, die sie abgegeben hatte, sich in Großbritannien nicht mit politischer Aktivität zu befassen, ihr ein Visum zu gewähren. Thomson machte auch darauf aufmerksam, dass ihre Schwester (Salme), die möglicherweise viel »röter« war, sich schon im Land befand.[30]

Der ursprüngliche Grund, den Hella Wuolijoki für ihren Visumantrag angab, war, dass sie die britische Labour Party studieren und als Korrespondentin sowohl für die finnische Zeitung *Suomen Sosialidemokraatti* als auch ihr estnisches Gegenstück arbeiten wolle. Sie war sich über die Schwierigkeiten, auf die ihr Antrag gestoßen war, im Klaren und mobilisierte ihre britischen Freunde, um sie zu unterstützen. Außer General Gough, der von ihr indirekt kontaktiert worden sein mag oder auch nicht, gehörten dazu George Lansbury und Harold Grenfell, die eine gemeinsame Garantie leisteten, dass sie die Verpflichtung, sich an keiner politischen Propaganda zu beteiligen, respektieren würde und dass sie ohne Widerspruch nach Finnland zurückkehren würde, wenn die Behörden es verlangen sollten.[31]

In ihrem Brief an Lansbury vom 9. März 1920 und augenscheinlich in der Absicht, größere Aufmerksamkeit zu erhalten, ließ sich Wuolijoki ausführlich über ihre Referenzen und politischen Ansichten aus. Sie präsentierte sich als der zentrale Pionier bei der Entwicklung des finnischen Handels mit Großbritannien und den Vereinigten Staaten, verwies auf ihre engen Beziehungen zu Montgomery Grove und besonders Henry Bell, ebenso wie Thornwell Haynes und Louis Raynaud, und betonte ihr Engagement als überzeugte estnische Nationalistin:

Mr. Bell, Mr. Groves Nachfolger als britischer Konsul, war ein ständiger Gast in meinem Hause und sehr freundlich zu mir. Aber nach dem völligen Zusammenbruch der Deutschen wurden die finnischen Monarchisten, die eben noch versucht hatten, ein deutsches Prinzlein als König von Finnland zu importieren, plötzlich pro-Entente, und begannen Mr. Bell wegen seiner Freundschaft mit Sozialisten Vorwürfe zu machen.

Mr. Bell wurde dazu verpflichtet, mit dem mitleiderregenden Geständnis zu mir zu kommen, dass er aufhören müsse, mein Haus offiziell zu besuchen und die sozialistischen Führer zu treffen, weil das seine Position bei der prodeutschen Regierung unmöglich machen würde – die finnischen Sozialisten waren die einzige beständige Pro-Entente-Partei im Lande seit Beginn des Krieges gewesen.

Während des Krieges war meine Haltung von einer höchsten Überlegung bestimmt – ich bin Estin. Als Estin wünschte ich die Niederlage der Deutschen mehr als alles andere auf der Welt. Wenn Ihnen das eine Abweichung vom sozialistischen Internationalismus zu sein scheint, erinnern Sie sich bitte daran, dass meine Rasse siebenhundert Jahre lang unter der Tyrannei der deutschen Barone gestöhnt hat. Aus diesem Grund tat ich alles, was ich nur konnte, um die Sache der Entente in Finnland und in meiner Partei voranzubringen.

Meine Haltung zu Russland wurde von den gleichen Erwägungen bestimmt. Selbst noch so spät wie im Februar 1919 war ich für eine alliierte Intervention in Russland – wenigstens, bis die Bolschewiki aus Estland vertrieben wären und meine Landsleute in der Lage wären, sich selbst gegen Russland zu verteidigen. Ich habe erst allmählich begriffen, dass die Bolschewiki die Einzigen waren, die imstande war, Russland zu regieren und dort Ordnung herzustellen. Aber, was für mich noch wichtiger war, ich begriff, dass nur die Existenz einer nichtimperialistischen Sowjetregierung in Russland die Unabhängigkeit kleiner Nationen gewährleisten und die Existenz eines freien Estland sicherstellen könnte.

Was ihre Gründe angeht, warum sie nach England kommen wollte, verwies sie auf ihren Wunsch, das englische politische System und die »Mutter aller Parlamente« in London ebenso wie Cambridge und Oxford kennenzulernen, und auch estnische Volkslieder ins Englische zu übersetzen. Sie verwies auch auf ihre »kleine Tochter«, der sie während des Jahres, das sie in Großbritannien verbringen wollte, den Vorzug einer englischen Schulausbildung angedeihen lassen wollte:

Außerdem muss meine kleine Tochter am Blinddarm operiert werden und unter den derzeitigen Bedingungen des stillen Terrorismus hier wage ich nicht, sie den Ärzten dieser Stadt anzuvertrauen. Ich kann unter solchen Bedingungen nicht länger schreiben oder arbeiten.[32)]

Vieles davon, abgesehen von dem Unsinn über ihre Tochter, klingt glaubhaft und ist mit ihren bisherigen politischen Ansichten vereinbar. Dennoch gelang es nicht, die britischen Behörden zu beeinflussen. Die entscheidende Meinung zu ihrem Visumantrag wurde von Kriegsminister Winston Churchill abgegeben, dem Kell den Fall vorlegte. Sein Ur-

Hella und Vappu Wuolijoki zuhause in Neitsytpolku

teilsspruch am 5. Mai 1920 lautete: »Wir sollten uns der Ausstellung von Pässen an diese Dame energisch widersetzen«.33)
Diese Entscheidung wurde durch einen Protestbrief nicht erschüttert, den Marion Phillips, eine der führenden Frauen der Labour Party und künftige Parlamentsabgeordnete, an den Premierminister Lloyd George schickte, worin sie darum ersuchte, dass die Entscheidung überprüft werde.34)

Der britische Beamtenapparat war nicht das einzige Hindernis für Hellas Reisepläne. Die finnische Sicherheitspolizei widersetzte sich ebenfalls, ihr einen finnischen Pass auszustellen. In einem Brief vom Juni 1920 an den für die Ausstellung von Pässen zuständigen Provinzgouverneur brachte sie ihre Ablehnung zum Ausdruck, da zu befürchten sei, dass sie, wenn sie im Ausland wäre, »all ihren weiblichen Einfallsreichtum und ihre überzeugende Redefähigkeit« dazu nutzen würde, um die Rechtsordnung in Finnland in Frage zu stellen und der Außenpolitik der finnischen Regierung großen Schaden zuzufügen.35)

Es mag natürlich auch finstere Gründe dafür gegeben haben, dass sie nach Großbritannien gehen wollte. Die Möglichkeit, dass sie tatsächlich an einer subversiven Mission beteiligt war, kann nicht völlig ausgeschlossen werden. Salme Pekkala wurde von den finnischen Kommunisten sicher nach Großbritannien geschickt, um im Namen der Komintern als deren Agentin zu handeln. Dennoch scheint der Hang der Sicherheitsbeamten, Hella Wuolijoki damals ebenfalls als Agentin der Roten zu bezeichnen, von keinerlei festen Beweisen untermauert zu sein. Die Wiederaufnahme ihres Kontakts zu ihrem Jugendfreund Anatoli fand nicht vor dem Herbst 1921 statt, als Trilisser damals eine hochrangige Figur in der GPU, unter einem Pseudonym auf dem Rückweg nach Russland von einer Geheimmission im Westen, einen heimlichen Besuch auf Wuolijokis Gut Marlebäck machte.[36]

Nach einiger Zeit war auch Hella Wuolijoki frei, mehr oder weniger dahin zu gehen, wohin sie wollte. Im Jahr 1921 besuchte sie Deutschland und Schweden, 1923 Russland und 1924 konnte sie nun ohne größere Schwierigkeiten nach Großbritannien reisen. Der rote Nachkriegsschrecken war abgeflaut, und Hella Wuolijoki war wieder eine rührige Geschäftsfrau mit umfangreichen Geschäftsverbindungen nach Großbritannien.

Im Jahr 1923 machte Hella Wuolijoki auch den letzten Schritt, um sich aus ihrer Ehe zu befreien und reichte die Scheidung ein. Die Ehe war tatsächlich seit vielen Jahren vorbei, aber das voneinander entfremdete Paar war trotzdem in Verbindung geblieben, und Hella und Sulo hatten zusammengearbeitet, um die Renovierung von Marlebäck zu planen und zu beginnen, bevor Sulo inhaftiert wurde und seine fast fünfjährige Haftstrafe verbüßen musste. Obwohl nicht nur Hella, sondern auch Sulo eine neue Eheschließung planten – Hella mit Grenfell und Sulo mit Aino Hämäläinen, einer Lehrerin, die er auch kurz nach der Scheidung heiratete und ein Jahr später mit ihr einen Sohn hatte – war es eine harte und erbittert geführte Angelegenheit, auch wegen des damit verbundenen Geldes. Sulo musste sich aber mit einer kleinen Abfindung begnügen. In einem Brief an Tônisson verwies Hella auf das »Kreuz, das von ihren Schultern genommen worden war«, drückte aber auch ihre Zufriedenheit darüber aus, dass Sulo eine ernsthafte neue Ehefrau gefunden hatte, die für ihn sorgen würde. Die Scheidung war für die zwölfjährige Vappu, die ihren Vater liebte, sehr hart. Sie erfuhr von der Scheidung erst, als sie auf der Titelseite der Zeitung *Suomen Sosialidemokraatti* groß aufgemacht zu lesen war. Sie versteckte die Zeitung in einem vergeblichen Versuch, die Tatsache wegzuwünschen, und tat überrascht, als ihre Mutter ihr Wochen später von der Scheidung erzählte. Das Scheidungsurteil datierte auf den 30. Mai 1923.[37]

9
Eine Aufgabe in London

Warum und wie wurde Salme Pekkala, nach Jahren der Zurückhaltung in der Arbeiterbewegung und der Nichtbeteiligung am finnischen Bürgerkrieg plötzlich zu einer revolutionären Ganztagssozialistin, die sich mit der bolschewistischen Revolution identifizierte? Dass Menschen, die zuvor nicht besonders aktiv oder herausragend in der Sozialdemokratischen Partei gewesen sein mögen und die im Bürgerkrieg keine erkennbare Rolle spielten, 1918 und 1919 plötzlich radikalisiert wurden und zum Kommunismus tendierten, war damals nicht selten. Sie wurden kampflos die sichtbaren Anführer der linkssozialistischen/ kommunistischen Bewegung, da diejenigen, die aktiver an der Roten Regierung beteiligt gewesen waren, exekutiert, ins Gefängnis oder Exil geschickt worden und in jedem Falle von politischer Tätigkeit ausgeschlossen worden waren. So rückten Sulo Wuolijoki, Eino Pekkala und Ivar Lassy in den Mittelpunkt, als die radikale Opposition 1919 zuerst versuchte, die Mitte-Rechts Führer der wiederhergestellten Sozialdemokratischen Partei zu ersetzen und, als das fehlschlug, die Sozialistische Arbeiterpartei gründeten. Diese drei waren auch mit die einzigen Akademiker im radikalen Flügel der Arbeiterbewegung. Rechtsgerichtete Sozialdemokraten betrachteten ihre Führungsqualitäten geringschätzig. Britischen Diplomaten beschrieb Anton Kotonen von der Parteirechten sie als unfähig (Wuolijoki), unerfahren (Lassy) oder unbedeutend (Pekkala).[1)]

Während die Rolle von Sulo Wuolijoki, Eino Pekkala und Ivar Lassy höchst öffentlich und herausragend war – und ihnen Haftstrafen einbrachte – spielte Salme Pekkala keine so öffentliche Rolle. Würde man sie mehr als Abgesandte der russischen Bolschewiki denn als aktives finnisches Parteimitglied beschreiben, würde das ihrer damaligen rätselhaften Rolle nur zum Teil gerecht werden – genauere Quellen gibt es dazu jedoch nicht. Die finnischen Vorbürgerkriegs-Bolschewiki waren fast ausschließlich St. Petersburger Finnen, eine Kategorie, zu der Salme Pekkala nicht gehörte, auch wenn sie nach ihrer Rückkehr aus Sibirien zumindest einige Kontakte nach Russland aufrechterhalten haben mag. Es ist bekannt, dass sie einmal mit Otto Sternbeck an einem Artikel über die Pariser Kommune arbeitete, der von der Studentenvereinigung in St. Petersburg veröffentlicht werden sollte, und dass Sternbeck, der an Untergrundaktivitäten beteiligt war, als Vermittler zwischen den Verlagen tätig war.[2]

Nach dem Bürgerkrieg tritt Salme Pekkala jedoch plötzlich als politische Aktivistin der Linken der finnischen Arbeiterbewegung in Erscheinung. Selbst dann nimmt sie keine sichtbare Position in der Organisation ein oder tritt in der Öffentlichkeit als Schriftstellerin in Erscheinung. Dennoch haben viele der linken Sozialisten und Kommunisten, die sich in oder um Hella Wuolijokis Salon bewegten, ihre Präsenz wahrgenommen, nicht so sehr als Pekkalas Ehefrau, sondern als autonome, eigenständige Akteurin.

Es ist natürlich, an ihre Beziehung zu Otto Ville Kuusinen als einen Schlüssel, wenn nicht *den* Schlüssel zu denken, um ihr Auftauchen als bekannte revolutionäre Politikerin 1919–1920 zu erklären. Wie gut sie Kuusinen vor und während des Bürgerkrieges kannte, ist eine offene Frage, auf die die Antwort möglicherweise heißt: nicht sehr gut. Die enge Beziehung begann erst, nachdem Kuusinen heimlich mit Sulo Wuolijoki, einem seiner Helfer und Zuflucht-Gewährer, und mit Hella Wuolijoki und Eino Pekkala, der seine Untergrundarbeit auch erleichtert hat, nach Finnland zurückgekehrt war. Es kann aber gemutmaßt werden, dass Kuusinen damals in mehr als einer Weise einen wichtigeren Einfluss auf sie genommen hatte als Eino Pekkala.

Es gibt eine dritte Person, die eine wichtige Verbindung zwischen den beiden war. Das war der 21-jährige junge Komponist (wie er sich selbst sah), musikalische Essayist und künftige modernistische Dichter Elmer Diktonius. Er kam aus der schwedischsprachigen Minderheit, beherrschte Finnisch aber so fließend, dass er auch in dieser Sprache schreiben konnte. Diktonius war niemals ein politischer Aktivist und beteiligte sich nicht an der Arbeiterbewegung oder am Bürgerkrieg, aber seine Sympathien galten offenkundig der revolutionäreren Linken. Diktonius und Kuusinen trafen sich, als Kuusinen im Herbst 1915 auf Diktonius' Anzeige im Parteiorgan *Työmies* wegen Privatunterrichts in Musiktheorie reagierte.[3]

Wenn Kuusinen nicht in die Politik gegangen und ein kommunistischer Anführer geworden wäre, hätte er gut ein erfolgreicher Schriftsteller und Ästhet werden können. Er wurde ein enger Freund von Diktonius mit einem bestimmenden Einfluss auf ihn. Kuusinen ermutigte ihn, mit dem Schreiben anzufangen, drängte ihn aber nicht, politisch aktiver zu werden. Selbst während seines Untergrundaufenthaltes 1919 in Finnland blieb Kuusinen mit Diktonius in Verbindung und diskutierte sehr ausführlich Musik, Kunst und Dichtung mit ihm. Als Kuusinen Finnland verließ, korrespondierten sie weiter, wobei Diktonius ihm 1920 und 1921 zwanzig Briefe schrieb, die größtenteils durch Vermittlung von Kuusinens Ehefrau Saima verschickt wurden. All diese Briefe sind nicht erhalten, aber ihre genaue Zahl ist bekannt, weil Diktonius damals Buch über alle Briefe führte, die er geschrieben hatte.[4]

In denselben Jahren von 1919–1922 schrieb Diktonius 106 Briefe an Salme Pekkala. Aus diesen und anderen Anzeichen kann geschlossen werden, dass sie Liebende waren, zumindest für einige Zeit. Es gibt aber auch Anzeichen dafür, dass Salme eine Beziehung zu Kuusinen hatte, ob nach, vor oder gleichzeitig mit der zu Diktonius ist weniger klar. Beide Männer waren dafür bekannt, eine ganze Reihe von Beziehungen mit verschiedenen Frauen zu haben. Obwohl es keine ménage-à-trois war, ist es möglich, dass Diktonius und Kuusinen die Erlebnisse, die sie mit ihr hatten, miteinander austauschten – sie analysierten ihre Beziehungen zu Frauen im Allgemeinen in ihrem Briefwechsel – und Kuusinen ist in dem Briefwechsel zwischen Salme und Diktonius auf vielfältige Weise präsent.

Im März 1920 ging Salme Pekkala nach London, was auch Diktonius später im November tat. Hella Wuolijoki hatte Diktonius, der keine eigenen Mittel besaß, die Reise bis Stockholm bezahlt, von wo Kuusinen ihm bei der Weiterreise nach London geholfen haben mag. Eine Woche später war er in Paris. Während des nächsten Jahres pendelte er zwischen London, Paris und Cornwall. Ein Herausgeber hätte eine Sammlung seiner Briefe und Schriften aus dieser Zeit gut unter dem Titel »Erledigt in Paris und London« veröffentlichen können. In kritischen Momenten halfen ihm Frauen: Lydia Stahl – die er in Helsinki getroffen hatte – in Paris, Mary Moorhouse in London und Moorhouses Freundin Eva Hubback in Cornwall. Es war Salme Pekkala, die ihn mit den beiden Letzteren bekannt gemacht hatte.[5]

Mary Rhodes Moorhouse sollte bald den Murrik-Schwestern sehr nahe stehen. Im Jahr 1889 geboren, stammte sie aus der englischen Oberschicht und besaß entsprechende Bildung. Als Studentin an der London University war sie während des Ersten Weltkrieges radikalisiert worden, war als Sekretärin der Sozialistischen Universitätsföderation

Mary Pekkala, geborene Mary Rhodes Moorhouse

tätig. Nach dem Krieg wurde sie Gründungsmitglied der Kommunistischen Partei. Sie stand Rajani Palme Dutt besonders nahe, arbeitete eine Zeit lang als seine Sekretärin. Sie waren, wie Marys Schwester es ausdrückte, »verwandte Geister«, wenn nicht mehr. In Großbritannien stand Salme sowohl Dutt als auch Mary nahe und stellte sie Diktonius vor, als er nach London kam. Diktonius und Moorhouse hatten auch eine Liebesbeziehung, wobei Diktonius ihr 1921 und 1922 aus Finnland 36 Briefe schrieb. In einer merkwürdigen und unerklärten Episode charterte Mary Moorhouse im Frühling 1923 ein kleines Flugzeug von London und schickte es über Stockholm nach Helsinki, um Diktonius nach England zu holen. Er weigerte sich, es zu besteigen. Im Dezember 1920 hatte er es allerdings akzeptiert, als jemand für einen Hin- und Rückflug auf der neu eingeweihten Strecke Paris-London bezahlt hatte, was ihn in die Lage versetzte, sich zwischen Hungerattacken vier Wochen lang in einem luxuriösen Appartment in Kensington auszuruhen.[6]

Als Mary Moorhouse 1925 nach Finnland kam, traf sie Eino Pekkala, dessen Scheidung von Salme ein Jahr zuvor rechtskräftig geworden war. Sie verlobten sich 1925 und heirateten 1928, als ihre Tochter – die Salme genannt wurde – geboren wurde. Zwischen Verlobung und Heirat lebte Mary meistens in Brüssel, wo sie als Assistentin von Salme und Rajani Dutt tätig war, die 1924 heirateten.

Um 1920 gab es auch noch eine andere Frau in Diktonius' Frauenkreis, die Salme ebenfalls nahestand. Das war Olga Öhqvist, mit der Diktonius eine Affäre hatte, die aber auch von Salme hingerissen war. Das wird aus den mit »O« an »meine Blume« Salme unterzeichneten Briefen deutlich, geschrieben zwischen Juli 1920 und Januar 1921. In welchem Maße und wie ihre Gefühle von Salme erwidert wurden, ist unbekannt.[7]

Die unpolitischen Aspekte von Salmes erstem Aufenthalt in London mögen für die Einschätzung ihrer politischen Arbeit irrelevant sein, aber nicht für das Verständnis der entscheidenden Persönlichkeitsveränderung, die sie offenbar während dieser Phase ihres Lebens durchmachte. Sie mag mit einem klaren politischen Auftrag nach Großbritannien geschickt worden sein, doch ihr Interesse an dem Land wurde wahrscheinlich durch die zahlreichen Kontakte angeregt, die sie zu britischen Repräsentanten und britischen Besuchern des Salons ihrer Schwester in Helsinki hatte. Es kann auch gut einen damit verbundenen Impuls bei der Arbeit gegeben haben, wie derjenige, der ihre früheren Abreisen aus Tartu und Moskau in Gang setzte.

Salme Pekkala und die Geburt des britischen Kommunismus

Die Elemente, die sich 1920 in der Kommunistischen Partei Großbritanniens vereinigen sollten, stammten aus dem eigenen Land. Sie erhielten jedoch durch das Beispiel der Revolution der Bolschewiki und die Anleitung derer, die im Namen der Kommunistischen Internationale, die die Bolschewiki im April 1919 in Moskau geschaffen hatten, eine deutlich internationalistische Note.

Der halb offiziellen Legende um Salme Dutt zufolge wurde sie auf Lenins Anweisung nach Großbritannien geschickt, nachdem sie den russischen Führer gebeten hatte, dorthin »geschickt zu werden, wo der

Kampf am härtesten war«. Aber das ist ein Hirngespinst. In Wirklichkeit ist es sehr unwahrscheinlich, dass sie Russland nach der Machtübernahme der Bolschewiki besucht hat, und noch weniger, dass sie dort mit Lenin zusammengetroffen ist. Der Ursprung dieser Geschichte kann nicht zurückverfolgt werden, aber wie bei der Legende ihrer revolutionären Aktivitäten in Tartu und Moskau 1905 und deren späterer Fortsetzung in Finnland ist die erste Kandidatin als Quelle dessen Salme selbst – nicht überraschend bei einer Murrik angesichts des Talents ihrer älteren Schwester für Imagepflege.

Salme Pekkala erhielt ihren Marschbefehl für ihre Tätigkeit in Großbritannien weder in noch gar von Moskau, sondern in Helsinki und Stockholm. Stockholm war damals in mancher Hinsicht ein zumindest ebenso bedeutender Brennpunkt wie Petrograd und Moskau für die Aktivitäten der finnischen Kommunisten. Sie wiederum hatten einen hochgradigen Einfluss auf den britischen Kommunismus, in erster Linie durch die Aktivitäten zweier bedeutender finnischer Agenten, Salme Pekkala und Erkki Veltheim, mit den Codenamen »Maud« und »Frederique«.

Welche die genauen Anweisungen waren, die sie in Stockholm erhielten und ob andere außer Kuusinen, der bis zum Sommer in Finnland im Untergrund blieb, daran beteiligt waren, diese zu erteilen, ist unklar. Kuusinen und sein engster Berater Ville Ojanen erwogen selbst gegen Ende 1919 und zu Beginn des Jahres 1920, nach England zu gehen, aber die Tatsache, dass keiner von ihnen fließend Englisch konnte, veranlasste sie wahrscheinlich dazu, auf Pekkala als die passendere Wahl zu setzen. Andere Instrukteure für sie in Stockholm könnten Allan Wallenius und Mauno Heimo gewesen sein, Finnen, die für das skandinavische Sekretariat der Komintern arbeiteten, das im Sommer 1919 durch schwedische und finnische Kommunisten gegründet worden war. Sie kann auch zur Finanzierung ihrer Arbeit in Großbritannien mit Diamanten aus Russland ausgestattet worden sein, wie es Aino Kuusinen behauptet – oder auch nicht.[8]

Salme Pekkalas Begleiter Erkki Veltheim war damals erst 22 Jahre alt. Er war Student aus Loviisa, einer Kleinstadt östlich von Helsinki, wo er 1917 in die Sozialdemokratische Partei eintrat und Posten annahm, einschließlich der Mitgliedschaft im Revolutionstribunal, in der örtlichen roten Verwaltung während des Bürgerkrieges. Bei Kriegsende floh er zuerst nach Dänemark und dann nach Schweden, wo er beim Stockholmer Büro der Kommunistischen Partei Finnlands als Kurier zwischen Skandinavien und Russland tätig war.[9]

Aino Malmberg und Harold Grenfell

Sie reisten nicht zusammen nach Großbritannien. Pekkala reiste im März legal ins Land ein, mit Reisepass und Visum, Veltheim später im Frühling als Illegaler. Pekkala veranstaltete offene Treffen mit Esten und Finnen sowie mit prominenten britischen Kontaktpersonen, die wenig oder gar nichts mit den Bolschewiki zu tun hatten. Sie hatte Empfehlungsschreiben für Beatrice und Sydney Webb, Philip Snowden, G. B. Shaw und Bertrand Russell bei sich, die wahrscheinlich von George Lansbury oder Hella Wuolijokis Freundin Aino Malmberg beschafft worden waren, die bis 1918 in London lebte, ebenso wie von Harold Grenfell. Von diesen traf sie zumindest die Webbs, und natürlich traf sie sich mit denen, die sie schon aus Hella Wuolijokis Salon kannte, wie Lansbury, Grenfell und Cecil Malone. Der Kontakt zu diesen nach links tendierenden Establishmentgestalten war »Freizeitbeschäftigung«, im Unterschied zur Arbeit mit wirklichen Revolutionären, aber es muss es ihr leichter gemacht haben, sich in die britische Gesellschaft einzufügen und deren Funktionieren zu verstehen.

Drei Wochen nach ihrer Ankunft in London schrieb Salme Pekkala einen Brief an ihre Schwester in Helsinki. Er war vielleicht für öffentliche Stellen gedacht – sie mutmaßte zu Recht, dass Hellas Post abgefangen und gelesen wurde – sodass sie nur über ihre Sprachstudien schrieb, den Besuch von Vorlesungen an einer ungenannten Universität, Theaterbesuche, und wie ihr der estnische Gesandte Ants Piips die Stadt gezeigt habe. Sie gab an, dass sie möglicherweise nicht zurückkommen würde: sie war von einigen der Leute, die sie getroffen hatte, damit geneckt worden, dass sie einen netten Engländer treffen und nach einem Jahr heiraten würde, was am Ende beinahe das war, was passierte.[10]

In London traf Salme Pekkala auch mit Oskari Tokoi zusammen, der von der Kommunistischen Partei Finnlands wegen seiner Teilnahme an der Murmansk-Legion zum Verräter erklärt und zum Tode verurteilt worden war. Tokoi hatte das Treffen initiiert, und Pekkala zufolge hatte er seine Beteiligung an der Legion tränenreich verteidigt und gerechtfertigt, indem er sagte, dass er nur seinen Kameraden helfen wollte, die in Nordwestrussland ihrem Schicksal überlassen worden waren. Darüber hinaus wäre er auch dazu bereit, eine neue Sicht auf den Kommunismus anzunehmen, wenn alle Kommunisten dächten wie sie. Kein Wunder, dass er auf Pekkala einen guten Eindruck machte, die glaubte, er könnte für ihre Zwecke nützlich sein.[11]

»Maud« und »Frederique« schickten im Sommer ihren ersten Bericht zurück nach Stockholm. Es gibt keinen Hinweis darauf, wer für welchen Teil des Berichts mit dem Titel »Memorandum und Bericht an die Vertreter der Kommunistischen Partei Finnlands auf dem II. Kongress der III. Internationale« verantwortlich zeichnete. Es ist sehr wahrscheinlich, dass die Hauptteile von Pekkala geschrieben wurden.[12] Falls es eine vereinbarte Arbeitsteilung im Allgemeinen gab, ist es höchst wahrscheinlich, dass Pekkala mehr für den politischen Teil und die Analysen verantwortlich war und Veltheim für diejenigen bezüglich der militärischen Organisation.

Ihr langatmiger Bericht über die Situation in Großbritannien ist voll von revolutionärem Optimismus. Wenn auch zugegeben wird, dass der durch den Krieg verursachte Schaden geringer war als auf dem Kontinent und der Lebensstandard dem in Skandinavien nahe kam, so wird vorhergesagt, dass der politische Kampf und der Arbeitskampf sich intensivieren würden, da die Lebenshaltungskosten und die Arbeitslosigkeit zunahmen. Doch die Arbeiterklasse war noch weit davon entfernt, eine revolutionäre Kraft zu werden, infolge des schlimmen Einflusses der Gewerkschaften und der Labour Party. Es gab jedoch Personen und Gruppen mit mehr revolutionärem Bewusstsein, besonders in Südwales und der Clydeside. Der Bericht notierte auch die Überzahl dunkelhäutiger Menschen aus den Kolonien bei vielen sozialistischen und kommunistischen Versammlungen, obwohl ein Teil von ihnen die Haltung der Vor-Unabhängigkeitsaktivisten in Finnland teilte, die nur freundschaftliche Beziehungen mit russischen Revolutionären unterhielten, um ihre eigenen nationalen Ziele voranzutreiben. Australien, Neuseeland und Kanada würden aber ruhig bleiben und mit mehr Selbstverwaltung zufrieden sein. Südafrika, wo die Labour Party einen starken linken Flügel hatte, sah vielversprechender aus. Und wirklich, ein paar Jahre später wird der Slogan zu hören sein: »Arbeiter der Welt, vereinigt euch für ein weißes Südafrika«. Indien, der Nahe Osten und Irland waren ebenfalls schon oder potentiell rebellisch.

Der Bericht ging dann dazu über, die Situation in der britischen Arbeiterbewegung zu analysieren. Die Gewerkschaften waren konservativer und bürokratischer als irgendwo anders. Von ihren Führern wurde nur der der Bergarbeiter, Bob Smillie, in positiver Weise besprochen, aber auch er wurde alt und, obwohl er Schotte war, litt er unter der »Sentimentalität dieser Inselbewohner«. Die Kommentare über die von den Gewerkschaften beherrschte Labour Party waren nicht sehr viel positiver, und die Aussicht für die damals gegründete KP, der Labour Party beizutreten und sie zu übernehmen, wurde als hoffnungslos angesehen. Die Erfahrung mit der Unabhängigen Labour Party (ILP) war ein einschlägiges Beispiel, und was die ILP selbst anging, wurde sie jetzt von rechten Zentristen wie Snowden und MacDonald angeführt, von denen nichts Gutes zu erwarten war. Es gab aber auch eine beträchtliche Anzahl guter Leute in der ILP, die sich zu Kommunisten entwickeln könnten.

In dem Bericht kam die Erwartung zum Ausdruck, dass, wenn erst einmal eine wirkliche Kommunistische Partei geschaffen worden wäre, diese einen bedeutenden Teil der Labour Party abspalten könnte, um sich selbst mit der neuen revolutionären Partei zusammenzuschließen, wie es anderswo in Europa geschehen war. Obwohl es nicht erwähnt wurde, war das offensichtlich eine Erwartung, die auf der finnischen Erfahrung beruhte.

Im Sommer 1920 war das organisatorisch stärkste der Elemente, aus denen die neue kommunistische Partei gegründet werden sollte, die Britische Sozialistische Partei (BSP). Sie war eine Abspaltung von der alten Sozialdemokratischen Föderation und noch mit der Labour Party verbunden. Salme Pekkala sah die BSP nicht als vielversprechend an, schätzte die Anführer als schwach ein und betrachtete den russischen Veteranen der Partei Theodore Rothstein als einen besonders schlechten Einfluss. Salme Pekkala konnte Rothsteins unverhohlenen russischen Panslawismus nicht ausstehen, berichtete eingehend, wie Rothstein schadenfroh das Vorschreiten der Roten Armee auf Warschau kommentiert hatte und den Finnen die frohe Nachricht überbracht hatte, dass es der Sowjetmacht nun gelungen sei, auch die anderen Randstaaten zurückzugewinnen, indem er sagte: »Mit eurem Finnland wird es gleichzeitig vorbei sein«. Pekkala sah Rothstein weniger als einen Kommunisten, sondern eher als einen Sozialdemokraten, der die Bolschewiki unterstützte.

Anfangs hatte Salme Pekkala eine viel positivere Sicht der Sozialistischen Arbeiterföderation (WSF) und besonders ihrer Anführerin Sylvia Pankhurst. Ihr Respekt für Pankhurst blieb sogar erhalten, nachdem sie schlussfolgern musste, dass die Organisation nicht viel mehr als eine Schar von Pankhursts persönlichen Gefolgsleuten war, die sie wie ihr eigenes kleines Idol behandelten. Abgesehen von diesen beiden Gruppen bestanden die Präkommunisten damals aus einer langen Liste kleiner regionaler oder örtlicher Organisationen und/oder Publikationen. Von diesen wurden die beiden kleinen Organisationen demobilisierter Soldaten in dem Bericht als ziemlich vielversprechend angesehen.

Der Bericht umfasste auch eine kurze Analyse der parlamentarischen Lage. Es gab niemanden in der Parlamentsfraktion der Labour Party, der als auch nur annähernd vielversprechend identifiziert wurde. Die

Liberale Partei war etwas vielversprechender, zumindest soweit, dass es drei sogenannte »Bolschewiki« gab, die als Liberale ins Parlament gewählt worden waren, alle von ihnen Militärs. Bei Weitem der Beste war natürlich Oberstleutnant Cecil Malone, der der erste Parlamentsabgeordnete der neuen Kommunistischen Partei werden sollte.

Außerhalb des Parlaments, der Gewerkschaften und der kleinen radikalen linken Gruppierungen gab es die Vertrauensleute- und Arbeiterrätebewegung, die Pekkala und Veltheim schon in ihrem ersten Bericht gewürdigt hatten. Als der Sommer voranschritt, sahen sie darin die Kraft, die die wirkungsvollste Herausforderung für den Kapitalismus bilden könnte. Hier wurden Männer wie Will Callagher und Arthur MacManus als die Vielversprechendsten ausgewiesen.

In dieser Phase handelten die Finnen in erster Linie als Beobachter, und ihre tatsächliche organisatorische Rolle bei der Schaffung einer neuen Kommunistischen Partei war bestenfalls geringfügig. Sie konzentrierten sich auf den Aufbau eines Kontaktnetzes und auch konkret auf die Einrichtung des Versorgungs- und Kommunikationsweges zwischen Newcastle und Bergen. Dieser Weg wurde dazu genutzt, im Juli/August die britischen Vertreter zum zweiten Komintern-Kongress zu schicken. Während Rothstein zwei BSP-Mitglieder nominiert hatte, die, wie es ihr Bericht ausdrückte, wegen ihres tadellosen proletarischen Aussehens ausgewählt worden waren, waren die Finnen dabei behilflich, dafür zu sorgen, dass auch Leute, die sie als zuverlässiger ansahen, einschließlich Callagher, nach Moskau kamen.

Pekkalas und Veltheims nächster Schritt war die Planung für eine revolutionäre militärische Organisation oder das Rote Offizierskorps (ROC), das schon in ihrem ersten Bericht umrissen worden war. Der Vorschlag zielte darauf ab, britische Genossen auszubilden, die noch nicht die Notwendigkeit einer wirklich revolutionären, mit ernsthafter Arbeit beschäftigten Organisation verstanden hatten – die weder die Notwendigkeit der Vorbereitung auf einen Bürgerkrieg übersahen, noch sektiererischen Komplotten unterlagen. Das war in Großbritannien in der Tat eine ziemlich neuartige und kontroverse Idee, aber zur damaligen Zeit gab es mehr genialen Nährboden für solche Aktivitäten als möglicherweise in jeder anderen Phase der Geschichte der Insel. Schließlich befand sich Irland in der Gewalt eines militärischen Aufstandes, und diese Wirkung breitete sich auch auf Großbritannien aus, wo besonders die Internationale Gewerkschaft Ehemaliger Militärangehöriger (IUX) ein Grundstock für potentielle revolutionäre militärische Aktivität war, die sich hauptsächlich auf Schottland konzentrierte.

Eher Veltheim als Pekkala war für die detaillierten Pläne, für eine unabhängige militärische Organisation – praktisch einer Roten Armee – verantwortlich, mit einem Nationalrat, Regional- und Bezirksräten. Die Letzteren würden zumindest anfangs auf Wahlbezirken beruhen, und es würden jeweils 10 bis 20 Leute unter dem Kommando eines Bezirksführers sein. Es gab auch ein detailliertes Programm für einen roten Offizierskurs, bei dem alle Arten militärischer Fähigkeiten und die Verteidigung von Bergwerken, die Einnahme von Banken, Postämtern und Fernsprechämtern vermittelt werden sollten. Peinlicherweise fielen Exemplare des Instruktionshandbuches bald in die Hände der Polizei.

Diese Besessenheit von geheimer Militärausbildung war eine verspätete Auswirkung der Fantasien der Kommunistischen Partei Finnlands (SKP) von 1918–1919 davon, da neu anzufangen, wo der Bürgerkrieg aufgehört hatte. Aber Pekkalas und Veltheims Mentor O.V. Kuusinen war von ihren militärischen Plänen nicht beeindruckt. Er selbst hatte solche Ideen für Finnland gehegt, als er 1919 dorthin zurückkehrte, um einen Aufstand vorzubereiten, war aber bald zu der Schlussfolgerung gelangt, dass das verfrüht war. Anstatt die Pläne der Londoner Finnen zu billigen, die Symptome der »Kinderkrankheit« aufwiesen, die Lenin gerade in seinem neuen Buch gegeißelt hatte (worin Pankhurst und Callagher gesondert erwähnt wurden), empfahl er nun, sich auf traditionellere Arbeitsmethoden zu konzentrieren. Aber die Reaktion der Petrograder Führer der SKP war positiver, und sie genehmigten es, dem Paar Diamanten im Wert einer halben Million zur Finanzierung ihrer Arbeit zu schicken. In welcher Währung wurde nicht erwähnt. Wenn das Petrograder Geld auch willkommen war, politisch wurde Pekkala stärker von den Ansichten und dem Rat Kuusinens beeinflusst, den sie anflehte, selbst nach Großbritannien zu kommen.[13]

Die Antwort von Kuusinen ermutigte Pekkala, bei ihrer Arbeit einen etwas anderen Schwerpunkt zu wählen. Die militärische Dimension blieb, aber man begann, sich mehr auf das Organisieren und die Unterstützung der Arbeit von Sympathisanten zu konzentrieren, die einfache Mitglieder der Armee, besonders der Marine, waren. Pekkala und Veltheim versuchten zuerst, eine neue Zeitung zur Verbreitung in den Reihen der Marine zu gründen, und als das fehlschlug, organisierten sie Unterstützung für *Solidarity*, die Zeitung der Vertrauensleute- und Arbeiterrätebewegung. Diese wurde Anfang 1921 eine Wochenzeitung, stellte jedoch ihr Erscheinen genau zu dem Zeitpunkt ein, als Salme später in diesem Jahr Großbritannien verließ. Pekkala und Veltheim arbeiteten ebenso mit anderen Organisationen zusammen, einschließlich vieler Frauenorganisationen.

Die beiden Finnen hatten auch Pläne, einen Nachrichten- und Artikeldienst für linksgerichtete Zeitungen einzurichten, mit dem Ehrgeiz, ihn später zu einer ausgewachsenen Nachrichtenagentur zu entwickeln. Der Ursprung dieser Idee lässt sich bis zu den Aktivitäten von Hella Wuolijokis Salon in Helsinki zurückverfolgen, der tatsächlich als eine Art Nachrichten- und Artikeldienst wirkte. Und als Hella Wuolijoki im Januar 1920 ein Visum für Großbritannien beantragte, tat sie das auch, um als Korrespondentin für die estnischen und finnischen sozialdemokratischen Zeitungen zu arbeiten. Wie weit das mit ihrer Schwester abgestimmt war, ist unbekannt, aber für die britischen Geheimdienste war es später offenkundig, dass zwischen 1920 und 1922 »ein geheimes Informationsbüro für die sowjetische Delegation unter Leitung von Madame PEKKALA« bestanden hatte. Darüber hinaus wurde es, demselben Dokument zufolge »von Hauptmann Harold GRENFELL finanziert«. In den britischen Dokumenten wurde nicht erwähnt, aber wiederum von der finnischen Sicherheitspolizei als offenkundig angenommen, dass die Aktivitäten des mittellosen Grenfell von Wuolijoki finanziert wurden. Es ist gut möglich, dass hinter der Idee für einen solchen Informationsdienst eine Wuolijoki-Verbindung stand. Es wurde jedoch niemals etwas derartiges formell festgestellt, und da es auch keine informellen Spuren für eine derartige Aktivität gibt, scheint es so, dass dieses Konzept später legendärere Ausmaße erhielt als es der Realität entsprochen hätte.[14]

Das Duo Pekkala-Veltheim wurde am 26. Oktober aufgespalten, als Letzterer beim Verlassen von Cecil Malones Londoner Wohnung verhaftet wurde. Veltheim war mehrere Monate lang von der Polizei als der »bolschewistische Hauptkurier in diesem Land« verfolgt worden. Bei seiner Verhaftung hatte er belastende Papiere bei sich, darunter ein Budget für Maschinengewehre und solche Dokumente wie eines mit dem Titel »Ratschläge für britische Offiziere der Roten Armee«. Er trug auch an Lenin und Sinowjew in Moskau adressierte Briefe bei sich. Als Veltheims wahre Identität, die preiszugeben er sich anfangs weigerte, festgestellt worden war, wurde er vor Gericht gestellt und wegen illegaler Einreise zu sechs Monaten Gefängnis verurteilt. Nachdem er seine Strafe abgesessen hatte, wurde er ausgewiesen, konnte aber fliehen und wollte eigentlich nach Finnland, wo neue Anklagen auf ihn zugekommen wären. Stattdessen ging er nach Sowjetrussland, wo er 1935 starb.[15]

Salme Pekkala wurde im Fall Veltheim nicht enttarnt, und sie setzte ihre Arbeit fort, während sie legal im Lande wohnte. Falls sie aber im Jahr 1921 irgendwelche Berichte geschrieben hat, bevor sie im Mai Großbritannien verließ, sind sie nicht verfügbar. Bis zu dieser Zeit hatte die Komintern damit begonnen, direkte Beziehungen zu britischen Kommunisten herzustellen, und infolgedessen waren sie nicht länger so von der finnischen Verbindung abhängig wie zuvor – eine Situation, die auch auf eine gewisse Rivalität zwischen den verschiedenen Kanälen hindeutet.

Inzwischen hatte die KP, die auf dem BSP-dominierten Einheitsparteitag in London im Juli gegründet wurde, keine wirkliche Einheit erreicht. Ein neuer Parteitag wurde im Januar 1921 in Leeds mit einer breiteren Basis abgehalten, aber das frühere BSP-Mitglied Albert Inkpin blieb Parteisekretär. Pekkala schrieb Kuusinen über den Parteitag im Juli 1920 und beschrieb ihn als eine Namensänderung durch die BSP. Den Parteitag von Leeds kommentierte sie nicht. Ob sie an beiden oder nur an einem Parteitag teilnahm, kann nicht bestätigt werden. Salme Pekkala wurde später fast immer als Gründungsmitglied der KPGB präsentiert, offenbar wieder einmal ein Versuch, im Nachhinein ihre Referenzen aufzuwerten. Aber selbst wenn sie nicht Delegierte auf einem der Parteitage gewesen ist, war sie vielleicht irgendwo im Hintergrund anwesend. Rajani Palme Dutt zufolge – dessen Name interessanterweise nicht in einem ihrer vielen Berichte und Briefe von 1920 vorkommt, in denen Dutzende Genossen im Zusammenhang mit kommunistischen Aktivitäten erwähnt werden – vertrat Pekkala die Ansicht, dass man anstatt die neue Partei auf der Grundlage von Verhandlungen zwischen den kleinen alten Parteien und Gruppen zu formieren, sie durch die Errichtung neuer und offener örtlicher Komitees neu schaffen sollte. Diese Komitees würden ihre Vertreter zum Gründungsparteitag wählen. Diese Ansicht wurde von Dutt unterstützt, aber von anderen abgelehnt. Dennoch war Pekkala 1921 einflussreich genug, um von der Partei als eine ihrer Vertreterinnen auf dem nächsten Komintern-Kongress nominiert zu werden.[16]

Im Dunkel der Untergrundarbeit

Salme Pekkala verließ Großbritannien im Juni 1921, um zum 3. Kongress der Kommunistischen Internationale zu reisen, der im Juli in Moskau abgehalten wurde, und fuhr dabei durch Estland. Sie würde keine Möglichkeit zu einer unmittelbaren legalen Rückkehr haben, da das britische Innenministerium schon im Juli 1921 ein Rundschreiben mit der Anweisung herausgab, dass ihr weder ein Visum gewährt noch erlaubt werden solle, in Großbritannien an Land zu gehen. Sie hatte eine von Rothstein unterschriebene Vollmacht bei sich, die bestätigte, das Genossin »Maud« als Vertreterin der KPGB zum Komintern-Kongress delegiert worden sei. Aber was sie auf dem Kongress tat und wen sie dort traf, ist ein fast vollständiges Geheimnis. Ziemlich der einzige Hinweis auf ihre Person auf dem Kongress befindet sich in Arvo Tuominens Erinnerungen, wo sie als Leiterin der britischen Delegation, als Frau Palme Dutt beschrieben wird, obwohl sie noch gar nicht so hieß. Aber zur damaligen Zeit war konspiratives Verhalten sehr in Mode, zumal die meisten Delegierten inkognito dort waren und Decknamen benutzten.[17]

Salme Pekkala war bis dahin legal tätig gewesen, aber nun war sie dabei, in den Untergrund zu gehen. Wo, mit welchen Aufgaben und unter wessen Anweisungen, ist unbekannt. Nur wenige Briefe an ihre Verwandten sind erhalten, die ihren Aufenthaltsort anzeigen. Im August und Oktober besagten ihre Briefe an ihre Eltern nicht viel mehr, als dass sie Urlaub in Wiesbaden machte und nach Berlin gehen würde, wohin sie ihr unter dem Decknamen Nora schreiben sollten.[18]

Bis zum Januar 1922 war sie in Paris, von wo aus sie einen verzweifelten Brief an Tyyne Haveri schrieb. Tyyne Haveri war ihre Schwägerin, die Treuhänderin und Bewahrerin der Familiengeheimnisse der Wuolijokis, eine starke und kluge Frau, die ebenso wie ihre Mutter Serafina Wuolijoki das Vorbild für die Herrscherin von Niskavuori gewesen sein könnte. Sie war in ihrer Jugend eine aktive Sozialistin gewesen, und in der Familie gibt es den Verdacht, dass sie für eine Weile auch eine intime Beziehung mit Kuusinen unterhalten haben könnte. Im Januar schrieb Salme Pekkala an sie und bat um Nachricht über Eino, der gerade aus dem Gefängnis entlassen worden war, ebenso wie um andere Neuigkeiten von zu Hause. Im Mai schrieb sie einen weiteren bedeutend verzweifelteren Brief, in dem sie um Hilfe bat bei etwas, das offenbar eine vielseitige persönliche Krise war:

Liebe Tyyne,

ich brauche Hilfe bei einer Sache, bei der niemand anders helfen kann, und ich bin sicher, dass Du es nicht ablehnen wirst.
Es tut mir wirklich leid, dass ich nicht detaillierter darüber schreiben kann, wie es mir geht und ergangen ist. Nach langen Wanderungen habe ich endlich einen friedlicheren Ort gefunden, nämlich in Südfrankreich. Ich bin schwer an Lunge und Herz erkrankt und werde es weiter sein. Ob ich mich jemals ganz erholen werde, weiß ich nicht.
Was Du über mich gehört hast, ist sicher alles falsch, denn ich habe niemandem geschrieben oder bin anderweitig mit jemand in Kontakt gewesen.
Ich habe gehört, dass die englische Regierung und auch die finnische Interesse an mir haben. Gott weiß, woran sie interessiert sind, aber ich weiß es nicht. Aber es lässt mich nicht in Ruhe. Ich muss Ruhe haben, oder ich breche zusammen.
Liebe Tyyne, kannst Du mir helfen? Ich befinde mich irgendwie außerhalb des Gesetzes. Ich habe keinen Pass, und es gibt kein Land, das mich hereinlassen würde. Ich lebe hier unter anderem Namen. Meine einzige Hoffnung im Leben ist es, die Scheidung von Eino zu bekommen und eine legale Person dieses Landes zu werden, wo ich arbeiten und auch meine Gesundheit wiederherstellen könnte. Kannst Du, liebe Tyyne, mit Eino sprechen und ihm klar machen, dass er muss, dass er wirklich zustimmen muss. Er wird sicher verstehen, und weil er mich kennt, wird er erkennen, dass es mir Ernst ist, wirklich absolut Ernst ist damit. Ein Briefwechsel hilft nicht mehr, ich habe die Zeit gefunden, darüber gründlich nachzudenken. Selbst wenn ich ihm damit weh tue, er muss mir vergeben, wenn er genug Zeit hat, darüber nachzudenken. Du, Tyyne, wirst wissen, wie es ihm klargemacht werden muss. Ich kann das Hella nicht anvertrauen, sie wäre schrecklich taktlos, und hierfür ist Taktgefühl nötig.[19]

Tyynes Ehemann Arvo Haveri war Rechtsanwalt, und Salme hoffte, dass er beim Scheidungsverfahren helfen könnte. Sie gab eine Deckadresse in Paris an, wobei sie betonte, dass sie absolut geheim gehalten werden sollte, das heißt auch vor Hella. Aus irgendeinem unbekannten Grund machte ihre Beziehung zu ihrer älteren Schwester, so nahe sie einander auch gestanden hatten und es bald wieder tun würden, eine schwierige Phase durch. In Hella Wuolijokis Papieren befindet sich 1921 nur ein Brief von Salme, als sie im Mai eine kurze Notiz schrieb und fragte, warum Hella so gemeine Dinge über sie sagte, aber ohne Hinweis darauf, worauf sich das bezog. Ein Störfaktor könnte Grenfell gewesen sein. Es gibt einen flüchtigen Hinweis auf ihn in Salmes Brief von 1923 an Tyyne Haveri, der klar macht, dass sie ihn nicht für einen guten Einfluss hält.[20]

Dass Salme Pekkalas Ehe tatsächlich vorüber war, wurde zu der Zeit klar, als sie Helsinki im Januar 1920 verließ. Obwohl sie es nicht erkennen ließ, ist es offenkundig, dass sie ihre Eheschließung mit Rajani Palme Dutt vorbereitete. Sie brauchte die förmliche Scheidung, um in der Lage zu sein, sich als Frau Dutt zu legalisieren. Das Scheidungsverfahren brauchte seine Zeit, und das Urteil wurde Ende 1923 rechtskräftig. Salme wollte nicht, dass die Trennung erbittert würde und bat Tyyne Haveri, nach ihrem Exmann zu sehen. Als die enge Freundin und Gefährtin der Dutts Mary Moorhouse Eino Pekkala heiratete, bedeutete das auch, dass Salme und Eino Teil derselben Großfamilie blieben.

In den Jahren 1922–1923 ist es offenkundig, dass Salme Pekkalas gesundheitliche Probleme ihre Möglichkeiten, sich in der Parteiarbeit zu engagieren, stark einschränkten, abgesehen von dem, was durch Briefwechsel durchgeführt werden konnte. In einem Brief an Tyyne Haveri berichtete sie, dass sie 1923 zwei schwere Operationen an ihrem Hals durchmachen musste, und dass sie sich darüber hinaus augenscheinlich auch wieder in wirtschaftlichen Schwierigkeiten befand, bei denen sowohl Eino Pekkala als auch Hella Wuolijoki ihr geholfen zu haben scheinen.[21]

10
Rückkehr ins Geschäftsleben

Nach drei Jahren ökonomischer Inaktivität wollte Hella Wuolijoki wieder in das Geschäftsleben zurückkehren. Im Herbst 1921 reiste sie zum ersten Mal nach dem Krieg ins Ausland und ging zunächst zur Kur nach Karlsbad, um die Schmerzen zu lindern, die ihre Gallensteine verursacht hatten. Sie kehrte über Berlin und Stockholm, wo sie ihre Verbindungen zur W. R. Grace Company erneuerte und zu anderen ihrer Geschäftspartner aus der Kriegszeit, wie Axel Ax:son Johnson, dessen Geschäftsimperium die Nordstjernan Linie, das Johnson Handelshaus und Avesta Steel, umfasste, nach Finnland zurück. Als eine in Finnland politisch kompromittierte Person war sie froh, festzustellen, dass »große Kapitalisten keine kleinlichen Vorurteile hatten« und die Erneuerung ihrer Geschäftskontakte mit ihr begrüßten.[1)] Im nächsten Jahr wurde die Scandinavian Trading Company als ein Gemeinschaftsunternehmen mit Grace reaktiviert, doch aus dieser Zusammenarbeit wurde nicht viel. Es könnte sein, dass sie die Grace-Karte in erster Linie ausspielte, um Zugang nach Großbritannien zu erhalten, da dies der Hauptgrund war, den sie für ihren neuen Visumantrag 1922 angab.[2)] Auf jeden Fall ist es unwahrscheinlich, dass das eher langweilige Geschäft mit dem Warenhandel, wie gewinnbringend es auch sein mochte, ihre Ambitionen lange hätte befriedigen können, sodass sie jetzt auf Geschäftsmöglichkeiten konzentriert war, die eine größere Herausforderung darstellten. Die Geschäfte hatten auch eine direkte politische Note, da sie den Handel für und mit Sowjetrussland betrafen.

Die Schlüsselkontaktperson für ihre geschäftlichen Pläne mit Russland war Leonid Krassin, der Volkskommissar für Außenhandel und spätere sowjetische Botschafter in London. Krassin, ein Ingenieur und Chemiker, dessen Talente vor dem Krieg auch beim revolutionären Bombenbau zum Einsatz gekommen waren, trat ziemlich früh in seiner Laufbahn in die Sozialdemokratische Arbeiterpartei Russlands und

Lenins Bolschewiki-Fraktion ein. Mit seinem bürgerlichen Hintergrund, Manieren und seiner unternehmerischen Erfahrung aus der Firma Siemens war er wohl kaum ein typischer Bolschewik und hatte sich vor der Oktoberrevolution zeitweilig von Lenin distanziert. Im Jahr 1918 hatte er zugestimmt, der neuen Regierung zu dienen, die ihn zu ihrem Chefökonomen und Handelsrepräsentanten bei Geschäften mit dem Westen machte. Er behielt seinen Posten als Kommissar für Außenhandel bis 1925, obwohl er für längere Zeit de facto als sowjetischer Botschafter in London tätig war und ebenfalls langwierige Aufgaben in Berlin und später in Paris hatte.[3]

Hella Wuolijoki hatte Krassin zum ersten Mal bei ihrem Berlinbesuch 1921 und zweimal im nächsten Jahr getroffen. Das erste dieser Treffen von 1922 fand auch in Berlin statt, wohin Krassin sie eingeladen hatte und wo er sie dem einflussreichen deutschen Politiker Walther Rathenau vorstellte. In der sowjetischen Botschaft nahm sie auch an einem Abendessen teil, bei dem Außenminister Georgi Tschitscherin und sein künftiger Nachfolger Maxim Litwinow anwesend waren. Krassin und Wuolijoki trafen sich später im Sommer 1922 in Finnland wieder, als Krassin dem Land mit einer Delegation, zu der auch Nikolai Burenin, Hella Wuolijokis alter Bekannter aus der Zeit der Viapori-Meuterei, gehörte, einen inoffiziellen Besuch abstattete. Die Russen genossen Hellas Gastfreundschaft in ihrer Villa etwas außerhalb von Helsinki, wo sie bis in die frühen Morgenstunden hinein ihre gemeinsamen Geschäftspläne diskutierten. Wuolijokis letztes Zusammentreffen mit Krassin war 1923, als sie Russland besuchte.[4]

Krassin und Wuolijoki diskutierten nicht nur über Bauholz, was ihre neue große Geschäftsidee war, sondern auch andere Punkte und Ideen. Den erörterten Plänen mangelte es weder an Umfang noch an Ehrgeiz. Krassin und seine Leute waren dazu bereit, Wuolijoki als ihre Agentin beim Handel mit Schweden und anderen westlichen Ländern einzusetzen. Sie leitete ihr Gebot für 30 Binnenschifffahrts-Schlepper und einige Schleppkähne an Axel Ax:son Johnson weiter. Gleichzeitig leitete sie auch an den Generalkonsul – wie Johnson beinahe ausnahmslos angesprochen wurde – Vorschläge für Forstgeschäfte in Finnland weiter. Johnsons Antwort war vorsichtig, aber er war bereit, den Kontakt fortzuführen. Er war auch über Moskaus Interesse an der Gründung einer gemeinsamen Handelsgesellschaft informiert worden, was er mit Skepsis betrachtete.[5]

Wuolijoki blieb beharrlich. Sie war ebenfalls über den russischen Vorschlag informiert, eine »Import and Export Co. Ltd« mit einem Kapital von vier Millionen Goldrubel zu gründen, von der 51 Prozent im Besitz der Sowjetregierung sein und der Rest der Anteile ausländischen Investoren gehören würden. Die Gesellschaft würde sich nicht nur im Import- und Exporthandel betätigen, sondern auch Industrien und Fabriken sowohl in Russland als auch im Ausland besitzen und betreiben und Finanzdienstleistungen anbieten. Sie war sehr daran interessiert, Johnson davon zu überzeugen, die Idee aufzugreifen – den Wunschtraum, wie sie es wieder formulierte – und verbreitete sie über die Art ihres Kontakts zu Krassin und seinen Arbeitskollegen. Das war die Zeit der NEP (NÖP), der Neuen Ökonomischen Politik, die nach dem Scheitern des Kriegskommunismus eingeführt wurde und eine vorsichtige Öffnung des Landes für ausländische Investitionen einschloss. Aber, schrieb Wuolijoki an Johnson, die Sowjets hätten noch eine Menge über das Geschäft zu lernen:

> *Was man tun muss, anstatt sie nach ihrer Meinung zu fragen, ist es, hinzugehen und ihnen zu sagen, was sie tun sollen. Ich habe jetzt einiges an Erfahrung damit gemacht in Verbindung mit den kleinen Verkäufen für die Scandinavian Trading Co., die ich kürzlich bewirkt habe und die mir ebenso viel Mühe gemacht haben wie einer meiner großen Abschlüsse von 1917. Aber letztendlich waren die Russen in Geldangelegenheiten perfekte Engel, haben allem zugestimmt, das vernünftig war, und sogar letzten Sonnabend ein Akkreditiv ohne einen Vertrag von mir eröffnet. Und dann, als wir anfingen – oh mein lieber Generalkonsul – hatten sie Verträge mit zehn maschinegeschriebenen Seiten dabei, selbst für das allerkleinste Geschäft, zahlten nur gegen die Bescheinigung eines Inspektors, der alle möglichen Garantien für Säcke usw. forderte. – Sie können sich all diese gar nicht geschäftsmäßigen Erklärungen nicht vorstellen, die für den Umgang mit normalen Haien abgegeben wurden. Ich habe ihnen einfach eine Lektion in europäischen Geschäftsmethoden erteilt und von ihnen die gleiche schöne Flexibilität verlangt, die sie in der Politik gezeigt haben, mit dem Ergebnis, dass sie ziemlich menschlich wurden.*

Sie versuchte, Johnson von der Qualität ihrer Kontakte zu überzeugen. Sie lobte Krassins Vernünftigkeit und schrieb, dass es einen ungenannten Engländer und persönlichen Freund Krassins gäbe, der durchaus dafür geeignet sein könne, in den Aufsichtsrat der geplanten Gesellschaft einzutreten, vielleicht auch mit Beechinor von der Grace Co. als einem Kompagnon und »mit einer wunschträumenden Frau als Spiritus Rector hinter den Kulissen«. Sie setzte ihren Brief mit Verweisen auf ein halbes Dutzend anderer kleiner Geschäftsvorschläge fort, einschließlich des Erwerbs eines finnischen Sägewerkes in Käkisalmi, das zum Verkauf stand.[6]

Wuolijokis angeregter Briefwechsel schien kein konkretes Geschäft in Bewegung zu setzen. Als sie Ende August 1922 wieder an Johnson schrieb, schrieb sie nicht mehr über die gemeinsame Gesellschaft, sondern konzentrierte sich auf Vorschläge über Bauholz und Forstwirtschaft, Verkäufe von Schiffen nach Russland und einen Plan für einen Freihafen, um den Ost-West-Handel zu erleichtern. Sie warnte Johnson, dass es möglicherweise »gewisse Personen« in Stockholm gäbe, die daran arbeiteten, ihn in den Augen der Russen zu diskreditieren und schlug vor, einen persönlichen Kontoauszug an Krassin zu schicken, um sie erneut seiner Kreditwürdigkeit zu versichern. Die Sowjets, schrieb sie, wären ihrerseits bereit, Diamanten und Kunstschätze als Sicherheit zu stellen.[7]

Wuolijokis Briefwechsel mit Johnson wurde noch etwa ein Jahr lang fortgeführt. Sie hatte eine Reihe neuer Vorschläge, die Johnson in Betracht ziehen sollte, so wie den Kauf der Holzbestände und des Waldes der Klöster von Konevitsa und Valamo in Finnisch-Karelien oder Investitionen in den russischen Gummikonzern Resinotrust, mit dessen Gummischuh-Fabrik in Pereslawl-Saljeski als einer besonders vielversprechenden Geschäftsmöglichkeit, und schließlich eine neue Version der gemeinsamen Export-Import-Firma in Russland, nachdem Krassin einige seiner ursprünglichen Bedingungen für ein solches Unternehmen gelockert hatte. Es scheint jedoch, dass keiner der unzähligen Vorschläge zu irgendetwas Konkretem führte. Johnsons Antworten waren höflich, aber kurz und vorsichtig und am Ende negativ. Was Johnson wirklich von Wuolijoki als einer potentiellen Geschäftspartnerin dachte, bleibt unbekannt. Angesichts der Schwierigkeiten bei der Entwicklung der schwedisch-russischen Handelsbeziehungen im Jahr 1922, ohne dass es ein Handelsabkommen zwischen den Ländern gab, muss seine Vorsicht jedoch nicht notwendigerweise etwas mit Zweifeln ihr gegenüber zu tun gehabt haben.[8]

Vielleicht die exotischste der zwischen Krassin und Wuolijoki erörterten Geschäftsideen war der Verkauf der enteigneten Schätze des russischen Adels an den Westen gegen harte Währung. Wie Wuolijoki viele Jahre später erzählte und in ihren Briefen an Johnson andeutete, war sie an einem Plan beteiligt, Juwelen, Gemälde und andere Schätze im Wert von bis zu einer Milliarde Schwedenkronen bei der Schwedischen Zentralbank zu hinterlegen, die im Gegenzug Darlehen in harter Währung zur Verfügung stellen würde. Dieser Plan wurde nicht verwirklicht, weil die sowjetische Seite den schwedischen Partnern nicht genug traute, um das Geschäft durchzuführen. Als diese Pläne ausgeheckt wurden, erhielt die finnische Sicherheitspolizei auch unbestätigte Hinweise auf eine Beteiligung Wuolijokis an Diskussionen über solche Transaktionen.[9]

Obwohl Krassin der Kopf des sowjetischen Außenhandels war, war Maria Andrejewa eine zumindest ebenso wichtige Partnerin für Wuolijokis Geschäfte in den Jahren 1922–1923. Die vagen Berichte der finnischen Polizei über die Geschäfte mit Zarenschätzen erwähnen Krassin nicht, verweisen aber stattdessen auf »Frau Gorki« als ihre Gesprächspartnerin in Berlin. Diese »Frau Gorki« war die frühere Schauspielerin und getreue Bolschewikin Andrejewa, die als eine von Gorkis Vorkriegsgeliebten noch immer unter diesem Spitznamen bekannt war, obwohl sie niemals offiziell verheiratet gewesen waren. Im Jahr 1921 wurde sie mit dem Segen Lenins nach Berlin geschickt, um russische Kunstgegenstände zu verkaufen. Sie hatte ihre Stellung an der sowjetischen Botschaft über mehrere Jahre inne. Die beiden Frauen hatten sich 1922 in Stockholm getroffen und miteinander Freundschaft geschlossen. Im September 1922 lud Andrejewa Wuolijoki in einem Brief nach Berlin ein, in dem sie auch für Investitionsmöglichkeiten in landwirtschaftlichen Boden warb.[10]

In ihren Memoiren verwies Wuolijoki niemals auf ihre Geschäfte mit Andrejewa, erinnert sich aber an den folgenden Besuch in Berlin Ende 1922 oder 1923 als eine denkwürdige Gelegenheit, bei der sie zwei Wochen lang als Gast der Gorkis in einer Pension am Kurfürstendam verbrachte. Sie genoss die Diskussionen mit Maxim Gorki, dessen erzählerische Fähigkeiten sie sogar noch höher einschätzte als seinen Beitrag zur Literatur. Seine Geschichten drehten sich auch um seine Zeit in Finnland und seine Freundschaft mit Akseli Gallen-Kallela, ungeachtet dessen, dass der finnische Künstler seine enge Freundschaft mit dem bolschewistischen Schriftsteller aufgekündigt hatte. Ein weiterer häufiger Gast der Gorkis war Alexei Tolstoi, der sich auch in Berlin aufhielt und dabei war, aus seinem Exil nach der Oktoberrevolution in seine Heimat Russland zurückzukehren. Wuolijoki schrieb begeistert über beide Autoren, obwohl sie Tolstois Zurückhaltung im Stil des alten Regimes zu Finnlands Trennung von Russland bemerkte.[11]

Auch wenn die grandioseren Pläne mit Andrejewa und anderen für

149

Verkäufe zaristischer Schätze niemals unter Beteiligung von Hella Wuolijoki verwirklicht wurden, waren sie damals doch eine wichtige und sogar unverzichtbare Einnahmequelle für die Sowjetregierung, die im April 1922 neue Geheimmaßnahmen ergriffen hatte, um die Schätze der orthodoxen Kirche zu konfiszieren.[12] Wuolijoki kann jedoch an Geschäften beteiligt gewesen sein, bei denen kleinere Mengen solcher Schätze in den Westen verkauft wurden, es gibt dafür allerdings keine Beweise. Wenn auch Diamanten als Komintern-Währung zur Unterstützung von Bruderparteien verwendet wurden – John Reed wurde in Turku verhaftet, als er solche Diamanten bei sich trug – ist es doch unwahrscheinlich, wenn auch nicht unmöglich, dass Hella Wuolijoki am Schmuggel solcher Wertgegenstände beteiligt war, wie ihr unterstellt wurde.

Selbst nachdem Johnson das Angebot, in eine gemeinsame Handelsgesellschaft zu investieren, abgelehnt hatte, verfolgte Wuolijoki die Idee mit anderen in kleinerem Maßstab weiter. Sie organisierte zwei finnische Partner, Erkki Makkonen, der 1920 kurz Minister für Handel und Industrie von der liberalen Fortschrittspartei in der Vennola-Regierung gewesen war, und Rurik Saraste, einen Geschäftsmann mit Interesse an Bauholz aus Viipuri. Wuolijokis eigenem Bericht zufolge hatten sie 1923 eine Vereinbarung mit den sowjetischen Behörden erzielt, als die sowjetische Seite im letzten Moment auf neuen Änderungen in dem bereits abgeschlossenen Vertrag bestand, denen sie nicht zustimmen konnte. In sowjetischen Dokumenten wurde das Scheitern einer Vereinbarung der Unmöglichkeit zugeschrieben, eine Firma mit russischer Mehrheitsbeteiligung in Finnland registrieren zu lassen. Wuolijoki war dennoch davon überzeugt, dass die Verhandlungen erfolgreich gewesen wären, hätte man sie direkt mit Krassin geführt. Aber auch Krassins Einfluss hatte seine Grenzen, und es ist bekannt, dass ein ähnlicher, von Krassin unterstützter Investitionsvorschlag mit einem britischen Investor von der Partei in Moskau abgelehnt wurde. Schließlich gab es sehr wenige westliche Investoren, die willens und imstande waren, die angebotenen Konzessionen zu akzeptieren, und von diesen mag der zukünftige amerikanische Ölmagnat Armand Hammar der einzige gewesen sein, der das Erlebnis in positiver Erinnerung hatte. Aber nachdem all ihre potentiellen Geschäftsabschlüsse ins Wasser zu fallen schienen, machte Krassin – so behauptet Wuolijoki – ein Ausgleichsangebot, um sie zu einer Art ökonomischer Zarin in Sowjet-Turkestan zu machen. Das lehnte sie ab, da sie nicht die militärischen Vollmachten wollte, die ihr zufolge mit dem angebotenen Posten verbunden waren.[13]

Die karelische Verbindung

Viele der potentiellen russischen Geschäftsabschlüsse, die Wuolijoki in Erwägung zog, hatten eine Verbindung zu Sowjet-Karelien, wo Edvard Gylling ihre Kontaktperson war. Axel Johnson gegenüber beschrieb sie Gylling als den karelischen »Diktator und König« und fügte hinzu, dass es im Geschäftsleben »eine ganz angenehme Sache sei, Diktatoren zu Freunden zu haben«.[14] Edvard Gylling war vor dem Krieg einer der prominenten Anführer der Sozialdemokratischen Partei in Finnland gewesen. Als Universitätslehrer und Dr. phil. war er gegen bewaffneten Kampf, erklärte sich aber aus Solidarität dazu bereit, im Rat der Volksbeauftragten als Finanzminister tätig zu werden. Am Ende des Krieges ging er in den Untergrund, dann gelang es ihm, nach Schweden zu fliehen. Er vertrat die neue Kommunistische Partei Finnlands in Stockholm, wo er sich ohne viel Wirkung am Entwurf von Plänen für eine Revolution in Nordskandinavien beteiligte. Im Jahr 1920 ging er nach Russland, wo er einer der zentralen Anführer der Karelischen Werktätigenkommune in Petrosawodsk wurde. Die Kommune war die Antwort auf die russische Verpflichtung im Friedensvertrag von Tartu mit Finnland, Ostkarelien Autonomie zu gewähren.

Die Karelische Kommune genoss unter Führung Gyllings und anderer emigrierter Finnen Frieden und relativen Wohlstand. Als die Weltwirtschaftskrise den kapitalistischen Westen traf, starteten die Behörden der Karelischen Autonomen Sozialistischen Sowjetrepublik – wie die Kommune 1923 umbenannt worden war – eine Kampagne, um finnisch-amerikanische und finnisch-kanadische Facharbeiter für Karelien zu werben. Da sich die Bedingungen in Nordamerika verschlechterten und die Arbeitslosigkeit nach dem Börsenkrach von 1929 wuchs, folgten Tausende dem Ruf, in der Republik ein besseres Leben zu suchen. Sie sollten bitter enttäuscht werden, und viele von ihnen sollten umkommen. Die Autonomie der Karelischen Republik, die zunächst einmal nicht so umfassend war, wurde nach 1930 allmählich beschnitten. Aber solange die optimistische Phase des sozialistischen Aufbaus andauerte, war Gylling, der »König von Karelien«, und er und die anderen emigrierten Finnen gaben der Republik eine ausgeprägt finnische Note. In der Tat kann, da er und die meisten seiner finnischen Genossen 1935 des finnischen Nationalismus beschuldigt und beseitigt wurden, nicht geleugnet werden, dass es aus russischer Sicht – 40 Prozent der Bevölkerung in der Republik waren russischsprachig und waren fast

Bürger zweiter Klasse – eine gewisse Berechtigung für diese Beschuldigung gab, wenn auch nicht für die Konsequenzen, die sie für Gylling und andere hatte.[15]

Aber das lag alles noch in der Zukunft, als Wuolijoki sich mit ihren Geschäftsideen in einem langen, 40-seitigen Brief an Gylling wandte, den sie Ende 1922 an den »Lieben Genossen Gylling« schrieb. Es war nicht das erste Mal, dass sie an Gylling herantrat, aber die Einzelheiten der früheren über Iisakkila, den Vertreter der Kommune in Finnland als ihren Vermittler, unternommenen Versuche sind nicht verzeichnet. Gylling hatte auf ihren Vorschlag, die alleinigen Rechte für den karelischen Holzwarenexport zu erhalten, aber nicht positiv reagiert. Er betrachtete Wuolijoki, deren Erfahrung sich auf den Betrieb einer kleinen Sägemühle beschränkte, die sie in der Gegend von Marlebäck gepachtet hatte, um Holz aus ihrem eigenen Wald zu bearbeiten, nicht als jemanden, der die Ressourcen dazu hatte, um Verantwortung für ein solch groß angelegtes Geschäft zu tragen, wie sie es im Sinn hatte.

In der für sie typischen Weise versuchte Wuolijoki, sich in Gyllings Augen Referenzen zu schaffen, indem sie erzählte, wie sie 1916 und 1917 eine ernst zu nehmende amerikanische Ausbildung im kapitalistischen Big Business erhalten habe. In dem Bestreben, der »NEP-Mann von Karelien« zu sein, wie sie Gylling schrieb, bot sie an, ihr »kapitalistisches Hirn«, das durch »proletarische Gefühle« gemildert war, in den Dienst von Geschäftsabschlüssen zu stellen, die garantiert für beide Seiten profitabel wären. Das karelische Holz, das sie suchte, würde in ihren Sägewerken und in Zukunft, wenn das Geschäft expandieren würde, auch in Zellstofffabriken verarbeitet werden und diese würden unter Mitbeteiligung ihrer Arbeiter betrieben, wodurch Sabotage vermieden und das Unternehmen gewinnbringend gemacht würde. Sie bemühte sich auch, ihr umfangreiches technisches und logistisches Know-how zu demonstrieren, das sie auf das Geschäft anwenden wollte, wobei sie eine beeindruckende Menge von Berechnungen und Zahlen abspulte. Sie gab aber auch an, dass sie mit Partnern arbeitete, die einen tadellosen kapitalistischen Ruf und Zugang zu (finnischen) Bankdarlehen hätten – amerikanische und englische könne sie selbst vermitteln – da sie Erkki Makkonen und Rurik Saraste für ihr Unternehmen gewonnen habe.

Sie verwies auch auf ihre Erfahrung als Gutsbesitzerin von Marlebäck und darauf, dass es als eine Miniatur-»Sowjetrepublik« betrieben werde und wie sie neue Arbeitsmethoden entwickelt habe, ferner einen Acht-Stunden-Arbeitstag, kollektive Arbeitsaufsicht, offene Buchhaltung und so weiter eingeführt habe, und wie sie sich selbst an allen Arbeiten beteiligte – einschließlich des Fahrens von Dünger auf die Felder – ohne Rücksicht auf die Arbeitszeit, um so ihr großes Haus zu rechtfertigen.[16]

Drei Jahre später in einem Brief an Jaan Tônisson nannte sie Marlebäck ein abgespaltenes »Königreich«, aber abgesehen davon ähnelte die Beschreibung dessen, was sie getan hatte und wie sie auf dem Besitz arbeitete, im Großen und Ganzen dem, was sie an Gylling geschrieben hatte. Die Betonung lag schließlich darauf, wie sie das heruntergewirtschaftete Gut zum Florieren gebracht hatte und wie ihre fortschrittliche Behandlung der Arbeitskräfte mit überdurchschnittlichem Lohn und strikter Einhaltung des Acht-Stunden-Tages wundervolle Ergebnisse gebracht hatte.[17]

Marlebäck wurde wohl tatsächlich als eine Aktiengesellschaft betrieben, zumindest war es als eine solche registriert (Ab Marlebäck Oy). Das schien das Gut davor bewahrt zu haben, unterzugehen, als Wuolijokis andere Geschäfte Anfang der 1930er Jahre scheiterten. Alles in allem hatte das Gut nach den von Wuolijoki durchgeführten Erweiterungen etwa 150 Hektar kultiviertes Land. Der Rest des 460-Hektar-Gutes bestand großenteils aus Wald. Es gab etwa 80 Milchkühe. Das alles erforderte eine beträchtliche Menge an Arbeitskräften, sowohl Landarbeiter als auch Hausangestellte, insgesamt etwa 30 Menschen.

Das Gut Marlebäck war nicht gerade ein erfolgreiches Unternehmen, auch wenn seine Besitzerin es gern als solches ansah. Es war eher eine Option für einen bestimmten Lebensstil, ein Salon auf dem Lande, der jemandem zur Verfügung stand, der andere Mittel für ein regelmäßiges Einkommen hatte, in Wuolijokis Fall durch Geschäfte oder das Schreiben. Aber im Finnland der 1920er Jahre war sie nicht die einzige in der Stadt ansässige Gutsherrin. Ihr Schwager und Gesandter Wäinö Wuolijoki, Väinö Tanner, der Geschäftsführer von Finnlands größter Verbrauchergenossenschaft war, und J. K. Paasikivi, der die größte Geschäftsbank des Landes leitete, besaßen gleichfalls größere Güter.

Die Hausherrin war zweifellos eine Managerin vom zupackenden Typ. Sie war auch an land- und forstwirtschaftlichen Experimenten, Viehzucht (ihr Lieblingsbulle hieß Sir Winston) und dem Wohlergehen ihrer Angestellten interessiert. Auch wenn ihre Geschäfts- und sonstigen Reisen sie für längere Zeit fernhielten – im Durchschnitt verbrachte sie eine Woche in Helsinki und eine in Marlebäck – schrieb sie Briefe mit detaillierten Anweisungen an die Aufseher, und als Vappu älter wurde, zunehmend auch an ihre Tochter. Es gab in ihrem Stil Elemente des aufgeklärten Absolutismus. Die Andeutungen dazu, was die Angestellten ihres Guts über ihre Herrin und ihre Arbeitsbedingungen dachten, sind größtenteils positiv. Selbst wenn die Lohnzahlungen manchmal etwas hinterher hinkten, wenn ihre Liquidität gefährdet war – späte Zahlung offener Rechnungen schien einer der Wege zu sein, wie sie ihr Geschäft finanzierte – ihre Angestellten waren meistens zufrieden, besonders diejenigen, die ihre Bemühungen zu schätzen wussten, sie mit kulturellen Leistungen zu versorgen. Die gute Bibliothek auf Marlebäck stand allen zur Verfügung, und sie sponserte häufige Tanz- und andere Veranstaltungen, zu denen jeder etwas beitrug.[18] Die Sicherheitspolizei, die sie weiterhin überwachte, versuchte auch, die Arbeitskräfte zu infiltrieren, und ihr Informant erstattete derart Bericht, dass Wuolijokis eigene Beschreibung der Arbeitsbedingungen auf dem Gut im Wesentlichen bestätigt wurde. Die negativere Sicht ihrer Rolle als Arbeitgeberin scheint mit einem Abscheu vor ihren politischen Ansichten einherzugehen, obwohl viele ihrer nichtsozialistischen Angestellten sie auch positiv werteten.[19]

Eine Frau als Holzhändlerin

Es brauchte eine ganze Weile, bis sich ihre Visionen von Geschäften mit der Karelischen Republik in größerem Maßstab verwirklichten. Inzwischen waren Makkonen und Saraste nicht mehr ihre Partner, sondern Konkurrenten, auch im Wetteifern um sowjetische Verträge.[20] Es war erst im Oktober 1929, dass sie mit Gyllings Hilfe eine Zehn-Jahres Holzkonzession von der Sowjetregierung erhielt. Im Frühling 1930 wurden 73 000 Stück Rundholz und im nächsten Jahr 110 000 zur Verarbeitung in das Sägewerk geflözt, das sie in Suojärvi in Finnisch-Karelien errichtet hatte. Das Sägewerk wurde durch die Firma Carelia Timber Co. gebaut, die sie 1924 mit Harold Grenfell und mehreren ihrer Verwandten vom Wuolijoki-Clan als Mitgesellschaftern gegründet hatte. Die Firma kaufte das Rohmaterial von den örtlichen Waldbesitzern und exportierte 6 000 Standards an Sägeprodukten pro Jahr fast ausschließlich nach Großbritannien. Die Firma fusionierte später mit einer älteren Firma, Aunuksen Puu Oy, die sie 1927 von einem finnischen Geschäftsmann mit britischer Finanzierung, durch ihre Kontakte in Großbritannien gesichert, erworben hatte. Der konservative Parlamentsabgeordnete Maurice Petherick, dessen gemeinsame Firma mit Lionel Neame als ihr Agent in Großbritannien tätig gewesen war, hatte sie Montague

Norman, dem Gouverneur der Bank of England, vorgestellt, der sie wiederum dem Finanzier W. H. Askew Robertson vorstellte. Aunuksen Puu wurde mit Wertanteilen von zwölf Millionen Finnmark reorganisiert, die von Pethwick, Neame und Askew Robertson – und auch Harold Grenfell als einem Minderheitsaktionär – gehalten wurden und im Wert von drei Millionen von Hella Wuolijoki, die von 1927–1931 den Posten einer Vorstandsvorsitzenden und Hauptgeschäftsführerin der Firma innehatte. Die alten Gründer der Carelia Timber Co. blieben als Minderheitsaktionäre in der neuen Gesellschaft.

Das ist der Bericht, den Hella Wuolijoki 1943 Paavo Kastari darüber gab, wie das britische Geld dazu gebracht wurde, in die Firma investiert zu werden. Sie fügte auch hinzu, dass der ältere Askew Robertson – er war 1868 geboren worden – sich 1927 von seiner Frau getrennt und in sie vernarrt hatte. Sie nahm sein Geld an, lehnte sein Heiratsangebot jedoch ab. Es gibt nur zwei 1931 und 1933 geschriebene Briefe von Askew Robertson im Wuolijoki-Archiv, und wenn sie auch sehr freundlich sind, bestätigen sie keinerlei Liebesbeziehung. Aber eine so einseitige Beziehung hätte sich höchstwahrscheinlich in der Zwischenzeit abgekühlt.[21]

In ihrer Blütezeit besaß die Firma ein halbes Dutzend Sägewerke, exportierte über 20 000 Standards im Jahr und beschäftigte in Finnland 2 400 Menschen. Sie war damals unter den zehn führenden Sägefirmen und Holzexporteuren des Landes, welches der Schnittholzexporteur Nummer eins der Welt war. Die Firma plante auch eine Erweiterung durch den Bau einer Zellstofffabrik mit einer Kapazität von 20 000 Tonnen pro Jahr.[22]

Wuolijoki und ihre Gruppe britischer Investoren hatten Aunuksen Puu zu einer Zeit erworben, als Produktion, Exporte, Preise und Gewinne der Branche auf ihrem Höhepunkt waren. Im Jahr 1928 waren die Zahlen jedoch nicht so gut wie 1927, und als die Weltwirtschaftskrise die Branche traf, konnte die unterkapitalisierte Firma, die sich finanziell übernommen hatte, nicht überleben.

Im Frühling 1931 wurde Aunuksen Puu tatsächlich von ihren Gläubigern, angeführt von Liittopankki, übernommen. Liittopankki war eine der kleinsten Geschäftsbanken in Finnland und war selbst in Schwierigkeiten, nicht zuletzt wegen der Kredite, die sie Aunuksen Puu gegeben hatte, und hatte mit der größeren Helsingin Osake-Pankki fusionieren müssen. Helsingin Osake-Pankki entschied sich dafür, die Firma nicht in den Bankrott zu zwingen, aber sie hatte genug Macht sowohl über die Firma als auch über die verschuldete Hella Wuolijoki persönlich, um sie zu entlassen und Oberstleutnant Torsten I. Aminoff als neuen Geschäftsführer einzusetzen. Die alte Eigentumsstruktur wurde bis 1936 beibehalten, als die Bank die alten Eigentümer auszahlte, indem sie ihnen 25 Prozent des Nennwerts ihrer Anteile überließ. Im nächsten Jahr verkaufte die Bank die Firma an die staatseigene Enso-Gutzeit, eine der größten Forstwirtschaftsfirmen in Finnland.[23]

In einem Brief an Maurice Petherick, der ebenfalls im Firmenvorstand war, versuchte Hella Wuolijoki im Juli 1931 dem zuerst von den Russen 1929 begonnenen Konkurrenzdumping als Quelle für die Schwierigkeiten der Firma die Schuld zu geben. Sie beklagte sich auch bei Rajani Palme Dutt über das russische Marktverhalten, aber ihr unverbesserlich stalinistischer Schwager wies solche Kritik zurück. Später gab er zu, dass er sich geirrt hatte, als 1936–1937 bei den Schauprozessen in Moskau vorgelegte Beweise bestätigten, dass trotzkistische Verschwörer im Holzwarenkonzern tatsächlich eine Preisgestaltung unterhalb des Marktpreises betrieben hatten, um ihre verräterischen Aktivitäten zu finanzieren.[24]

Die trotzkistischen Verschwörungstheorien einmal beiseite gelassen, war es wahr, dass die Sowjets den Markt mit ihrer Preispolitik sprengten. Gnadenloser Preiswettbewerb war in dem hochgradig konjunkturabhängigen Industriezweig aber nicht die Ausnahme. Nebenbei bemerkt waren Sägemühlen schon vor 1929 in Schwierigkeiten, und als Wuolijoki Chefin von Aunuksen Puu wurde, waren die besten Jahre für die Branche fast schon vorüber. Aunuksen Puu war nicht die einzige Sägewerksfirma, die in ernsthafte Schwierigkeiten geriet, als die Weltwirtschaftskrise Exporte und Preise traf. Im Jahr 1931 exportierte die Branche 60 Prozent dessen, was sie 1927 exportiert hatte, und die Exporteinnahmen wurden mehr als halbiert. Die Firma folgte nicht dem Beispiel ihrer Konkurrenten in der Branche, die Kommunisten auf die schwarze Liste setzten, und radikale Arbeiter wurden nur entfernt, nachdem sie die Kontrolle verloren hatte. Aber in dem Versuch, ihre in Schwierigkeiten geratene Firma zu retten, griff auch Hella Wuolijoki zu vorübergehenden Entlassungen und einseitigen Lohnkürzungen wie jeder Kapitalist. Die Gewerkschaft der Branche konnte 1930 nur protestieren, als die neue Vereinbarung, die sie mit Aunuksen Puu getroffen hatte, nicht respektiert wurde. Aber die Bereitschaft, ihren Ruf als vorbildliche Arbeitgeberin zu riskieren, als die sich Wuolijoki selbst gern sah, rettete die Firma nicht.[25]

Die Wahrheit war, dass Aunuksen Puu weniger darauf vorbereitet war, den Umschwung zu überleben, als die meisten ihrer Konkurrenten. Die

Die »Nutzholz-Kapitalisten« in Suojärvi, Finnland:
Hurstinen, Maurice Petherick, Wuolijoki und W. H. Askew Robertson

Das Kaipaa-Sägewerk von Aunuksen Puu

Firma erzielte nach 1927 niemals irgendwelchen Gewinn und machte 1930 58 Millionen Finnmark Verlust. Hella Wuolijoki gab das gegenüber Petherick soweit zu, dass sie schrieb, wie sie vielleicht »hinsichtlich des Marktes ungewöhnlich dumm und optimistisch und zu unerfahren und so weiter« gewesen sei. Sie versuchte jedoch, ihren Ruf zu bereinigen, indem sie schrieb, wie sie »ehrlich gearbeitet und gekämpft hatte und immer versucht hatte, nach vorn zu schauen«, mit dem Ergebnis, dass sie »[ihre] ganze Existenz riskiert und nicht nur [ihr] Vermögen verloren hatte, sondern auch die Arbeit, die während vieler Jahre [ihre] einzige Leidenschaft gewesen ist«. Petherick erkannte das an und schrieb ihr wiederum, wie sie »treu wie ein Nigger für die Firma geschuftet habe«. Das mag ein Trost gewesen sein, wie er selbst bemerkte, »ein ziemlich zweifelhafter« – und zwar in mehr als einer Weise, denn der rechtsgerichtete Tory-Abgeordnete war für seine durchaus rassistischen Ansichten bekannt.[26]

Nach der Übernahme durch die Bank war klar, dass die Anteilseigner keine Aussicht darauf hatten, ihre Investition zurückzuerhalten. Alles in allem waren die britischen Aktionäre bemerkenswert tolerant wegen ihrer Verluste und beschuldigten Hella Wuolijoki nicht zu hart. Aber sie waren verständlicherweise nicht in der Lage und nicht willens, ihr neue persönliche Darlehen zu gewähren, als sie sie zur Rettung von Marlebäck darum bat. Nur die Neames Company gab ihr etwas Kredit, den sie später mit zunehmend förmlicher werdenden Briefen anmahnen musste. Einige Jahre lang musste sie unter der ständigen Bedrohung leben, auch Marlebäck zu verlieren, da sie das Gut als Sicherheit für die Darlehen, mit deren Rückzahlung sie Schwierigkeiten hatte, mit Hypotheken belastet hatte.[27]

Viele Menschen erlitten während der Weltwirtschaftskrise Verluste, Jaan Tônisson eingeschlossen, dessen Zeitung *Postimees* schon 1929 Schwierigkeiten mit den Banken hatte. Mit seinen Sorgen wandte Tônisson sich auch an Hella Wuolijoki und bat sie um Hilfe, finnische Banken dafür zu gewinnen, den Kredit für die Zeitung zu verlängern. Sie sprach mit Mauri Honkajuuri bei der Kansallis-Osake-Pankki und mit Risto Ryti bei der Bank of Finland, aber unter den vorherrschenden Bedingungen konnten und würden sie nicht helfen. Sie waren sich möglicherweise auch der schon düsteren Aussichten von Frau Wuolijokis eigenen Finanzen bewusst.[28]

Öl und Filme

Außer der Verarbeitung von karelischem Rohholz hatte Hella Wuolijoki viele andere geschäftliche Ambitionen bezüglich der Sowjetunion, wobei sie auf einige davon schon 1922 in ihrem Brief an Gylling verwiesen hatte. Eine davon betraf ein Joint Venture im Ölgeschäft. Krassin hatte sie ermutigt, sich mit dem sowjetischen Ölsyndikat Petroljes wegen der Idee, fünf Millionen Dollar amerikanisches Kapital für das Geschäft zu gewinnen, in Verbindung zu setzen. Von dieser Idee war damals nichts mehr zu hören gewesen.[29]

Zur Jahrhundertwende war Russland kurze Zeit der Ölproduzent Nummer eins der Welt gewesen, aber nach der Oktoberrevolution blieb von seiner Position auf den westlichen Märkten nichts übrig. Als sich die russische Ölproduktion erholte, musste die Sowjetregierung die Exportkanäle in den Westen wieder öffnen, ein Streben, das durch die unbeglichenen Entschädigungsforderungen für die verstaatlichten kaukasischen Ölfelder behindert wurde. Sowjetrussland wurde in den 1920er Jahren kein Ölgroßexporteur, und das verhältnismäßig kleine Geschäft, das es mit Ölprodukten machte, schien auch einige politische Ziele zu haben. In Spanien zum Beispiel bekam der Diktator Primo de Rivera das Monopol für den Verkauf von sowjetischem Öl, und die Gewinne aus diesem lukrativen Geschäft sollten die Herstellung von Handels- und diplomatischen Beziehungen zwischen den beiden Ländern erleichtern.[30]

In den baltischen Staaten, wo vor dem Zweiten Weltkrieg der Handel mit Sowjetrussland eine viel wichtigere Rolle spielte als für Finnland, hatte das Ölsyndikat bedeutenden Einfluss. In Lettland wurden Gewinne aus dem Handel mit russischen Ölprodukten zur finanziellen Unterstützung von Karlis Ulmanis, dem Spitzenpolitiker und wiederholten Ministerpräsidenten des Landes, gelenkt. In Estland wollte das Ölsyndikat, das in dem Land schon einen Marktanteil von mehr als 50 Prozent hatte, sich als örtliche Firma etablieren und versuchte, prominente estnische Politiker für das Unternehmen zu gewinnen. Im Jahr 1930 nahm Konstantin Päts, der schon früher andere sehr profitable Geschäftsbeziehungen mit den Sowjets gehabt hatte, einen Posten als Rechtsberater für die Firma an, für ein Jahreshonorar, das dem Einkommen eines hochrangigen Staatsbeamten entsprach. Als die Bemühungen zur Gründung der Firma fehlschlugen, zahlte der sowjetische Handelsrepräsentant das geheime Honorar an Päts weiter.[31]

In Finnland verkaufte das Ölsyndikat nur unbedeutende Mengen seiner Produkte, aber auch hier versuchte es, sich als finnische Firma zu etablieren und ein eigenes Vertriebsnetz aufzubauen. Der Repräsentant des Syndikats in Finnland, Alexander Tauglih, und der sowjetische Gesandte Sergei Alexandrowski versuchten, geeignete finnische Politiker für den Vorstand der Firma zu gewinnen. Zumindest an Antti Hackzell, Hannes Ryömä und A. K. Cajander trat man heran, aber alle lehnten ab. Danach wurde Hella Wuolijoki, obwohl sie nirgends auch nur annähernd die Art von politischem Einfluss gehabt hatte wie die vor ihr Kontaktierten, gebeten, einzutreten.[32]

Sie stimmte zu, und als die neue, vom Ölsyndikat gegründete Firma Suomalainen Nafta Oy 1931 ihre Tätigkeit in Finnland aufnahm, wurde sie zur nicht leitenden Vorstandsvorsitzenden bestellt. Sie spielte in der Firma keine sehr aktive Rolle und, wie die oben genannten Fälle zeigen, mag ihre Beteiligung derart gewesen sein, dass sie ihren Namen für das Geschäft hergab, im Austausch für finanzielle Entschädigung, die sie damals dringend brauchte. Sie hatte den Posten bis 1937 inne, als die sowjetischen Besitzer ihre finnische Tochtergesellschaft zusammen mit den meisten anderen westlichen Tochtergesellschaften an die American Gulf Corporation verkauften.

Zusätzlich zu den Verlusten, die ihr bei Aunuksen Puu entstanden waren, hatte Hella Wuolijoki auch Geld mit der Espis-Gesellschaft verloren, die sie mit ihren Verwandten Arvo Haveri – der mit Sulos Schwester Tyyne verheiratet war – und Mary Pekkala gegründet hatte. Die Geschäftsidee der Firma bestand darin, sowjetische Filme zu importieren und in Finnland zu zeigen, aber das funktionierte niemals, da die finnischen Filmzensoren das nicht erlaubten. Die Firma hatte schon ein Kino in einem der sowjetischen Gesandtschaft gehörenden Gebäuden gemietet, und das führte zu zusätzlichen Verlusten. Sie brachten die russischen Besitzer vor ein Schiedsgericht, als das Gebäude verkauft wurde, ohne die Mietvereinbarung zu respektieren. Das Gericht fällte ein Urteil zugunsten der Firma, das sie aber nicht vor ihren Verlusten und ihrer Abwicklung im Jahr 1931 bewahrte. Die Fehde der Firma mit der sowjetischen Gesandtschaft kühlte Hella Wuolijokis Beziehungen zu dem Gesandten Ivan Maiski für eine Weile ab, aber bald wurden wieder normale Beziehungen hergestellt.[33]

Die Sicherheitspolizei, die versuchte, mit Wuolijokis Geschäftsabschlüssen mit sowjetischen Vertretern Schritt zu halten, behielt den Eindruck, dass sie eine sehr raffinierte und unmoralische Unternehmerin war, die sich um ihre eigenen Interessen kümmerte und ebenso gut imstande war, die Bolschewiki hereinzulegen.[34] Natürlich sind viele Einschätzungen ihrer Geschäftskarriere eindeutig von politischen Vorurteilen beeinflusst. Wenn man diese beiseite lässt, bleibt man mit dem Gefühl zurück, dass, auch wenn ihre Praktiken nicht zwielichtig waren, sie doch gerissen genug waren, um einige ihrer Partner, die weniger empfänglich für ihren Charme waren, mit einem schlechten Nachgeschmack zurückzulassen.

Obwohl Hella Wuolijokis Karriere als Geschäftsfrau etwas schmählich endete, wusste sie eindeutig, wie die gewonnene Erfahrung zu nutzen war, indem sie ihrer literarischen Arbeit Inhalt verlieh und sie gleichzeitig vermarktete. Zur literarischen Arbeit musste sie zurückkehren, um ihren Lebensunterhalt zu bestreiten. Der Umfang ihres Wissens über Geschäft und Wirtschaft wird oft unterschätzt. Ihr Ökonomieverständnis war Keynes zumindest ebenso geschuldet wie Marx. Sie las 1931 Keynes' *Essays in Persuasion* und beklagte die Gleichgültigkeit der Welt gegenüber seinen Warnungen zu einer Zeit, als die meisten Ökonomen Finnlands kaum von Keynes gehört und ihn noch viel weniger verstanden hatten.[35]

Letzten Endes rettete die Notwendigkeit zu schreiben, um den Lebensunterhalt zu bestreiten, nicht nur ihre Finanzen und Marlebäck, sondern führte auch zu einem überragenden Erfolg, sowohl finanziell als auch künstlerisch.

11

Die Herrscherin von Niskavuori

Als Hella Wuolijoki ihre Karriere als Autorin und Dramatikerin wieder aufnahm, sagte sie ganz offen, dass sie das aus wirtschaftlicher Notwendigkeit tat. Aber wenige Autoren sind nur daran interessiert, Geld zu verdienen. Und wenn auch der finanzielle Erfolg für Wuolijoki wichtig war – die auch in sehr geschäftstüchtiger Weise besonders aktiv darin war, die Veröffentlichung und Aufführung ihrer Stücke zu fördern – gestattete sie es im Allgemeinen finanziellen Überlegungen nicht, den Inhalt und die Aussage ihrer Stücke zu beeinflussen.

Selbst während ihrer aktiven Geschäftsjahre verfolgte Hella Wuolijoki das Theater und las aktiv Literatur. In den 1920er Jahren hatte sie auch in Marlebäck einige Stücke ihren Gästen, Angestellten und den örtlichen Dorfbewohnern zuliebe aufführen lassen. 1925 hatte sie in einem Kurzgeschichtenwettbewerb der populären Illustrierten *Suomen Kuvalehti* den zweiten Preis gewonnen. Erst der Zusammenbruch von Aunuksen Puu ließ sie 1931 das Schreiben ernsthaft wieder aufnehmen.

Ihre ersten Arbeiten in der 1930er Jahren waren noch auf Estnisch geschrieben. Im Jahr 1931 vollendete sie die Theaterstücke *Ministeri ja kommunisti* (Der Minister und der Kommunist) und *Koidula*. Von diesen beiden war das Stück über Lydia Koidula das erste, das 1932 an den Estonia und Vanemuine Theatern in Estland aufgeführt wurde. *Ministeri ja kommunisti* wurde in Estland zunächst verboten und wurde 1933 in Helsinki uraufgeführt, aber das Finnische Theater führte es später in diesem Jahr auch in Tallinn auf.

Koidula hatte eine deutliche estnisch-nationale Tendenz, die die soziale Kluft schilderte, welche die estnischen Bauern von den Deutschen der Oberschicht trennte, was sich in Koidulas eigener Ehe widerspiegelte. Das Stück gefiel auch den mehr rechtsgerichteten finnischen Kritikern, als es 1936 in Kotka aufgeführt wurde. *Ministeri ja kommunisti* war ebenfalls in Estland angesiedelt und lose auf unbegründeten Gerüchten aufgebaut, dass der estnische Minister Alexander Oinas dem Kommunisten Viktor Kingisepp Zuflucht geboten hatte, als er auf der Flucht vor den Behörden war. Es kann Oinas mit seinen Verbindungen zum Theater gewesen sein, der verhinderte, dass das Stück zuerst in Tallinn aufgeführt wurde. Ungeachtet seines provokanten Namens war das Stück nicht offen politisch. In einem Brief betonte Hella Wuolijoki, »es war nicht [ihre] Absicht, irgendeine Art von sozialistischer Agitation zu schreiben. Im Gegenteil, [sie] wollte jede Art eines einseitigen Urteils vermeiden«. Auch waren die Hauptfiguren nicht die des Titels, sondern Else Pikksaar, eine der Wuolijoki ähnliche emanzipierte und freimütige Frau, und Paalman, ein gutherziger, aber schwacher und alkoholabhängiger Journalist – eine Kombination, die in vielen ihrer Stücke nahezu zu einem Stereotyp werden sollte. Die Kritiken des Stückes waren im Allgemeinen positiv, wobei viele Kritiker der erfolgreichen Kombination komischer und tragischer Elemente Beachtung schenkten. Die Besprechungen von *Koidula* waren nicht so günstig, da viele am übermäßig melodramatischen Charakter des Stückes Anstoß nahmen.[1]

Ihr nächstes Stück *Laki ja järjestys* (Recht und Ordnung) wurde auf Finnisch geschrieben, und der Schauplatz war der Bürgerkrieg in Finnland. Es handelte von der Liebesaffäre zwischen einer sozialdemokratischen Parlamentsabgeordneten und einem bürgerlichen Senator, wobei die pazifistische Abgeordnete dem Senator half, einer Verhaftung im roten Helsinki zu entgehen und dabei selbst verhaftet wurde. Es gibt kein Happy End, weil Liebe nicht ausreicht, um die tiefe Klassen- und ideologische Spaltung zwischen den beiden zu überwinden. Das Stück war nicht propagandistisch, und die Autorin distanziert sich klar von der Gewalt und den Exzessen auf beiden Seiten, aber 1933 traf das Thema Bürgerkrieg immer noch einen sehr empfindlichen Nerv. Daher deckten sich die Kritiken mit den politischen Ansichten der Kritiker und ihrer Medien und wurden zum rechten Ende des Spektrums hin immer negativer.[2]

Nach nur zwei Aufführungen durch das Koiton Teatteri wurde das Stück vom Justizministerium verboten. Die Gründe für das Verbot waren ziemlich vage, und es ist offenkundig, dass die Behörden sowohl die Autorin als auch das Theater verdächtig fanden, vielleicht mehr als das Stück selbst. Aber auch das Stück hatte einen »schlechten Eindruck« im Ministerium hinterlassen, das missbilligte, dass die Roten und die Weißen darin als moralisch gleichwertig angesehen würden.[3]

Das Verbot des Stückes sagte mehr über die politische und kulturelle Situation im Lande aus als über das Stück selbst. Finnland erholte sich damals noch von der politischen Krise von 1929-1931, als die präfaschistische Lapuabewegung, ähnlich vielen solcher Bewegungen in anderen europäischen Ländern, die parlamentarische Demokratie bedroht hatte. Weiße Bürgerkriegsveteranen und Bauern, besonders aus der Provinz Bottnien, stellten prominente Anführer für die Bewegung. Aber hinter der von diesen soliden und einfachen Männern des Volkes gestellten Fassade gab es viele Vertreter großer Banken und Exportbranchen, ebenso wie Generäle und Führer der weißen Garden, die 1918 als Schutzkorpsorganisation (Suojeluskunta) institutionalisiert worden war. Die Rezession hatte eine hohe Arbeitslosigkeit und große Not auf dem Lande hervorgebracht, und viele schwer verschuldete Kleinbauernhöfe wurden von Banken übernommen. Sowohl die extreme Rechte als auch die extreme Linke versuchten, für ihre Zwecke Unruhe zu stiften. Die ziemlich provokativen Aktionen der Kommunisten und der legalen Organisationen, wenn sie während der ultra-linksgerichteten dritten Phase der Komintern einflussreich waren, spielten der Lapuabewegung in die Hände.

Es lag eine fühlbare Spannung in der Luft, als die Lapuabewegung im Juli 1930 in Helsinki ihren großen Bauernmarsch inszenierte. Der Marsch war der Höhepunkt von Monaten der außerparlamentarischen, gegen die linksgerichteten Organisationen und ihre Führer gerichteten Schikane und Gewalt. Versammlungsräume der Arbeiter wurden willkürlich geschlossen, Linke wurden aus Kommunalversammlungen hinausgeworfen und viele wurden auch gewaltsam entführt und über die Grenze in die Sowjetunion verschleppt. Einer der unverfrorensten Gewaltakte war die Entführung von Eino Pekkala und Johannes Rötkö, den Parlamentsabgeordneten der Sozialistischen Arbeiterpartei, die aus einer Versammlung des Verfassungsausschusses im Parlament entführt und mit dem Auto 300 Kilometer nach Norden zum Haus des Lapuaführers Vihtori Kosola in Lapua gebracht wurden. Sie hatten Glück, nicht außer Landes gebracht oder sogar getötet zu werden, aber man gestattete ihnen nicht, ins Parlament zurückzukehren. Die parlamentarische Demokratie überlebte, aber die schwache bürgerliche Regierung ging auf viele der Forderungen der Bewegung ein, einschließlich des Verbots aller Organisationen und Zeitungen links von den Sozialdemokraten und anderer Beschränkungen bürgerlicher Freiheiten.

Der Druck der extremen Rechten half 1931 bei der Wahl des Konservativen Pehr-Evind Sinhufvud zum Präsidenten mit einer Mehrheit von einer Stimme im Wahlkollegium gegenüber dem liberalen früheren Präsidenten K. J. Ståhlberg, der 1930 auch von Lapuaschlägern gewaltsam entführt wurde. Die bürgerliche Meinung wandte sich jedoch gegen die extreme Rechte und ihre Missachtung der Gesetze. Der entscheidende Wendepunkt kam im Januar 1932, als die Lapuabewegung bei dem sogenannten Mäntsäläaufstand einen schlecht vorbereiteten Staatsstreich versuchte. Durch Svinhufvuds Rundfunkansprache wurde die Ordnung ohne Blutvergießen wieder hergestellt, und die Möchtegernputschisten gingen mit ihren *Suojeluskunta*-Gewehren nach Hause. Die Aufständischen wurden mit Nachsicht behandelt, aber die Lapuabewegung wurde verboten. Ihre Nachfolgerin, die Vaterländische Volksbewegung IKL (Isänmaallinen Kansanliike) wurde als politische Partei reorganisiert. Sie gewann bei den Wahlen von 1933 und 1936 14 der 200 Parlamentssitze, verlor aber drei Jahre später sechs davon.

Wenn auch die Gefahr eines rechtsgerichteten Staatsstreichs 1933 vorüber war und die parlamentarischen und verfassungsmäßigen Strukturen des Landes intakt geblieben waren, lebten die Finnen doch weiter unter recht autoritären Bedingungen. Am Theater war Hella Wuolijoki nicht das einzige Opfer des vorherrschenden Klimas. Als die Kansan-Bühne 1932 ankündigte, dass sie Marc Connellys *Gottes grüner Boden* aufführen würde, verursachte das einen solchen Aufruhr in konservativen und religiösen Kreisen, dass das Theater gezwungen war, seine Pläne aufzugeben.[5] Nur allmählich änderte sich das Klima hin in eine liberalere Richtung. Im Jahr 1937, als Svinhufvud sein Amt verlor und der Agrarier Kyösti Kallio zum Präsidenten gewählt wurde, stimmte er der Bildung der ersten Koalitionsregierung des Landes aus Agrariern und Sozialdemokraten mit A. K. Cajander von der liberalen Fortschrittspartei als Ministerpräsident zu.

Ein typisches Merkmal des Landes war die Spaltung eines großen Teils der bürgerlichen Gesellschaft in bürgerliche und Arbeiterorganisationen und -institutionen. Im Sport war die TUL beinahe so stark wie die bürgerlichen Organisationen, obwohl die Athleten der TUL nicht bei der Olympiade teilnehmen konnten. Im kulturellen Leben hatte die Arbeiterbewegung starke eigene Organisationen. Das Theater war ein Gebiet, auf dem die Arbeiterbühnen genauso hochprofessionell wie bürgerliche oder nationale Institutionen waren. Ein Beispiel war das Tampereen Työväen Teatteri, das Arbeitertheater in Tampere. Eine weitere war die von der Koitto Temperenzlervereinigung, die als linksgerichtete Organisation verboten worden war, gegründete Koiton-Bühne. Die Koiton-Bühne war Anfang der 1930er Jahre mit der bürgerlichen

Kansan-Bühne vereinigt worden, und die Mehrheit des neuen Vorstandes machte sich wegen des Verbots von *Laki ja järjestys* nicht allzu große Sorgen. Daher musste Hella Wuolijoki die vorherrschenden Bedingungen und die kulturelle Atmosphäre bei der Fortsetzung ihrer Karriere als Bühnenautorin berücksichtigen.

Es gab eine Pause von drei Jahren, bevor ihr nächstes Stück *Palava maa* (Brennendes Land) am Arbeitertheater in Tampere 1936 uraufgeführt wurde. Das Stück war auf Finnisch geschrieben, aber der Schauplatz war Estland im Jahr 1905. Das Drama basierte auf den Erinnerungen von Mari Raamot, einer estnischen Lehrerin, deren Ehemann 1906 verhaftet und schließlich ohne Anklage nach einem in die Länge gezogenen Prozess freigelassen wurde. Das Stück erhielt in Finnland gute Rezensionen, in Estland aber weniger. Dort meinten viele Kritiker, die Autorin hätte den Kontakt zur estnischen Wirklichkeit verloren. Auch wenn Edvin Laine, der große alte Mann des finnischen Theaters, *Palava maa* als eines der besten Stücke der Autorin ansah, war sein Erfolg bestenfalls mittelmäßig. Der entscheidende Durchbruch, nach dem sie sich sehnte, wartete aber schon um die Ecke.[6]

Tervapää und Niskavuori

Helsingin Kansanteatteri war der neue Name für das aus dem Zusammenschluss der Koiton-Bühne und der Kansan-Bühne geschaffene Theater. Das neue Theater hatte mit alten Schulden zu kämpfen und hatte damit die herausfordernde Aufgabe, zwei unterschiedliche Traditionen in Einklang zu bringen und sich zu etablieren. Ein Jahr nach seinen Anfängen war es in großen Schwierigkeiten. Großenteils war seine Rettung dem Engagement von Eino Salmelainen im Jahr 1934 als seinem neuen Direktor und dem Stück *Niskavuoren naiset* (Die Frauen von Niskavuori), verfasst von einem bis dahin unbekannten Dramatiker, Juhani Tervapää, zu verdanken. Die Premiere war am 31. März 1936. Der Erfolg von Tervapääs Stücken sollte die Grundlage für Jahre künstlerischer Erfolge und eines gesunderen Haushalts für das Theater legen. Tervapää war das Pseudonym von Hella Wuolijoki, die durch Tervapääs Erfolg auch ihre eigene Wirtschaft in Ordnung brachte.

Nach dem Verbot von *Laki ja järjestys* hatte Hella Wuolijoki weiter an mehreren neuen Manuskripten gearbeitet. Es ist möglich, dass ein erster Entwurf für das, was *Niskavuoren naiset* werden sollte, schon

1934 vollendet wurde. Es war aber noch ein Rohdiamant, der geschliffen werden musste. Eino Salmelainen wurde der Partner der Autorin, dessen Beitrag von großer oder sogar lebenswichtiger Bedeutung für den Erfolg des Stückes und die folgenden anderen Niskavuori-Stücke werden sollte. Angesichts der Tatsache, dass zu einem Zeitpunkt 60 Prozent aller an finnische Dramatiker gezahlten Tantiemen an Hella Wuolijoki gingen, hat es eine ganze Menge von Forschungen und Debatten darüber gegeben, festzustellen, wer genau und in welchem Verhältnis die Verdienste für ihre Leistung mit ihr teilen sollte.

Die Bedeutung von Eino Salmelainen für Hella Wuolijokis Erfolg kann nicht geleugnet werden. Sie geht über *Niskavuoren naiset*, wo sein Beitrag wichtig war, hinaus. Die Änderungen, die er (mit Zustimmung der Autorin) im Text vornahm, waren klein, aber von tiefgehender Bedeutung. Er machte das als Dramaturg ohne die Anmaßung der Autorenschaft. Viele seiner Interpretationen des Niskavuori-Milieus und der Charaktere wurden von Wuolijoki gebilligt und übernommen und beeinflussten die Fortsetzungen des ersten Stückes.

Von den 1930er Jahren an bediente Hella Wuolijoki sich Sekretärinnen, denen sie ihre Stücke diktierte, während sie im Bett lag. Der Reifungsprozess in ihrem Kopf konnte Monate oder sogar Jahre dauern, aber wenn sie das Stück in ihrem Geist fertig hatte, war es möglich, dass das eigentliche Diktat nicht länger als eine Woche dauerte. Keine dieser Sekretärinnen – Irene Tiittanen, Irja Rainio, Elvi Sinervo, Hertta Kuusinen, Brita Polttila – hat selber irgendwelche Ansprüche auf die Autorenschaft von Wuolijokis Stücken gestellt, aber andere haben das in ihrem Namen getan, ohne jegliche sachliche Grundlage. Ihre Sekretärinnen waren sicher sehr belesene und fähige Personen – Sinervo und Polttila hatten eigene Karrieren als Schriftstellerinnen, und Tiittanen sollte eine ausgezeichnete Journalistin werden – aber ihr Beitrag war höchstens auf geringfügige Korrekturen an Hella Wuolijokis Sprache beschränkt.[7]

Die Niskavuori-Formel – Macht, komplizierte Liebesbeziehungen und der Konflikt zwischen Tradition und Moderne, angesiedelt vor dem Hintergrund der Niskavuori-Familie – erwies sich als riesiger Erfolg. Wie es der Titel besagt, sind starke Frauen die bestimmenden Charaktere – Loviisa, die beherrschende alte Bäuerin von Niskavuori, und Ilona, die emanzipierte junge Lehrerin, deren Ankunft in der Dorfschule Aarne Niskavuori, den Hofbesitzer, dazu bringt, nicht nur zwischen seiner halb-hysterischen Ehefrau Martta und seiner neuen Liebe zu wählen, sondern auch zwischen seinem Besitz und seiner Liebe. Am

Kansanteatteri hatte das Stück über 100 Vorstellungen vor vollem Haus, und innerhalb eines Jahres hatten sechs Provinztheater in Finnland das Stück aufgeführt. Bis zum Jahr 2000 wurde es in Finnland über 40-mal inszeniert.

War die Verwendung eines Pseudonyms wirklich notwendig? Es mag ein paar anfängliche Vorurteile verringert und zusätzliches Interesse an dem Stück geweckt haben. Die reaktionäre Studentenschaft der Universität Helsinki als Eigentümerin des Studentenhauses, das das Kansanteatteri für seine Aufführungen angemietet hatte, hatte eine Zensurklausel in den Mietvertrag eingefügt, und nach der Kontroverse über *Laki ja järjestys* ist es nicht undenkbar, dass sie dazu hätte genutzt werden können, um die Aufführung eines Stückes von Wuolijoki zu verhindern. Aber die wahre Identität des Autors blieb nicht lange ein Geheimnis. Schon vor der Uraufführung kreisten Gerüchte und Spekulationen, und sogar die Sicherheitspolizei war an ihnen interessiert. Ein Kriminalbeamter namens Schulman berichtete zwei Monate nach der Uraufführung, dass das Stück – von dem unsicheren Kriminalbeamten als »Die Frauen von Vihtavuori« bezeichnet – das als leicht »politisch« gelte, in der Absicht von Hella Wuolijoki geschrieben worden sei, durch ein raffiniertes Appellieren an die bürgerliche Mittelschicht den Boden für eine Volksfront zu bereiten.[8]

Auch nachdem es allgemein bekannt geworden war, dass Tervapää Hella Wuolijoki war, benutzte sie das Pseudonym weiter für die Niskavuori-Folgen und die meisten ihrer anderen Werke. Bis dahin war ihr Ruf zu gut etabliert, als dass ihr Name ein großes Hindernis für die Aufführung ihrer Stücke hätte sein können, auch wenn sie weiterhin umstritten blieb. Als der rechtsgerichtete Professor und kulturelle Meinungsführer K. S. Laurila 1938 eine Broschüre veröffentlichte, in der er die liberalen und fortschrittlichen Tendenzen herunterputzte, die die gesunde Moral in den Künsten unterminierten, stammten alle Beispiele vom Theater aus Wuolijokis Werken. Als er sich über die Identität des Autors noch nicht im Klaren gewesen war, hatte er *Niskavuoren naiset* in seinem Tagebuch tatsächlich gelobt, aber als er seine Broschüre verfasste, hatte politische Abneigung die Oberhand gewonnen:

Die »freie Liebe« zwischen diesen »jungen Leuten« – und selbstverständlich, wie zu erwarten war, ist Herr Aarne verheiratet und bereits Vater mehrerer Kinder – flammt natürlich auf den ersten Blick auf und wird schon nach der zweiten Tasse Kaffee gestanden – oder ist es die erste? – und führt schon in der nächsten Nacht zu einem nächtlichen Besuch und der Besiegelung der Beziehung, das ist so ein Unsinn unter jedem Niveau, dass man sich wundern muss, wie eine so intelligente und lebenserfahrene Frau, wie Hella Wuolijoki es offensichtlich ist, die Frechheit besessen hat, etwas derartiges in ihr Stück zu bringen. Die Hymne auf außereheliche Romantik und Freiheit weiblicher Triebe, die Fräulein Ilona in diesem Stück auf Anweisung der Autorin zu singen versucht, ist eines dieser Küchenlieder, die sich nymphomanische »alte Jungfern« vielleicht vor 100 Jahren seufzend und mit gesenktem Kopf angehört haben mögen. Aber schon lange ist die Hohlheit und Einfältigkeit solcher Lieder für jeden so offenkundig geworden, der wenigstens etwas Denkfähigkeit besitzt, dass verständige Menschen nur verächtlich darüber lächeln werden. Diese Episode zwischen Ilona und Aarne hat das Stück sehr herabgezogen, sowohl literarisch als auch moralisch.[9]

Solche Ansichten, die für das Theaterpublikum des 21. Jahrhunderts unverständlich sind, erzeugten schon nach dem Zweiten Weltkrieg keine Reaktion mehr. Während die als gewagt wahrgenommene Sexualmoral des Stückes anfangs etwas zusätzliches Interesse hervorgerufen haben mag, reicht das nicht aus, um die anhaltende Popularität des Stückes zu erklären.

Niskavuoren naiset ist das erfolgreichste finnische Theaterstück aller Zeiten. Vor dem Krieg wurde es in allen nordischen Ländern sowie in Kroatien, der Tschechoslowakei, Estland, Deutschland, Ungarn, Lettland und Slowenien aufgeführt, nach dem Krieg unter anderem auch in Frankreich und der Sowjetunion. In Großbritannien wurde es 1937 unter dem Titel *Women of Property* in London und Manchester aufgeführt. Es hinterließ in London keinen großen Eindruck und wurde nach fünf Vorstellungen abgesetzt, aber in Manchester wurde es etwas besser und mit günstigeren Kritiken aufgenommen. H. G. Wells und Moura Budberg besuchten die Uraufführung am Queens Theatre in London, von wo aus sie mit anderen der Autorin ein Glückwunschtelegramm schickten, aber was sie von dem Stück dachten, ist nicht verzeichnet. Salme und Rajani Palme Dutt sahen es auch und drückten ihre Freude aus. Hella Wuolijoki nutzte geschickt ihr Beziehungsnetzwerk, sowohl politisch als auch künstlerisch, um für ihre Stücke im Ausland Werbung zu machen. Nach dem Krieg schrieb sie zum Beispiel an den französischen Kommunistenführer Jacques Duclos und bat um seine Hilfe dabei, dass *Niskavuoren naiset* in Paris aufgeführt werden konnte.[10]

Nach dem Erfolg des ersten Niskavuori-Stückes ließ Wuolijoki nicht sofort eine Fortsetzung folgen. Sie schrieb 1937 *Juurakon Hulda*, im selben Jahr gefolgt von *Justiina*. *Juurakon Hulda* erzählt die Geschichte einer jungen ungebildeten Frau aus einer Kleinbauernfamilie, die während der Wirtschaftskrise nach Helsinki kommt, um Arbeit zu suchen. Als die Nacht herabsinkt, sitzt sie auf einer Parkbank und fragt sich, wo sie ein Zimmer für die Nacht finden könnte, als eine Gruppe gut gelaunter Herren nach einem guten Essen und ein paar Schnäpsen in einem angenehmen Restaurant auf sie treffen. Sie sind Parlamentsabgeordnete, die einem Unterausschuss angehören, der die Bedingungen und Zukunftsperspektiven solcher Migranten untersuchen soll. Sie beschließen, aus ihr eine Fallstudie zu machen und bringen sie zu einem der Abgeordneten nach Hause. Der erfolgreiche liberale Abgeordnete bietet ihr eine Beschäftigung als sein Hausmädchen an. Hulda nimmt die Stellung an, aber sie ist eine resolute Frau, die, ohne das Wissen ihres Arbeitgebers, auch in der Sozialdemokratischen Partei aktiv wird und abends Kurse an der Volkshochschule besucht, um einen Abschluss zu erwerben. Sie will auch selbst zur Parlamentsabgeordneten aufsteigen, aber ihre Gegner in der Partei machen einen Skandal daraus, dass sie von einem Abgeordneten von der Straße aufgelesen wurde, der Junggeselle ist und in dem Ruf steht, mit frivolen Frauen zu verkehren. Die darauf folgende Krise wird dadurch gelöst, dass der Abgeordnete Hulda heiratet, wobei die Frage ihrer eigenen politischen Zukunft unbeantwortet bleibt.

Juurakon Hulda ist eine Komödie mit einer sozialen Tendenz, und sie war wieder ein Erfolg für das Kansanteatteri. Mit Blick auf den internationalen Markt (und vielleicht auch auf das Nationaltheater Kansallisteatteri) schrieb Wuolijoki auch eine leicht abgeänderte Version namens *Parlamentin tytär* (Tochter des Parlaments), die 1941 am Tampereen Työväen Teatteri uraufgeführt wurde. Diese Fassung hat ein noch besseres Happy End – Hulda wird ins Parlament gewählt – aber es wird als nicht so frisch wie die Originalversion angesehen, die in Finnland fast ausschließlich aufgeführt wird. *Justiina*, das später im Jahr 1937 vom Kansanteatteri aufgeführt wurde, war ebenfalls ein Erfolg. In *Justiina* ist die Heldin die unverheiratete Wirtschafterin eines reichen Gutshofes, die einen Sohn vom Neffen ihres Arbeitgebers hat. Das Drama entfaltet sich, als der Neffe das Gut erbt und seine

Frau versucht, Justiinas Sohn zu verführen. Beide Stücke wurden wieder von Salmelainen inszeniert.

Im Jahr 1938 wurde ihr neues Stück *Vihreä kulta* (Grünes Gold), das am wenigsten erfolgreiche ihrer Stücke, vom Kansanteatteri aufgeführt. Auch *Vastamyrkky* (Das Gegengift) war nicht erfolgreich – das heißt erfolgreich nach den Standards, die ihre vorherigen Kassenschlager gesetzt hatten. Beide hatten Wuolijoki-artige Heldinnen. In *Vihreä kulta* wird die Ehefrau eines Forst-Großindustriellen durch eine Liebesaffäre mit einem idealistischen Forstbeamten dazu angestachelt, für nachhaltige Forstwirtschaft zu kämpfen; in *Vastamyrkky* ist es eine junge Ärztin in einem kleinen Industrieort, die für Arbeitsschutz kämpft. *Vastamyrkky* ist eine Komödie, in der soziale Fragen auf leichte Art behandelt werden. *Vihreä kulta* hat seinen Teil an Wald- und Lappland-Romantik und war erfolgreicher als Film, als den die Autorin es ursprünglich konzipiert hatte. Die Ernsthaftigkeit, mit der sie *Vihreä kulta* als einen Beitrag für eine bessere Forstwirtschaft betrachtete, zeigt sich darin, wie sie im Februar 1938 Mauno Pekkala und Johannes Valmari in ihr Haus zu einer Lesung des Stückes eingeladen hatte. Sie lud in der Regel ein kleines Publikum dazu ein, ihren neuesten Werke zu hören und sie zu kommentieren, und gewöhnlich waren die ausgewählten Gäste Autoren oder Theaterleute. Aber Pekkala war stellvertretender Direktor der Forstverwaltung Finnlands und Valmari Professor für Agrochemie. Pekkala hatte Schwierigkeiten damit, sie davon abzubringen, das Stück nicht A. K. Cajander zu widmen, der nicht nur der Ministerpräsident, sondern auch ein ehemaliger Professor für Forstwirtschaft und Generaldirektor der Forstverwaltung war.[11]

Das zweite Niskavuori-Stück *Niskavuoren leipä* (Das Brot von Niskavuori) war eine direkte Fortsetzung von *Niskavuoren naiset*, in der Loviisa, die alte Bäuerin von Niskavuori, dem stillschweigend Vorschub leistet, Aarne und seine zweite Frau Ilona dazu zu bringen, Martta auszuzahlen und nach Niskavuori zurückzukehren, um das Gut davor zu bewahren, unter Marttas Misswirtschaft zu verfallen. Seine Uraufführung war im Januar 1939 am Kansanteatteri, und es war ein großer Erfolg. Im Scherz wurde es Finnlands erstes »Blut und Boden«-Stück genannt, was seine nahezu mystische Bindung an den Besitz von Boden widerspiegelte.

Das dritte Niskavuori-Stück, *Niskavuoren nuori emäntä* (Die junge Bäuerin von Niskavuori) wurde erst nach dem Winterkrieg aufgeführt, und dann am Suomen Kansallisteatteri, dem finnischen Nationaltheater, was Hella Wuolijokis endgültigen Durchbruch als anerkannte nationale Bühnenautorin bedeutete. Sie hatte zuvor einige ihrer Stücke dem Kansallisteatteri erfolglos angeboten. Das Kansallisteatteri war nicht unbedingt das beste Theater im Land, aber als eine nationale Institution war es sicherlich das angesehenste. Das Kansanteatteri zu verlassen, wurde ihr durch die Tatsache erleichtert, dass auch Salmelainen, dem sie eine Menge schuldete, es als Theaterdirektor gezwungenermaßen verließ. *Niskavuoren nuori emäntä* erzählt die Geschichte, wie die junge Loviisa im späten 19. Jahrhundert mit Juhani Niskavuori verheiratet wird und die Untreue ihres schwachen und trunksüchtigen Ehemannes überwindet, indem sie ihn dazu zwingt, seine Pflichten als neu gewählter Landtagsabgeordneter des Bauernstandes und Herr auf dem Niskavuori-Bauerngut ernst zu nehmen. Das Stück wurde von Eino Kalima inszeniert und war ein weiterer großer Erfolg, mit zwölf Theatern, die das Stück 1940–1941 aufführten.

Abgesehen von etwas nachklingendem Groll von rechtsgerichteten Kritikern war die Reaktion auf das Stück in Finnland überwältigend positiv. Auch Bertolt Brecht sah es, der sich damals als Flüchtling in Helsinki aufhielt, während er auf sein Visum für die Vereinigten Staaten wartete. Sein Kommentar in seinem *Arbeitsjournal* schlug einen etwas anderen Ton an (wie in seinem Journal üblich, verzichtete Brecht auf Großbuchstaben):

> *die trilogie zeigt, wie die menschen nicht das herrenhaus beherrschen, sondern das herrenhaus beherrscht die menschen; wie das gut die familie bestimmt und wie es alle individuellen beziehungen zerstört. Die zeitungen sehen das überhaupt nicht; das stück wird in einer naturalistischen art herausgebracht, sodass all das nur zum hintergrund wird, alles ist da, wird aber nicht gezeigt; die highlights des dramas stimmen nicht mit den highlights oder nervenzentren von alledem überein.*[12]

Nach 1941 verschwanden Wuolijokis Stücke wegen ihrer Inhaftierung zu Kriegszeiten und der Verurteilung wegen Verrats aus den Theatern, um nach Kriegsende unter neuen Umständen zurückzukehren.

Vor dem Krieg waren vier von Hella Wuolijokis Stücken verfilmt worden. Die erste Verfilmung war *Juurakon Hulda* im Jahr 1937 mit Valentin Vaala als Regisseur. Er führte auch im nächsten Jahr bei *Niskavuoren naiset* und 1939 bei *Vihreä kulta* Regie. 1939 war die Premiere von *Eteenpäin – elämään* (Vorwärts – zum Leben), Titel der Filmfassung von *Justiina* unter der Regie von Toivo Särkkä. Mit Ausnahme von *Vihreä kulta* spielte in allen von ihnen Tauno Palo, der bei weitem beliebteste finnische Schauspieler der damaligen Zeit, die männliche Hauptrolle.[13]

Das Leinwandpotential von Tervapääs Stücken war offensichtlich. Das wurde durch *Juurakon Hulda* bewiesen, das immer noch Nummer vier der Kassenschlager-Hitliste finnischer Filme aller Zeiten ist. Kein Wunder, dass es sogar etwas Konkurrenz um die Filmrechte gab. Salmelainen schlug vor, *Niskavuoren naiset* kurz nach seiner Uraufführung am Kansanteatteri zu verfilmen, und man trat an die beiden großen Filmproduzenten, Suomen Filmiteollisuus (SF) und Suomi-Filmi, heran. Toivo Särkkäs SF schnappte sich *Justiina* und Risto Orkos Suomi-filmi die anderen. Man musste Hella Wuolijoki nicht lange zureden, um das Kino für sie interessant zu machen. Schon Anfang der 1930er Jahre hatte sie Filmdrehbücher entworfen und auch ihre Stücke aktiv zur Verfilmung im Ausland vertrieben, wobei Ernestine Evans als ihre Hauptagentin tätig war. Sie hatte eindeutig Ambitionen, das in Hollywood zu tun und sah die Bedeutung, die darin lag, Starschauspieler zu finden. Mit Evans versuchte sie, eine geeignete Rolle zu finden, die Greta Garbo interessieren könnte. Der alternde Star war eindeutig zu alt, um als Hulda glaubwürdig zu sein, aber Wuolijoki behielt die Möglichkeit, für sie eine Rolle zu finden, im Hinterkopf. Letzten Endes wurde Garbo nicht angeworben, und nur *Parlamentin tytär* wurde 1947 in den USA unter dem Titel *The Farmer's Daughter (Die Bauerntochter)*, und mit beträchtlichen Änderungen des ursprünglichen Drehbuches schließlich verfilmt. Als ursprünglicher Autor wurde »Juhni Terpaee« angegeben.[14]

Der Marlebäck-Salon

Hella Wuolijokis Erfolg als Dramatikerin rettete Marlebäck für sie und sicherte die Fortsetzung der Lebensart, an die sie gewöhnt war. Ihre sich auftürmenden Schulden verhinderten in den 1930er Jahren größere Renovierungen an Marlebäck, und ein allmählicher Verfall des Gutes wurde augenscheinlich. Damit sie finanziell zurechtkam, begann sie sogar damit, ausgewählte zahlende Gäste aufzunehmen. Aber sie sparte nicht an Kultur, Unterhaltung oder Gastfreundschaft. Marlebäck wurde als ein Salon auf dem Lande geführt, bei dem Verwandte von den Großfamilien Wuolijoki und Murrik und andere Gäste stets willkommen waren und ständig ein und aus gingen. So lud sie beispielsweise die Dichterin und Muse von Eino Leino (der 1926 gestorben war), L. Onerva, den Bildhauer Wäinö Aaltonen und den Komponisten Leevi Madetoja ein, um auf Marlebäck Neujahr zu feiern. Die Gäste konnten auch Leute vom Theater, so wie Salmelainen und Eino Jurkka, der auf Marlebäck ein Stück inszenierte, und Musiker wie den Tenor Väinö Sola, der auf Marlebäck Konzerte gab, mitbringen.

Als Vappu älter wurde, durfte auch sie ihre Freunde nach Marlebäck mitbringen, und viele ausgelassene Studentengruppen besuchten das Gut in den 1930er Jahren. Wenn man die Zusammensetzung der Studentenschaft betrachtet, waren eine ganze Reihe von rechtsgerichteten jungen Leuten dabei, aber auch sie wurden von der Gastgeberin bezaubert. Viele andere wurden von der frühreifen, erblühenden jungen Vappu angezogen, die einmal Tänzerin werden wollte und später auch beträchtliches Talent als Schriftstellerin zeigte. Sie schrieb Sketche, inszenierte Theaterstücke und tourte mit der Studentengruppe der Häme-Nation durch das Land. Ohne den Schatten ihrer Mutter hätte sie eine eigene literarische und künstlerische Laufbahn haben können, aber Hella war nicht besonders geschickt im Erkennen oder Pflegen der Talente ihrer Tochter, sie neigte eher dazu, sie zu lähmen, wenn auch nicht wissentlich.

Vappu Wuolijokis Talent fand in vielen Karikaturen und Plaudereien seinen Ausdruck, die sie für die sehr begrenzte Auflage der handgeschriebenen *Marlebäckin Uutiset* (Marlebäcker Nachrichten) schrieb. Diese gab sie zusammen mit Irene Tiittanen heraus, die 1932 als Hella Wuolijokis Sekretärin nach Marlebäck kam. Alle Gäste konnten von ihnen gnadenlos verspottet werden. Das galt auch für Olavi Paavolainen, einen Gast, der Vappus Generation näher war und für den Tiittanen gearbeitet hatte, um Material für seine Bücher zu sammeln. Er wurde 1903 geboren und war vielleicht der gefeierteste junge finnische Autor seiner Zeit, das Symbol einer neuen literarischen Generation mit modernistischer oder expressionistischer Neigung, einer sich locker zusammengefundenen Gruppe, die sich die Tulenkantajat (Fackelträger) nannten. Er war ein Dandy und liebte theatralische Allüren, worüber man sich leicht lustig machen konnte.

Das galt auch für den schlimmen Autounfall, den er 1934 mit Hella Wuolijoki in der Nähe von Marlebäck hatte, bei dem Wuolijoki schwer verletzt wurde, aber Paavolainen mit kaum merklichen Kratzern davonkam. Hella Wuolijoki zählte ihre Verletzungen in einem Brief an

Grenville Hicks als »einen Schädelbruch, alle Rippen bis auf eine gebrochen; Brustbein zerschmettert« auf:

Da ich aber eine sehr unverwüstliche Frau bin, haben die Ärzte mich wieder aufgebaut, und ich fühle mich, als ob ich in einem Peer-Gynt-artigen Schmelztiegel gewesen wäre, mit einem sehr interessanten Bewusstsein über mein eigenes Skelett.

Es mag von ihrer Seite auch eine gewisse Dramatisierung gegeben haben, aber es war Paavolainen, der so tat, als ob er nur knapp überlebt hätte und darauf bestand, dass sein Kopf für die Rückreise nach Helsinki bandagiert würde.[15]

Der sanfte Spott von Vappu und ihren Freunden hielt Paavolainen nicht davon ab, die Gastfreundschaft von Marlebäck zu genießen. Im Juli 1936 war er dort zur Feier von Hella Wuolijokis 50. Geburtstag, über die er an seine damalige Freundin Lisa Tanner schrieb:

Ich blieb dort die ganzen drei Tage, und ich fühlte mich während dieser Zeit richtig erfrischt. Das Haus war voller Gäste, und es gab so viele Verpflichtungen, an Gesprächen und Unterhaltung teilzunehmen, dass das Gehirn alle intellektuellen Probleme vergessen musste. Der Abend der Feier war besonders fröhlich, weil zwei Wagenladungen von Filmleuten aus Mankala eintrafen. Weil Valentin Vaala jetzt in Mankala »Koskenlaskijan morsian« verfilmt. Wir machten auch eine Autofahrt nach Mankala, um uns die Filmarbeiten anzusehen, und das erwies sich als ein sowohl lehrreicher als auch lustiger Ausflug. Wir konnten unter anderem die Verfilmung einer großen Szene mitverfolgen, in der Tauno Palo vom Wahnsinn getrieben in die Stromschnellen springt, eine Szene, die Vaala sehr geschickt gelöst hatte. – Ob es vielleicht eine Art von Abwehrreaktion gegen geistige Arbeit war oder so, aber in Marlebäck wurde ich von einem Tanzfieber erfasst! Ich verlangte, dass die Leute mitten am Vormittag tanzen sollten und dass das Grammofon die ganze Zeit spielen sollte. [...] Jeder musste heftig lachen, wenn ich mich mitten am Tage schwitzend und hemdsärmelig auf dem Salonfußboden abstrampelte. Du hättest dabei sein müssen! – Madame hat mich während des Besuches mit ihrer unglaublichen Vitalität fast umgebracht: Wenn die anderen gegen vier oder fünf morgens zu

*Fotokopie der Meldung in der estnischen Zeitung Postimees
über einen Autounfall, den Hella Wuolijoki hatte*

Bett gingen, verlangte sie, dass ich noch ihren neuesten Stücken lauschen sollte! Wenn es jemand anders gewesen wäre, hätte ich einen Wutanfall bekommen, aber ihre neuesten Geschichten waren wieder so genial, dass ich ihnen zuhören konnte, auch wenn ich vom Tanzen in den frühen Morgenstunden ganz durcheinander war. Madame war übrigens mit meinen Possen als Zeremonienmeister in Marlebäck so zufrieden, dass sie mir zu verstehen gab, als ich abreiste, dass sie schließlich nächste Woche ein Darlehen beschaffen könnte. Das wäre höchste Zeit, denn, wie ich dir erzählt habe, geht mir mit jedem Tag das Geld aus, jetzt, wo meine Arbeit wirklich anfangen sollte.[16]

Als Schriftstellerin kann Hella Wuolijoki nicht mit der Tulenkantajat-Gruppe in Verbindung gebracht werden. Sie gehörte schon zu einer anderen Generation, aber sie war ihnen gegenüber aufgeschlossen und an ihrer Arbeit interessiert. Ein Schlagwort der Tulenkantajat-Generation war »Die Fenster auf nach Europa«, auch wenn ihre Vertreter in Wirklichkeit noch immer recht provinziell waren und ihre Kontakte nach

*Olavi Paavolainen,
ein häufiger Besucher Marlebäcks*

Europa meistens auf den obligatorischen Aufenthalt der Möchtegern-Dichter und -Schriftsteller in Paris beschränkt waren. Verglichen mit ihnen war Hella Wuolijoki mit ihrem weiten Netzwerk von Kontakten zu europäischen Intellektuellen – Lion Feuchtwanger, Maxim Gorki, Bertolt Brecht, H. G. Wells, um nur einige zu nennen – bedeutend kosmopolitischer, auch wenn ihre Stücke sich in den Traditionen des ländlichen Finnland abspielten. Hella Wuolijokis eigene Bibliothek war gut bestückt, sowohl mit Klassik als auch mit der zeitgenössischen Literatur ihrer Zeit in allen sieben Sprachen, die sie beherrschte.

Eino Leino war möglicherweise der finnische Schriftsteller, der ihr vor dem Ersten Weltkrieg am nächsten gewesen war. Juhani Aho (der 1921 starb) war auch ihr Gast gewesen, ebenso wie seine Frau, die Malerin Venny Soldan-Brofeldt. Zur jüngeren Generation von Gästen gehörten der erwähnte Paavolainen, Matti Kurjensaari und Elmer Diktonius, die sie alle auch finanziell unterstützt haben mag. Ihre Verbindung zu Uuno Kailas von der Tulenkantajat-Gruppe ist unklar, aber unter den Familienpapieren wurde eine große Menge seiner Briefe (wenn auch nicht an sie gerichtet) gefunden. Natürlich waren damals literarische Zirkel in Finnland nicht so groß, und Wuolijoki kannte beinahe jeden persönlich, der Ambitionen als Schriftsteller hatte.

Als sich die ursprüngliche lockere Tulenkantajat-Gruppierung auflöste, wurden der Name der Gruppe und das von ihr veröffentlichte Album von Erkki Vala, einem der Mitglieder der ursprünglichen Gruppe, zur Nutzung übernommen. Im Jahr 1932 begann er, eine neue *Tulenkantajat*-Zeitschrift zu veröffentlichen, mit einem ausgesprochen politischen links-liberalen Programm. Einige der Schriftsteller der ursprünglichen Gruppe wie seine Schwester Katri Vala, Pentti Haanpää, Toivo Pekkanen und Elina Vaara, standen mit der neuen Zeitschrift in Verbindung, aber die unpolitischeren und national gesinnteren Schriftsteller der ursprünglichen Gruppe distanzierten sich öffentlich von der Zeitschrift. Paavolainen verhielt sich typischerweise neutral. Es wurde angenommen, dass Hella Wuolijoki und Mary Pekkala unter den Geldgebern der neuen Zeitschrift waren. Die Sicherheitspolizei verdächtigte sie, ein Volksfrontunternehmen zu sein, und die Sozialdemokratische Partei verbot ihren Mitgliedern, Beiträge zu der Zeitschrift beizusteuern. Die Verdächtigungen waren nicht völlig unbegründet, da die im Untergrund befindliche KP später auch Geld dafür übermittelte. Aber Hella Wuolijokis Beitrag erfolgte nicht im Auftrag der Partei. Sie unterstützte den chronisch mittellosen Frans Emil Sillanpää aus eigenem Antrieb, bis er 1939 den Nobelpreis für Literatur erhielt.[17]

Abgesehen von den häufigen Besuchen, den Einladungen und Feiern – Mittsommer und der oben von Paavolainen beschriebene Geburtstag der Gastgeberin waren immer große Ereignisse im Sommer – sorgte in einem Sommer ein Bärenjunges für Unterhaltung, das Hella 1928 übergeben worden war, nachdem es nach einer Jagd in Suojärvi zur Waise geworden war. Alle hatten großen Spaß mit dem gutmütigen Nalle, aber schließlich hatte das ein Ende und man musste sich des immer noch gutmütigen, aber zu großen und unkontrollierbaren erwachsenen Bären entledigen.[18]

Wie Hella Wuolijokis Salon in Helsinki, stand auch Marlebäck Diplomaten und anderen Ausländern offen. Harold Grenfell gehörte in den 1920er Jahren fast zum Inventar, sein Sohn Bobby sogar noch mehr, ebenso Hillar Kallas, der Sohn von Oskar und Aino, und der Sohn der Tõnissons, Ilmar. Auch die meisten von Wuolijokis Geschäftspartnern und Teilhabern an Aunuksen Puu besuchten Marlebäck. Im Allgemeinen waren Briten und Esten regelmäßige Besucher.

Eine regelmäßige Besucherin, wenn sie in Finnland war, war auch Ernestine Evans, eine der engsten Freundinnen der Hausherrin. In Hella Wuolijokis Papieren befinden sich über 300 Briefe von Evans, die im Laufe von drei Jahrzehnten geschrieben wurden. Wuolijoki war mit dem Briefeschreiben bedeutend sparsamer, zur anhaltenden Verzweiflung ihrer Briefpartnerin. Evans war eine ausgezeichnete Journalistin, die während des Krieges Moskauer Korrespondentin der *New York Tribune* gewesen war und 1920 in den Westen zurückkehrte, wobei sie zwischen Europa und den USA wechselte. Sie war auch eine freiberufliche Literaturagentin, die aktiv und unermüdlich Werbung für Wuolijokis Werke machte. Ihre Kommentare und Empfehlungen waren scharfsinnig und nützlich, auch wenn Wuolijoki nicht immer ihren Wert verstand und sie manchmal etwas schäbig behandelte. Als Evans 1967 starb, war die Einladung zu ihrer Gedenkzeremonie in New York unter anderem von Moura Budberg, Cornell Capa, Marquis Childs, Eric Sevareid und Vincent Sheean unterschrieben.[19]

Nicht alle dieser kulturellen Kontakte fanden auf Marlebäck statt. Wuolijoki teilte ihre Zeit nahezu gleichmäßig zwischen Marlebäck und Helsinki auf, wo sie auch Hof hielt und Partys besuchte, nicht zuletzt in der russischen Gesandtschaft. Paavolainen ist wiederum die Quelle für einen Bericht über einen Kulturabend, an dem die Schriftsteller Wuolijoki, Lauri Viljanen, Diktonius und Hagar Olsson teilnahmen und der am Mittag des nächsten Tages mit Viljanen und Diktonius bei Wuolijoki zu Hause endete.[20]

Als Trilisser 1921 nach Marlebäck kam, tat er das als Diplomat getarnt, aber sowjetische Diplomaten waren auch ganz offiziell Gäste. Wuolijoki zufolge war es Trilisser, der für alle sowjetischen Gesandten in Helsinki den Brauch einführte, bald nach ihrer Ankunft in Finnland Madame einen Höflichkeitsbesuch abzustatten. Die meisten von ihnen pilgerten den ganzen Weg nach Marlebäck. Aber russische Diplomaten waren nicht die einzigen, mit denen sie verkehrte. Auch andere, einschließlich des amerikanischen Gesandten, wurden auf Marlebäck gesehen.[21]

Im Winter 1935 traf ein 26-jähriger amerikanischer Theaterregisseur mit Ambitionen für eine Filmkarriere und einem Empfehlungsschreiben von Ernestine Evans an Hella Wuolijoki in Finnland ein. Es war Joseph Losey auf seinem Weg nach Russland. In Helsinki stellte Wuolijoki ihm Leute vom finnischen Theater vor, von denen der Architekt Paul Blomstedt mit seinen Ideen für neue experimentelle Theaterbauten für ihn der Interessanteste war. Von Finnland aus ging Losey zu einem viermonatigen Besuch nach Russland, hielt Vorlesungen und inszenierte in Moskau ein Theaterstück. Er traf auch mit Ivar Lassy und Otto Ville Kuusinen zusammen, wie Wuolijoki ihm empfohlen hatte.[22]

Losey besuchte Marlebäck auch auf seinem Rückweg. Er war von Hella Wuolijoki fasziniert. Von den Stücken, die sie ihm vorlas, scheint ihm *Koidula* am besten gefallen zu haben. Sie nahmen ihren Briefwechsel nach dem Krieg wieder auf. Aber Losey fühlte sich noch mehr zu Vappu hingezogen, in die er sich verliebte. Es wurde nichts daraus, weil Vappu ihren zukünftigen Ehemann damals schon gefunden hatte, aber sie hatten eine lebenslängliche Freundschaft und einen stetigen Briefwechsel. Für Losey war Vappu die verlorene Liebe seines Lebens, der er jedes Mal Anträge machte, wenn seine Beziehungen zu anderen Frauen wankten.[23]

Vappu hatte in den 1930er Jahren viele Verehrer, und alle waren auf Marlebäck willkommen. Ihre Beziehung mit Sakari Tuomioja hatte schon 1931 in der Häme-Nation und bei anderen studentischen Aktivitäten begonnen, aber sie heirateten erst 1939, nach einer langen und manchmal stürmischen Verlobungszeit. Tuomioja hatte einen ganz anderen Hintergrund als Vappu. Sein Großvater war Pächter im nördlichen Häme gewesen, und sein Vater Valto Tuomioja, der 1932 starb, war Parlamentsabgeordneter, Vorsitzender der kleinen liberalen Fortschrittspartei und Chefredakteur des Zentralorgans der Partei und der am weitesten verbreiteten Tageszeitung des Landes *Helsingin Sanomat* gewesen. Sakari Tuomioja war ein zentristischer liberaler Jurastudent, der sich aktiv an der Verteidigung der Demokratie gegen die Lappo-Bewegung und die faschistoide *Akateeminen Karjala Seura* (Akademische Karelien-Gesellschaft) beteiligte, die die dominante Organisation in der Studentenschaft der Universität Helsinki war. Er war allerdings etwas misstrauisch gegenüber seiner künftigen Schwiegermutter. Ihre Beziehung war recht herzlich, aber nicht eng. Seine künftige Heirat mit Vappu wurde kurz durch seinen unnachgiebigen Widerstand gegen Vappus beabsichtigtes Treffen mit der engen Freundin ihrer Mutter, Alexandra Kollontai, bei Vappus Besuch 1937 in Stockholm gefährdet. Aber Sakaris verwitwete Mutter Laina Tuomioja, die eine verehrte Gestalt in liberalen Kreisen blieb, kam immer gut mit Hella Wuolijoki aus, und sie beide gehörten bis zu Laina Tuomiojas Tod im Jahr 1951 zu einem Kreis von Frauen, die regelmäßig miteinander Karten spielten.[24]

Eine letzte Liebe?

Als Vernon Kell und Basil Thompson 1920 Nachrichten austauschten und in einer Beschreibung Hella Wuolijokis als »klein, hässlich und mondgesichtig« übereinstimmten, taten sie das aufgrund ihrer chauvinistischen Einstellung, ohne jemals einen Blick auf die fragliche Dame geworfen zu haben. Zwar ist weder Hella Wuolijoki noch eine ihrer Schwestern, mit Ausnahme von Nina, je als schön beschrieben worden, aber als ein Mensch, der mit der Kraft seiner Persönlichkeit die Zuneigung und Liebe der Menschen gewann. Sie hatte ihre Schwärmereien, aber es gab auch Männer, die sich Hals über Kopf in sie verliebten, so wie ein nicht identifizierter »Olavi« (nicht Paavolainen), der ihr 1922 einen langen und leidenschaftlichen Liebesbrief schrieb, in dem er ihr einen Antrag machte.[25] Aber es stimmt auch, dass sich bereits 1920 das Älterwerden und eine gewisse Rundlichkeit bei ihr bemerkbar zu machen begannen, und ihre matronenhaften Züge verstärkten sich im Verlauf der 1920er und 1930er Jahre.

Im Januar 1931 begann Hella Wuolijoki, eine Reihe langer Briefe an Antti Tulenheimo zu schreiben, was sie etwa ein Jahr lang und sporadisch bis in das Jahr 1937 hinein fortsetzte. Im Jahr 1931 war Tulenheimo 50 Jahre alt und seit über 20 Jahren verheiratet. Er war Parlamentsabgeordneter für die Altfinnen gewesen und später drei Mal für deren Nachfolgerin, die konservative Sammlungspartei. Er war auch Gouverneur der Provinz Häme, Juraprofessor und Rektor der Universität Helsinki, Innenminister und 1925 Ministerpräsident gewesen. Im Jahr 1931 war er gerade zum Bürgermeister von Helsinki gewählt worden.[26]

Tulenheimo und die junge Hella Murrik hatten sich als Studenten in der Häme-Nation kennengelernt und hatten möglicherweise um 1906 eine kurze Liebesaffäre. Jetzt wollte die 45-jährige Hella Wuolijoki plötzlich ihre Beziehung aus der Jugendzeit, an die sie sich mit Sehnsucht und in ausgeschmückter Wortwahl erinnerte, erneuern. Oberflächlich betrachtet waren es Liebesbriefe, wobei Hella es war, die ihre Beziehung da wieder aufnehmen wollte, wo sie vor 25 Jahren aufgehört hatte. In Wirklichkeit waren diese Briefe lange literarische Essays, die Fakt und Fiktion, zeitgenössische Bemerkungen – einer wurde an dem Tag des gescheiterten Mäntsäläaufstands der Lapuabewegung geschrieben – und persönliche Reminiszenzen über verschiedene Ereignisse und Erlebnisse in Hella Wuolijokis Leben miteinander kombinierten.

Im Allgemeinen beruhen die autobiografischen Elemente in dem Briefwechsel auf realen Ereignissen und stehen nicht in Widerspruch zu dem, was anderswo verzeichnet ist. Was sie aber über Tulenheimo schreibt, kann bezweifelt werden. Hatte er zum Beispiel tatsächlich Valga besucht und sich um 1906 mit Hella und ihren Eltern getroffen? Teilweise werfen die Briefe sogar die Frage auf, ob sie überhaupt eine Liebesaffäre hatten oder ob es nur eine einseitige jugendliche Schwärmerei war, die Hella die Geschichte einer 25-jährigen imaginären Liebesbeziehung schreiben ließ. Es könnte sein, da sie Tulenheimo, von dem sie auch als von ihrem verlorenen Sohn Antti schreibt, tatsächlich einlud, an dem von ihr so bezeichneten »Elfenmärchen« teilzuhaben.

Aber diese Briefe wurden nicht nur geschrieben, sie wurden auch per Post an Tulenheimo geschickt, der sie beantwortete, wobei er Hella Wuolijoki als Marianne anredet, wie er es vermutlich auch 25 Jahre zuvor tat. Seine Briefe waren kurz und besonnen – er war so vorsichtig, sie nicht zu unterschreiben oder irgendeine Kennzeichnung zu hinterlassen – aber dennoch verständnisvoll und einfühlsam. Sie zeigen, dass es zwischen ihnen in der Vergangenheit eine emotionale Bindung gegeben hat, wenn auch ohne jeglichen Raum für eine Erneuerung:

Liebe Marianne,

du hast mich gebeten, dir zu schreiben, aber ich fürchte, ich kann das nicht so schön, wie du es getan hast und ich es gerne tun würde. Ich würde es gern so tun, dass dein fragiles, wunderbares Märchen nicht zerbricht.
Wenn ich zu dir kommen wollte, wäre ich gekommen, um dir für deine Briefe und die Wärme, die sie ausstrahlten, zu danken. Ich hätte deine kleine, weiche Hand geküsst, die mich, einen müden Mann, so zärtlich liebkoste. Ich hätte vor mir ein 19-jähriges Mädchen gesehen und wäre selbst ein froher, dankbarer und scheuer junger Mann gewesen. Aber nachdem ich einen Augenblick lang in dieser Stimmung gelebt hätte, wäre ich wieder ein alter Mann geworden, der Herr über seine Gefühle und Leidenschaften ist und dir dies sagen würde:
Wir haben zwei Möglichkeiten. Entweder das Leben zu leben, das du mir versprochen hast, wundervoll und voll unerwarteten Glücks, wenn auch nur im Märchen, aber umso intensiver und echter. Oder so tun, als ob wir einen Ersatz dafür haben könnten, ohne eine Basis in der Wirklichkeit, wodurch das Märchen

zerbricht, seine Ketten zerbrechen, und man erwacht mit der Erkenntnis, dass es nur eine leere Illusion war und mit der Feststellung, dass wir nicht mehr die Menschen sind, die wir zu sein glaubten. Und ich würde sagen, dass ich die erste Möglichkeit wählen möchte, von der ich begriffen habe, dass auch du sie willst. Weil es unbeschreibliches seelisches Vergnügen bringt, das man noch nie zuvor erlebt hat, und diese Illusion würde niemals zerbrechen. Darin wärst du mein, und nichts und niemand könnte dich mir wegnehmen. Habe ich dich nicht richtig verstanden? Und ich würde dich bitten: Bitte bleib die Marianne aus unserem Märchen – nur du kannst es sein.

Tulenheimo erkannte ganz richtig, dass Hellas Briefe nicht an ihn, sondern an Hellas eigene Vergangenheit gerichtet waren. Sie war in mehr als einer Hinsicht in der Midlife-Crisis. Ihre spektakuläre Karriere als Geschäftsfrau war gescheitert, und sie musste darum kämpfen, ihre Position und Lebensart beizubehalten. Darüber hinaus muss sie im Alter von 45 Jahren auch erkannt haben, dass ihre Jugend als Frau vorüber war. An diesem kritischen Punkt in ihrem Leben musste sie ihren Gefühlen Ausdruck geben und ihre Vergangenheit wieder aufleben lassen. Gleichzeitig war es auch eine Vorbereitung für die Fortsetzung ihrer literarischen Laufbahn. Es scheint so, dass sie ein Publikum, auch wenn es nur aus einem Leser bestand, brauchte, um ihre Gedanken und Emotionen zu organisieren und zu artikulieren. Für diesen Zweck war Tulenheimo ein passender Partner.

Diese Interpretation des Briefwechsels wird von einem langen, im April 1932 geschriebenen Brief gestützt, der in einer ähnlichen Art von Hella Wuolijoki an K. N. Rantakari geschrieben wurde, einen anderen konservativen Altfinnen, der ihr in ihrer Jugend nahe gestanden hatte und der ein bekannter rechtsgerichteter Journalist bei der konservativen Tageszeitung *Uusi Suomi* geworden war. Bei Rantakari verwies sie nicht auf eine jugendliche Liebesaffäre, sondern erinnerte sich an ihn als einen jungen, radikalen, national gesinnten studentischen Agitator, den sie bewunderte und dessen spätere Karriere sie mit wachsender Enttäuschung verfolgt hatte. Sie wurde weitschweifig mit einer Mischung aus persönlichen Reminiszenzen, literarischen Anspielungen und zeitgenössischen Kommentaren. Sie endete mit einer Einladung an ihn, sie zu besuchen und mit ihr zu speisen.[27] Es ist nicht bekannt, wie und ob Rantakari antwortete.

12
Britische Kommunistin

Es ist ein angemessener Tribut an den Internationalismus der kommunistischen Bewegung, dass eines der führenden Paare der KPGB die Dutts waren, von denen der Ehemann aus einem gemischt indisch-schwedischen Elternhaus stammte, sodass er ein Netz von Verwandten in beiden Ländern hatte, und die Ehefrau estnisch-finnischer Herkunft war.

Rajani Palme Dutt wurde 1896 in Cambridge geboren. Sein Vater war Upendra Krishna Dutt, ein indischer Arzt, der sich 1975 in Großbritannien niedergelassen hatte und der als eines von neun Kindern einer relativ armen Familie in Kalkutta geboren worden war. Upendra Dutts Onkel war der radikale indische Historiker Romesh Chandra Dutt, der auch einmal Vorsitzender der Nationalen Kongresspartei Indiens gewesen war. Ohne Auszeichnungen und Stipendien wäre Upendras Bildung sehr arm gewesen, aber es gelang ihm, mit dem renommierten Gilchrist-Stipendium Medizin an der London University zu studieren. Nach seinem Abschluss beschloss er, in England zu bleiben und ließ sich in Cambridge nieder, wo er seine Praxis eröffnete.

Dutts Mutter Anna Palme war 1887 aus Schweden nach England gekommen, als sie erst neunzehn Jahre alt war. Die Familie Palme war in Schweden eine der angesehensten Familien, die ihre Ahnenreihe bis zu einem Palme Lyder zurückverfolgen konnte, der 1600 aus den Niederlanden gekommen war, um sich in der damals dänischen Stadt Ystad niederzulassen. Sechs Generationen später heiratete Johann Palme Carolina von Sydow, von deren Seite der sogenannte Streichholzkönig Ivar Kreuger in die Familie kam. Johanns Sohn Christian Palme war Rajanis Großvater. Von Christians elf Kindern war Anna das zweitjüngste. Einer ihrer Brüder, Sven Palme, Generaldirektor der Thule Versicherungsgesellschaft, hatte eine finnische Ehefrau namens Hanna von Born. Sie waren die Eltern des Olof Palme, der 1918 als Freiwilliger auf der Seite der Weißen im finnischen Bürgerkrieg in Tampere getötet wurde. Ein anderer Bruder, Gunnar Palme, folgte seinem älteren Bruder als Generaldirektor von Thule. Er war der Vater des sozialdemokratischen Ministerpräsidenten Olof Palme.[1)]

Die Palmes waren Bollwerke des schwedischen Bürgertums und der konservativen Politik. Aber die Familie hatte auch schwarze, oder besser rote Schafe. Nicht nur Anna und ihre Kinder und später natürlich der sozialdemokratische Ministerpräsident Olof Palme waren suspekt, sondern auch Annas jüngere Schwester Ingegerd war eine freidenkende Linke und Frauenaktivistin, die eine enge Freundin von Hella Wuolijoki werden sollte. Ingegerd heiratete niemals, da sie eine lebenslange Beziehung mit der Rechtsanwältin Mathilda Staël von Holstein hatte.

Trotzdem waren Anna und ihre Familie nicht vom gesamten Palme-Clan ausgeschlossen oder von Schweden abgeschnitten. Anna besuchte regelmäßig ihr Geburtsland, wo sie viele Freunde hatte. Sie unterstützte die Ideologie ihres Sohnes, aber unter ihren engsten schwedischen Freunden waren Elsa Klein und Gustaf Möller, führende Gestalten in der Sozialdemokratischen Partei.

Upendra und Anna Dutt hatten drei Kinder, von denen Rajani das jüngste war. Der Älteste war Clemens (1893–1974), der in der Familie immer Bocca genannt wurde und der auch eine bemerkenswerte Karriere im Dienste der Komintern und der Weltrevolution machte. Elna Dutt (1891–1982) studierte auch in Cambridge, und zwar Mathematik, und arbeitete als Statistikerin an der London School of Economics. Im Jahr 1921 ging sie nach Genf, um für die Internationale Arbeitsorganisation ILO zu arbeiten, und wurde 1951 pensioniert.

Dutts Kindheitserlebnisse waren nicht mit Rassismus behaftet. Wenn das auch angesichts späterer Erfahrungen kaum glaublich klingt, sollte daran erinnert werden, dass damals die meisten Einwanderer vom indischen Subkontinent privilegierter und gebildeter Herkunft waren und daher die Art von Menschen waren, deren Wünschen sich die Arbeiterklasse zur Zeit King Edwards gefügt hätte. Das bedeutete, dass Menschen wie Dutt bedeutend wahrscheinlicher auf Rassenvorurteile seitens der Ober- und Mittelschicht treffen würden. Interessanterweise war der erste Parlamentsabgeordnete, der offen als Kandidat der KP ins Parlament gewählt wurde, Shapurji Saklatvala, von indischer Herkunft.

Die Dutt-Kinder waren alle begabt genug, um die Stipendien zu erhalten, die ihre privilegierte Ausbildung ermöglichten. Clemens und Rajani (oder Raji, wie er meist genannt wurde) besuchten die Perse Schule in Cambridge, wobei Clemens an die Universität Cambridge ging, um Botanik zu studieren, während Raji in Oxford Altphilologie

Der in Indien geborene Dr. Upendra Dutt und seine schwedische Frau Anna Palme Dutt, die Eltern von Rajani Palme Dutt

studierte. In Oxford wurde er Mitglied der ILP und der Sozialistischen Universitätsföderation USF. Er war gegen Krieg und Wehrpflicht und wurde 1916 als Wehrdienstverweigerer aus Gewissensgründen sechs Monate inhaftiert. Später führte sein Radikalismus dazu, dass er von Oxford verwiesen wurde, aber ein Jahr später wurde ihm gestattet, seine Abschlussprüfung abzulegen, mit brillanten Ergebnissen.[2]

Der Radikalismus der Dutt-Brüder stammte aus der Familie. Ihr Vater war ein begeisterter Anhänger des indischen Nationalismus, und Führer der Kongresspartei, die Großbritannien besuchten oder dort lebten, waren häufig in ihrem Haus zu Gast. Als in Cambridge die Vereinigung Asiatischer Studenten gegründet wurde, traf sie sich im Haus der Dutts. Es war bei einem dieser Treffen, dass Rajani Dutt zum ersten Mal Jawaharlal Nehru traf, der sechs Jahre älter war als er. Aber auch die britische Linke war häufig bei den Dutts zu Gast, einschließlich Philip Snowden, H. M. Hyndman und Tom Mann.

Es war nicht zwangsläufig, dass der junge Rajani Dutt eine politische Karriere zu seiner Lebensaufgabe erwählte. Er zog auch Bildungsarbeit in Indien in Betracht, und er absolvierte und bestand 1919 den Einstellungstest für die ILO. Aber er lehnte diese Möglichkeit ab und begann, als Internationaler Sekretär des Labour Research Departments (LRD) zu arbeiten. Das LRD war früher das Fabian Research Bureau und war immer noch mit dem Labour-Parteiapparat verbunden. Dutt nahm als Internationaler Sekretär an Treffen zusammen mit McDonald und anderen Führern der Labour Party teil. Doch die Nachkriegs-LRD war zu einem Brutkasten für künftige Kommunisten geworden, von denen Rajani Dutt nur einer war. Er blieb bis 1922 in seiner LRD-Stellung, als Clemens ihn ablöste.

Aus Pekkala wird Dutt

Will Callagher stellte im Jahr 1920 Salme Pekkala Rajani Dutt vor, aber wann und wo ist unbekannt, und auch wie dieses Zusammentreffen zu einer Liebesbeziehung führte. Ungeachtet einiges Getuschels über eine politische Vernunftehe beruhte ihre Beziehung auf Liebe. Es ist leicht zu verstehen, warum sie sich zueinander hingezogen fühlten. Rajani Dutt war ein großer (1,90 m), gut aussehender und hochintelligenter Mann, höflich in seiner schüchternen Art und ohne große persönliche Ansprüche. Salme hatte gerade erst eine Reihe von Beziehungen durchlebt und mag mehr als üblich für die Aussicht auf eine ausgeglichene und dauerhaftere Beziehung empfänglich gewesen sein. Ihre Beziehung war in der Tat stabil und dauerhaft, wenn auch nicht leidenschaftlich nach außen hin. Abgesehen von ein paar überlebenden Briefen aus der Zeit vor ihrer Heirat enthält ihre umfangreiche Korrespondenz keine glühenden Liebesbriefe. In dem manchmal heimlichtuerischen und engmaschigen Milieu der Führer der KP zirkulierten Gerüchte über außereheliche Affären, mit und ohne Grundlage, aber niemand hat behauptet, dass solche Gerüchte die Dutts jemals interessiert hätten.

Die Heirat der Dutts wird manchmal schon auf 1922 datiert, während die förmlichere Eheschließung in Schweden 1924 stattgefunden hat, um die Billigung der Familie Palme zu erhalten. Wenn auch die Legalisierung der Ehe sicher dabei half, Salmes unsicheren Status gegenüber den Behörden zu beenden, hätte keine gesetzliche Eheschließung stattfinden können, bevor nicht ihre Scheidung 1923 rechtskräftig geworden war. Es war nicht möglich festzustellen, wo genau Salme während der Zeit zwischen 1921 und 1924 wohnte. Es gibt eine Vermutung, dass sie eine Zeit lang auch illegal in Großbritannien gelebt haben

Salme Pekkala

könnte, was es ihr ermöglicht hätte, eng mit Raji zusammenzuarbeiten und auch einigen Einfluss auf die Gründung der KP auszuüben, der ihr zugeschrieben wird. Es ist aber nichts Verlässliches für ihre Aktivitäten oder ihren Aufenthaltsort überliefert.

Das Bedürfnis nach konspirativer Geheimhaltung war in Komintern-Kreisen beinahe ein Glaubensartikel. Rajani Dutt erzählt von seinem ersten Treffen mit Hella Wuolijoki in Moskau 1923, als er zum Komintern-Kongress fuhr und Wuolijoki geschäftlich dort war. Wie Dutt es in seinen unveröffentlichten Erinnerungen berichtet, trafen sie sich in der Lobby des berühmten Hotel Lux:

Plötzlich stürmte durch die Hoteleingangstüren eine Schar prächtig ausstaffierter ausländischer Händler, die auf ihrem Weg zur NEP-Etage waren: Und aus ihrer Mitte stürzte die gigantische Gestalt einer in Pelze gehüllten Frau auf mich zu – ich wusste nicht, wer sie war, aber ein Instinkt sagte mir, dass es Hella war – und forderte in gebieterischem Ton: »Was haben Sie mit meiner Schwester gemacht? Wo ist sie? Das müssen Sie mir erzählen.« Da Salme zu dieser Zeit strengsten Bedingungen der Illegalität unterworfen war, konnte ich nur erwidern, dass ich nichts weiß. »Unsinn! Natürlich ist sie in England! Sie müssen es doch wissen. Sagen Sie mir wenigstens, wie es ihr geht.« Nichts zu machen; in diesen Zeiten waren wir zu absolutem Stillschweigen über Fragen, die die Sicherheit betrafen, verpflichtet.[3]

Dieser Anfang verhinderte nicht die Entwicklung einer äußerst herzlichen Beziehung zwischen Raji und Hella. Es war bedeutend komplizierter mit der Familie Palme. Als sie am 5. August 1924 in Stockholm heirateten, wobei Ingegerd Palme als einzige Vertreterin der Familie anwesend war, machte sich Rajis Onkel Sven Palme die Mühe, die britischen Behörden zu warnen, dass Salme Pekkala die Ehe einzig zu dem Zweck einginge, um Zutritt zum Vereinigten Königreich zu erhalten.[4]

Brüssel

Nach ihrer Heirat blieben die Dutts etwa ein Jahr lang in Stockholm, bevor sie 1925 nach Brüssel zogen. Schon in Stockholm schloss sich ihnen Mary Moorhouse an, die herüber kam, um als Sekretärin für Dutt zu arbeiten, dessen umfangreiche Schreibarbeit gewiss von der Hilfe einer Sekretärin profitierte. Auch Eino Pekkala besuchte die Dutts in Stockholm und traf Mary dort zum ersten Mal.

Es gab mehrere Gründe, warum die Dutts sich dafür entschieden, zehn Jahre lang auf dem Kontinent zu leben. Der Grund, den Rajani Dutt selbst dafür angab, Großbritannien zu verlassen und im Ausland zu leben, war der schlechte Gesundheitszustand der beiden – Erschöpfung und Wirbelsäulentuberkulose erwähnte er besonders. Dass Dutt gelegentlich schwere gesundheitliche Probleme hatte, kann nicht geleugnet werden, aber ob diese an sich Grund genug dafür waren, um ihn im Exil zu halten, ist zweifelhaft. Tatsächlich wird Salmes gesundheitliche Situation der eigentliche Grund dafür gewesen sein, in Brüsssel zu bleiben. Die Legalisierung ihrer Ehe mit Rajani garantierte ihr nicht notwendigerweise die Einreise nach Großbritannien, wo sie kein einziges Mal war, bis sie zwölf Jahre später für immer dorthin zogen. Und ein schlechter Gesundheitszustand war gewiss ein hartnäckigeres Problem für Salme als für Raji. Ihre Gesundheit war nie robust gewesen, durch die Tuberkulose in ihrer Jugend litt sie an verschiedenen Gebrechen, darunter Asthma, Arteriosklerose und vorübergehende Lähmungserscheinungen in den Armen. Ihre vielen Leiden fesselten sie oft ans Bett oder machten eine Behandlung in Wiesbaden oder Berlin erforderlich.

Doch wenn man gesundheitliche Gründe und Pass-Schwierigkeiten beiseite ließ, war es auch nicht zufällig, dass Brüssel für jede Arbeit, die die Dutts für die Komintern leisteten, eine bessere Basis war als London. Ein Teil der Komintern-Verpflichtungen von Rajani Dutt waren mit Kolonialarbeit im Allgemeinen verbunden – er war der britische Vertreter im in Paris ansässigen Kolonialbüro der Komintern und arbeitete bei Indien-Fragen eng mit seinem Bruder Clemens zusammen – ebenso war er auch im europäischen Netzwerk wichtig. Salmes Rolle ist, wie immer, noch schwieriger zu enträtseln. Zumindest seit 1929 erhielt Dutt für seine Arbeit eine monatliche Zahlung von zehn Pfund von der Komintern.[5]

Dieses Geld aus Moskau oder überhaupt Geld aus anderen Quellen machte die Dutts nicht reich. Im Allgemeinen wurden kommunistische Aktivitäten in den westlichen Ländern niemals in einer Weise bezahlt, die jemanden reich gemacht hätte, es sei denn, diejenigen hatten auch etwas privaten Wohlstand oder andere Einnahmequellen. Die Dutts waren für ihre bescheidene, um nicht zu sagen asketische Lebensweise bekannt – Tee, Brot und Sardinen waren die Grundnahrungsmittel, von denen Raji, wenn er sich selbst überlassen war, zu Hause lebte – ganz anders als Salmes ältere Schwester. Und wenn sie Verwandten und Kollegen gegenüber auch sehr gastfreundlich waren, waren sie doch keine großen Partyveranstalter.

Auch wenn Brüssel ein günstigerer und sicherer Ort für Menschen im Dienste der Weltrevolution war als viele andere Städte in Europa, hatten die belgischen Behörden doch ein Auge auf ausländische Kommunisten und hielten sie unter Beobachtung. Die Dutts waren erst wenige Wochen in Brüssel, als sie zusammen mit Mary Moorhouse, die die ganze Zeit als ihre Assistentin arbeitete, am 5. November 1925 unter dem Verdacht subversiver Tätigkeit gegen den Staat verhaftet wurden. In ihrer Wohnung wurden einige Papiere und Adressenlisten konfisziert. Die Operation war offensichtlich eine Fortsetzung des Prozesses, den britische Behörden eine Woche zuvor initiiert hatten, als die Führung der KP verhaftet und für die Leitung einer »kriminellen Organisation« vor Gericht gestellt wurde. Während Callagher, Inkpin, Pollitt und andere in London zu sechs bis zwölf Monaten Gefängnis verurteilt wurden, wurden die Brüsseler Inhaftierten am 13. November nach einer Woche ohne Anklage oder Ausweisungsverfahren wieder freigelassen. Polizeiunterlagen zeigen, dass die Freilassung auf Anweisung des sozialistischen Führers Emile Vandervelde stattfand, der damals belgischer Außenminister war. Er wiederum hatte als Ergebnis der Tätigkeit von Anna Palme Dutt Protesttelegramme und -briefe aus Großbritannien erhalten.[6]

Nach diesem Vorfall wurde der Brüsseler Frieden der Dutts nicht mehr gestört, aber natürlich blieben sie unter Beobachtung. Einer der Punkte, für den sich mindestens drei Länder interessierten, war die Medea Art and Industry Ltd., die von Mary Moorhouse und Salme Dutt in London gegründet wurde und 1927 eine Zweigniederlassung in Tallinn und 1928 eine in Helsinki eröffnete – zu einer Zeit, zu der die Dutts die Länder besucht hatten – »zum Verkauf von Spitzen, Gobelins und anderen Handarbeiten« sowie Kunstgegenständen. In Tallinn wurde Salmes Schwägerin Ljalja Murrik von der Firma angestellt. Die Firma weckte das Interesse der Geheimpolizisten wegen der Verbindung zu Dutt und weil sie nur sehr wenig Geschäfte zu machen schien und infolgedessen verdächtig war, zu Geldwäschezwecken und als Tarnung für subversive Aktivitäten benutzt zu werden. In diesem Fall fielen sowohl die Firma als auch das Interesse der Polizei an ihr still in sich zusammen. Wenn die Firma etwa fünf Jahre früher gegründet worden wäre, hätte sie mit mehr Berechtigung verdächtigt werden können, eine Fassade für den Export von Kunst und Juwelen zu sein, die die Sowjetregierung bei ihren früheren Besitzern konfisziert hatte. Aber angesichts der Tatsache, dass weder Salme Dutt noch Mary Moorhouse – anders als Hella Wuolijoki – jemals irgendein erkennbares Interesse daran gezeigt hatten, gewinnbringende Geschäfte zu machen, waren die Verdächtigungen haltlos.⁷⁾

In Brüssel mangelte es Salme nicht an Arbeit, obwohl die genaue Art und der Umfang ihrer politischen Arbeit unklar bleiben. Zusätzlich zu dem, was auch immer sie sonst umfasste, scheint sie aus sehr umfangreicher Zeitungslektüre und der Archivierung von Informationen für den künftigen (oder gegenwärtigen) Bedarf bestanden zu haben. Unter ihren Papieren befinden sich immer noch einige Notizbücher aus den 1920er Jahren mit sorgfältigen Anmerkungen zu politischen, internationalen, sozialen und organisatorischen Entwicklungen mit Verweisen auf Zeitungen und andere Quellen zum Weiterlesen. Wie sie 1926 ihrem Vater schrieb, bestand ihre Hauptbeschäftigung darin, eine Menge zu lesen, aber darüber hinaus hatte sie auch die normale Arbeit einer Hausfrau: Saubermachen, Wäsche und Kochen und häufig die Krankenschwester für ihren kranken Ehemann spielen. Es gab so viel Arbeit, klagte sie, dass wenn der Tag am Ende war, sie es auch war. Dennoch wollte sie ihre Verwandtschaft nicht vernachlässigen. Wenn die Murriks auch geografisch verstreut waren und verschiedene Ansichten hatten, waren sie doch immer eine Familie mit engem Zusammenhalt. Auch die diversen Scheidungen beeinträchtigten die weiteren Familienbeziehungen nicht. Die Dutts gehörten sofort zu dem Familienkreis, der außerdem die Pekkalas und Wuolijokis umfasste. Jede Zwietracht zwischen Salme und Hella um 1921 wurde bald ausgeräumt und hinterließ keine wahrnehmbaren Spuren. Schon im September 1923 dankte Salme ihrer älteren Schwester überschwenglich für ihre finanzielle Hilfe in einer Zeit, in der sie völlig am Boden war.⁸⁾

Salme setzte ihren regelmäßigen Briefwechsel mit ihrem Vater fort. Der Briefwechsel war immer respektvoll und liebevoll gewesen, aber sie versuchte auch, und das war vorher nicht darin enthalten gewesen, ihn ideologisch zu beeinflussen. Sie hatte den pensionierten amerikanischen katholischen Bischof von Arkansas, William Montgomery Brown, entdeckt, dessen Buch *Kommunismus und Christentum* ihm einigen vorübergehenden Ruhm einbrachte. Sie empfahl das Buch, in dem der Bischof versuchte, die beiden miteinander zu versöhnen, ihrem Vater, auch wenn sie die Ansicht des Bischofs vom Kommunismus als einem Glauben nicht teilte. Als nächstes empfahl sie die Lektüre von Joseph Dietzgen, einem marxistischen Philosophen des 19. Jahrhunderts. Falls Ernst Murrik jemals die Bücher gelesen hat, für die seine Tochter warb,

Die Murrik-Schwestern, Hella Wuolijoki vorn sitzend, Nina, Salme und Mimmi stehend (von links)

änderte das seine Weltsicht nicht, und Salme verfolgte ihre Bemühungen, ihren Vater zu bekehren, von denen Raji ihr von Anfang an abgeraten hatte, nicht weiter.⁹⁾

Salme war ebenso, wenn nicht noch mehr, um die ideologische Gesundheit der nächsten Generation besorgt. Sie war froh, dass Hella ihrer 15-jährigen Tochter Vappu erlaubt hatte, den Sommer 1926 bei den Dutts zu verbringen, aber sie war beunruhigt wegen ungesunder Einflüsse auf ihre Nichte. Sie schrieb an Hella, dass »es da etwas gab,

*Die Murrik-Familie am 18. August 1928,
vordere Reihe: Ilo (Mimmi und Karl Mitts Sohn), Ethel und Edith
(Töchter von Leo und Ljalja Murrik); sitzend: Ernst und Kadri Murrik
und Vappu Wuolijoki; letzte Reihe stehend: Hella Wuolijoki,
Salme und Rajani Dutt, Nina Murrik-Polonsky und Mimmi Mitt*

was mich ein wenig beunruhigte«, vielleicht der Einfluss einer Person, die sie mag, »und das ist – die Anziehung, die alles Geheimnisumwitterte, Ungesunde, Mystische, Mondschein oder sonniger Dunst in jeder künstlerischen Ausdrucksform von der Malerei bis zum Tanz auf sie ausübte«. Für Salme war das ein Ausdruck von Unwissenheit, und sie gab ihrer Schwester den ernsthaften Rat, ihrer Tochter zu erklären, »was wirkliche Kunst ist« und »sie das wirkliche Leben verstehen und lieben zu lehren«.[10] Es ist unwahrscheinlich, dass Hella, die selbst nicht gegen romantische Anflüge von Fantasie immun war, wegen des Versäumnisses ihrer Tochter, die Normen des Sozialistischen Realismus zu erfüllen, übertrieben besorgt war.

Salmes Sorge um ihre Nichte setzte sich auch in ihrem Briefwechsel mit Vappu fort, wobei sie manchmal mehr Besorgnis, Verständnis und Interesse an der Situation des Teenagers Vappu zeigte als ihre eigene Mutter. Als Vappu 21 Jahre alt wurde, schickten ihr Salme und Rajani einen Gruß mit einer Liste dessen, was eine minimale Grundbildung an Lektüre erforderte. Die Liste umfasste die Bibel, Cervantes' *Don Quixote*, Shakespeare, Milton, Swift, Zolas *Germinal*, Tolstois *Krieg und Frieden*, Bunyans *Pilgerreise*, Platons *Der Staat*, Rousseaus *Gesellschaftsvertrag*, Marx' *Kapital*, *Das Kommunistische Manifest*, seine Schriften über die Französische Revolution und die Pariser Kommune, Lenins *Staat und Revolution*, Mehrings *Geschichte der deutschen Sozialdemokratie*, Webbs *Die Britische Genossenschaftsbewegung*, Hegels *Logik* und Engels *Anti-Dühring*.[11] Man muss kein Kommunist sein, um mit diesen Empfehlungen übereinzustimmen, und auch das Lesen dieser Werke für sich genommen wird niemanden zum Kommunisten machen.

Vappu Wuolijoki war natürlich nicht die einzige Empfängerin der Lektüre-Anleitung der Dutts. In ihren Memoiren erinnert sich Raj Thapar, eine indische Kommunistin, daran, die Gastfreundschaft und Unterweisung der Dutts in London nach dem Zweiten Weltkrieg genossen und eine ähnliche Leseliste »von Disraelis Sybil und Balzacs (sic) Germinal, den frühen Streiks der Industriearbeiter, bis zum Anti-Dühring – sie alle« erhalten zu haben.[12]

Ein Führer aus der Ferne

Rajani Palme Dutt entschied sich, nur zwei Jahre nachdem er in den inneren Führungskreis der KP gekommen war, dafür, zunächst nach Stockholm und dann nach Brüssel zu ziehen. Nach dem Eintritt in den Führungskreis blieb er für über vierzig Jahre als ständiges lebendes Inventar dort. Natürlich gab es gelegentliches Grollen über seine Abwesenheit und sogar Beschuldigungen, den Kontakt zur Partei zu verlieren, aber seine Position in der Führung war niemals wegen seines Lebens im Ausland ernsthaft bedroht.

Der Schlüssel zu Dutts Position waren der hohe Status, den er in der Komintern zu genießen schien, und seine unerschütterliche Loyalität zur Moskauer Linie und seine Behändigkeit darin, ihr zu folgen, was für Drehungen und Wendungen sie auch immer machte. Wie Dutt es selbst erklärte, kam der ursprüngliche Segen von Moskau Anfang 1921 mit einem Kurier, als er und sein Kollege Robin Page Arnot in der LRD den Auftrag erhielten, vorgelegt in Lenins Namen, aber basierend auf Andrew Rothsteins (Theodores Sohn) Empfehlung an Bucharin und

Sinowjew, die Basis der neuen britischen Partei zu verbreitern und zu diesem Zweck eine neue Monatsschrift zu schaffen, die organisatorisch von der Partei unabhängig und in der Lage wäre, Mitwirkende und Leser aus der breiteren Arbeiterbewegung anzuziehen. Kuusinen und der ungarische Kommunist Eugene Varga werden auch als Paten der empfohlenen Formel in ihrer Diskussion mit Arnot in Moskau genannt.[13]

Das wurde gehörig ausgeführt, als die *Labour Monthly* im Juli 1921 herausgebracht wurde. Der kommunistische Charakter der Zeitschrift stand niemals in Zweifel, aber es gelang ihr, nicht der Partei angehörende Mitarbeiter – G. H. Cole und G. B. Shaw schrieben in der ersten Ausgabe – und Leser in überraschendem Ausmaß zu gewinnen. Dutt kontrollierte die Zeitschrift als Herausgeber, und in seinen »Anmerkungen des Monats« legte er die Politik der Zeitschrift dar, die zunehmend auch zur Parteilinie wurde. Er blieb bis zu seinem Tod 1974 der Herausgeber. Die genauen Modalitäten, durch die seine Kontrolle geschaffen und gesichert wurde, sind etwas undurchsichtig, aber sie müssen sicher auch Finanzierung und Anleitung aus russischen Quellen beinhaltet haben. Vor ihrer Ausreise aus Großbritannien im Sommer 1921 war auch Salme an der Gründung der *Labour Monthly* beteiligt.[14]

Zur gleichen Zeit wurden Schritte unternommen, die Dutt auch zu einer zentralen Position in der Parteiorganisation verhelfen sollten. Durch die Bemühungen von Callagher, der mit der alten Führung unzufrieden war, und mit dem Prestige der Komintern, die Unterstützung gab, wurde im März 1922 von der Parteiexekutive eine besondere Organisationskommission mit Dutt als Vorsitzendem und Harry Pollitt und Harry Inkpin (Alberts Bruder) als Mitgliedern geschaffen. Der Bericht der Kommission wurde von einer klaren Mehrheit des Parteitages im Oktober angenommen. Wenn die Ergebnisse der verabschiedeten Neustrukturierung auch nicht ganz so überragend waren wie erwartet, war das wirkliche Ergebnis ein Wechsel in der Parteiführung. Dutt und Pollitt erhielten bei der Abstimmung für das neue Exekutivkomitee, in dem Dutt bis zu seinem Ausscheiden 1965 blieb, die meisten Stimmen. Pollitt wurde das führende Mitglied des Organisationsbüros und Dutt des Politbüros und ebenfalls der Herausgeber der im März 1923 gegründetem *Workers Weekly*. Die Zeitung war ein riesiger Erfolg, und ihre Auflage stieg bis zum Mai 1924 auf 65 000 Exemplare.[15]

Obwohl Pollitt erst 1929 Generalsekretär wurde, begann die eigentliche Übernahme der Partei durch das Duo Dutt-Pollitt bereits im Jahr 1922. Es war eine ungewöhnliche, aber umso wirkungsvollere Allianz

Rajani Palme Dutt

zwischen dem zurückhaltenden, halb indischen Intellektuellen und dem damals 32-jährigen echt proletarischen Kesselschmied, der eine lange Zeit in der Partei- und Gewerkschaftsorganisation hinter sich hatte.

Während Pollitt mehr der Organisator und das öffentliche Gesicht der Partei war, war Dutt der Ideologe. Er kann weder völlig arglos im Zusammenhang mit organisatorischen Fragen noch abseits von Debatten und verbalen Konfrontationen gewesen sein. Aber das geschriebene Wort war das Instrument, mit dem Dutt seinen größten Einfluss ausübte. Er war ein produktiver Autor. Außer seiner Arbeit für *Labour Monthly* und den Bänden von Briefen, die er schrieb, verfasste er über 20 Bücher oder kurze Abhandlungen zu internationalen Fragen, Geschichte und Ideologie. Sein erstes Buch *The Two Internationals* wurde 1920 veröffentlicht, in den 1920er Jahren gefolgt von *Labour International Handbook* (1921), *Modern India* (1925) und *Socialism and the Living Wage* (1927).

Es erscheint überraschend, dass Salme Dutt in einigen späteren Einschätzungen als dritte beteiligte und sogar die treibende Kraft eines wirklichen Führungstriumvirats beschrieben werden sollte, da Salme niemals eine offizielle Position in der Partei innehatte. Ihr Einfluss kam weder aus ihren Schriften, da sie nur sehr wenig unter ihrem eigenen Namen oder einem bekannten Pseudonym veröffentlichte, noch verwendete sie den Namen ihres Mannes als ihr Pseudonym.

Die Antwort liegt darin, was als Rajanis hochgradige Abhängigkeit von Salmes ideologischer Anleitung gesehen wird. Dass er Salme zu allen seinen Schriften und zu allen Beschlüssen und Dokumenten, die er für die Partei entwarf, konsultierte, wurde von vielen Zeitgenossen als ihr Einfluss eingeschätzt und wird in ihrem Briefwechsel und Anmerkungen bestätigt; auch der MI5 kam beim Abhören der Telefongespräche zu der gleichen Schlussfolgerung.[16]

Salme Dutt als eine rote Eminenz anzusehen, war nicht auf die Briten beschränkt. Der indische Kommunistenführer M. N. Roy erklärte Philip Spratt die zentrale Stellung, die Rajani Dutt in der KPGB inne zu haben begann, und seine hündische Loyalität zur Komintern durch den Einfluss seiner Frau. Roy erklärte es folgendermaßen und Sprat wiederholte es in seinen Memoiren:

Des Rätsels Lösung ist Frau Dutt. Sie ist Finnin und war in ihren jungen Jahren außerordentlich schön. Dutt ist völlig abhängig von ihr. Roy versicherte mir, dass Dutt zu der Zeit, als er [Roy] sie kannte, niemals einen Artikel von Bedeutung veröffentlichte, ehe sie nicht seine Orthodoxie bestätigt hatte. Roy sagte das nicht direkt, aber brachte mich dazu, zu schlussfolgern, dass sie Mitglied der höchst geheimen inneren Organisation der Komintern sei.[17]

Die Wahrnehmung der von Salme Dutt ausgehenden widergespiegelten Komintern-Weisheit war wichtiger als die Realität (oder das Fehlen derselben) dahinter. Sie wusste sicherlich, wie man die Wahrnehmung kultivierte, wie die Geschichte von Lenins angeblichen Marschbefehlen 1920 an sie zeigt. Die eher der Wahrheit entsprechende Behauptung von Salmes Nähe zu Kuusinen war ebenfalls hilfreich, weil sich der finnische Kommunistenführer in Komintern-Kreisen großer Wertschätzung erfreute. Ihre lange Abwesenheit von dem Land und das fast völlige Fehlen sozialer Beziehungen zu Mitgliedern der Partei in Großbritannien mag auch dazu gedient haben, eine Aura von Geheimnis und Einfluss um sie aufrechtzuerhalten. Gleichzeitig verlieh sie einer weniger exaltierten Interpretation der gegenseitigen Abhängigkeit der Dutts Glaubwürdigkeit. Sogar von Pollitt, den eine herzliche und persönliche Beziehung mit beiden Dutts verband, wurde durch einen Polizeiinformanten 1943 in der Parteizentrale verzeichnet, dass er die Idee unterstützte, Rajani Dutt zum Schatzmeister der Partei zu machen, weil er an Konferenzen teilnehmen wollte: »Ich verstehe das, weil er jedes Mal ein Hundeleben führt, wenn er nach Hause geht«.[18]

Zurück nach Großbritannien

Zu diesem Zeitpunkt war ihr Zuhause wieder in London, wo die Dutts sich 1936 niederließen. Sie hatten den Umzug seit einiger Zeit geplant. Im Sommer 1934 hatte Rajani Dutt sogar die Idee, seine proletarischen Referenzen dadurch zu verbessern, dass sie in ein »Arbeiterhaus in einer armen Gegend« ziehen würden. Er wurde von der Verwirklichung dieser Idee durch den strengen Rat seiner Mutter abgebracht, die schrieb, dass der Umzug in ein zugiges und eisiges Haus, wie es solche Häuser stets waren, »für Salme den Tod bedeuten würde«, und sie sähe nicht ein, wie das der Partei gut tun könnte. In diesem Fall beherbergten Celia und John Strachey – Freunde der Dutts, aber niemals Mitglieder der KP, da Dutt John Strachey geraten hatte, dass er nützlicher für die Partei wäre, wenn er nicht formell einträte – sie für eine Weile, bevor sie ihr neues Haus in Nord-London bezogen.[19]

Mit dem Umzug nach Großbritannien begann für Salme eindeutig eine neue Zeit der Tätigkeit. Sie begann, unter ihrem eigenen Namen zu schreiben und Vorlesungen über Geschichte und Frauenfragen im Parteibezirk zu halten und veröffentlichte einen seltenen Artikel über Schwangerschaftsabbruch im *Daily Worker*. Ihre Schreibtätigkeit erreichte ihren Höhepunkt in der Broschüre *When England Arose*, die trotz ihrer Kürze (64 Seiten) eine akribisch recherchierte Darstellung war, die sie 1938 zum hundertsten Jubiläum des Chartistenaufstandes schrieb.[20]

Salme Dutts Gedichtsammlung »Lucifer and other poems«, veröffentlicht nach ihrem Tod 1966

Doch Salme schrieb nicht nur über Schwangerschaftsabbruch und Geschichte, sie begann auch, Gedichte zu schreiben. Sie mag sich auch schon früher in der Kunst versucht haben, aber zwischen 1933 und 1936 hatte sie einen Anflug von kreativem Schreiben, dessen Ergebnis die 1966 posthum veröffentlichte Sammlung *Lucifer and Other Poems* war. Von ihrem Mann und ihrer Schwester Hella ermutigt, nahm sie ihre neue Berufung soweit ernst, dass sie und Raji mit Hilfe von Rajis Mutter nach einem kommerziellen Verleger für ihre Dichtung zur Veröffentlichung unter einem Pseudonym suchten. Sie wollten nicht, dass ihre Gedichte von mit der Partei verbundenen Verlagen veröffentlicht wurden, und die Verwendung eines Pseudonyms war aus folgendem Grund, den sie Hella schrieb, notwendig: »Ich glaube, es wird mein eigentliches Metier beschädigt. Die Menschen vertrauen meinem Urteil, aber würden sie dem Urteilsvermögen einer Dichterin vertrauen?« Obwohl sie keine öffentliche Anerkennung als Dichterin unter ihrem eigenen Namen wollte, verheimlichte sie ihre Betätigung auch nicht und bat viele Genossen um Kritik, einschließlich Pollitt und D. N. Pritt. Ihre Kommentare waren ermutigend, aber ob aus Höflichkeit oder Überzeugung ist schwer zu sagen.

Letzten Endes war keiner der Verlage, denen sie das Manuskript schickten, interessiert. Sie mag mit ihren eigenen Zweifeln darüber, es als Dichterin zu schaffen, Recht gehabt haben, als sie beobachtete, dass ihre Dichtung »sich zu sehr von der gegenwärtigen Mode ›linker‹ trübsinniger Dichtung unterscheidet, weil es darin nichts von Eros oder dem Unbewussten gibt, was den modernen Leser anzieht«. Sie hatte Schwierigkeiten damit, moderne Dichter wie Wystan Auden oder Stephen Spender zu verstehen, auch wenn sie bemerkte, dass einige von ihnen ebenfalls Parteimitglieder waren. Trotzdem waren die Ablehnungen eine Enttäuschung für sie, da sie anscheinend das Schreiben von Gedichten oder sonstiger erzählender Literatur fast 20 Jahre lang aufgegeben hat. Es war auch nichts mehr von literarischen Skizzen zu hören, von denen sie Hella 1935 erzählte, dass sie daran arbeite. Dass sich ihre literarischen Talente sowohl im Stil als auch im Ansatz von denen ihrer Schwester unterschieden, war offensichtlich, und es ist zweifelhaft, ob es selbst Hella Wuolijoki gelungen wäre, aus dem Ratschlag ihrer Schwester, an ihrer Stelle einen Roman über Waldarbeiter zu schreiben, einen Erfolg zu machen.[21]

Für die KP wurden die 1930er Jahre vom Aufstieg des Faschismus und den Anstrengungen zur Schaffung einer Volksfront – oder Einheitsfront, wie es das bevorzugte Konzept in der KPGB war – aller linksgerichteten Kräfte dominiert. Salme Dutt war in diesen Fragen Rajis aktive Beraterin. Mit der offiziellen Labour Party erzielte die KP keinen Fortschritt, besonders nachdem Lansbury 1935 von Clement Attlee als Labour-Führer abgelöst wurde. Aber an der Basis und in anderen Organisationen ging es mit der KP wieder aufwärts, nach den selbst zugefügten Verlusten, die sie während der Klassenkampfzeit erlitten hatte. In den vier Jahren vor dem Zweiten Weltkrieg vermehrte sich die Zahl der Parteimitglieder fast um das Dreifache, bis erneut die Anzahl von 18 000 Mitgliedern erreicht war.

Kolonialfragen waren für die KP immer von Bedeutung, da sie im Herzen des British Empire tätig war, und in diesen Fragen war Rajani Dutt nicht nur der anerkannte Führer in der britischen Partei, sondern hatte auch bedeutenden Einfluss auf die internationale Bewegung, besonders in Fragen im Zusammenhang mit Indien. Diese waren demnach auch die Themen, bei denen Salme Dutts Rolle und ihr Einfluss auf Raji am beschränktesten war.

Der Ausbruch des Zweiten Weltkrieges erzeugte eine weitere Krise in der Partei, wie bereits im ersten Kapitel (ab Seite 15) umrissen. Finnlands Winterkrieg mit der Sowjetunion betonte lediglich die Unstimmigkeiten, die der Weltkrieg in der Partei schon in den Vordergrund gerückt hatte. Es war ein Tiefpunkt in der Geschichte der Partei. Wenn die Krise Dutt auch zum Posten des Generalsekretärs in der Partei aufsteigen ließ, indem er Pollitt ablöste, war das doch kein Höhepunkt in seiner Karriere und kann kaum seinen Status und Respekt in der Partei erhöht haben. Als die Situation sich nach Hitlers Überfall auf die Sowjetunion im Juni 1941 abermals änderte und Pollitt, der leitender Funktionär im Zentralkomitee der Partei geblieben war, auf seinen Posten als Generalsekretär zurückkehrte, blieb auch Dutt in der Führung. Doch angesichts des bösartigen Charakters der September-Oktober-Debatten in der KP-Führung, als der Partei die von der Komintern diktierte Kehrtwende aufgezwungen wurde, ist es schwer zu glauben, dass die persönliche Beziehung zwischen Dutt und seinen einstmals engen Verbündeten und Freunden wie Callagher und Pollitt keinen dauerhaften Schaden erlitt.[22]

Der Riss zwischen Dutt und Pollitt wurde von Salme Dutt verstärkt, deren Brief Pollitt am Morgen des entscheidenden Oktobertreffens des Zentralkomitees erreichte. In ihrem bissigen Brief, der den Empfänger verletzt haben muss, formuliert sie es unverblümt: Entweder man akzeptierte die Logik einer »zentralisierten Weltpartei«, die eine Änderung der Parteilinie verlangte, oder »man findet sich bestenfalls außerhalb wieder, aber meistens im Lager des Feindes«. Es lag aber in der Natur der kommunistischen Disziplin, dass diese Art von Austausch begraben wurde, als die Partei, mehr oder weniger unter der gleichen Führung, ihren Kurs nach dem Krieg fortsetzte.[23]

13
Wuolijoki in der Politik

Vor dem Bürgerkrieg war Hella Wuolijoki als Mitglied der Sozialdemokratischen Partei Finnlands bekannt gewesen. Sie hatte häufig vor Parteiversammlungen gesprochen und Artikel und Rezensionen für die Parteizeitungen und -publikationen geschrieben. Vor den allgemeinen Wahlen von 1913 baten sie daher zwei Bezirksorganisationen, sich als Parlamentsabgeordnete aufstellen zu lassen. Interessanterweise gibt es keine Unterlagen darüber, dass sie jemals einen Partei-Mitgliedsausweis hatte oder jemals Mitgliedsbeiträge zahlte.[1] Sie verbarg ihre offene Identifizierung mit der Arbeiterbewegung und deren sozialistischen Werten niemals, aber gleichzeitig war eine direkte Zugehörigkeit zu der Partei – oder zu irgendeiner Partei – ihr nicht wichtig.

Der Bürgerkrieg – in Finnland ebenso wie in ihrem Geburtsland Estland und in Russland – war traumatisch für sie. Ihre Sympathien, wie sowohl privat als auch öffentlich in ihren Stücken und Schriften verzeichnet ist, gehörten den Roten, aber nicht der Gewalt und noch weniger dem Terror, den sie anwendeten.

Um ihre politischen Ansichten und Werte zu beurteilen, ist der lange Brief von Interesse, den sie im Januar 1925 an ihren Freund und Leiter des liberalen Zentrums in Estland, Jaan Tônisson, schrieb. Estland war damals eine pulsierende, aber zerbrechliche Demokratie. Nach der Unabhängigkeit war es mit einer der radikalsten demokratischen Verfassungen in Europa ausgestattet worden, aber sein Unabhängigkeitskrieg gegen Russland (und die Baltische Landswehr der Deutschbalten) hatte auch einige Merkmale eines Bürgerkrieges. Die KP war verboten worden, und 1922 wurde ihr Führer Viktor Kingisepp hingerichtet, doch die Partei hatte noch immer bemerkenswerte Unterstützung im Lande. Bei den Wahlen von 1923 gewann ihre Tarnorganisation zehn Prozent der Sitze und schien sich nach den Kommunalwahlen noch weiter verbessern zu können. Die Situation missdeutend, versuchten die im Exil lebenden kommunistischen Führer mit Ermutigung aus Moskau – wahrscheinlicher von der GRU als von der Komintern – im Dezember 1924 einen katastrophalen Putsch. Die große Masse der Arbeiter, die mit den Kommunisten sympathisiert haben mag, schloss sich dem Putsch nicht an, und der Versuch wurde bald niedergeschlagen mit grauenhaftem Blutvergießen, auf das Wuolijoki in ihrem Brief hinweist.[2)]

Von 1920 an habe ich mich von jeglicher Politik ferngehalten. Ich habe keine Partei [...] Ich hatte den Mut, das mir gegenüber zuzugeben und abseits zu bleiben. Ich bin nicht länger Sozialdemokratin, schon die Loyalität zu Sulo veranlasste mich dazu, sie zu verlassen, und der kleinkarierte Karrierismus ihrer Führer ist ausgesprochen abstoßend. Darum bevorzuge ich sogar die Kommunisten, die für ihre Ideale sterben und töten können, obwohl ich ihre Torheit nicht verstehen kann. Vielleicht verstehe ich sie nicht, weil ich eine Kapitalistin bin, und es ist das Blut estnischer Bauern, das durch meine Adern rinnt und das mich dazu bringt, zu bauen, nicht zu zerstören. Ich hebe jedes Brett, jeden alten Schlitten und Karren auf, weil sie vielleicht eines Tages gebraucht werden könnten, wenn der neue zerbricht.

Seit ich vor 20 Jahren mein Heimatland verlassen habe, habe ich viel weinen müssen. Vielleicht sind meine Augen vom Weinen so blind geworden, dass ich den Weg zurück nicht finden kann. Aber ich habe nie geglaubt, dass ich immer noch allein dasitzen und wieder um mein Land weinen würde, wie ich es nach den Toompää-Morden und nach dem Terror des 1. Dezember tat. Ich konnte die Morde nicht verstehen, die mein Körper und meine Seele ablehnen. Ich habe mit mir gekämpft, und ganz egal, was meine Kinder tun, ich könnte niemals für sie die Todesstrafe fordern. Ich kann das Toompää-Todesurteil nicht verstehen, nicht mehr als ich diejenigen verstehen kann, die sich im Namen der Arbeiter erhoben, um eine neue Gesellschaft zu errichten und damit begannen – durch Töten, Töten von jedem der ihnen am Bahnhof in den Weg kam. Ich kann diese Esten nicht verstehen, die ihr Land kennen sollten und die daran denken können, estnische Bauern unter Sowjetherrschaft zu bringen, was töten und töten und nochmals töten bedeutet. [...] Aber Töten bewirkt nur mehr Töten. Ich kann verstehen, dass Sie sich gefährdet und belagert gefühlt haben, aber wiederholt nicht, was in Finn-

land geschah, spaltet des Land nicht in einer solchen Torheit auf. Eine rechtmäßige Regierung sollte nicht darauf zurückgreifen, Aufständische zu töten. Und während die Terrorherrschaft in Russland andauert, kann ich die Regierung nicht unterstützen, auch wenn sie sehr freundlich zu mir war.[3]

Wie immer muss man berücksichtigen, an wen und unter welchen Umständen Hella Wuolijoki schrieb. Dennoch ist der Abscheu vor jeglicher Form von politischer Gewalt, einschließlich dessen, wozu die Kommunisten in Russland und anderswo griffen, in dem Brief auf einer Ebene eine ehrliche Widerspiegelung ihrer Gefühle. Gleichzeitig war es jedoch bemerkenswert, dass sie dazu imstande war, diese bei ihren aktuellen Geschäften mit der Regierung beiseite zu lassen, deren Verwendung von Terror als Instrument der Politik sie richtig erkannt hatte. Es ist unvorstellbar, dass sie 1925 immer noch keine Ahnung von der Mittäterschaft ihrer Jugendliebe »Anatoli« bei demselben Terror oder seinem hohen Rang in der sowjetischen Hierarchie gehabt haben soll. Man musste schon eine Macht im Lande sein, um mit einer privaten Leibwächtergarde von Tschekisten das Hotel Europeiskaja in Moskau umstellen zu lassen, wo sie sich 1923 mit Trilisser traf.[4]

Im Unterschied zu vielen anderen Freunden der Sowjetunion und Mitläufern der russischen Revolution kann nicht behauptet werden, dass sie nichts vom Terror wusste oder dass sie ihn als notwendiges Mittel für etwas Besseres rechtfertigte. In ihren Geschäften mit der sowjetischen Regierung gab es unbestreitbar eine gehörige Portion zynischer Realpolitik, die von ihren geschäftlichen und/oder politischen Interessen bestimmt wurde. Wenn sie das jemals vor sich selbst rechtfertigte, mag sie dieselben Argumente benutzt haben wie bei ihren Geschäftsabschlüssen als Kapitalistin mit anderen Kapitalisten, die zumindest indirekt Blut an den Händen hatten.

Im Dreieck widerstreitender Loyalitäten zu Estland, Finnland und der Sowjetunion ist es glaubhaft, dass sie ernsthaft versuchte, die unterschiedlichen Interessen aller in einer Art friedlicher Koexistenz miteinander zu versöhnen. Das konnte sie glaubhafter zwischen Finnland und der Sowjetunion tun. Es gibt Beweise dafür, dass sie versuchte, das Gleiche zwischen Estland und der Sowjetunion zu tun, bis zur Okkupation und Zerstörung eines unabhängigen Estlands. Danach blieb sie still, erhob niemals ihre Stimme zur Verteidigung ihres Geburtslandes und erkundigte sich nicht einmal nach dem Schicksal ihres engen Freundes

Jaan Tônisson. Andererseits hat sie sich auch niemals als Apologetin für die sowjetische Politik in den baltischen Staaten betätigt.

Während der Zeit nach dem Bürgerkrieg war ihr Salon ein Brennpunkt für das, was man die erste Generation von Mitläufern nennen könnte. Sie hatten gemischte Motive, die nicht notwendigerweise eine Zustimmung zu Lenins Politik, oder zumindest aller ihrer Aspekte, zur Folge hatten. Der Salon diente auch nicht nur russischen Interessen. Die Entente-Diplomaten, Armeeoffiziere und Journalisten, die ihren Salon frequentierten, waren an Informationen und Kontakten interessiert und waren sehr wohl in der Lage, ihre eigenen Schlussfolgerungen zu ziehen. Was die Innenpolitik angeht, war der Salon – im Gegensatz zum Verdacht der Polizei – kein Nest für subversive Intrigen. Welcher Art die Kontakte Hella Wuolijokis und noch mehr ihrer Schwester Salme Pekkala zu Kuusinen und anderen Komintern-Agenten auch immer waren, sie sorgte dafür, dass ihr Haus kein revolutionäres Parteibüro wurde.

In den 1920er Jahren blieb Hella Wuolijoki, während sie gewiss gut über politische Ereignisse informiert war, abseits von der Innenpolitik und spielte keine direkte Rolle darin. Die Distanz, die sie zur Finnischen Kommunistischen Partei und ihren Fronten hielt, war so ausgeprägt, dass sie beabsichtigt gewesen sein muss. Sie war natürlich so weit in regem und regelmäßigem Kontakt mit der sowjetischen Botschaft und anderen sowjetischen Vertretern – einschließlich Trilisser, der sie 1921 in Marlebäck besuchte – dass sie im geschäftlichen Sinne ganz offen als ihre Agentin tätig war, aber auch immer mit ihren eigenen Interessen im Hinterkopf.

In den 1930er Jahren fand eine feine Änderung in Hella Wuolijokis politischer Tätigkeit statt. Es hatte etwas damit zu tun, dass sie nicht länger Geschäftsfrau und Kapitalistin war, sondern in erster Linie Autorin. Politische Entwicklungen trugen noch deutlicher zu einer Veränderung bei. Die faschistische Bedrohung erzeugte neue Anforderungen und Möglichkeiten für eine politische Mitte-Links-Kooperation zur Verteidigung der Demokratie auf breiter Basis, wenn auch die Komintern immer noch an ihrer verhängnisvollen Klassenkampflinie festhielt. Ein Teil der finnischen politischen Kräfte links von der SDP erkannte die Sinnlosigkeit der Komintern-Linie, als Suomen Ammattijärjestö, die alte von Kommunisten und linken Sozialisten dominierte zentrale Gewerkschaftsorganisation, 1929 verboten wurde. Diese sogenannten zwischen den Kommunisten und der SDP Schwankenden – zu denen auch Eino Pekkala gehörte – kooperierten 1930 mit den Sozialdemokraten bei der Schaffung der Suomen Ammattiyhdistysten Keskusliitto (SAK). Erst 1934, nach der Neuorientierung der Komintern, begannen die Kommunisten, sich der SAK anzuschließen.

Ein eindeutiger Bruch mit dem, was als rechtsgerichtete weiße Vormundschaft in Finnland beschrieben werden kann, fand statt, als die Sozialdemokratische Partei, die Agrarunion und die kleine liberale Fortschrittspartei 1937 die erste Mitte-Links-Koalitionsregierung in Finnland mit A. K. Cajander als Ministerpräsidenten bildeten. Dem war der Sturz von T. M. Kivimäkis nicht-parlamentarischer Mitte-Rechts-Regierung im September 1936 vorausgegangen, als die *Tulenkantajat* einen Untersuchungsbericht der Sicherheitspolizei zu Volksfrontaktivitäten in Finnland veröffentlichte. Er lieferte ein im Wesentlichen richtiges Bild dessen, was die Kommunisten im Untergrund zu tun versuchten, aber er warf auch einen Schatten auf viele Menschen, die unschuldig an einigen der im Bericht behandelten Organisationen beteiligt waren. Einer der Genannten war Kalle Jutila, ein Mitglied der Agrarierpartei, der damals Minister in der Kivimäki-Regierung war. Der darauf folgende Skandal brachte die bis dahin am längsten amtierende Regierung Finnlands zu Fall und führte im nächsten Jahr zu einer Umstrukturierung der Sicherheitspolizei.[5]

Die Cajander-Regierung, die nach einer nur kurze Zeit amtierenden Agrarier-Minderheitsregierung gebildet wurde, war keine Volksfrontregierung. Die Sozialdemokratische Partei Finnlands war ebenso wie die britische Labour Party gegen jegliche offene Einheitsfront oder Volksfrontinitiativen und schloss Linke aus, die diese befürworteten. Das verhinderte das Aufkommen solcher Aktivitäten nicht, besonders im Kulturleben und in Massenorganisationen wie der TUL und den Gewerkschaften.

Hella Wuolijoki brauchte keine Direktiven, um solche Volksfrontaktivitäten zu begrüßen und sich, in kleinem Maßstab, daran zu beteiligen. Ihre Unterstützung für die *Tulenkantajat*-Zeitschrift war ein Anzeichen dafür, und 1939 gab sie ihren Namen für eine Publikation her, die an die finnischen Freiwilligen, die auf Seiten der Republik im Spanischen Bürgerkrieg gekämpft hatten, erinnerte. Außer Wuolijoki umfasste die nominelle Redaktion den sympathisierenden SDP-Parlamentsabgeordneten Cay Sundström und die Schriftsteller Viljo Kajava, Elvi Sinervo, Arvo Turtiainen und Katri Vala. Mitwirkende an dem Buch waren fast ausschließlich finnische Kommunisten, die in Spanien gekämpft hatten. Im Jahr 1936 war Wuolijoki auch an der von den Kommunisten angeregten internationalen Kampagne zur Rettung von Toivo

Antikainen beteiligt, einem führenden Kommunisten, der bei einer Untergrundmission in Finnland verhaftet worden war und dem für den angeblichen Mord an einem finnischen Weißgardisten, der 1922 in Sowjetkarelien festgenommen wurde, die Todesstrafe drohte.[6]

Sie stand auch mit Hertta Kuusinen, der Tochter von Otto Ville Kuusinen, und Yrjö Leino, die 1944 am Ende des Krieges die beiden prominentesten Kommunisten in Finnland werden sollten, in Verbindung. Hertta und Yrjö Leino hatten sich im Sommer 1939 kennengelernt und ineinander verliebt. Beide hatten lange Haftstrafen verbüßt und standen unter Polizeiüberwachung. Als Schulmädchen hatte Hertta eine Zeit lang bei Hella Wuolijoki gewohnt und dafür gesorgt, dass Leino, der von Beruf Agrartechnologe war, als Verwalter auf Marlebäck angestellt wurde. Er arbeitete einige Monate dort, aber als der Winterkrieg begann, kam Hertta nach Marlebäck – Leino behauptet, es war Hella Wuolijoki selbst, die sie von Helsinki in ihrem Auto abholte – von wo aus das Paar in den Untergrund ging. Sie wandten sich nordwärts nach Luhanka, wo sie während des Krieges in Scheunen und Saunen versteckt blieben. Nach dem Krieg kamen sie kurz nach Marlebäck zurück, wobei Hertta einige Zeit als Wuolijokis Sekretärin arbeitete.[7]

Die ökonomischen und sozialen Bedingungen im Lande entwickelten sich Ende der 1930er Jahre günstig. Die finnische Wirtschaft erholte sich, und die bescheidenen Reformen der neuen Mitte-Links-Regierung ließen die Arbeiterklasse an diesem Land beteiligt sein, das sie allmählich als ihr eigenes empfanden. Doch am internationalen Horizont zogen Wolken auf. Der Aufstieg des Faschismus, Hitlers brutale Zerstörung der Weimarer Republik in Deutschland und die italienisch-deutsche Intervention im spanischen Bürgerkrieg rückten die Aussicht auf einen neuen Weltkrieg in den Vordergrund der Sorgen der Menschen.

Stalin und die Komintern, die die deutsche Situation so verhängnisvoll fehlinterpretiert hatten, begannen sich auf einen Krieg vorzubereiten. Ein Teil der neuen Politik, um Nazideutschland aufzuhalten, umfasste Allianzen mit den bürgerlichen westlichen Demokratien und die Anweisung an die Kommunisten, Volksfrontkoalitionen in diesen Ländern zu unterstützen. Die von Georgi Dimitroff auf dem 7. Kongress der Komintern 1935 angekündigte Politik wurde nicht nur von engagierten Kommunisten begrüßt und gewann ihre Unterstützung, sondern auch von neuen Sympathisantenkreisen, die Stalins Sowjetunion als ein nützliches oder sogar unverzichtbares Bollwerk gegen den Nationalsozialismus ansahen.

Stalin gegenüber Hitler den Vorzug zu geben, brachte auch eine Bereitschaft mit sich, zu ignorieren oder unter den Teppich zu kehren, was in der Sowjetunion geschah – 1934, nach der Ermordung des Leningrader Parteichefs Sergei Kirow entfesselte Stalin eine neue Terrorwelle. Der Große Terror hatte viele Dimensionen und betraf Millionen von Menschen, die summarisch exekutiert oder in den GULAG geschickt wurden, wo sie nur mit Glück überlebten. Während der Jeschowschtschina – dem Zeitraum, als Nikolai Jeschow der Chef des NKWD war – wurden an die regionalen Organe Menschenquoten ausgegeben, die gesäubert und von den Sonder-Troikas zum Tode verurteilt werden mussten. Wenn sie auch nicht gerade ein Geheimnis waren, waren diese Prozesse aber auch nicht öffentlich, im Unterschied zu den berühmten Schauprozessen von 1936–1938. In diesen gut einstudierten Spektakeln wurden einige der meistgeachteten alten Bolschewiki, wie Sinowjew, Kamenew und Bucharin, vor Gericht gestellt und als Saboteure, imperialistische Agenten und/oder Trotzkisten verurteilt, die geplant hätten, die Sowjetregierung zu stürzen. Nur einige wenige wurden in solchen Schauprozessen gezeigt; die große Mehrheit verschwand mehr oder weniger anonym. Das war auch das Schicksal von Anatoli Trilisser, der am 2. Februar 1940 in der Lubljanka erschossen wurde.

Auch Nichtrussen fielen dem Terror zum Opfer. Der estnische Kommunistenführer Jaan Anvelt war eines der Opfer. Die Finnen mit ihrer gesamten Parteiführung in Moskau und die Finnen in leitenden Positionen in der Karelischen Autonomen Sozialistischen Sowjetrepublik wurden besonders schwer getroffen. Von denen in der Sowjetunion kamen solche wohlbekannten Gestalten der finnischen Arbeiterbewegung um wie Edvard Gylling, Ivar Lassy, Kullervo Manner, Kustaa Rovio und Yrjö Sirola, zusammen mit Tausenden weniger gut bekannten Parteimitgliedern und Anhängern. Otto Ville Kuusinen, der große Überlebende, war die prominenteste Ausnahme. Er machte zaghafte Versuche, sich nach dem Schicksal einiger seiner ihm nahe stehenden Genossen zu erkundigen, musste aber mit dem Strom schwimmen, sich fügen und still bleiben, als auch seine Frau Aino Sarola und sein Sohn Esa in den GULAG geschickt wurden. Es wird geschätzt, dass insgesamt etwa 20 000 Finnen dem Terror zum Opfer gefallen sind.

War Wuolijoki eine sowjetische Agentin?

Wenn Hella Wuolijoki auch möglicherweise nicht mehr über die Einzelheiten oder das wahre Ausmaß des Terrors gewusst haben mag als die meisten Menschen außerhalb der Sowjetunion, wusste sie und jeder, der Zeitung las, genug, um zumindest Fragen über das Schicksal der Menschen zu stellen, die sie persönlich gekannt hatte. Aber soweit bekannt ist, stellte Wuolijoki niemals irgendwelche Fragen und antwortete weder auf die Fragen anderer – und zumindest Ernestine Evans stellte in ihren Briefen einige – noch gab sie irgendwelche öffentlichen Kommentare zu den Säuberungen ab. Privat wiederholte sie die offiziellen Moskauer Ansichten, denen zufolge die Säuberungen gerechtfertigt waren, da sie sich gegen eine internationale Konspiration wider den Sowjetstaat richteten. In ihrem Tagebuch interpretierte Sylvi-Kyllikki Kilpi, sozialdemokratische Parlamentsabgeordnete, Theaterkritikerin und manchmal Gast auf Marlebäck, Wuolijokis Widerstreben, etwas Kritisches über die Säuberungen zu sagen, zumindest teilweise als Folge der Furcht, die Aufführung ihrer Stücke in Russland zu gefährden.[8] Das könnte die tantiemenbewusste Autorin sicherlich berücksichtigt haben, da sie ziemlich froh darüber war, ihre Stücke auch im nationalsozialistischen Deutschland aufgeführt zu sehen.

Da sie fließend Russisch sprach und die Sowjetunion häufig besuchte, kann Wuolijoki auch nicht auf Unwissenheit plädieren. Wenn ihre Besuche auch nicht derselben Art von Inszenierung unterlagen, wie es die der sympathisierenden politischen Pilger in das Land waren, war sie immer ein privilegierter Gast im Lande. Es gibt viele Anzeichen dafür, dass sie weniger blauäugig hinsichtlich des Sowjetlandes war, dessen Fehler sie sowohl den russischen nationalen Eigenschaften als auch dem System an sich zugeschrieben haben mag. Sie konnte sowohl Charme als auch majestätischen Donner einsetzen, um mit den sowjetischen Beamten zurechtzukommen, die in mancher Hinsicht das System der zaristischen russischen Bürokratie fortsetzten. Aber sollte man aus Wuolijokis standhaftem Eintreten für die Sowjetunion etwas Belastenderes ablesen als einfach Unwissenheit, Naivität oder ungefragtes Engagement für die Unterstützung der einzigen Macht, die fähig zu sein schien, den Faschismus aufzuhalten? Wie bei ihr üblich, gibt es keine klare und stimmige Antwort.

Ein Aspekt von Wuolijokis erneuter politischer Aktivität war, dass sie irgendwann in den 1930er Jahren damit begann, politische Berichte für die sowjetische Gesandtschaft in Helsinki zu schreiben. Wann genau sie mit dem Schreiben dieser Berichte anfing und wie oft oder was darin geschrieben war, ist nicht bekannt. Tatsächlich ist die einzige Quelle für diese Information ihre Tochter Vappu, die dagegen war, dass ihre Mutter das tat. Auch wenn keiner dieser Berichte gefunden worden ist, bleibt anzunehmen, dass diese Berichterstattung stattgefunden hat. Es ist bekannt, dass sie im Januar 1940 auf ihrer Friedensmission nach Stockholm solche Berichte schrieb, von denen einer veröffentlicht wurde.[9]

Es ist auch möglich, dass eine derartige Berichterstattung schon in den 1920er Jahren stattgefunden hat. Schließlich hatte sie ihren vorrevolutionären Kontakt zu Anatoli Trilisser 1921 erneuert, als er schon hoch in der Tscheka-Hierarchie und ihrem Auslandsgeheimdienstapparat aufgestiegen war. In zwei undatierten Briefen aus Moskau an Wuolijoki irgendwann um 1922 schickte Ernestine Evans – die in Marlebäck gewesen war, als Trilisser 1921 dort erschien – ihr Grüße von Trilisser:

Anatoli habe ich nur einmal gesehen. Ich glaube immer noch – er denkt immer noch, dass du packen und für acht Wochen nach London sausen solltest. Wenn du nicht mehr tun würdest, als alle Nachrichten, die es gibt, zu sammeln und durch geschicktes Öffnen von Schränken auf Anfrage ein paar Skelette zum Vorschein bringen würdest, sodass ein wenig Gottesfurcht in der Stadt umgeht, wäre das schon großartig genug.[10]

In dem anderen Brief, der etwa zur selben Zeit geschrieben wurde, hieß es: »Anatoli schickt Grüße und seine besten Wünsche. Etwas vage, aber bedeutungsvoll.« Keine weiteren Hinweise darauf, was Anatoli von Wuolijoki erwartete, das sie in London tun sollte oder um was es sich sonst handelte, sind vorhanden. Aber in Ernestine Evans' Briefen an Wuolijoki vor dem Besuch der Letzteren 1937 in Moskau gab es mindestens drei voneinander getrennte Verweise auf Wuolijokis Bemühungen, die Briefe, die sie an Anatoli geschrieben hatte, zurückzubekommen. Wiederum gibt es keine Hinweise darauf, ob es Liebesbriefe aus den Tagen der Viapori-Aufstandes waren oder vielleicht später geschriebene Briefe mit mehr politisch verräterischem oder sogar kompromittierendem Inhalt. Auch ist nicht bekannt, ob sie sie zurückbekommen hat.[11]

Trilissers Karriere erhielt großen Auftrieb, als er 1921 aus Sibirien nach Moskau zurückgerufen wurde, um die Auslandsoperationsabteilung der Tscheka zu übernehmen. Im Jahr 1926 wurde er in der Hierarchie die Nummer drei in der OGPU, die aus der Tscheka entstanden war. Er war ein früher Stalinist, und es wird berichtet, dass er Genrich Jagoda, der damals die Nummer zwei in der Organisation war, beim Chef verpfiffen hatte. Stalin unternahm nicht sofort etwas, aber er behielt das kompromittierende Material über Jagoda, das Trilisser gesammelt hatte, zur künftigen Verwendung in seinen persönlichen Akten. Trilisser war kein Vertrauter des Generalsekretärs, der einigen Berichten zufolge weder Trilisser noch Auslandsgeheimdienstleute mochte. Im Jahr 1930 wurde Trilisser durch die Enthüllungen eines übergelaufenen sowjetischen Diplomaten in Paris kompromittiert und musste in die Arbeit der Parteikontrollkommission ausweichen. Von dort aus tauchte er 1935 als M. A. Moskwin wieder auf und wurde der Schlüsselvertreter des NKWD im Komintern-Sekretariat.[12]

Das brachte ihn in engen Kontakt mit finnischen Fragen, da er insbesondere für die Kommunistische Partei Finnlands verantwortlich war. Die Finnen wussten von seiner vorrevolutionären Beziehung zu Wuolijoki. Arvo Tuominen zufolge, damals Sekretär der Partei in Moskau, nutzten sie das aus, indem sie ihn dazu brachten, sich in Erinnerungen über seine Begegnungen mit Hella in Finnland in seiner Jugend zu ergehen. In solch einer empfindsamen Stimmung neigte Trilisser, der auch für die Verteilung der Komintern-Finanzierung verantwortlich war, eher dazu, den ständigen Bitten der Finnen um mehr Geld nachzukommen.[13]

Nach einer Pause von über zehn Jahren besuchte Hella Wuolijoki im Juni 1937 Moskau. Ihr Besuch, mit dem Zweck, Werbung für ihre Stücke zu machen, kam zu einer Zeit, als die ersten Schauprozesse gegen Sinowjew und Kamenew im August 1936 abgehalten worden waren und Vorbereitungen dafür, Tuchatschewski und andere Führer der Roten Armee vor Gericht zu stellen, gerade begannen. Noch mehr neue Prozesse waren in Vorbereitung, und auch die finnischen Kommunisten in Russland begannen zu spüren, dass die Atmosphäre drückend geworden war. Gylling und die meisten seiner Gefährten waren in Karelien schon 1935 entlassen worden, aber das Verfahren gegen sie hatte noch nicht begonnen. Unter denen, mit denen sie sich traf, waren sowohl Gylling, damals zurück in Moskau, als auch Kuusinen.

Wenige Wochen später wurde Gylling verhaftet. Da er immer noch Mitglied des Zentralkomitees der finnischen Partei war, wurde Tuominen zu Jeschow entsandt, um um eine Erklärung zu bitten. Als Antwort sagte Jeschow, dass der Fall gegen Gylling schwerwiegend sei, da dieser sich mit Hella Wuolijoki getroffen habe, die dem NKWD zufolge erwiesenermaßen Agentin des britischen Secret Service sei. Gleichzeitig hätte sie Gylling gesagt, dass sie im Dienste der Vierten Sektion stehe, also der GRU, dem Auslandsgeheimdienst der Roten Armee. Als Tuominen fragte, ob sie das bei der GRU nachgeprüft hätten, war die Antwort: Natürlich nicht, aber falls es wahr wäre, wäre es nützlich gegen den rivalisierenden Dienst.

Gyllings Zwangslage hatte auch für Kuusinen ernste Auswirkungen. Tuominen hakte bei Kuusinen nach, was ihn sehr aufregte. Er sagte, dass er nichts über Wuolijokis mögliche Secret-Service-Verbindungen wissen könne und dass sie mit ihm nur über ihre Stücke gesprochen habe, aber er bestätigte auch, dass sie von der Vierten Sektion nach Moskau eingeladen worden wäre. Kuusinen ging sofort zu Manuilski, Stalins Mann in der Komintern, und kam erleichtert wieder, nachdem Manuilski Stalin angerufen hatte, der ihnen versichert hatte, dass Jeschow Kuusinen nicht anrühren würde.[14]

Das zumindest ist Tuominens Geschichte in seinen notorisch unzuverlässigen und auf Sensationen ausgerichteten Memoiren, die 1956 veröffentlicht wurden. Andere Quellen bestätigen, dass Wuolijoki tatsächlich in einigen Formationen des sowjetischen Sicherheitsapparates verdächtigt wurde, eine britische Agentin zu sein und dass diese Verdächtigungen bei den geheimen Anschuldigungen verwendet wurden, die 1938 zur Hinrichtung von Gylling führten. Als Aino Kuusinen verhaftet wurde, drängte man auch sie, zu bestätigen, dass O. V. Kuusinen ein britischer Agent gewesen sei. Sie weigerte sich, dachte aber, dass Kuusinens regelmäßige Kontakte mit Wuolijoki der Grund für die Verdächtigungen sein könnten. Während des Krieges erklärte der NKWD, dass sie wussten, dass Wuolijoki Kontakte zu britischen Agenten gehabt hatte, das diese jedoch abgebrochen worden seien.[15]

Einer dieser angeblichen Agenten war vermutlich Lady Muriel Paget, eine der vielen Briten, die bei ihren häufigen Besuchen in Russland Marlebäck aufgesucht hatten. Sie war eine reiche Erbin, die durch umfangreiche humanitäre Arbeit in Ost- und Mitteleuropa ihrem Leben Bedeutung und Spannung gegeben hatte. Das schloss auch die Hilfe für ihre Landsleute ein, die in Sowjetrussland gestrandet waren. Im Jahr 1938 wurde Lady Paget in dem Schauprozess von Christian Rakowski als einer der ausländischen Agenten genannt, mit denen der Beschuldigte verkehrte. Das beunruhigte Hella Wuolijoki in Helsinki, obwohl es für sie keine direkten Konsequenzen hatte. Während die exzentrische Lady Paget eher keine Geheimdienstmitarbeiterin war, gab es viele Menschen, die wirklich britische Agenten waren, zu denen Wuolijoki nicht nur zur Zeit ihres Salons, sondern auch später Kontakte hatte. Einer davon war gewiss J. H. Magill, der zum ersten Mal in den 1930er Jahren als Holzhändler mit Wuolijoki zu tun hatte. Nach dem Krieg kehrte er als britischer Militärattaché nach Finnland zurück. Trotzdem ist es schwer zu glauben, dass Wuolijokis Kontakte zu einer dieser Personen irgendeinen antisowjetischen Beiklang gehabt hätten.[16] Aber in der Stalinzeit wurden tausende russischer und nichtrussischer Kommunisten aufgrund sogar noch abstruserer Beschuldigungen der Zusammenarbeit mit ausländischen Geheimdiensten hingerichtet.

Wuolijokis Kontakte zu sowjetischen Geheimdienstoffizieren sind unstrittig, aber ob sie bei der GRU waren und ob sie über sie so offen mit Gylling und Kuusinen hätte sprechen können, ist zweifelhaft. Was weder Tuominen noch jemand anders bestätigt hat, ist Hella Wuolijokis Bericht über ein 1937 von Trilisser arrangiertes Treffen mit Stalin in Moskau. Dem zufolge, was Wuolijoki »streng vertraulich« 1942 Paavo Kastari beim Verhör sagte, sei sie zu einem Treffen mit Stalin zum Kreml gebracht worden. Das Treffen habe über eine Stunde gedauert, und sie hätten sich hauptsächlich mit Erinnerungen an Stalins Finnlandbesuch 1905 beschäftigt. Stalin habe großes Interesse an den Verhältnissen in Finnland gezeigt und gut über sie Bescheid gewusst. Er habe negative Bemerkungen über Präsident Svinhufvud gemacht, habe aber in einer höchst freundlichen Weise über Präsident Ståhlberg gesprochen. Stalin habe gescherzt, wenn Ståhlbergs Entführung damit geendet hätte, dass er über die Grenze in die Sowjetunion gedrängt worden wäre, wäre er in allen Ehren auf freundlichste Weise empfangen worden. Stalin habe auch auf einen Präsidentenempfang Ståhlbergs verwiesen, auf dem bemerkt worden sei, dass man russische Diplomaten an ihrem intelligenten Aussehen erkennen könne. Wuolijoki hatte diesen Kommentar einem polnischen Diplomaten in Helsinki zugeschrieben. Sie hätten auch über russische Literatur gesprochen, ein Thema, in dem Stalin sehr bewandert gewesen sei. Wuolijoki habe die Gelegenheit genutzt, über ihre Stücke im Allgemeinen und über *Niskavuoren naiset* im Besonderen zu sprechen, was Stalin interessiert hätte.[17]

Die Beschreibung des Gesprächs ist dem nicht unähnlich, was damals bei einem Treffen mit Stalin zu erwarten war, und es ist sicher glaubhaft, dass Wuolijoki über ihre Stücke gesprochen hätte. Aber fand so ein Treffen wirklich statt oder war Wuolijokis Bericht eher eine Übung in Selbstvermarktung in einem kritischen Moment, in dem ihr

Leben auf dem Spiel stand? Für Kastari blieb die Sache unklar, und es ist keine andere Aufzeichnung über ein solches Treffen zu finden. In der von Stalins Sekretariat geführten Liste aller Besucher des Generalsekretärs wird Wuolijoki vor dem Zweiten Weltkrieg nicht erwähnt.

Kriegswolken

Vom sowjetischen Standpunkt aus war es natürlich, die neue Republik Finnland, in der die Weißen nach dem Bürgerkrieg an der Macht waren, sowohl als Ziel für sowjetisch-unterstützte Subversion als auch als potentiellen Feindstaat zu betrachten. Die Verdächtigungen wurden von Erinnerungen genährt: die aktive Unterstützung der Weißen für die Intervention im russischen Bürgerkrieg, die Nutzung der finnischen Insel Koivisto als Basis für die Überraschungsangriffe der britischen Marine auf Kronstad und der Versuch Finnlands, einer formellen Allianz mit Polen und den baltischen Staaten beizutreten, welche die Sowjets als eine feindliche, gegen sie gerichtete Koalition ansahen. Bis zu den 1930er Jahren war die Aussicht einer sowjetischen Unterstützung für eine unmittelbare Revolution in Finnland vorbei, aber die Beziehungen zwischen den beiden Ländern verbesserten sich kaum. In der sowjetischen Wahrnehmung waren die faschistische Lapuabewegung und die Aktivitäten der Akademischen Kareliengesellschaft mit ihrem Programm zur Schaffung eines Großfinnland der Beweis einer fortdauernden Sicherheitsbedrohung für die Sowjetunion.

Finnlands Außenpolitik nach 1923 ist als eine Politik der *splendid isolation* charakterisiert worden. Diese endete im Dezember 1935, als das finnische Parlament einen Beschluss über die neue nordische Orientierung des Landes verabschiedete. Vom sowjetischen Standpunkt war diese nordische Neutralität willkommener als die befürchtete finnische Zusammenarbeit mit Deutschland oder Polen, aber nicht genug, um Moskau zufriedenzustellen. Im November 1936 hatte der Leningrader Parteisekretär Andrei Schdanow in einer Rede auf dem Kongress der Sowjets einige sehr deutliche und drohende Bemerkungen über Finnland gemacht, worin er mit militärischer Vergeltung drohte, falls das Land es zulassen sollte, dass sein Territorium von faschistischen Aggressoren benutzt würde.[18]

In Finnland hatten jedoch breitere Kreise damit angefangen, die Notwendigkeit besserer Beziehungen zur Sowjetunion zu begreifen. Aarne

Sakari Yrjö-Koskinen, ein Diplomat der Paasikivi-Schule der Altfinnen und finnischer Gesandter in Moskau in den 1930er Jahren, formulierte es eine Woche nach Schdanows Rede in seinem Brief an Außenminister Holsti folgendermaßen: »Obwohl ich ein Mann der Rechten bin, bin ich zutiefst davon überzeugt, dass unser nationales Interesse ehrliche Bemühungen erfordert, gute Beziehungen zur Sowjetunion zu haben, weil sie unser einziger potentieller Feind ist«.[19] Die Eliminierung der Rechten aus der Regierung nach 1936 wurde in Moskau positiv vermerkt, was die finnischen Kommunisten dazu ermutigte, die Entwicklungen in Finnland positiv zu beurteilen und sie im Licht einer Volksfrontstrategie zu sehen.

Die Sowjetunion wollte aber mehr als nur gute und normale Beziehungen. Sie war zunehmend zu der Überzeugung gelangt, dass es notwendig sei, angesichts der Bedrohung, die das nationalsozialistische Deutschland darstellte, neue Sicherheitsvereinbarungen mit ihren westlichen Nachbarn zu erreichen. Mit Finnland wollte sie ein Sicherheitsabkommen. Das war die Sonderaufgabe, die 1938 Boris Jartsew übertragen wurde, der Ende 1935 als Erster Sekretär der sowjetischen Gesandtschaft nach Helsinki geschickt wurde.

Jartsew war der NKWD-Vertreter in Finnland, obwohl die finnischen Behörden sich damals darüber nicht im Klaren waren. Sein richtiger Name war Boris Rybkin. Eine noch wichtigere Person kann sogar ein anderer hochrangiger NKWD-Offizier mit der Tarnung als Direktorin der Intourist-Agentur mit dem Decknamen Alexandra Kruglowa gewesen sein. Sie und Rybkin trafen sich in Helsinki, verliebten sich ineinander und durften 1936 heiraten. Kruglowas richtiger Name, mit welchem sie viel später Berühmtheit als Autorin von Kinderbüchern erlangen sollte, war Zoja Woskresenskaja.

Wie Rybkin später während des Krieges Kollontai in Stockholm erzählte, wurde er im April 1938 – drei Wochen nach dem Anschluss Österreichs an das Deutsche Reich – nach Moskau vorgeladen, wo er zu Stalin in den Kreml gebracht wurde und auch Molotow und Woroschilow bei dem Treffen anwesend waren. Stalin übertrug ihm die Mission, mit den Finnen eine Vereinbarung über eine Verteidigungszusammenarbeit für den Fall zu erreichen, dass Deutschland die Sowjetunion über Finnland angreifen würde. Im Gegenzug würde die Sowjetunion ihre friedlichen Absichten gegenüber Finnland bekräftigen und seine Unabhängigkeit garantieren. Obwohl Molotow und Verteidigungsminister Woroschilow ebenfalls bei dem Treffen anwesend waren, hatte Stalin die gesamte Unterhaltung geführt und beeindruckte Rybkin mit seiner Vertrautheit mit den Verhältnissen in Finnland.[20]

Zurück in Helsinki bat Rybkin/Jartsew nur wenige Tage nach dem Kreml-Treffen um ein Treffen mit Außenminister Rudolf Holsti. So begannen die sogenannten Jartsew-Gespräche, die sich fast ein Jahr lang unter großer Geheimhaltung dahinschleppten – Jartsew hatte darauf bestanden, dass weder der sowjetische Gesandte in Helsinki noch der finnische Gesandte in Moskau beteiligt sein sollten. Der Ton von Jartsews Vorstoß war respektvoll und freundlich im Vergleich zu Schdanows Drohungen, aber das Endziel war das gleiche: Die Sowjetunion wollte Garantien für Finnlands Bereitschaft und Fähigkeit, gegenüber Drittländern, d.h. Deutschland, Widerstand zu leisten, damit sein Territorium nicht gegen seinen Nachbarn benutzt würde.

Außer Holsti traf Jartsew auch mit Finanzminister Väinö Tanner und Ministerpräsident Cajander zusammen und besprach die Frage der Sicherheitsgarantien mit ihnen. Tanner, der während der Krankheit des Außenministers im Namen von Holsti handelte, legte Jartsew sogar einen Vertragsentwurf vor, in dem Finnland sich dazu verpflichtet hätte, die Nutzung seines Territoriums gegen die Sowjetunion nicht zu gestatten. Die Sowjetunion würde sich dazu verpflichten, Finnlands territoriale Integrität zu respektieren und die Befestigung der demilitarisierten Ålandinseln zu gestatten. Das war für Jartsew nicht genug, der schriftliche, wenn auch geheime Garantien forderte, dass Finnland im Falle eines deutschen Angriffs sowjetische militärische Hilfe, eine gemeinsame Remilitarisierung der Ålandinseln und einen sowjetischen Stützpunkt auf der finnischen Insel Suursaari (Hogland) im Finnischen Meerbusen akzeptierte.

Tanner übergab Jartsew die negative Antwort der Finnen, die im August von einem kleinen Kreis von Ministern entworfen worden war. Die Kontakte wurden noch fortgesetzt, und Jartsew betätigte sich jetzt mit etwas diskreterem Lobbyismus und gewann Hella Wuolijoki als seine Verbündete. Auf Marlebäck traf Jartsew den politischen Sekretär des Ministerpräsidenten und Parlamentsabgeordneten Arvo Inkilä, den Armeeinspekteur General Aarne Sihvo und einige Minister und sprach mit ihnen. Abgesehen von Wuolijoki, deren Kontakte gut, aber deren Einfluss begrenzt war, zeigte Inkilä das meiste Verständnis für Jartsews Vorschläge. Doch die Geheimverhandlungen führten zu nichts, besonders nachdem Rudolf Holsti, der Deutschland mit einigen unvorsichtigen Meinungsäußerungen, die Hitler betrafen, beleidigt hatte, im

Dezember 1938 als Außenminister durch Eljas Erkko ersetzt wurde. Erkko kam vom rechten Flügel von Holstis kleiner Fortschrittspartei und er behandelte Jartsew mit dem schroffen Selbstvertrauen, das seinen Status als Eigentümer und Herausgeber von *Helsingin Sanomat* widerspiegelte. Ab März wurden die Kontakte zu Jartsew abgebrochen, und der Abgesandte verschwand einstweilen von der Bühne.[21]

Ein Zeitraum der Ruhe, der während der allgemeinen finnischen Wahlen im Sommer folgte, stärkte die Position der Cajander-Regierung, wobei Außenpolitik eine unbedeutende Rolle spielte. Nicht einmal der Abschluss des Molotow-Ribbentrop-Paktes im August und der Beginn des Zweiten Weltkrieges im September verursachten in Finnland viel Aufsehen. Man ging davon aus, dass das Land und seine skandinavischen Nachbarn außerhalb des Krieges bleiben könnten. Diese Selbstgefälligkeit wurde jäh zerrissen, als die baltischen Staaten und Finnland im September bzw. Oktober ihre Vorladung nach Moskau erhielten.

Obwohl Hella Wuolijoki, nachdem der Weltkrieg begonnen hatte, an Salme und Rajani Dutt in London schrieb, sie sollten nach Finnland kommen, um »aus allem heraus« zu sein, teilte sie das falsche Sicherheitsgefühl nicht. Eingedenk ihrer guten Verbindungen traf sich Urho Toivola vom Außenministerium mit ihr am 30. September, um ihre Informationen und Meinungen zu sondieren. Hinter Toivolas Handlung stand einerseits die Mutmaßung von Minister Erkko, dass das sowjetisch-deutsche Übereinkommen Finnland in der deutschen Interessensphäre belassen könnte, und andererseits die Spekulation von Botschafter Wäinö Wuolijoki in Oslo, dass es Erwartungen gäbe, die UdSSR würde die Situation ausnützen, um Finnland zu demütigen. Angesichts dieser unterschiedlichen Einschätzungen ging Toivola davon aus, dass Hella Wuolijoki etwas über die sowjetischen Absichten gegenüber Finnland wissen könnte.[22]

In ihrer Diskussion brachte Frau Wuolijoki ihren Unmut darüber zum Ausdruck, dass bis dahin niemand ihre Empfehlungen beherzigt hatte, aber signalisierte auch ihre Bereitschaft, direkt mit Erkko zu sprechen. Durch Toivolas Überredungskunst wurde sie dazu gebracht, die Jartsew-Gespräche zu kommentieren, wobei sie betonte, dass er nicht der Vertreter der GPU wäre, wie angenommen worden war, sondern ein Abgesandter des Politbüros der KPdSU mit einem Mandat, eine politische Übereinkunft mit Finnland zu erzielen. Als Toivola fragte, was ihrer Ansicht nach Moskaus Absichten jetzt seien, antwortete sie, sie wisse es nicht, könne aber mit Bestimmtheit die Gerüchte zurückweisen, dass Erkko in Moskau nicht willkommen wäre. Im Gegenteil,

Derewjanski, der sowjetische Gesandte in Helsinki, hatte sie gebeten, Erkko zu sagen, dass er in Moskau willkommen wäre. Sie empfahl, Finnland solle die Initiative ergreifen, sonst könne Moskau Finnland der Gnade Deutschlands überlassen. Andererseits hatte Moskau seine Beziehungen mit Estland ohne einen Krieg geregelt (die Vereinbarung war erst am Vortag geschlossen worden). Es könnte etwas geschehen, das Moskau die scheinbare, logische Grundlage gäbe, seine Forderungen an Finnland öffentlich vorzubringen und schließlich auf seine militärische Macht zu verweisen. Falls Finnland auf bewaffneten Widerstand zurückgreifen sollte, würde Moskau es zu seinem Ziel machen, Finnland in eine Sowjetrepublik zu verwandeln.

In Beantwortung von Toivolas weiterer Frage sagte Wuolijoki, Finnland solle darauf vorbereitet sein, auf die Vorschläge einzugehen, die schon gemacht worden seien (durch Jartsew). Falls die Regierung es wolle, wäre sie dazu bereit, Sondierungen über Derewjanski vorzunehmen, aber nur, wenn sie ein paar konkrete Vorschläge zu übermitteln hätte. Moskau würde wahrscheinlich nicht mehr viel länger warten. Toivolas eigene Empfehlung an seinen Minister war es, dass Erkko Wuolijoki bitten solle, ihn zu treffen, da er das Gefühl habe, dass es mehr gäbe, was sie nur direkt Erkko sagen würde. Toivola, ehemaliger Chefredakteur der *Turun Sanomat*, der zum linken Flügel der kleinen Fortschrittspartei gehörte, während Erkko zu ihrem rechten Flügel gehörte, empfahl, Wuolijokis Rat zu befolgen.

Wie Wuolijoki angedeutet hatte, war die Option des Rückgriffs auf Kampfmaßnahmen sicher eine Möglichkeit, die die Sowjetunion erwog, als die Verhandlungen begannen, aber sie war nicht unvermeidlich. Ob der Krieg mit finnischen Konzessionen hätte vermieden werden können – was Marschall Mannerheim angesichts der unzureichenden militärischen Bereitschaft des Landes insgeheim der Regierung zu erwägen geraten hatte – und mit welchen Konsequenzen für Finnlands Unabhängigkeit, war und bleibt noch immer umstritten.

Nachdem die Verhandlungen abgebrochen worden waren, hatte Moskau sich für Krieg entschieden. Als mit Jelisei Sinitsin ein NKWD-Vertreter von hohem diplomatischem Rang nur wenige Wochen vor Beginn des Winterkrieges nach Finnland entsandt wurde, wurde er mit der Beschaffung von letzten Informationen zur Vorbereitung auf den kommenden Krieg betraut. Er war mit einer Liste finnischer Kontaktpersonen mit Codenamen ausgerüstet worden. Eine davon war »Anna«, die, auch wenn Sinitsin es in seinen sehr unzuverlässigen Erinnerungen nicht direkt darlegt, Wuolijoki gewesen sein muss. Diese leicht zu identifizierenden Menschen waren wertvolle Informationsquellen, aber keiner von ihnen konnte direkt als Spion angesehen werden. Einige waren Sympathisanten oder geheime Kommunisten, so wie »Graf«, der sozialdemokratische Parlamentsabgeordnete Cay Sundström; einige waren Nichtsozialisten, so wie »Ahti«, der Urho Kekkonens den Agrariern nahestehender Freund Kustaa Vilkuna gewesen sein könnte. Ihr gemeinsamer Nenner war, dass sie alle gute Beziehungen zur UdSSR wollten. Von diesen war »Anna« in der Lage, die relevantesten und genauesten Insiderinformationen über Diskussionen in der Regierung während der Oktoberverhandlungen zu liefern. Es ist möglich, wie Kimmo Rentola spekuliert hat, dass die ursprüngliche Quelle für einige ihrer Informationen Väinö Tanner gewesen sein könnte, der auch beabsichtigte, dass sie nach Moskau berichtet wurden.[23] Tanner hatte schon 1920 als einer der finnischen Delegierten zu den Friedensverhandlungen mit Sowjetrussland in Tartu geheime rückwärtige Kanäle genutzt, um Ergebnisse mit den Russen zu erzielen.

Es gibt keinen Zweifel, dass Hella Wuolijoki vielleicht schon im Jahr 1929 in den NKWD-Akten als »Anna« oder »Poet« etabliert war. Aber einen Codenamen zu haben für sich genommen heißt noch nicht, dass die fragliche Person eine bereitwillige und bewusste Agentin ist, noch weniger eine Spionin. Codenamen wurden nicht nur Spionen gegeben, sondern auch potentiell zu rekrutierenden Personen, einflussreichen Persönlichkeiten oder lediglich wichtigen Kontaktpersonen für die Geheim- und Sicherheitsdienste. Diese Organe neigen auch dazu, die Bedeutung ihrer Kontakte zu betonen und ihren Einfluss auf sie zu übertreiben, während die Kontaktpersonen dazu neigen, ihre Kontakte in unschuldiger Weise zu rechtfertigen und gewiss einer Beschreibung ihrer Aktivitäten als in irgendeiner Weise landesverräterisch widersprechen.

Hella Wuolijoki hätte sich selbst niemals als eine Einbahnstraße gesehen, sei es nun als Informantin oder als einflussreiche Persönlichkeit. Sie sah sich nicht nur als Lieferantin, sondern auch Empfängerin erstrangiger Informationen von ihren sowjetischen Kontaktpersonen und als jemand, der Einfluss auf die sowjetische Politik gegenüber Finnland und dem Baltikum ausübte. Aber was auch immer die genaue Art ihrer Beziehungen zum sowjetischen Sicherheitsapparat war, hatte sie offensichtlich keinen Zugang zu den tatsächlichen Entscheidungsfaktoren der sowjetischen Politik. Sie war bedeutend weniger gelassen hinsichtlich der Kriegsbedrohung als die meisten ihrer Landsleute in Estland oder Finnland, nicht weil sie die sowjetischen Absichten fürchtete, sondern aufgrund ihres Misstrauens gegenüber Deutschland.

Sowohl Wuolijoki als auch ihre sowjetischen Kontaktpersonen waren nicht nur um Finnland, sondern auch um Estland besorgt. Wuolijokis Geburtsland hatte in den 1930er Jahren turbulente Zeiten durchgemacht, die zum Aufstieg der Veteranenorganisation als einer faschistoiden politischen Bewegung führten. Um ihrer Machtergreifung zuvorzukommen, erlegte Konstantin Päts im März 1934 dem Lande seine autoritäre Herrschaft als Präsident auf. Gemessen an damaligen europäischen Standards war die Päts-Diktatur relativ gemäßigt, und obwohl sie keine Oppositionsparteien zuließ, tolerierte sie eine symbolische parlamentarische Opposition mit Tônisson als ihrem Anführer.

Als Deutschland in den 1930er Jahren stärker und aktiver wurde, begann Estland, trotz seiner formellen Neutralität, sich Deutschland anzunähern. Tônisson hatte keine Illusionen über deutsches Wohlwollen und betrachtete diese Politik als sehr gefährlich für Estland. Er sah Großbritannien und die Sowjetunion als die einzigen Mächte an, die Estland Sicherheitsgarantien geben konnten. Deutschland fürchtend, vertrat er eine bürgerliche realpolitische Haltung der Verständigung mit der Sowjetunion, die der von Paasikivi in Finnland ähnelte.[24]

Tônisson besuchte Helsinki im Januar 1939 und traf mit Präsident Kallio, Ministerpräsident Cajander und auch mit Hella Wuolijoki zusammen. Nach dem Treffen mit Tônisson schrieb Wuolijoki sofort einen ausführlichen Bericht darüber an Jartsew/Rybkin. Darin erzählte sie von Tônissons Pessimismus über die Sicherheitslage der baltischen Staaten, da Deutschland Litauen bedrängte, dem expansionistischen Reich mehr als nur Memel abzutreten. »Die herrschenden Umstände und der verstärkte deutsche Einfluss in Estland haben in estnischen Regierungskreisen die Furcht gesteigert, dass Estland seine Unabhängigkeit verlieren könne. Von seiner Sicht der politischen Entwicklungen dazu veranlasst, beschloss Tônisson, die Möglichkeit zu nutzen, Hilfe und Schutz von der Sowjetunion gegen die deutsche Aggression zu erhalten.«[25]

Die finnische Regierung war gerade dabei, die sowjetischen Angebote solcher Hilfe und solches Schutzes abzulehnen – obwohl Cajander gegenüber Tônisson eine positivere Haltung angezeigt hatte – während Tônisson diese Hilfe und Garantien für Estland anstrebte. Er war als Führer der Opposition ohne offiziellen Status, vermittelte aber den Eindruck, dass er auch für Präsident Päts und General Laidoner, den einflussreichen Kommandeur des estnischen Militärs, sprach. Dem Bericht zufolge hatte er auch Wuolijoki gebeten, nach Moskau zu gehen, um die Möglichkeiten für die Aufnahme estnisch-sowjetischer Gespräche zu sondieren, um ein solches Ziel zu erreichen, einschließlich der Bereit-

Hella Wuolijoki und Jaan Tônisson in Marlebäck 1939

schaft, die estnische Insel Vilsandi im Finnischen Meerbusen an die Sowjetunion zu verpachten. Es ist eine offene Frage, inwiefern das Tônissons eigene Ideen waren oder ob Wuolijoki – die über Jartsews Bemühungen und die finnisch-sowjetischen Kontakte gut informiert war – mit oder ohne sowjetische Aufforderung, auch dabei half, sie in seinem Bewusstsein zu verankern.

Im April war Wuolijoki an der Reihe, nach Tallinn zu reisen und sich mit Tônisson zu treffen. Wiederum erstattete sie sofort bei ihrer Rückkehr nach Helsinki Jartsew/Rybkin Bericht. »Poets« Bericht zufolge hatte Tônisson Laidoner über seine Gespräche in Helsinki unterrichtet. Laidoner war skeptisch bezüglich der Fähigkeit der Sowjets gewesen, Estland zu helfen, aber auch dazu bereit, inoffizielle Verhandlungen mit Moskau zu beginnen. Es war Tônissons eigene Einschätzung, dass, wenn die estnische Armee auch antideutsch war, die entscheidenden Generalstabsoffiziere unter deutschem Einfluss standen und dass der Außenminister Karl Selter von den Deutschen korrumpiert war.[26]

In Estland verfolgte Tônisson weiter halb öffentliche Angebote für eine Zusammenarbeit mit der Sowjetunion, aber ohne erkennbare Unterstützung im Lande. Darüber hinaus blieb die Sowjetunion oder zumindest das Außenministerium in Moskau skeptisch. Auch Außenminister Litwinow, der bald durch Molotow ersetzt werden sollte, schien nichts von den Jartsew-Kontakten in Finnland zu wissen. Ob Wuolijoki weitere Kontakte zu Tônisson oder anderen wegen der estnisch-sowjetischen Beziehungen vor dem Winterkrieg hatte, ist nicht bekannt, obwohl Tônisson im Sommer 1939 Finnland zweimal besuchte.[27]

14
Krieg und Frieden I

In den Monaten und Wochen vor dem sowjetischen Angriff auf Finnland am 30. November 1939 war Hella Wuolijoki für ihre sowjetischen Kontaktpersonen eine aktive und genaue Informantin. Die von ihr stammenden Berichte waren nicht direkt mit sowjetischen Vorbereitungen für den Winterkrieg verbunden und berührten keine militärischen Fragen. Sie waren eher darauf gerichtet, die Grenzen der finnischen Konzessionen darzulegen und wären hilfreich gewesen, wenn Stalin noch eine Verhandlungslösung gewollt hätte. Es gibt keinen Grund, zu glauben, dass sie den Krieg begrüßte oder ihn als etwas anderes als eine Katastrophe für beide Seiten ansah. Sie hatte keine Verwendung für Kuusinens Marionettenregierung in Terijoki.

Daher klingt der Brief, den sie am Weihnachtsabend 1939 an Väinö Tanner (siehe Kap. 1, Seite 18) schrieb, nicht falsch. Obwohl sie auf frühere Meinungsverschiedenheiten mit Tanner verweist, betrachtete sie Außenminister Tanner offensichtlich als den einflussreichsten und aufrichtigsten Friedensbefürworter in der hastig gebildeten neuen Ryti-Regierung.

War der Brief ihre eigene Initiative, oder hatte sie eine Aufforderung von Moskau erhalten, ihn zu schreiben? Es wäre nicht unmöglich gewesen, solche Anweisungen zu übermitteln. Es gab natürlich keine geheime Funkstation auf dem Gut, die sowjetische Gesandtschaft in Helsinki war geschlossen (sie war bei den ersten Bombenangriffen auf die Stadt von russischen Bomben getroffen worden) und das kommunistische Untergrundkommunikationsnetz im Land war völlig zusammengebrochen. Vor Weihnachten hatten auch Yrjö Leino und Hertta Kuusinen Marlebäck verlassen und waren in die Wälder gegangen. Davor hätte Hertta Kuusinen aber als Botin fungieren können. Am 7. Dezember schickte sie Wuolijoki eine abstruse, nur mit ihren Initialen unterzeichnete Postkarte aus Helsinki, dass sie am 11. und 14. in der Stadt sei, um

»die Person, die Du [HW] damit betraut hast, für die Sache zu sorgen«, zu kontaktieren. Es ist nicht unmöglich, dass sich das auf einen Agentenkontakt mit den Sowjets bezieht. Ein solcher Kontakt hätte auch über Stockholm vermittelt und durch einen schwedischen oder anderen Staatsbürger nach Finnland gebracht werden können. KGB-General Wiktor Wladimirow hat geschrieben, obwohl er zu jung war, um damals dabei gewesen zu sein, dass die sowjetische Botschafterin Alexandra Kollontai eine solche Nachricht über schwedische Kontaktpersonen an Wuolijoki geschickt habe und diese damit aufforderte, ihre Dienste anzubieten. Zu diesem Zeitpunkt kann Moskau nicht an einer Friedensmission interessiert gewesen sein, denn wenn auch der Einmarsch der Roten Armee in Finnland nicht ganz nach Plan erfolgt war, gibt es doch kein Anzeichen dafür, dass Stalin schon im Dezember willens gewesen wäre, eine andere Option als die militärische zu erwägen. Aber er musste sich auch vor einer möglichen Intervention durch die Alliierten in Acht nehmen. Der Ausschluss der UdSSR aus dem Völkerbund könnte als eine Warnung gewirkt haben, die Moskau dazu veranlasste, den Wuolijoki-Kanal zu aktivieren, für den Fall, dass er benötigt würde.[1)]

Tanner war skeptisch bezüglich Wuolijokis Angebot und musste von seiner Frau Linda dazu gebracht werden, entsprechend zu handeln. Aber nachdem er Rücksprache mit Ministerpräsident Risto Ryti und J. K. Paasikivi gehalten hatte, der aus der finnischen Gesandtschaft in Stockholm zurück beordert war, um in der neuen Regierung Minister ohne Portefeuille zu werden, war der kleine für Finnlands Außenpolitik verantwortliche Kreis dazu bereit, auch diesen Strohhalm zu ergreifen. Die Idee, sie als Vermittlerin zu nutzen, wirkte weit hergeholt, aber Wuolijoki war nicht die Einzige, die daran dachte. Zumindest Bankdirektor P. H. Norrmen hatte Ryti vorgeschlagen, ihre Dienste bei der Herstellung des Kontakts mit der sowjetischen Regierung in Anspruch zu nehmen, bevor Tanner sich damit einverstanden erklärte, sie nach Stockholm zu schicken.[2)]

Nach Helsinki gerufen, traf sich Wuolijoki am 8. Januar mit Tanner in seinem Haus, und zwei Tage später konnte sie über Haparanda nach Stockholm reisen, wo sie am 13. Januar eintraf. Am nächsten Tag fand ihr erstes Treffen mit Kollontai statt. Die beiden Frauen waren Freundinnen, die miteinander korrespondierten und sich zuletzt vor zwei Jahren getroffen hatten, als Wuolijoki Stockholm besuchte. Somit konnte sie ohne Schwierigkeiten ihr persönliches Freundschaftsverhältnis fortsetzen.

Alexandra Kollontai war im stalinistischen Russland eine einzigartige Überlebenskünstlerin. In eine aristokratische Familie hineingeboren, verbrachte sie die glücklichen Sommer ihrer Kindheit in Finnisch-Karelien, wo die Familie ihrer Mutter, Masalin, ihre Wurzeln hatte. Als produktive Schreiberin und frühe Feministin, die die Frauenbefreiung und die freie Liebe befürwortete, durchlief sie drei längere Beziehungen, behielt den Namen Kollontai aus ihrer ersten Ehe mit ihrem aristokratischen Cousin bei. Ihre anderen Partner, Alexander Schliapnikow und Pawel Dybenko, waren führende Bolschewiki. Auch sie wurde Mitglied des Zentralkomitees und Volkskommissarin für Soziales in der ersten Bolschewiki-Regierung, als sie nach zehn Jahren Exil in Westeuropa nach Russland zurückkehrte. Sie trat wegen Differenzen mit Lenin zurück und schloss sich 1921 der Arbeiteropposition in der Partei an, nahm aber 1923 einen Posten als Diplomatin an. Sie war nacheinander Gesandte in Oslo, Mexiko-Stadt und von 1930 an (ab 1943 als Botschafterin) in Stockholm. Sie war eine wirkungsvolle und beliebte Repräsentantin der Sowjetregierung und nach außen hin loyal gegenüber Stalin. Stalin wusste natürlich, dass sie niemals eine Stalinistin gewesen war, aber da sie für ihn nützlich war, rührte er sie nicht an.[3]

Kollontai empfing Wuolijoki – natürlich mit vorheriger Genehmigung aus Moskau – ganz herzlich (mit Tränen in den Augen, wie Wuolijoki Tanner schrieb) und mit echter Sympathie für Finnland. Wuolijoki stellte ihr die beiden Fragen, denen Tanner in Helsinki zugestimmt hatte: Was waren die sowjetischen Absichten gegenüber Finnland, und würde die Sowjetregierung dazu bereit sein, insgeheim, ohne jegliche Öffentlichkeit, mit Finnland zu verhandeln? Kollontais Antworten waren voller guten Willens gegenüber Finnland und Zusicherungen darüber, Finnlands Unabhängigkeit zu respektieren. Ihre Antworten wiederholten aber auch die offizielle Linie bezüglich des Verdachts, dass die Finnen für andere unfreundliche Mächte handelten, und betonten den Bedarf an Sicherheitsgarantien. Es gab keinen Verweis auf Kuusinen, dessen Schattenregierung in Terijoki immer noch offiziell der einzige finnische Partner war, den die UdSSR anerkannte und mit dem sie ein Abkommen geschlossen hatte, als der Krieg begann.[4]

Aber welche persönlichen Gefühle Kollontai auch gehabt haben mag, ihr tatsächlicher Einfluss auf die sowjetische Politik war streng begrenzt. Die tatsächlichen Verhandlungsführer für die sowjetische Seite waren die beiden Sondervertreter, die Stalin nach Stockholm schickte. In dieser Phase würden sie, wie Kollontai Wuolijoki informierte und diese wiederum Tanner am 18. Januar, nur mit Wuolijoki sprechen. Vier

Tage später traf sie mit den beiden NKWD-Treuhändern zusammen, Andrei Grauer – hastig zum neuen Ersten Sekretär der sowjetischen Gesandtschaft in Stockholm ernannt – und Wuolijokis altem Freund Jartsew. Wie Wuolijoki Tanner berichtete, hätte sie am liebsten vor Freude einen Luftsprung gemacht, als sie ihn sah, aber Jartsew war zurückhaltender gewesen. Grauer und Jartsew machten ihr klar, dass sie nur gekommen waren, um zu hören, was sie zu sagen hatte.[5]

Wuolijoki berichtete Tanner detailliert in ihren Briefen und telefonisch sehr zurückhaltend – und auch mündlich Eljas Erkko, damals finnischer Geschäftsträger in Stockholm, von dem Tanner ihr gesagt hatte, dass sie ihn auf dem Laufenden halten müsse – wie sie Finnland gegen die oft wiederholten Verdächtigungen und Anklagen der NKWD-Männer verteidigt hatte. Aber selbst Wuolijokis eigener Bericht hinterlässt den Eindruck, dass Grauer und Jartsew sie so behandelten, als ob sie einen ihrer Agenten befragten. Obwohl Wuolijoki Tanner zu verstehen gab, dass Kollontai mehr oder weniger voll an ihren Gesprächen beteiligt war, stimmte dies nicht. In ihrem privaten Tagebuch ließ Kollontai ihrer Enttäuschung über die Situation freien Lauf. Im Licht ihrer Tagebucheinträge scheint es auch unwahrscheinlich, dass sie die Initiatorin gewesen war, Wuolijoki nach Stockholm zu rufen. Am 26. Januar schrieb sie:

Meine Nerven sind am Ende [...] Diese Treffen, die Jartsew und Wuolijoki hinter meinem Rücken abhalten. Sie schicken stündlich Nachrichten nach Moskau, aber sagen nichts darüber. Sie und Jartsew glauben nicht an die Aufrichtigkeit der Schweden. Sie verstehen nicht, dass Hansson außerordentlich an einer friedlichen Lösung des Konflikts interessiert ist. Die Schweden wollen handeln, um in der Lage zu sein, neutral zu bleiben.

Jartsew und Grauer wollen das nicht begreifen. Nur Wuolijoki ist ihr Vermittler mit Helsinki und dem Geschäftsträger Erkko hier. Warum hat Tanner diese Frau hierher geschickt? Ich habe für sie keine Verwendung. Diese Treffen hinter meinem Rücken über die geheime Abteilung entnerven und irritieren mich nur.[6]

Grauer und Jartsew befragten Wuolijoki nicht nur, sie ließen sie auch einen Bericht nach Moskau mit dem Datum vom 21. Januar schreiben. In ihrem Verteidigungsbrief drei Jahre später bei ihrem Prozess erzählt sie, wie sie dazu gebracht wurde, »einen langen Bericht über [die] wirtschaftliche und soziale Lage, eine veritable ökonomische, politische und historische Studie, in der sie Lügen widerlegte, die in der Sowjetunion verbreitet worden waren« zu schreiben. Ihr zufolge waren sowohl Tanner als auch Erkko vollkommen darüber informiert, doch, zumindest was den Umfang und die Details ihrer Berichterstattung angeht, ist dies unwahrscheinlich.[7]

Nur ein Teil davon ist verfügbar. Darin stellt sie ihre Reise nach Stockholm ausschließlich als die Initiative von Tanner und der finnischen Regierung dar. Tanner könnte auch bei anderen Stellen im Bericht protestiert haben, aber zumindest der Teil, der veröffentlicht wurde, ist für sie nicht kompromittierend. Sie stellte Tanner und die finnische Regierung in keinerlei schlechtem Licht in der sowjetischen Wahrnehmung dar, sondern versuchte im Gegenteil die Aufrichtigkeit des Wunsches der Regierung nach Frieden zu unterstreichen. Sie schreibt allerdings negativ über den früheren Ministerpräsidenten und finnischen Gesandten in Berlin T. M. Kivimäki, den sie in Stockholm getroffen hatte und der nicht über ihre Mission informiert war.[8]

Die unveröffentlichten Teile dieses Berichts und verschiedene andere im Januar datierte Berichte, von denen Kopien im Kriegsarchiv in Moskau hinterlegt sind und zu denen mir der Zugang trotz meiner wiederholten Bemühungen nicht gestattet wurde, könnten mehr kompromittierendes Material enthalten. Sie schrieb Tanner, wie besonders Jartsew versuchte, sie über Angelegenheiten von militärischem Interesse zu befragen, die sie, wie sie sagt, nicht beantwortete. Seppo Isotalo, der die Dokumente gesehen hat, behauptet, dass sie in den Berichten Informationen darüber gegeben habe, wo sich die Regierungsbüros in Helsinki befanden und welche Gebäude durch Flugabwehrgeschütze gesichert wurden. Falls dies der Wahrheit entspricht, war es gewiss die Weitergabe von Informationen mit militärischem Wert.[9]

Die Finnen wurden am 29. Januar über den entscheidenden Durchbruch bei den Gesprächen informiert. Erkko wurde zum schwedischen Außenminister Christian Günther gerufen, der an ihn die Informationen weitergab, die laut Kollontai an die Finnen zu übergeben waren. Dabei handelte es sich um ein Telegramm von Molotow mit der Information, dass die UdSSR im Prinzip keinen Einwand gegen den Abschluss einer Vereinbarung mit der »Ryti-Tanner-Regierung« habe, die bisher in der sowjetischen Kriegspropaganda verunglimpft wurde. Welche die Bedingungen des Abkommens sein sollten, war ziemlich vage. Die Finnen dachten, sie könnten eine ähnliche Vereinbarung zustandebekommen, wie sie Stalin mit Kuusinen abgeschlossen hatte, aber das war völlig unbegründeter Optimismus, was dann auch die sowjetischen Forderungen, unter denen der Frieden schließlich unterzeichnet werden musste, zeigen sollten. Es ist offensichtlich, dass sowohl Kollontai als auch Wuolijoki die unrealistischen Erwartungen der finnischen Regierung nährten. Ihr Hauptzweck war es aber, die Parteien dazu zu bekommen, einen direkten Kontakt miteinander herzustellen. Das gelang ihnen, als sich Tanner damit einverstanden erklärte, nach Stockholm zu kommen und Kollontai unter großer Geheimhaltung in Wuolijokis Suite im Grand Hotel traf.[10]

Diese Kontaktanbahnung war von Wuolijoki mitinitiiert worden, aber es ist sicherlich eine starke Übertreibung, sie als ihre Errungenschaft zu beanspruchen. Es ist auch unwahrscheinlich, was Wuolijoki Paavo Kastari zwei Jahre später während ihrer Vernehmung sagte. Demnach habe sie im Januar von Stockholm aus über die sichere Telefonleitung der sowjetischen Gesandtschaft mit Stalin gesprochen und Stalin habe ihr in diesem Gespräch gesagt, dass er den Verhandlungen zugestimmt hätte. Diese Behauptung wiederholte sie nach dem Krieg nirgendwo anders. Stalin hat sich nicht durch Appelle von Frauen, auch nicht von Kollontai und Wuolijoki, umstimmen lassen, aber auch nicht von vielen Männern, es sei denn, diese hätten Divisionen zur Unterstützung ihrer Argumente gehabt. Der Schlüssel zu der Frage, warum Kuusinen zugunsten der Vereinbarung mit der Ryti-Tanner-Regierung aufgegeben wurde, lag woanders.

Die schwedische Regierung und ihr Außenminister Christian Günther haben ebenfalls den Friedensprozess bedeutend gefördert. Schweden hatte vor dem Konflikt klargestellt, dass Finnland nicht erwarten könne, dass Schweden zu seinen Gunsten militärisch eingreifen würde. Das war Schwedens Haltung während des ganzen Krieges, obwohl es keine formelle Neutralitätserklärung in dem Konflikt abgab. Außerdem leistete es geringe materielle Hilfe und gestattete, dass Freiwillige zum Kampf in Finnland rekrutiert wurden. Um eine Ausdehnung des Weltkrieges nach Nordeuropa zu verhindern und den Konflikt – selbst unter harten Bedingungen – zu beenden, war die Aufrechterhaltung von Finnlands Unabhängigkeit eindeutig in Schwedens Interesse, und es handelte dementsprechend.[11]

Es gab viele selbst ernannte Vermittler, die auch ihre Dienste anboten, um den Krieg zu beenden, aber nur die Rolle von Arvo Tuominen verdient etwas Aufmerksamkeit, wenn auch nur deswegen, weil einige finnische Autoren versucht haben, ihn als den wahren Initiator der Wuolijoki-Gespräche und lenkenden Einfluss auf Tanner zu beschreiben. Tuominen war seit 1937 in Stockholm, und er war formell immer noch Generalsekretär der Kommunistischen Partei Finnlands. Nach dem Krieg baute er sein Image als patriotischer Kommunist auf, der es abgelehnt hatte, Ministerpräsident in der Terijoki-Regierung zu werden und mit Stalin wegen des Angriffs auf Finnland gebrochen hatte. Während des Winters 1939–1940 hielt er sich aber immer noch alle Optionen offen und war als Doppelagent tätig. Die Behauptung, dass er bei den Wuolijoki-Kontakten eine Rolle spielte, stützt sich auf eine einzige Quelle, einen Brief von Hertta Kuusinen an ihren Vater O. V. Kuusinen Ende 1940, worin sie schreibt, dass Genossen in Schweden von den Friedensaktivitäten einer ungenannten Frau aus Finnland während des Winters wussten. Obwohl Tuominen gut und gern seine eigenen Friedenspläne entworfen haben mag und von Wuolijokis Anwesenheit in Stockholm gehört hatte, gibt es keine Nachweise, die die Behauptungen stützen, er habe damals eine Rolle bei Tanners und Wuolijokis Aktivitäten gespielt. Spekulationen in dieser Richtung sind einfach nicht überzeugend.[12]

Wuolijoki blieb, nachdem Tanner nach Helsinki zurückgekehrt war, auf seinen Wunsch bis zum 21. Februar in Stockholm. Bis dahin bereitete sich Tanner auf seine dritte Reise nach Stockholm während des Krieges vor, und Wuolijokis Dienste wurden nicht länger benötigt. Ihr Kontaktmann Jartsew hatte zwei Wochen zuvor Stockholm ebenfalls verlassen und war nach Tallinn gereist.[13] Es dauerte jedoch immer noch drei Wochen, bis der Frieden geschlossen werden konnte. Der von der finnischen Armee geleistete hartnäckige Widerstand hatte den von Stalin geplanten kampflosen Sieg verhindert, schwere Unzulänglichkeiten in der Roten Armee aufgedeckt und den Ruf der Sowjetunion beschädigt. Er hatte auch das finnische Selbstvertrauen in einem gefährlichen Grad gestärkt. Da die sogenannte Mannerheim-Linie gehalten wurde, sahen viele Finnen, einschließlich vieler in der Regierung – die nicht über die Stockholmer Gespräche informiert waren – keinen Grund, große Teile finnischen Territoriums an die Sowjetunion abzutreten.[14]

Wie heroisch der Widerstand eines kleinen Landes von drei Millionen Einwohnern auch war, über den Ausgang des Krieges konnte keine Ungewissheit herrschen, auch wenn Stalin länger als ursprünglich vorausgesehen brauchte, um sein Ziel zu erreichen. Aber die zur Verfügung stehende Zeit war nicht unbegrenzt. Deutschland hielt penibel am Molotow-Ribbentrop-Vertrag fest und rührte keinen Finger, um Finnland zu Hilfe zu kommen, doch Frankreich und Großbritannien waren bereit, einzugreifen. Auch wenn die englisch-französischen Pläne mehr darauf gerichtet waren, Deutschlands Nachschubwege abzuschneiden und die schwedischen Eisenerzminen für die Alliierten zu sichern, waren sie doch eine Gefahr für Stalin, der durch seine Geheimdienstquellen in Paris vollständig über sie auf dem Laufenden gehalten wurde. Irgendwann während der am 21. Januar beginnenden Woche beschloss Stalin, sich für einen Verhandlungsfrieden zu entscheiden.[15]

Interimsfrieden

Der Moskauer Friedensvertrag, der am 13. März 1940 in Kraft trat, war für Finnland hart. Es wurde dazu genötigt, einer neuen Grenze zuzustimmen, die mit kleinen Ausnahmen so gezogen wurde, dass sie derjenigen folgte, die Peter der Große 1721 durchgesetzt hatte. Diese Grenze bedeutete die Abtretung von über zehn Prozent des finnischen Territoriums, einschließlich der Karelischen Landenge und eines Stückes von Lappland. Darüber hinaus wurde die Hanko-Halbinsel als Militärbasis an die Sowjetunion verpachtet. Der Verlust an Territorium verbitterte die meisten Finnen, die später im Verlauf des Weltkrieges den Traum der Rückeroberung der verlorenen Territorien nährten. Tatsächlich hatte Reichsmarschall Hermann Göring der finnischen Regierung das angedeutet, als er ihr riet, die sowjetischen Bedingungen anzunehmen.[16]

Obwohl der Moskauer Friedensvertrag – anders als der 1944 geschlossene Waffenstillstand – keine Artikel enthielt, die die finnische Souveränität verletzten, handelte die Sowjetunion weiter bedrohlich und stellte neue Forderungen. Finnland wurde nach dem Krieg nur teilweise demobilisiert, und die meisten Verordnungen aus der Kriegszeit, einschließlich einer strengen Zensur, blieben in Kraft. Desgleichen der Beschluss, durch den das Oberkommando der Armee vom Präsidenten auf Mannerheim übertragen worden war. Politisch war das Land geteilt. Die nationale Einheit, mit der die Finnen dem sowjetischen Angriff Widerstand geleistet hatten – oft als das Wunder des Winterkrieges bezeichnet – wurde nach dem Krieg zur Hälfte institutionalisiert, aber sie hielt nicht lange vor, da eine bedeutende Minderheit in Finnland die eigenen Führer des Landes und nicht die Sowjetunion für das Elend des Landes verantwortlich machten. Das spiegelte sich in der Woge der Unterstützung für die linken Sozialisten wider, die im September 1940 aus der Sozialdemokratischen Partei ausgeschlossen wurden, und für die Kommunisten, die verboten blieben, aber nun die Finnisch-Sowjetische

Gesellschaft für Frieden und Freundschaft mit Mauri Ryömä als Vorsitzendem gründeten. Er war ein ehemaliger sozialdemokratischer Parlamentsabgeordneter, der schon 1937 aus der Partei ausgeschlossen worden war. Während des Krieges war er wegen eines scharfen Briefes interniert worden, den er an Tanner geschrieben hatte und der einer kommunistischen Zeitung in Schweden zugespielt worden war, worin er Tanner beschuldigte, für den Krieg verantwortlich zu sein.

Die linke sozialistische Gruppe von fünf, später sechs sozialdemokratischen Parlamentsabgeordneten startete die Wochenzeitung *Vapaa Sana* (Freies Wort), die mehr gelesen wurde als die offiziellen Zeitungen der Sozialdemokratischen Partei und eine Verbreitung von über 25 000 Stück erreichte, bevor sie zum Jahresende unterdrückt wurde. Die Finnisch-Sowjetische Freundschaftsgesellschaft erreichte eine Mitgliederzahl von 40 000, bevor die Organisation am Jahresende verboten wurde. Diese beiden Gruppen waren nicht identisch und wahrten Distanz zueinander.

Die Entwicklungen in Finnland zur damaligen Zeit fanden nicht in einem Vakuum statt, sondern wurden von den großen Umwälzungen anderswo in Nordeuropa beeinflusst. Im April 1940 besetzte Deutschland Dänemark und Norwegen, wobei es nur im letztgenannten Land auf kurzlebigen Widerstand traf. Am 10. Mai endete der Scheinkrieg im Westen, als Deutschland seinen Blitzkrieg gegen Frankreich, Belgien und die Niederlande begann.

Bald darauf begann die Sowjetunion, ihren Griff nach den drei baltischen Staaten zu verstärken. Mitte Juni stellte die UdSSR diesen Ländern neue Ultimaten, und die Rote Armee besetzte sie ohne Widerstand. Alle drei kapitulierten und stimmten der Bildung neuer, sowjetisch-diktierter »Volksregierungen« mit bis dahin meist recht unbekannten linksgerichteten Intellektuellen und anderen zu, aber nur wenige erkannten Kommunisten als Mitglieder an. Andrei Schdanow wurde als Moskaus Statthalter nach Estland entsendet, wo er Johannes Vares, einen unbekannten linksgerichteten Autor (mit dem Autorennamen Barbarus) zum Ministerpräsidenten einer neuen Regierung bestimmte. Vares-Barbarus und seine Kollegen in der neuen Regierung waren den meisten Esten unbekannt, auch Wuolijoki – von der er zumindest früher eine sehr negative Meinung hatte.[17]

Diese neuen baltischen Regierungen setzten im Juli Neuwahlen an, bei denen nur eine Liste von sowjetisch-bestimmten Kandidaten antreten durfte. Die Ergebnisse waren wie erwartet, auch wenn die kommunistische Liste nicht ganz die 99,9 Prozent der Stimmen gewann wie in den nachfolgenden sowjetischen Wahlen. Bis zum 6. August hatte der Oberste Sowjet in Moskau den Anträgen der neuen baltischen Parlamente, der UdSSR als neue Sozialistische Sowjetrepubliken beizutreten, zugestimmt.

Den baltischen Staaten war eine neue Sowjetrepublik vorausgegangen, und zwar die Karelofinnische Sozialistische Sowjetrepublik, die aus der alten karelischen autonomen Republik und den neu annektierten finnischen Gebieten gebildet worden war. Diese neue Republik war schon im April in die UdSSR aufgenommen worden. All diese Entwicklungen verursachten Besorgnis im zunehmend isolierten Finnland, wo die Finnisch-Sowjetische Freundschaftsgesellschaft wie eine kommunistische Partei agierte, ohne den Namen anzunehmen und zum Ausdruck brachte, dass Finnland dem Beispiel der baltischen Länder folgen sollte.

Wuolijoki sichert den Frieden

Nach ihrer Erfahrung als Friedensstifterin war Hella Wuolijoki der Ansicht, dass sie eine wichtige Rolle in der Bewahrung des Friedens und der Arbeit für gute finnisch-sowjetische Beziehungen zu spielen habe. Sie blieb abseits der linken Opposition und der Freundschaftsgesellschaft – obwohl sie versuchte, nach Ryömäs Verhaftung seine Freilassung als eine Geste des guten Willens gegenüber der Sowjetunion zu sichern – stand aber aktiv und offen in Kontakt mit der sowjetischen Gesandtschaft, die in Helsinki wieder eröffnet worden war. Jelisejew war nach Helsinki zurückgekehrt und wollte, dass sie ihre politischen Berichte fortsetzte, aber von konkreterem und unmittelbarerem Interesse für die Gesandtschaft waren ihre potentiellen Dienste bei der Entwicklung der Handelsbeziehungen zwischen den beiden Ländern, besonders im Holzhandel. Außer einem Holzgeschäft, für das sie mit einer Provision entlohnt wurde, kam bei diesen Bestrebungen nicht viel heraus, doch der finnische Handelsminister V. A. Kotilainen wusste ihre Bemühungen zu schätzen und betrachtete sie bei den vielen Treffen, die er mit Wuolijoki und dem Handelsattaché der Gesandtschaft Wasili Terentjew hatte, als ehrliche Vermittlerin.[18]

Auch die finnische Regierung sah Wuolijokis Kontakte bei dem Versuch, bessere Beziehungen zwischen den beiden Nachbarländern zu fördern, als nützlich an. Daher wurde sie im August zum Mitglied einer

Regierungskommission mit Professor Albert Hämäläinen als Vorsitzendem bestellt und zwar mit der Aufgabe, den Kulturaustausch zwischen beiden Ländern zu fördern. Professor Yrjö Ruutu hatte schon vor dem Winterkrieg die Idee gehabt, zu diesem Zweck eine Organisation zu gründen und hatte viele derselben Leute, einschließlich Wuolijoki, als mögliche Mitglieder genannt. Die Kommission nahm ihre Arbeit ernst und hielt 44 Treffen ab, an denen sich Wuolijoki aktiv beteiligte. Sie produzierte eine Menge Papier, aber wenig konkrete Ergebnisse. Ein Grund dafür war, dass die sowjetischen Behörden gegenüber den Anstrengungen der Kommission skeptisch blieben und fragten, warum nicht jeder, der gute Beziehungen wollte, der Freundschaftsgesellschaft beitrete.[19]

Die einschneidenden Ereignisse in Estland und den anderen baltischen Staaten entlockten Wuolijoki keinen einzigen Kommentar, den sie aufgezeichnet hätte. Als Cay Sundström von der linkssozialistischen Parlamentsgruppe sie über sein Treffen mit den estnischen Kommunistenführern Johannes Meerits und Karl Säre in Helsinki am 1. Juli informierte und ihr Meerits Grüße von Trilisser ausrichtete (der mehr als zwei Jahre zuvor einer Säuberung zum Opfer gefallen und im Februar 1940 hingerichtet worden war), freute sie sich über die Grüße, war aber unverbindlich hinsichtlich der Ereignisse in Estland.[20] Tônisson hatte Wuolijoki Ende Januar von den estnischen Versuchen geschrieben, bei der Beendigung des Winterkrieges zu helfen, es ist aber keine Antwort bekannt. Tônisson arbeitete bis zum Ende der estnischen Unabhängigkeit für ein Ende der autokratischen Herrschaft, einen Regierungswechsel zur Herstellung besserer Beziehungen zur Sowjetunion und für die Beilegung russischer Sicherheitsbedenken. Er war aber unter den wenigen, die, sich auf das Gesetz berufend, im Juni angesichts der sowjetischen Forderungen Widerstand leisteten, während Päts bereit war zu kapitulieren. Der letzte bekannte Kontakt zwischen Tônisson und Wuolijoki ist ein Telefongespräch am 29. Mai 1940 – alle ihre Anrufe wurden von der finnischen Sicherheitspolizei überwacht – aber ärgerlicherweise verzeichnete der Abhörende ihr Gespräch nur als »Besprechung von Belanglosigkeiten«.[21]

Der August 1940 war ein kritischer Monat für Finnland, und die Regierung befürchtete eine sowjetische Intervention, unterstützt von den Fünfte-Kolonne-Aktivitäten der Freundschaftsgesellschaft. Um die Spannungen mit der Sowjetunion zu verringern, trat Tanner aus der Regierung zurück, blieb jedoch im kleinen inneren Kreis der finnischen Entscheidungsträger. Gleichzeitig unternahm die Regierung entschiedene

Schritte, um die Freundschaftsgesellschaft an die Kandare zu nehmen. Obwohl damals nur der innere Kreis davon wusste, wurde die Regierung durch die Hinweise darauf, dass Deutschland nicht mehr so uninteressiert an Finnlands Schicksal zu sein schien, wie es das im Winter gewesen war, ermutigt, sowohl gegenüber der Sowjetunion eine festere Haltung einzunehmen als auch gegenüber den internen Meinungsverschiedenheiten. Später im August stimmte der innere Kreis Deutschlands Bitte zu, den Transitverkehr deutscher Truppen durch Finnland in das besetzte Norwegen im Norden zu gestatten. Dieser Beschluss wurde so geheim gefasst, dass der Provinzgouverneur und sein Chef, der Innenminister, davon überrascht wurden, als die ersten deutschen Truppen im Transit im Hafen von Vaasa auftauchten.

Hitler hatte beschlossen, Vorbereitungen für die Operation Barbarossa zu treffen, den Angriff auf die Sowjetunion Ende Juli. Von da an wollte er nicht, dass Finnland, von dem er erwartete, dass es sich seinem antibolschewistischen Kreuzzug anschließen würde, von der UdSSR eingenommen würde. Die Finnen waren formell nie an Hitlers Operationsplänen beteiligt und unterzeichneten niemals irgendwelche Abkommen dieses Inhalts, aber im Juni 1941 hatten sich der innere Kreis und die Armeeführung in die Pflicht nehmen lassen, dem Krieg beizutreten, einem Krieg, der in Finnland ein Fortsetzungskrieg gegen die Sowjetunion genannt wurde.

Hella Wuolijoki kannte die Details davon nicht, aber sie konnte natürlich die Zunahme des deutschen Einflusses im Land sehen und die Gefahr eines neuen Krieges spüren. Als Präsident Kallio im Dezember 1940 zurücktrat (und bald darauf starb), favorisierte sie die Wahl von Paasikivi zu seinem Nachfolger als die beste für die Bewahrung des Friedens. Doch sie hatte keinen Einfluss auf das Wahlkollegium, das Risto Ryti in das Amt wählte. Ihre Beziehungen zum sowjetischen Gesandten Zotow waren nicht gut. Als sie erfuhr, dass der kompromisslose Gesandte nur einen ausgewählten Teil der Mitglieder der Hämäläinen-Kommission zu einem Empfang im November einlud, blieb auch sie fern.[22]

Wuolijoki trug ihren Teil dazu bei, dass der unangenehme Zotow rasch nach Moskau zurückberufen wurde, und als neuer sowjetischer Gesandter kam im April 1941 der in seinem Auftreten angenehmere Pjotr Orlow. Zu diesem Zweck arbeitete sie eng mit dem Handelsattaché Terentjew zusammen. Schon im November rief sie Ryti an, als er noch Ministerpräsident war, und ließ ihn wissen, dass Terentjew glaubte, dass Zotows provokatives Verhalten und seine Politik abträglich für die Entwicklung guter Beziehungen zwischen den beiden Ländern seien und erzählte ihm von Terentjews Vorschlägen für die Entwicklung der Handelsbeziehungen. Obwohl ihre Zusammenarbeit mit Terentjew Geschäftsabschlüsse einschloss, war er, was noch wichtiger ist, ein hochrangiger NKWD-Vertreter in Helsinki, und sein richtiger Name lautete Wasili Jakowlew. Im Januar 1941 arrangierte Wuolijoki ein Abendessen für Kotilainen und Terentjew, bei dem der finnische Minister vertraulich der Enttäuschung der Regierung über Zotow freien Lauf ließ und offen auf seine Rückberufung drängen konnte.[23]

Als die Möglichkeit eines Krieges zwischen Deutschland und Russland größer wurde, erkannte Moskau zu spät, dass seine harte und drohende Politik gegenüber Finnland kontraproduktiv gewesen war und die Finnen dazu getrieben hatte, Sicherheit bei Deutschland zu suchen. Die Sowjets verwiesen auf Handelsabschlüsse und andere Vorteile, wenn Finnland neutral bleiben würde. Als persönliche Geste des guten Willens gegenüber Finnland und Paasikivi versprach Stalin persönlich, 20 000 Tonnen Weizen nach Finnland zu liefern, als der Gesandte Paasikivi seinen Abschiedsbesuch bei dem Diktator vor der Rückkehr nach Helsinki im Mai machte. Das Versprechen wurde gehalten, und der Weizen wurde vor Kriegsbeginn geliefert, aber diese Geste und andere Angebote hatten in Helsinki keine Wirkung, wo die Führung sich dafür entschieden hatte, im deutschen Fahrwasser zu schwimmen.

In Helsinki tat Wuolijoki für ihren Teil, was sie konnte, um eine Annäherung zwischen Helsinki und Moskau herbeizuführen und den Krieg in letzter Minute abzuwenden. Anfang Juni war sie mehrmals in telefonischem Kontakt mit Orlow, Terentjew und Sinitsin einerseits und mit Tanner, Kotilainen und Mauno Pekkala andererseits. Schon vorher, am 16. April, hatte sie eine lange Zusammenkunft mit Paasikivi, bei der sie ihre eigene Darstellung der Verhandlungen zur Beendigung des Winterkrieges vortrug, Tanner kleinredete und an Paasikivi appellierte, seinen Posten als Gesandten in Moskau nicht zu verlassen.[24] Nun, da der Krieg unmittelbar bevorzustehen schien, erklärte sie Tanner, Kotilainen und Pekkala, dass die Russen sich verzweifelt darum bemühten, ihn zu verhindern. Nur Pekkala war damals in der Regierung, Kotilainen hatte sie im April verlassen und Tanner war ihr noch nicht wieder beigetreten, aber Tanner war der Einzige, der imstande gewesen wäre, Einfluss auf die Ereignisse zu nehmen, wenn er gewollt hätte. Er war aber dazu nicht bereit, wich aus und stimmte einem Treffen mit Terentjew nur auf Drängen von Linda Tanner zu.[25] Tanner selbst beschrieb dieses Treffen gegenüber Paavo Kastari von der Staatspolizei (Valpo) zwei Jahre später folgendermaßen:

> *Frau Wuolijoki machte während des Interimsfriedens intensive Anstrengungen, um Terentjew und Tanner zusammenzubringen und lud mich mehrmals zu ihrem Wohnsitz auf dem Lande ein. Durch die freundliche Fürsprache von Frau Tanner wurde das schließlich erreicht, aber der Abend war eine totale Katastrophe. Tanner sagte, dass er von Anfang an kühl gegenüber Terentjew gewesen sei, und am Ende sei er ausgesprochen aggressiv geworden, sodass die Damen sprachlos gewesen seien und später sagten, dass es so gewirkt habe, als ob eine Großmacht (=Tanner) ein kleines Land (=Terentjew) behandelt hätte. Terentjew war weniger enthusiastisch, wenn nicht sogar sauer geworden.*[26]

Am Vorabend des deutschen Angriffs auf die UdSSR machte Wuolijoki einen letzten Versuch, um Tanner und Terentjew zusammenzubringen, aber Tanner lehnte ab. Wuolijoki und Tanner hatten nie auf freundschaftlichem Fuß miteinander gestanden, und später war sie es, die ihn beschuldigte, für das Scheitern der Verhandlungen vor dem Winterkrieg verantwortlich zu sein und auch dafür, dass sich der Krieg verlängerte, bevor Frieden geschlossen wurde; aber sie schrieb ihm zwei Jahre später immer noch freundliche Briefe, als sie im Nuorteva-Fall Hilfe und Mitgefühl brauchte. Erst nach dem Krieg wurde die unerbittliche Feindschaft zwischen den beiden offen und unversöhnlich. Der entscheidende Wendepunkt auf Wuolijokis Seite waren höchstwahrscheinlich diese Ereignisse im Juni 1941, als ihr klar wurde, wie stark sich Tanner dafür engagiert hatte, sich Deutschland im Krieg gegen die Sowjetunion anzuschließen.

15
Brechts Besuch

Wie enthusiastisch Hella Wuolijoki auch aufgrund ihrer Friedensstifterrolle während des Winterkrieges war und wie engagiert im Bestreben, den nächsten Krieg zu verhindern, war Politik nicht ihr eigentliches Metier. Sie war und blieb eine Autorin und setzte ihr produktives Schreiben während der 15 Friedensmonate zwischen Finnlands Kriegen fort.

Vastamyrkky (Das Gegengift) war die letzte Tervapää-Premiere kurz vor dem Krieg gewesen. Der Krieg hatte die Aufführungen vorzeitig beendet, und es war auf keinen Fall eines ihrer besten Stücke. Ihr erstes neues Stück nach dem Krieg war *Niskavuoren nuori emäntä* (Die junge Bäuerin von Niskavuori), das erste ihrer Stücke, das am Finnischen Nationaltheater uraufgeführt wurde. Die einzige andere Premiere ihrer Stücke in dieser Zeit war die von *Parlamentin tytär* als Version von *Juurakon Hulda* in Tampere im nächsten Jahr. Ihre bedeutendste schriftstellerische Tätigkeit wurde in Zusammenarbeit mit Bertolt Brecht und unter seinem Einfluss ausgeführt.

Finnland ist ein Land, das verdientermaßen den Ruf hatte, gegenüber Einwanderern und Flüchtlingen verschlossen und ziemlich ungastlich zu sein. Finnland war kein antisemitisches Land, und seine kleine jüdische Bevölkerung genoss volle Bürgerrechte. Reichsführer Heinrich Himmler von der SS war bei seinem Urlaubsausflug während des Krieges willkommen, die Gastfreundschaft der finnischen Regierung im Sommerhaus von Ministerpräsident Rangell zu genießen, aber er erreichte nichts mit seiner Aufforderung, Finnlands Juden nach Deutschland auszuliefern. Neue Juden und andere Flüchtlinge waren jedoch nicht willkommen. Es gab im April 1930 weniger als 300 mitteleuropäische Flüchtlinge im Land, und während des Krieges wurde 1942 eine kleine Anzahl der jüdischen Flüchtlinge, die es geschafft hatten, nach Finnland zu gelangen, nach Deutschland ausgeliefert. Doch auch wenn Finnland nicht antisemitisch war, so war es gewiss ein antisowjetisches Land, besonders nach dem Winterkrieg. Es ist daher ein kleines Wunder, dass es Bertolt Brecht, einem kommunistischen Flüchtling aus Hitlerdeutschland (der auch fälschlicherweise weithin für einen Juden gehalten wurde), gelang, in Finnland Zuflucht zu finden und dort 13 Monate zu bleiben. Brecht verließ das Land erst, als deutsche Truppen sich schon in Nordfinnland zur Operation Barbarossa sammelten, dem Angriff auf die Sowjetunion ein paar Wochen später, an dem Finnland sich beteiligen sollte.

Brecht war 42, als er nach Finnland kam. Er floh am Tag nach dem Reichstagsbrand im Februar 1933 aus Deutschland, hielt sich in Prag, Wien, Zürich, Carona und Paris auf, bevor er sich im August 1933 mit seiner Familie in Skovbostand, Dänemark, niederließ. Im April 1939 zogen sie nach Schweden, und als Dänemark und Norwegen ein Jahr später besetzt wurden, begannen sie sich auch in Schweden eingezwängt zu fühlen. Brecht wollte in die Vereinigten Staaten gehen, aber als er nach Finnland kam, wartete er immer noch darauf, dass seinem Visumantrag stattgegeben würde. Finnland war etwas weiter als Schweden vom deutsch-okkupierten Gebiet entfernt, und er hoffte, von Petsamo aus an Bord eines Schiffes in die USA zu reisen zu können. Letzten Endes musste er die Sowjetunion durchqueren und im Fernen Osten an Bord eines Schiffes gehen, als sein Visum endlich genehmigt wurde.

Es war die damals in Stockholm lebende Mary Pekkala, die von Georg Branting im Auftrag von Brecht und seinen schwedischen Freunden herangezogen wurde. Branting reiste mit einem Brief von Brecht nach Helsinki, in dem er anfragte, ob Hella Wuolijoki einen Einladungsbrief für Brecht und seine Begleitung schreiben könne. Wuolijoki war natürlich sehr vertraut mit Brechts Werk und erklärte sich bereitwillig einverstanden. Es scheint so, dass es keine hochrangige politische Entscheidung gegeben hat, Brecht die Einreise ins Land zu gestatten; er wurde eher routinemäßig wie jemand mit einem gültigen deutschen Reisepass behandelt, der darauf wartete, seine Reise in die USA fortzusetzen. Die Beamten, die seine Papiere bearbeiteten, scheinen seinen Ruf als Dramatiker, und noch viel weniger den als ein kommunistischer, nicht gekannt zu haben. Sie hätten möglicherweise eine andere Sicht auf seine Einreise nach Finnland gehabt, wenn sie von dem Artikel gewusst hätten, den er im Februar 1940 unter dem Pseudonym Sherwood Paw in einer ziemlich unbekannten schwedischen Zeitschrift veröffentlicht hatte, worin er sich auf satirische Weise über die Art lustig machte, wie das tapfere kleine Finnland in den westlichen Medien für den erstaunlichen Erfolg seiner Armee und die verblüffenden Verluste, die sie den Russen zugefügt hatte, gerühmt wurde. Realpolitisch gesehen, verstand Brecht das sowjetische Bedürfnis, seine Westgrenzen zu sichern, aber er beabsichtigte nicht, sich in Finnland in politischer Propaganda oder auch nur politischen Diskussionen zu engagieren.[1]

Brecht traf mit seiner Schauspielergattin Helene Weigel und ihren beiden Kindern Barbara und Stefan am 18. April per Schiff in Turku ein und fuhr am selben Tag weiter nach Helsinki. Bei ihnen war die todkranke Margarethe Steffin, Brechts Sekretärin, literarische Mitarbeiterin und Geliebte. Die Schauspielerin Ruth Berlau, seine andere literarische Mitarbeiterin und Geliebte, folgte einen Monat später aus dem von den Nationalsozialisten besetzten Kopenhagen, mit einem finnischen Visum, das aufgrund einer Einladung von Wuolijoki erteilt wurde. In Helsinki wurde das Gefolge in einer komfortablen, möblierten Wohnung untergebracht, die von einem kleinen Kreis von Sympathisanten zur Verfügung gestellt wurde, die sich auch anderweitig um ihre Bedürfnisse kümmerten. Berlau fand Unterkunft in einer nahen Pension. Wuolijoki war die wichtigste von Brechts Helfern, aber bei Weitem nicht die Einzige. Eine andere war Sylvi-Kyllikki Kilpi, die sozialdemokratische Parlamentsabgeordnete, die einem von Arbeiterorganisationen gebildeten Komitee zur Unterstützung von Flüchtlingen in Finnland vorsaß. Überraschend wenige finnische Autoren waren an Brecht interessiert. Einer war Elmer Diktonius, über den Brecht anerkennend und herzlich in seinem *Arbeitsjournal* schrieb.

Die Wechselwirkung zwischen Brecht und Wuolijoki, die so produktiv werden sollte, begann ernsthaft Anfang Juli, als das Brecht-Gefolge nach Marlebäck zog. Dort wurden sie alle in dem Haus am Kymi-Fluss untergebracht, das Wuolijoki ursprünglich für ihre Eltern gebaut hatte. Auf Brechts Wunsch schloss sich Berlau ihnen später an und wurde im Haupthaus untergebracht. Die Arrangements des Brecht-Haushalts, bei denen sich Brecht und Berlau nicht darum kümmerten, ihre intimen Begegnungen vor den Leuten in der Nachbarschaft zu verbergen, irritierten die Ortsansässigen. Als Hella Wuolijoki, die naiverweise selbst nichts bemerkt hatte, schließlich über die Situation informiert wurde, verbannte sie Berlau aus ihrem Haus. Aber die unermüdliche Berlau stellte in den nahen Wäldern ein Zelt auf und setzte die Beziehung fort.

Brecht war natürlich für seinen Charme berühmt, wenn er ihn denn anschalten wollte, und es fiel ihm nicht schwer, alle auf dem Gut zu bezaubern. Er hatte es leicht bei Hella Wuolijoki, aber ihre Tochter Vappu fand ihn zuerst unattraktiv und konnte keinerlei erotischen Reiz an dem kleinen und schäbigen, Zigarre rauchenden Mann finden, der die Verehrung der Frauen um ihn herum für selbstverständlich zu halten schien.

> *Aber dann kam der erste dieser unvergesslichen Abende, und meine Ansichten über Brecht änderten sich. Nach der Sauna saß das ganze Ensemble und auch ein paar Gäste auf der Veranda, in einem matten Gemütszustand und genossen die wundervolle Sommernacht. Die Luft duftete nach Flieder und Birken. Richtiger Kaffee, liebevoll von Helli Brecht zubereitet, war Teil des Samstagabendrituals. Das Aroma des echten Kaffees liebkoste unsere Nasen.*
>
> *Jemand sagte etwas, das Brechts Interesse weckte. Er begann zu reden. Er sprach zuerst mit leiser Stimme, dann fing er an, Anekdoten über Kortner, Piscator, Feuchtwanger zu erzählen. Es war, als würde er von seinen eigenen Worten berauscht. Seine Augen leuchteten auf. Plötzlich war er Emil Jannings, die tödlich beleidigte Tilly Lösch. Er kletterte auf den Tisch und hielt eine Rede, er krabbelte auf dem Fußboden und schrie mit schriller Stimme, um zu zeigen, wie sich die Filmdiven der UFA aufführten. Wir lachten Tränen.*
>
> *Er konnte dieses Ein-Mann-Theater stundenlang fortsetzen, und wir bekamen niemals genug davon.*[2]

Aber auch Brecht war bezaubert. Nicht gerade für seine Liebe zur Natur bekannt, inspirierten ihn die hellen finnischen Sommernächte und die malerische Umgebung in Marlebäck dazu, eines seiner seltenen Gedichte zu schreiben, das überhaupt Notiz von der natürlichen Umgebung nahm. Er rühmte darin die finnische Landschaft und widmete das Gedicht Hella Wuolijoki. Auch die Gastgeberin, die gern über ihre Stücke und Ideen sprach, war ähnlich inspiriert und inspirierte wiederum Brecht, anerkennende Notizen über ihr wundervolles Repertoire von Geschichten in seinem *Arbeitsjournal* zu machen. Seine Kommentare waren mehr über Wuolijokis Werke als über ihre Person, aber es gibt keinen Zweifel, dass sie ausgezeichnet miteinander zurechtkamen und ihre einzigartigen Debatten über Theater und Leben genossen. Es gibt auch eine aufschlussreiche Notiz von Ruth Berlau, die auf denselben Tag (30. Juli) datiert ist wie Brechts Tagebuchnotiz über Wuolijokis »wunderbare Geschichten«:

Die Geschichten von Wuolijoki sind wundervoll, über die Menschen auf dem Anwesen, in den Wäldern, wo sie einmal große Sägen und Werke besaß [...] Sie sieht schön aus und klug dazu, wenn sie von der Klugheit einfacher Leute und den Torheiten der »feinen Leute« erzählt [...] Sie trägt ihr Gewicht und ihren schwer gebauten Körper über ihre Insel und ihre Moore mit einer erstaunlichen Energie, und ihre Korpulenz verleiht ihr eine irgendwie chinesische Erscheinung. Sie scheint ihr Gut und ihren Besitz mit sehr leichter Hand zu regieren; sie gibt niemals Kommandos und keine Spur von Chef-Gehabe, und doch ist sie sehr bestimmt in allem und repräsentiert ihr Gut in perfekter Weise [...][3]

Die am besten bekannte Frucht der Beziehung Brecht–Wuolijoki ist das Stück *Herr Puntila und sein Knecht Matti*. Der Ursprung des Werkes liegt in Hella Wuolijokis Manuskript für eine Farce mit dem Titel *Sahanpuruprinsessa* (Die Sägemehlprinzessin), die sie Anfang der 1930er Jahre geschrieben hatte. Aber die Theater, denen sie das Manuskript gezeigt hatte, waren an dem noch unausgereiften Werk nicht interessiert. Sie las das Stück auch Eino Salmelainen, Matti Kurjensaari und Lauri Viljanen vor, von denen Viljanen besonders und uncharakteristisch hart in seiner Kritik war. Suomi-Filmi hatte das Drehbuch für einen Film auf der Grundlage des Stückes gekauft, ihn aber nicht produziert.

Die Inspiration für *Sahanpuruprinsessa* kam aus dem echten Leben. Robert Juntula, Onkel Roope, war ein Verwandter der Großfamilie Wuolijoki. Er war bösartig, wenn er nüchtern war, aber großzügig und liebenswert, wenn er betrunken war. Während der Prohibitionsjahre war er an einem Puntila-artigen Getöse am Vorabend von Hella Wuolijokis Geburtstag beteiligt. Er bekam nichts mehr serviert, nachdem er betrunken war, holte das Auto heraus, um »legalen Alkohol« zu finden, kam mit dem Alkohol zurück, bot ihn mehreren Dienern an und verursachte allgemeines Chaos durch sein betrunkenes, aber sehr gut gemeintes Verhalten. Den vornehmen englischen Gästen im Hause wurde er als »ein finnischer Bacchus« vorgestellt, ein Name, der der Untertitel einer frühen Fassung des Stückes *Puntilan isäntä* blieb, die Wuolijoki auf Englisch schrieb. Die Inspiration für Matti war Jussi Öhman, Hella Wuolijokis Chauffeur, den sie eingestellt hatte, als er nach dem Krieg aus einem Gefangenenlager entlassen wurde. Er war ein freundlicher und weiser Mann aus dem Volke, der in den 1920er Jahren zu einer Art

*Hella Wuolijoki und Roope Juntula (rechts),
der ursprüngliche Puntila,
auf dem Hiidenvuori (Teufelsfelsen) auf Marlebäck*

Ersatzvater für Vappu wurde, ebenso wie Vappus estnische Gouvernante, die immer Fräulein genannt wurde und Jussi heiratete, eine Ersatzmutter für sie war.

Das war das Manuskript, das Wuolijoki Brecht in einer freien Übersetzung in ihr fließendes Deutsch während des täglichen Abendzeit-Symposiums am Fluss Kymi, wie sie es nannte, vorlas. Brecht war interessiert, gab seine Kommentare und erklärte seine Ansichten über das epische Drama, was eine leidenschaftliche Diskussion zwischen den beiden Autoren auslöste, mit dem Ergebnis, dass Brecht anbot, das Stück mit ihr zusammen neu zu bearbeiten. Wer genau was zu *Puntila* bei-

Hella Wuolijoki und Bertolt Brecht 1949 in Berlin vor der Premiere ihres gemeinsamen Stückes »Herr Puntila und sein Knecht Matti«

trug – oder zu *Iso-Heikkilän isäntä ja hänen renkinsä Kalle*, (Der Bauer von Iso-Heikkilä und sein Knecht Kalle) wie ihre erste gemeinsame Fassung genannt wurde – ist in zahllosen Artikeln analysiert und debattiert worden. Das Fazit ist, dass das Stück wirklich ein gemeinsames Produkt ist. Das wurde auch von Brecht ausdrücklich und ausnahmsweise anerkannt, als er im Mai 1941 mit Wuolijoki einen Vertrag über eine 50/50-Teilung des Urheberrechts und der Tantiemen schloss. Die Vereinbarung gilt für beide aufgeführten Fassungen des Stückes, auch wenn *Puntila* im Allgemeinen mehr als die Brecht-artige und *Iso-Heikkilä* mehr als die Wuolijoki-artige Fassung der gemeinsamen Arbeit gesehen wird. Hella Wuolijoki gab auch etwas von der Ehre Brechts »goldener und ergebener« Margarete Steffin weiter, die viel mehr als nur eine Sekretärin war und die Brecht für mehrere Monate als Assistentin an Wuolijoki auslieh. Natürlich zahlte Brecht, wenn überhaupt, nicht viel aufgrund des Vertrages, den er unterschrieben hatte, weder was die Anerkennung der Urheberschaft noch was Tantiemen anging. Wuolijoki war verärgert, als sie davon nach dem Krieg erfuhr, wollte aber keinen öffentlichen Krach mit Brecht, den sie weiterhin geradezu anhimmelte.

War sie doch von dem schwedischen Autor Arnold Ljungdahl gewarnt worden, dass »Brecht stiehlt«, bevor sie ihre Zusammenarbeit mit ihm begann.[4]

Es dauerte mehrere Jahre, bevor *Puntila* aufgeführt werden konnte. Brecht und Wuolijoki schickten ihre erste Fassung mit dem Titel *Herra Puntila ja hänen renkinsa Kalle* zu einem Wettbewerb für neue Theaterstücke. Als die Ergebnisse im Januar 1941 verkündet wurden, hatte es keinen Preis gewonnen. In seinem *Arbeitsjournal* gab Brecht Wuolijoki die Schuld, die es versäumt hatte, die Preisrichter zu beeinflussen, »als ob es nicht gerade das Gute wäre, das zweifellos Werbung, Intrige und Förderung benötigt«.[5] Das Stück wurde Salmelainen zur Aufführung am Nationaltheater angeboten. Er lehnte ab, weil er der Meinung war, die Texte der beiden Autoren wären zu schwierig miteinander zu vereinbaren. *Iso-Heikkilä* wurde zuerst 1946 veröffentlicht und 1954 in Helsinki aufgeführt, während Brecht *Puntila* 1946 in Zürich auf die Bühne brachte.

Wuolijoki und Brecht arbeiteten auch bei anderen Texten zusammen. Eines war die deutsche Übersetzung von *Soja laul* (siehe Kap. 4, Seite 65ff.), wobei wiederum Steffin eine mindestens ebenso wichtige Partnerin war wie Brecht. Wuolijokis Themen und Inspiration sind auch in einigen von Brechts anderen Werken zu entdecken, wie die Verwendung einiges Materials aus *Soja laul* in *Der Kaukasische Kreidekreis* zeigt. Ein anderes gemeinsames Projekt war eine gemeinsame Adaption des Stücks *Okichi* des japanischen Dramatikers Yozo Yamamoto. Wuolijoki hatte die finnischen Rechte für das Stück 1937 erworben und arbeitete daran, ausgehend von einer englischen Übersetzung. Dieses Projekt griff sie mit Brecht auf, und sie begannen, an einer gemeinsamen deutschen Version namens *Die Judith von Shimoda* zu arbeiten, wieder mit Steffin als Dritter im Bunde. Es wurde niemals zum Abschluss gebracht oder aufgeführt, und erst kürzlich hat Hans-Peter Neureuter das Material aus den Archiven von Brecht und Wuolijoki als ein vollständiges Stück von »Bertolt Brecht auf der Grundlage eines Stückes von Yamamoto Yozo in Zusammenarbeit mit Hella Wuolijoki und Margarete Steffin« zusammengestellt.[6]

Wie sehr Wuolijoki das Interesse der Brechts weckte und sie faszinierte, wird auch deutlich in der Sammlung von Geschichten, die sie erzählt hatte. Brecht und Steffin stellten diese Geschichten ohne Wissen Wuolijokis zusammen und wollten diese mit dem Titel *Wuolijoki erzählt...* veröffentlichen. Aus diesem Projekt wurde nichts, aber das Material ist im Bertolt-Brecht-Archiv zu finden.

Von Marlebäck nach Jokela

Die Brecht-Truppe kehrte in der ersten Oktoberwoche von Marlebäck nach Helsinki zurück. Sie hätten länger bleiben können, wenn Marlebäck nicht verkauft worden und dann einem neuen Eigentümer überlassen worden wäre. Brecht notierte in seinem *Arbeitsjournal* Wuolijokis eigene Erklärung für die Aufgabe von Marlebäck, die darin bestand, dass es zunehmend schwierig wurde, das Gut unter den vorherrschenden Bedingungen zu bewirtschaften, ohne Benzin für die Traktoren zur Verfügung zu haben, um die Milch zum Bahnhof zu schaffen. Das Gut hätte mehr Arbeiter gebraucht, aber es konnte sie nicht ernähren. Als aber der Wert des Grundstückes gestiegen sei, nachdem eine Woche zuvor der Transit der deutschen Truppen durch Finnland nach Norwegen begonnen habe, sei es die richtige Zeit zum Verkaufen gewesen, vermerkte Brecht, ohne eine Erklärung dafür anzubieten, warum das die Bodenpreise erhöht haben sollte.[7]

Brecht wartete zunehmend ungeduldig darauf, in die USA weiterzureisen, aber erst am 12. Mai 1941 erhielt er endlich die Nachricht, dass ihm das Visum gewährt worden war. Seine finnischen Freunde hatten ihr Bestes getan, um ihm bei seinem Antrag behilflich zu sein. Sylvi-Kyllikki Kilpi brachte sogar Väinö Tanner – von dem Brecht eine sehr negative Meinung hatte und den zu treffen er ablehnte, als Wuolijoki, es zu arrangieren versuchte – dazu, eine Empfehlung für die amerikanische Gesandtschaft zu schreiben. Am Abend des 12. Mai wurde ein Abschiedsessen für die Brechts im Hotel Torni gegeben, bei dem Wuolijoki, Diktonius, Salmelainen, Elvi Sinervo und Erkki Vala anwesend waren. Im Verlauf des Abends überbrachte der Ober ihnen die Nachricht, dass Hitlers Stellvertreter Rudolf Heß nach Schottland geflogen sei, was den verblüfften Brecht dazu veranlasste, eine Bemerkung über dieses epische Zusammentreffen zu machen. Wuolijoki und Brecht trafen sich acht Jahre später in Berlin wieder.[8]

Es ist spekuliert worden (ohne belegende Quellen), dass der Grund für den Verkauf von Marlebäck und den Kauf des neuen Gutes Jokela bei Järvenpää, nur 40 Kilometer von Helsinki entfernt, darin bestand, dass Wuolijokis sowjetische Kontaktpersonen sie gedrängt hatten, einen bequemer gelegenen Ort näher bei der Hauptstadt zu kaufen. Ein glaubwürdiger Grund, und einer, der eine weniger angenehme Seite ihrer Persönlichkeit aufdeckt, war, dass es ihr widerstrebte, Familien zu beherbergen, die aus den an die Sowjetunion nach dem Winterkrieg abgetretenen karelischen Gebieten evakuiert wurden. Das Gesetz, das die Grundbesitzer verpflichtete, einen Teil ihres Grund und Bodens an die karelischen Evakuierten abzugeben, wurde schnell vom Parlament verabschiedet. Wie vielen oder sogar den meisten Grundbesitzern in Finnland gefiel Wuolijoki diese Aussicht nicht. Es zeigt auch ethnische Diskriminierung, da viele in den westlichen Teilen Finnlands die Karelier mit ihrem unverwechselbaren Dialekt und ihrer Art – besonders, wenn sie dem orthodoxen Glauben anhingen, wie es bei vielen karelischen Finnen der Fall war – als etwas bessere »ryssä« ansahen, wie die Russen abwertend auf Finnisch genannt wurden. Das hätte für Wuolijoki kein Problem sein sollen, die später beschuldigt wurde, die zur Arbeit in Jokela zugeteilten russischen Kriegsgefangenen viel zu nett behandelt zu haben.

Die Aufnahme karelischer Flüchtlinge war die Ursache für einen Streit zwischen Hella Wuolijoki und ihrer Tochter. In einem von der Sicherheitspolizei am 26. Mai aufgezeichneten Telefongespräch machte die Gutsherrin ihrer Frustration über die Evakuierten Luft, die kurzfristig nach Marlebäck geschickt wurden und die unterzubringen ihr widerstrebte. Als Vappu Tuomioja fragte, warum man ihnen nicht das Haus überlassen solle, das ursprünglich für Wuolijokis Eltern gebaut wurde, sagte die Mutter, das wäre unmöglich, da das Haus für den Sommer an die Brechts vermietet werden solle. Vappu hielt das für unmöglich, da sie sowieso nach Amerika gehen würden. Da verlor ihre Mutter die Beherrschung und forderte Vappu auf, vernünftig zu sein: »Unsere Ledermöbel sind in dem Haus, sie können nicht den Evakuierten gegeben werden«. »Sind sie weniger wertvolle Menschen als andere, wo sie doch ihr gesamtes Hab und Gut verloren haben?«, fragte Vappu. »Ja, das sind sie«, war die aufbrausende Antwort, woraufhin Vappu auflegte. Auch wenn dieser Bericht tendenziell sein mag, spiegelt er doch genau die wählerische Natur und die Grenzen von Hella Wuolijokis Großzügigkeit gegenüber anderen wider.[9]

Er vermittelte auch Spannungen in der Mutter-Tochter-Beziehung. Vappu hatte im März 1939 geheiratet, und im Januar, während Hella Wuolijoki auf ihrer Mission in Stockholm war, ihre Tochter Tuuli zur Welt gebracht, zur großen Freude der Großmutter. Aber auch wenn sie viele der Eigenschaften ihrer Mutter missbilligte – und was sie als zu nahen Umgang mit sowjetischen Diplomaten ansah – blieb sie eine treue Tochter, die das Gut Jokela übernahm, als ihre Mutter 1943 inhaftiert wurde.

Wuolijoki kaufte das Gut Jokela zum selben Preis, zu dem Marlebäck verkauft wurde, was ihr ermöglichte, direkt in ihr neues Haus einzuziehen. Jokela war nicht so groß wie Marlebäck. Es hatte um die 64 Hektar kultivierter Flächen und 25 Milchkühe, ein wenig Wald aber keinen See oder Fluss, und das Hauptgebäude war kleiner als das in Marlebäck. Aber es war nicht zu weit von Helsinki entfernt, und sie konnte ihren Lebensstil der Salongastgeberin auf dem Lande weiterführen.

Auch der vergebliche Versuch, Terentjew und Tanner zusammenbringen und den kommenden Krieg zu verhindern, fand in Jokela statt. In den Augen der finnischen Behörden der Kriegszeit wurde Jokela als ein noch bedeutenderes Agentennest angesehen als Marlebäck.

16

Krieg und Frieden II

Am frühen Morgen des 22. Juni überquerten deutsche Truppen die Demarkationslinie im geteilten Polen und begannen mit Hitlers lange geplantem Angriff auf die Sowjetunion. Am selben Tag sagte Hitler in seiner Rundfunkansprache, dass die »finnischen Freiheitshelden« mit den deutschen Truppen im beginnenden Kampf »im Bunde« stünden. Das brachte die finnische Regierung etwas in Bedrängnis, die sich Mühe gegeben hatte, den Grad ihrer Zusammenarbeit mit Deutschland bei den Angriffsvorbereitungen zu verbergen und den Eindruck hervorzurufen, in den Krieg hineingezogen worden zu sein, als sowjetische Flugzeuge Finnland bombardierten. Es war niemals ein formeller Vertrag zwischen Finnland und Deutschland unterzeichnet worden. Aufgrund dieser Tatsache hielten die Finnen an ihrer Doktrin von einem separaten Krieg, der in einem separaten Frieden endet, fest. Doch es gab keinen Zweifel daran, dass die finnische Regierung und Armee bereit gewesen waren, mit Deutschland in den Krieg einzutreten. Die Neutralität, die die Finnen zu Beginn für ein paar Tage zu behaupten versuchten, war eine leere Fassade, zumal 100 000 Deutsche sich in Nordfinnland darauf vorbereiteten, Russland anzugreifen, deutsche und finnische U-Boote zusammen finnische Territorialgewässer für ihre Operationen nutzten und die Luftwaffe finnische Flughäfen für Überraschungsangriffe gegen die Sowjetunion benutzte.

Mitte Juni war Hella Wuolijoki Gastgeberin des letzten verzweifelten Versuchs, um Finnland daran zu hindern, sich an dem Angriff zu beteiligen – vergebens. Sie blieb in Jokela und hörte die Nachrichten über spektakuläre deutsche und finnische Vorstöße. In der letzten Augustwoche rief sie Tanner, Mauno Pekkala und Paasikivi an, um sie zu einem Besuch bei ihr in Jokela einzuladen, aber sie wichen alle aus, und vermutlich fanden keine solchen Treffen statt. Jemand bei der Staatspolizei vermerkte am Rande des Abhörberichts für diese Anrufe, dass dahinter »vielleicht ein weiterer Auftrag von Kollontai steckte, um einen Separatfrieden zwischen Finnland und der Sowjetunion zu erreichen«.[1)]

Falls das so war, war niemand in verantwortlicher Position in Finnland daran interessiert. So gestaltete sich die Situation auch Ende Dezember, als der schwedische Bankdirektor Marcus Wallenberg auf Geheiß von Kollontai an Paasikivi mit der Frage herantrat, ob eine Möglichkeit für die Aufnahme von Kontakten bestünde. Diese Initiative hatte ihren Hintergrund in den Gesprächen von Außenminister Anthony Eden in Moskau. Paasikivi informierte Präsident Ryti über die Kontaktaufnahme, und sie kamen zu der Schlussfolgerung, dass sie darauf in keiner Weise reagieren würden.[2)] Für Deutschland und Finnland lief der Krieg gut, die abgetretenen karelischen Gebiete wurden zurückerobert und feierlich durch eine Sondersitzung des Parlaments am 6. Dezember Finnland wieder einverleibt. Die finnischen Streitkräfte rückten aber weiter vor, besetzten einen Großteil Ostkareliens und vervollständigten die deutsche Einkesselung von Leningrad.

Im Land selbst hatte die Regierung Schritte unternommen, um Andersdenkende zum Schweigen zu bringen. Die sechs linkssozialistischen Parlamentsabgeordneten, die nach ihrem Ausschluss aus der SDP ihre eigene Fraktion gebildet hatten und die einzige halbwegs offene Opposition im Lande darstellten, wurden schon im August verhaftet. Niemand im Parlament erhob seine Stimme zu ihrer Verteidigung. Sie wurden alle wegen Landesverrats auf zweifelhafter gesetzlicher Grundlage zu Haftstrafen verurteilt, wobei Cay Sundström mit sechs Jahren die längste Haftstrafe erhielt.[3)]

Südlich des Finnischen Meerbusens waren die Deutschen auch bis zu den Toren von Leningrad vorgerückt und hatten unterwegs Estland aus der sowjetischen Herrschaft befreit. So sah es jedenfalls Mimmi Mitt, als sie im September 1941 an ihren Vater Ernst Murrik schrieb. Viele ihrer Landsleute bewerteten das damals in der gleichen Weise, obwohl die meisten von ihnen ziemlich bald ihre Ansicht von den Deutschen als Befreiern ändern sollten. Während der sowjetischen Besatzung war die Familie Mitt einer Deportation nach Osten entgangen, aber der Schiffseigner Karl Mitt war im Januar von den Russen verhaftet und zu zehn Jahren Haft wegen »konterrevolutionärer Aktivität« verurteilt worden. Er war zu Beginn des Krieges noch am Leben und Mimmi hoffte, ihn bald zurückzuhaben. Viele der Freunde ihrer Familie waren gestorben oder verschwunden. Dazu gehörte auch Tônisson, der vermutlich erschossen wurde. Mimmi Mitt hatte die Schrecken der sowjetischen

Mimmi Mitt und ihr Sohn Ilo

Besatzung überlebt, die sie detailliert beschrieb. Was Hella Wuolijokis unmittelbare Reaktion auf diese Nachricht war, die auf Mimmis Bitte von ihrem Vater an ihre Schwester weitergegeben wurde, ist unbekannt. Sie behauptet, Terentjew vor seiner Abreise aus Finnland im Juni gebeten zu haben, bei der Freilassung von Karl Mitt zu helfen, aber entgegen der Hoffnungen kehrte der Schwager niemals zurück. Ihre Beziehungen zu Mimmi wurden endgültig abgebrochen, als sie erfuhr, dass Mimmis Sohn Ilo sich dem estnischen SS-Bataillon angeschlossen hatte. Vor dem Ende des Krieges wurde Ilo in Narva verwundet und starb im August 1944. Mimmi selbst fand Zuflucht in Schweden, wo sie nichts mit ihren Schwestern zu tun haben wollte. Hella beklagte sich gegenüber Salme in London, dass sie vielleicht »daran schuld seien, dass sie es Mimmis und Leos Familien gestattet hatten, so zum Mittelstand zu werden. [...] Ihre Furcht vor den Russen ist so groß, dass sie fast die schrecklichen deutschen Grausamkeiten in Estland aufwiegt«.[4]

Die Fallschirmspringerin

Hella Wuolijoki war nicht bereit, etwas auszusitzen, was sie als einen unnötigen und katastrophalen Krieg ansah. Sie hätte liebend gern die Rolle wiederholt, die sie bei der Beendigung des Winterkrieges gespielt hatte. Als sich also ihre alten Freunde aus Moskau mit ihr in Verbindung setzten – wann und wie ursprünglich ist unklar – war sie dazu bereit, aktiv zu werden. Die Vermittlerin dieses Kontaktes war ihre Freundin Mary Pekkala.

Mary Moorhouse hatte ihre britische Staatsbürgerschaft behalten, als sie Eino Pekkala geheiratet hatte. Dies verschaffte ihr ein gewisses Maß an Schutz vor den finnischen Behörden, die sich ihrer Verbindungen zu den Dutts bewusst waren und sie als eine aktive kommunistische Agentin derselben Sorte betrachteten. Als Eino 1930 inhaftiert wurde, gründete sie eine Gefangenenhilfevereinigung, die bei der Verteidigung und dem materiellen Unterhalt inhaftierter Linker und ihrer Familien half. Im Winter 1940 nahm sie ihre damals zwölfjährige Tochter mit nach Stockholm, kehrte im August nach Finnland zurück, zog im Juni 1941 jedoch für die Dauer des Krieges mit ihrer Tochter wieder zurück nach Schweden. Den Winter 1940 verbrachten sie im Hause von Ingegerd Palme und Mathilda Staël von Holstein.

Im Dezember 1941 setzte sich Boris Rybkin mit Pekkala in Verbindung, der wieder mit diplomatischer Tarnung als Jartsew in Stockholm war und den sie im Hause von Ingegerd Palme traf. Wie sie den schwedischen Behörden sagte, wollte Jartsew, dass sie einen Brief von Salme Dutt an Hella Wuolijoki in Helsinki übermittelte. Letztendlich lehnte Pekkala es ab, Briefe von einem Land mitzunehmen, das sich mit Finnland im Krieg befand. Sie erklärte sich aber auf Bitten von Jartsew und Frau Jartsewa dazu bereit, sich danach zu erkundigen, wie es den Verwandten der Dutts in Finnland und Estland ging. Sie gab zu, die Jartsews mehrmals besucht zu haben und mit ihnen über die Aussichten eines Friedens zwischen Finnland und der Sowjetunion gesprochen zu haben, leugnete aber, irgendwelche Aufträge für sie angenommen zu haben, als sie am 15. Februar nach Finnland fuhr. In den abgefangenen Dokumenten von kodierten NKWD-Funknachrichten während des Krieges von und nach Moskau an die sowjetischen Botschaften im Ausland – von denen einige viel später dekodiert und kürzlich im Rahmen des Venona-Projekts der NSA veröffentlicht wurden – gibt es eine interessante Nachricht aus Stockholm an »Viktor«

(Leiter des NKWD-Auslandsdirektorats Pawel Fitin) im Zentrum Moskau am 21. Januar 1942, von der nur ein Teil eines Satzes in der langen und kodierten Nachricht erfolgreich entschlüsselt worden ist. Sie lautet: »Hier, wies MARY PEKKALA an, alle Schritte zu unternehmen«.[5] Es ist sicher anzunehmen, dass das hieß, sich mit Hella Wuolijoki in Finnland in Verbindung zu setzen und ihr zu sagen, sie solle einen sowjetischen Geheimagenten erwarten und das vereinbarte Passwort für das Treffen weitergeben.

Die Abgesandte war Kerttu Nuorteva, die Tochter des früheren finnischen sozialdemokratischen Parlamentsabgeordneten Santeri Nuorteva. Dieser emigrierte 1909 in die USA, wo Kerttu drei Jahre später in Astoria, Oregon, geboren wurde. Während des finnischen Bürgerkrieges war Santeri Nuorteva als inoffizieller diplomatischer Vertreter der roten Regierung in Washington tätig gewesen. Im Jahr 1920 machte er seinen Weg über Kanada und Großbritannien nach Moskau und wurde schließlich einer der Führer von Sowjetkarelien. Er starb (eines natürlichen Todes, was auch vorkommen soll) 1929. Seine Tochter wuchs auf und ging in Petrosawodsk und Leningrad zur Schule, wo sie zur Arbeit für den NKWD und den Leningrader Militärbezirk rekrutiert wurde. Im Jahr 1937 wegen mangelnder Wachsamkeit beim Aufspüren von Volksfeinden inhaftiert, wurde sie in ein Gefängnislager in Kasachstan geschickt, aber nach drei Jahren entlassen, als der NKWD ihre Dienste wieder benötigte.[6]

Im August 1940 wurde der NKWD angewiesen, ein Spionagenetzwerk für den Fall eines neuen Krieges mit Finnland zu errichten. Das war auch die Funktion von Wasili Jakowlew/Terentjew, als er zur selben Zeit nach Helsinki geschickt wurde, um die NKWD-Residentur zu übernehmen. Es scheint eine gewisse Änderung in der Art gegeben zu haben, wie der NKWD seine Agenten rekrutierte und einsetzte. Eine der Konsequenzen dieser Änderung war es, dass der NKWD begann, bekannte Mitglieder der KP für direkte Spionagezwecke einzusetzen, wo er sich früher bemüht hatte, Parteifunktionäre nicht mit solcher Arbeit zu kompromittieren. Eine andere war es, dass politische Freunde oder Agenten wie »Poet«, wenn nötig, für schmutzigere Zwecke verwendet werden konnten. Es war Terentjew selbst, der die intensive Ausbildung und die Einweisung von Kerttu Nuorteva leitete, die den Codenamen »Elvina« erhielt.[7]

Nachdem sie durch unbekannte Kanäle die Nachricht erhalten hatte, dass Mary Pekkala Finnland im Februar besuchen würde, war Hella Wuolijoki bereit, sie zu treffen. Pekkala kam planmäßig nach Helsinki, aber ihr Treffen kam bis März nicht zustande. Pekkala überbrachte Grüße von Jartsew, der wollte, dass Wuolijoki nach Stockholm käme und ihr riet, ihre Gesundheit als Ausrede zu verwenden, falls sie Schwierigkeiten hätte, einen Pass zu bekommen. Zuvor würde sie eine Abgesandte in ihrer Stadtwohnung am 23. oder 24. März aufsuchen und sich mit einem vereinbarten Passwort identifizieren. Man ließ Wuolijoki wissen, dass es eine Frau sein würde.[8]

Wuolijoki begann mit den Vorbereitungen für den Stockholm-Besuch, erhielt einen Pass mittels eines Einladungsschreibens von Ingegerd Palme, die ihr auch einen Platz als Patientin im Sofiahemmat-Hospital gesichert hatte. Wuolijokis Gesundheitszustand war in den vergangenen Jahren nicht allzu stabil gewesen, und sie hatte genug Beschwerden, echte, übertriebene und eingebildete, um eine Behandlung im Krankenhaus plausibel zu machen.

Die Begegnung mit der erwarteten Abgesandten fand an den festgesetzten Daten nicht statt, da die Witterungsbedingungen den Absprung der Fallschirmspringerin nicht vor dem 30. März erlaubten. In dieser Nacht landete Nuorteva, mit einem Funksender ausgestattet, in Vihti, einige Kilometer nordwestlich von Helsinki. Sie hatte Glück, es nach Jokela zu schaffen, ohne gefasst zu werden, da die Wahrscheinlichkeit, dass feindliche Fallschirmspringer länger als ein paar Tage der Gefangennahme entgehen konnten, ziemlich gering war, ungeachtet dessen, ob sie als bewaffnete Partisanen oder zu Spionagezwecken geschickt wurden. In Nuortevas Fall half ihr ein glückliches Zusammentreffen, da sie als Anhalterin von einem kommunistischen Sympathisanten auf einem Pferdekarren mitgenommen wurde. Er hatte den Verdacht, dass sie eine Fallschirmspringerin war, ging aber nicht zur Polizei, um sie anzuzeigen. Als er später verhört wurde, gab er den Behörden irreführende Informationen.

Nuorteva klopfte am Abend des 31. März an die Tür von Wuolijokis Gut Jokela und stellte sich als Elina Hämäläinen vor. Als sie sich hinter verschlossenen Türen allein mit der Dame des Hauses befand, gab sie sich mit dem vereinbarten Passwort zu erkennen. Nuortevas und Wuolijokis Berichte über dieses Treffen ebenso wie über ihre folgenden Treffen weichen stark voneinander ab, nicht nur bei den Einzelheiten, sondern – was wichtiger ist – beim allgemeinen Charakter und der Grundstimmung ihrer Unterhaltung. Das war auch zu erwarten, nachdem beide entlarvt und verhaftet worden waren. Sie wurden Todfeindinnen in einem Spiel, in dem hoch gepokert wurde. Beide sahen sich mit der Aussicht auf eine Todesstrafe konfrontiert, die im Kriegsfinnland keine leere Drohung war. Beinahe alle gefassten feindlichen Fallschirmspringer wurden erschossen. Ihre Vernehmer benutzten die Drohung auch zum Erpressen von Geständnissen und Informationen.

Der entscheidende Unterschied zwischen ihren Darstellungen betraf die Charakterisierung ihrer Begegnung. Während Nuorteva ihre Mission als ziemlich klaren Spionageauftrag erklärte, wofür ihr ein Agentenverzeichnis mit Codenamen zur Kontaktaufnahme und mit »Poet«/ Wuolijoki als ihrem Hauptkontakt gezeigt wurde, die ihre Operation leiten würde, sagte Wuolijoki, dass sie einen politischen Abgesandten aus Schweden erwartet habe, der politische Informationen über die Situation in Finnland benötigte, um die Möglichkeiten für die Aufnahme von Friedenskontakten zu prüfen. Aber sie schickte die Fallschirmspringerin nicht fort, weil sie, als klar wurde, dass sie die Tochter ihres alten Freundes Santeri Nuorteva war, dachte, dass sie noch nützlich für diesen Zweck sein könnte. Als sie gefragt wurde, warum sie Nuorteva nicht bei der Polizei angezeigt habe, sagte sie, das konnte sie nicht tun, weil sie damit Jartsew kompromittiert und die Chancen für jegliche Friedenskontakte zerstört hätte.

Nuorteva übergab gleich zu Beginn ihrer ersten Begegnung 10 000 Finnmark von Terentjew an Wuolijoki. Nuorteva sagte, dass das die erste monatliche Zahlung für ihre Dienste als Agentin gewesen sei, während Wuolijoki das als eine Rückzahlung einer ausstehenden Schuld erklärte, die Terentjew als Diplomat in Helsinki gemacht habe. Später schaffte sie es, zur Unterstützung ihrer Verteidigung eine eidesstattliche Erklärung von Bertolt Brecht und Ruth Berlau in Kalifornien zu erhalten, die aussagten, dass Terentjew Wuolijoki tatsächlich darum gebeten hatte, an die Brechts einen Vorschuss für ihre Weiterreise von Helsinki weiterzuleiten und für die Kosten eines Essens mit einigen Weinen aufzukommen, was er später zurückzahlen würde. Aber auch so war das Geld zu heiß, um es zu behalten, sodass Wuolijoki es am nächsten Tag im Kamin von Jokela verbrannte.

Nuorteva blieb eine Nacht in Jokela. Bevor sie nach Helsinki weiterreiste, vereinbarten sie und Wuolijoki, wie sie sich miteinander bei Bedarf in Verbindung setzen würden. Zu dem Zeitpunkt, als Nuorteva Wuolijokis Haus verließ, war sie schon entdeckt. Rakel Laakso, das Kindermädchen von Vappus Tochter, war nebenher auch als Informantin für die Staatspolizei tätig. Sie hatte »Hämäläinens« Gepäck durchwühlt und den Funksender gesehen, obwohl sie behauptete, es wäre die zweijährige Tuuli gewesen, die den Koffer zufällig geöffnet habe.

Im April reiste Hella Wuolijoki nach Stockholm, wo sie am 19. April eintraf. Vor ihrer Abreise hatte sie ein zweites ziemlich belangloses Treffen mit Nuorteva in ihrer Merikatu-Wohnung in Helsinki, wobei sie eine vorab vereinbarte Formel verwendete, um die Begegnung zu arrangieren. Nuorteva hatte mittlerweile eine Unterkunft in Helsinki und Arbeit als Lehrling in einem Schönheitssalon gefunden sowie einige andere Kontakte hergestellt. Einer davon war zu Eino Yliruusi, dem Führer der kleinen Kleinbauernpartei, der vor dem Krieg zu guten Beziehungen mit Finnlands großem Nachbarn geraten und Verständnis für dessen Sicherheitsbedenken gezeigt hatte. Nuorteva versuchte, ihn für ihre Zwecke anzuwerben, aber der misstrauische Yliruusi war nicht sicher, ob sie nicht eine Spionin oder ein Provokateur war. Sie hatte mehr Erfolg bei einigen kommunistischen Kontaktpersonen, besonders bei Valtteri Teerikangas, der bereit, ja sogar begierig war, militärische Informationen zu sammeln und an sie weiterzugeben.

In Stockholm stand Wuolijoki unter Beobachtung durch die schwedische Sicherheitspolizei, die auf Ersuchen der finnischen Staatspolizei handelte. Zwei Tage nach ihrer Ankunft in Stockholm traf sie Mary Pekkala in einem Restaurant. Mitten im Treffen verließ Pekkala Wuolijoki, um sich in einem nahe gelegenen Park mit Roman Guberman von der sowjetischen Gesandtschaft zu treffen und zehn Minuten später zu Wuolijoki zurückzukehren. Nachdem die Damen ihr Mittagessen beendet hatten, ging Pekkala zum Haus von Roger Packman-Hinks, einem britischen Diplomaten, der von der schwedischen Polizei als der Vertreter des Secret Intelligence Service in Stockholm identifiziert wurde.

Die nächsten zwei Wochen verbrachte Wuolijoki im Sofiahemmet Hospital – das günstigerweise gegenüber von Ingegerd Palmes Wohnung am Valhallavägen und in der Nähe der sowjetischen Gesandtschaft lag – wo Mary Pekkala sie mehrmals besuchte. Ein anderer Besucher war der schwedische sozialdemokratische Parlamentsabgeordnete Georg Branting, bekannt für seine Verbindungen zu vielen Volksfrontunternehmungen. Auch der finnische Finanzminister Mauno Pekkala, der zu einem kurzen Besuch in Schweden war, besuchte sie. Wuolijoki beschreibt den Besuch des Ministers als rein gesellschaftlich, ohne Nuorteva zu erwähnen. Kurz nach seiner Rückkehr nach Finnland trat Pekkala, der der einzige und isolierte Andersdenkende innerhalb der Regierung gewesen war, am 22. Mai zurück. Es ist eine berechtigte Annahme, dass seine Diskussionen mit Wuolijoki zumindest etwas Einfluss auf seine Entscheidung hatten, die zunehmend kompromittierte Regierung zu verlassen, um in Reserve zu sein, wenn der Wind sich drehte.

Ein wichtigerer regelmäßiger Besucher im Krankenhaus war Zoja Woskresenskaja, die unter dem Decknamen Frau Jartsewa Missionschefin des NKWD in Stockholm war. Dieses Treffen blieb von den schwedischen Detektiven unbemerkt, da sie anscheinend nach Hause gingen, als ihre Arbeitszeit am Nachmittag endete, und Frau Jartsewas Besuche fanden an den Abenden statt. Woskresenskaja war natürlich in der Kunst der konspirativen Arbeit versiert, und da sie annahm, dass ihre Unterhaltung überwacht wurde, brachte sie eine kleine Schiefertafel mit, auf der sie ihre Nachrichten niederschreiben und sofort nach dem Lesen löschen konnten. Woskresenskajas Memoiren zufolge diskutierten sie die politische Situation in Finnland; Nuorteva wurde nicht erwähnt. Es war Woskresenskaja, die ihr den Code gab, den sie später in ihrer Kommunikation nutzten, und ihr zufolge erhielten die Jartsews zwei Monate später eine Nachricht von Wuolijoki, die von erhöhten deutschen Forderungen an Finnlands Kriegsanstrengungen berichtete und mit den Worten schloss: »Ich glaube an den Sieg!«.[9]

Später gab Hella Wuolijoki in ihrem Verhör zu, dass sie sich mit beiden Jartsews getroffen habe, vermittelte aber den Eindruck, dass die Diskussionen mit Frau Jartsewa auf Familienangelegenheiten beschränkt gewesen seien, während alle substantiellen Gespräche mit Boris Jartsew geführt wurden. In ihrer Version hatte sie Jartsew dafür scharf kritisiert, eine Fallschirmspringerin anstelle des Abgesandten aus Schweden zur Sondierung der Möglichkeiten für einen Frieden geschickt zu haben, den man sie hatte erwarten lassen. Der reumütige Jartsew hatte erklärt, dass das Schicken einer Fallschirmspringerin ein Fehler gewesen sei und dass Terentjew damit nichts zu tun gehabt hätte, und er gab ihr zu verstehen, dass Nuorteva zurückgerufen würde. Ihr Gespräch war dann über das Thema der Friedenskontakte fortgesetzt worden, und in diesem Zusammenhang hatte Jartsew sie gebeten, die sowjetischen Ansichten an Leute wie Tanner, Kotilainen und Paasikivi weiterzugeben. Jartsew hatte ihr auch die Anweisung gegeben, wie sie mit unsichtbarer Tinte an eine Deckadresse in Stockholm Bericht über die Ergebnisse dieser Gespräche erstatten sollte. Er gab ihr eine englische Ausgabe ihres Stückes *The Antidote* mit einer Nachricht in einem Geheimcode und die Familienfotos zurück, die Wuolijoki Frau Jartsewa überlassen hatte. Außerdem gab er Wuolijoki zu verstehen, dass sich auf der Rückseite der Fotos eine Nachricht in unsichtbarer Tinte befände mit dem Code, den Nuorteva benötigte, um chiffrierte Nachrichten zu dekodieren, die ihr aus Stockholm geschickt würden. Das Manuskript gab sie weiter, die Bilder aber zerstörte sie, ohne sie Nuorteva zu geben.

Bei ihrer Rückkehr nach Finnland, per Schiff nach Turku und dann mit dem Zug nach Helsinki, am 16. Mai erlebte Wuolijoki eine unangenehme Überraschung. Detektive von der Staatspolizei erwarteten sie am Bahnhof Helsinki und brachten sie und ihre Nichte Ethel Murrik zum Verhör ins Hauptquartier der Staatspolizei. Nuorteva war immer noch auf freiem Fuß, aber die Polizei hatte herausgefunden, dass die Fallschirmspringerin Wuolijoki in Jokela aufgesucht hatte.

Die Staatspolizei behielt Hella Wuolijoki elf Tage lang in Haft, dann wurde sie freigelassen. Wuolijoki blieb bei ihrer Geschichte, die darin bestand, dass die Frau, die in Jokela aufgetaucht war, eine »Juurakon Hulda« war, das ist ein Mädchen vom Lande wie Hulda in ihrem Stück, die ohne konkrete Pläne auftaucht, um in der Stadt nach Arbeit zu suchen. Diese besondere Hulda hätte sich ihr als Elina Hämäläinen vorgestellt und sie gebeten, als ihre Sekretärin oder für eine andere Tätigkeit, angestellt zu werden. Hämäläinen sei gut über das Theater und ihre Stücke informiert gewesen, aber Wuolijoki hatte keinen Bedarf für ihre Dienste und schickte sie am nächsten Tag weg. Als die Polizei ihr sagte, dass Hämäläinen mit einem Fallschirm ins Land gekommen sei, täuschte Wuolijoki Überraschung vor und leugnete, dass sie über Politik oder andere Themen, die einen Spionagebeiklang hatten, gesprochen hätten. Sie wollte aber auch im Verhörprotokoll vermerkt wissen, dass sie die Fallschirmspringerin deshalb nicht bei den Behörden angezeigt hatte, weil sie nicht in den Augen der Russen kompromittiert sein wolle, falls sie einmal wieder als Friedensstifterin benötigt würde, und wenn Hämäläinen eine Fallschirmspringerin war, musste sie in Friedensangelegenheiten zu ihr geschickt worden sein. Sie sagte der Polizei ebenfalls, dass Hämäläinen einmal uneingeladen in ihr Haus in Helsinki gekommen, aber wieder weggeschickt worden sei, ohne sich vorgestellt oder etwas von Wuolijoki bekommen zu haben. Hierbei beließ es die Polizei, die in dieser Phase nicht viel mehr wusste. Sie hatten sie nichts über ihre Kontaktpersonen in Stockholm gefragt und behielten das, was sie wussten, für eine spätere Nutzung.

Ihre Verhaftung versetzte Wuolijoki einen furchtbaren Schrecken. Sie musste ihre Auftraggeber in Stockholm darüber informieren, dass die Fallschirmspringerin entdeckt worden und ihre Deckung aufgeflogen war und dass sie selbst zum Verhör festgehalten worden war. Am Tag ihrer Freilassung telefonierte sie schon mit Stockholm und Ingegerd Palme. Unter Verwendung einer grob improvisierten Codesprache gelang es ihr, die Hauptnachricht nach Stockholm durchzubekommen, woraufhin Palme versprach, sie an Mary Pekkala weiterzugeben. Die Polizei-Lauscher verstanden den Code möglicherweise ebenso gut wie Palme am Stockholmer Ende der Leitung.

Nach ihrer Freilassung versuchte Wuolijoki, sich den Rücken freizuhalten, indem sie um eine Audienz bei Väinö Tanner bat. Tanner traf sich mit ihr und hörte sich ihre Wiederholung der Geschichte an, die sie der Staatspolizei erzählt hatte. Dabei wurden Friedenskontakte nicht erwähnt. Tanner blieb unverbindlich.

Hella Wuolijokis Sorgen wurden noch vermehrt, als ihr Vater Ernst Murrik am 15. Juni starb. Er wurde in Helsinki begraben, und nur ein Teil der verstreuten Familie konnte bei der Beerdigung anwesend sein. Es gab keinen Kontakt zwischen Nuorteva und Wuolijoki bis zum August, als die Fallschirmspringerin wieder in der Merikatu-Wohnung auftauchte. Nuorteva zufolge hatte sie mit Wuolijoki vereinbart, dass Nuorteva, wenn sie sich treffen müssten, als Signal für Wuolijoki, sie zu erwarten, einen Bleistift auf Ernst Murriks Grab legen würde. Wuolijoki war besonders erzürnt über die Behauptung, dass Nuorteva das Grab ihres verehrten Vaters zu solchen Zwecken nutzen wollte. Was bei dem Treffen passierte, ist unklar, aber das *Antidote* Manuskript wechselte den Besitzer und Nuorteva erfuhr, dass die Deckung Hämäläinen aufgeflogen war.

Bis zum August hatte Nuorteva ein kleines Netz kommunistischer Sympathisanten als ihre Helfer aufgebaut und hatte kleine Informationsfetzen per Brief nach Stockholm weitergegeben. Sie hatte ihren Funksender nicht benutzt, aber sie hatte Wuolijokis strenge Ermahnung, ihn loszuwerden, ignoriert. Dies wurde ihr zum Verhängnis. Weil die Deckung Hämäläinen aufgeflogen war, wollte sie mit der Unterstützung ihrer Helfer in den Untergrund gehen. Sie ließ das Funkgerät zur Aufbewahrung in einer Wäscherei, aber der Eigentümer war misstrauisch wegen des Pakets, und als er es überprüfte, fand er das Gerät. Die Polizei wurde gerufen, und als Nuorteva wieder kam, um ihre Sachen abzuholen, wurde sie am 7. September verhaftet. Sie hatte es geschafft, etwas mehr als fünf Monate auf freiem Fuß zu bleiben. Wuolijoki hörte von ihrer Verhaftung erst Ende Oktober.

Gegenspionage und die Behandlung von mit dem Fallschirm abgesprungenen Agenten lagen in der Verantwortung der Überwachungsabteilung der Armee. Für den Fall zuständig waren zwei Reserveoffiziere, Fähnrich Paavo Kastari und Hauptmann Toivo Tuominen. Kastari war Rechtsanwalt und später Juraprofessor und auch ein Freund der Familie und enger Kollege von Sakari Tuomioja (in den 1950er Jahren war er auch kurz Minister für Verkehrswesen und öffentlicher Arbeiten). Tuominen war Polizeikommissar. Es gab eine gewisse Rivalität zwischen der Staatspolizei und der Überwachungsabteilung, und als Wuolijoki verhaftet wurde, bestand die Staatspolizei darauf, dass sie in ihre Zuständigkeit falle. Der Kompromiss bestand darin, Kastari als Verantwortlichen für die Ermittlung zur Staatspolizei zu entsenden. Das war möglicherweise Wuolijokis Vorteil, da Kastari ein kultivierter Mann und in seinen politischen Ansichten zentristisch war, während die Staatspolizei damals von Arno Anthoni geleitet wurde, einem Mann mit betonten Sympathien für den Nationalsozialismus, in dessen Zellen die Häftlinge – einschließlich einiger im Fall Nuorteva – brutal geschlagen wurden.

Anfangs trat Nuorteva genau so auf, wie Moskau es von einer engagierten Kommunistin und Soldatin der Revolution erwartet hätte – wie eine »bolschewistische Heilige« war Kastaris bewundernder Kommentar – trotzig ablehnend, ihren Vernehmern irgendetwas anderes zu sagen als ihren Rang und Namen. Als Wuolijoki am 22. Oktober zu einer Gegenüberstellung mit Nuorteva zur Staatspolizei gerufen wurde, kam sie daher von dem Besuch voller Bewunderung für die Standhaftigkeit der Fallschirmspringerin unter Druck zurück. Bisher hatte sie nur ihre wahre Identität als Kerttu Nuorteva eingestanden, aber nicht, dass sie diese gegenüber Wuolijoki offenbart hatte.

Wuolijoki war erst einmal in Sicherheit, musste aber Stockholm über die Situation informieren. Als sie erfuhr, dass der schwedische Schauspieler Åke Claesson zu einem Rezitationsabend in Helsinki war, suchte sie ihn auf und bat ihn, Mary Pekkala und Ingegerd Palme auszurichten, dass sie die Fallschirmspringerin getroffen habe, die eine wahre sowjetische Heldin wäre und nichts verraten würde. Wenige Wochen später bekam sie Besuch von Yngve Björnstam, einem Wuolijoki unbekannten schwedischen Sozialdemokraten, der ihr Grüße von Jartsew überbrachte, aber offenbar keine neuen Instruktionen. Ohne zu wissen, ob Jartsew schon von Nuortevas Verhaftung wusste, gab sie dieselbe Information weiter. Im Februar hatte sie noch einen anderen schwedischen Besuch, Karin Gunhild Nilsson, die den Eindruck vermittelte, dass Jartsew immer noch daran interessiert war, Wuolijoki mit ihren Friedenskontakten weitermachen zu lassen. Von diesen dreien ist Nilsson der unklarste Fall und auch schon verdächtigt worden, vielleicht eine deutsche Agentin zu sein. Björnstam wurde später in Schweden für die

Weitergabe von Informationen über antifaschistische Organisationen an seine sowjetischen Kontaktleute zu zwei Monaten Gefängnis verurteilt.

Inzwischen war Kerttu Nuorteva weiter beharrlich von Kastari und Tuominen befragt worden, und sie geriet langsam ins Wanken. Die Nachricht, dass ihre beiden Brüder als Spione gefangen genommen und im April erschossen worden waren, erschütterte sie. Auch in ihrer ideologischen Rüstung begannen sich Risse zu zeigen. Kastari war besonders geschickt, Psychologie anzuwenden, um ihren Widerstand zu brechen. Das beinhaltete kein schonungsloses Verhör oder Drohungen, sondern er versorgte sie mit finnischer Literatur und verwickelte sie in lange, umfassende Diskussionen. Das brachte es auch mit sich, Nuorteva gelegentlich zur Fortsetzung ihrer Diskussionen aus ihrer Zelle heraus zum Essen in die Stadt zu holen und sie den positiven Seiten desjenigen Gesellschaftssystems auszusetzen, das zu verachten sie erzogen worden war. Als er spürte, dass er Fortschritte machte, kam Kastari auf die Idee, sie Arvo Tuominen gegenüberzustellen, der inzwischen offen mit dem Kommunismus gebrochen hatte und im Armeehauptquartier bei der Propaganda-Abteilung tätig war. Was Arvo Tuominen genau sagte, um ihren Widerstand zu brechen, ist unbekannt, weil sie während des entscheidenden Zeitraums der Begegnung allein waren, aber nach dem Treffen war sie zu einem vollen Geständnis bereit. Nachdem sie es abgelegt hatte, erlitt sie einen Nervenzusammenbruch und musste eine Zeit lang stationär behandelt werden.

Ihr Geständnis und ihre Zeugenaussage belasteten Hella Wuolijoki schwer. Der Kern der Aussage war, dass sie mit Wuolijoki Kontakt aufgenommen und mit ihr zusammengearbeitet habe, wie ein Spion mit einem anderen Spion, und dass ihre Instruktionen nichts enthalten hätten, was mit irgendeiner Friedensmission zu tun habe, die zwischen den beiden Frauen nicht einmal angesprochen worden sei. Darüber hinaus behauptete Nuorteva auch, dass es eine ihrer Aufgaben gewesen sei, Vorkehrungen für die Ermordung Mannerheims und anderer finnischer Anführer zu treffen, was wohl selbst die Ankläger für etwas wild hielten, da dies beim Gerichtsverfahren nicht besonders hervorgehoben wurde. Außer Wuolijoki und Yliruusi nannte sie in verschiedenen Phasen ihres Verhörs auch Mauno Pekkala, Jarno Pennanen und Arvi Oksala als mit Codenamen versehene Kontaktpersonen, die man ihr bei der Vorbereitung ihrer Mission genannt hatte. Sie hatte sich niemals mit einem von diesen in Verbindung gesetzt, aber der kommunistische

Schriftsteller Pennanen wurde während des Krieges in einem separaten Verfahren verurteilt. Mauno Pekkala, ein stiller Kritiker des Krieges, war als Mary Pekkalas Schwager ebenfalls interessant für das NKWD. Oksala war seit 1930 ein konservativer Parlamentsabgeordneter und ehemaliger Verteidigungsminister in den 1930er Jahren. Er hatte früher geschäftlich mit Sowjetkarelien zu tun, und es ist möglich, dass etwas stattgefunden hat, von dem das NKWD glaubte, es nutzen und auf ihn Druck ausüben zu können, damit er ihnen hilft. Auch der frühere Handelsminister und Geschäftspartner Wuolijokis, Erkki Makkonen, war in einem anderen Zusammenhang Gegenstand eines primitiven sowjetischen Versuchs gewesen, ihn zu rekrutieren. Diese Beispiele zeigen, dass man aus einer Vielzahl von Gründen mit einem Codenamen in den NKWD-Akten landen konnte, und dass das für sich genommen kein ausreichender Beweis für irgendein unzulässiges Verhalten der fraglichen Person war.

Im Mai 1943 wurden Wuolijoki und alle anderen in Nuortevas Netzwerk Einbezogenen verhaftet. Am 1. Juli wurde Wuolijoki direkt mit Nuortevas Geständnis konfrontiert. In einer dramatischen sechsstündigen Gegenüberstellung der beiden Frauen, bei der sie von Kastari und Tuominen ins Kreuzverhör genommen wurden, blieb Wuolijoki standhaft und machte nur kleine Konzessionen zu den unleugbaren Fakten ihrer Treffen. Keine der Frauen sagte die ganze Wahrheit, und ihre widersprüchlichen Aussagen bedeuteten, dass jemand lügen musste. Kastari und Tuominen betrachteten das Kreuzverhör quasi wie Juroren einer Theateraufführung und scheinen ein Unentschieden festgestellt zu haben. Dennoch glaubten sie fest an Nuortevas Version der Ereignisse und nicht an die von Wuolijoki. Aber Wuolijoki war auch nicht eingeschüchtert, vielmehr erzürnt, als Kastari versuchte, ihr mit der Todesstrafe zu drohen und mit Geschichten darüber, wie der sozialistische Schriftsteller Irmari Rantamala (Maiju Lassila) zusammengebrochen sei und um Gnade gefleht habe, als er 1918 mit seinem Todesurteil konfrontiert wurde.

Es sollte hinzugefügt werden, dass beide Vernehmer von der jüngeren Inhaftierten beeindruckt, wenn nicht gar bezaubert waren. Das war besonders bei Kastari der Fall, der in sie vernarrt war. Es ist höchst unwahrscheinlich, dass irgendetwas Unzulässiges zwischen der Gefangenen und ihrem Aufseher-Beichtvater stattfand, aber nicht nur Hella Wuolijoki, sondern auch viele, die weniger subjektiv parteiisch waren, waren davon überzeugt, dass diese Beziehung das Verfahren zu Ungunsten von Wuolijoki beeinflusste. Doch wenn sie selbst 25 Jahre jünger und an Nuortevas Stelle gewesen wäre, hätte sie die gleichen Methoden anwenden können, wie es Nuorteva zu ihrem Vorteil tat.

Kastari erkannte auch den Propaganda-Vorteil, den das »Umdrehen« von Nuorteva darstellte, und er sorgte dafür, dass ihre Memoiren unter dem Titel *Neuvostokasvatti* (Ein Sowjetzögling) mit dem Pseudonym Irja Niemi und dem Autor Yrjö Kivimies als dem ungenannten Herausgeber und Ghostwriter veröffentlicht wurden. Das Buch kam im Winter 1944 heraus und war geradezu ein Bestseller. Im Sommer 1944 wurde schon eine zweite Auflage gedruckt, aber als der Frieden kam und das politische Klima sich radikal veränderte, musste sie eingestampft werden.

Zwölf Angeklagte standen für ihren Anteil an der Nuorteva-Affäre vor dem Kriegsgericht in Helsinki. Die Staatsanwaltschaft forderte das Todesurteil sowohl für Nuorteva und Teerikangas als auch für Wuolijoki. Bei der damals herrschenden Atmosphäre bereitete es Hella Schwierigkeiten, einen kompetenten Verteidiger zu finden. Schließlich wurde E. A. Aaltio mit der Aufgabe betraut, aber in der Praxis verteidigte Wuolijoki sich in allen relevanten Punkten selbst. Das fand Anerkennung, vor allem da sie mit ihren gut durchdachten und überzeugenden logischen Argumenten die Anklage und Nuortevas Zeugenaussage durchlöcherte. Selbst die Richter sollen beeindruckt gewesen sein, jedoch wirkte es sich nicht auf ihr Urteil aus. Nuorteva und Teerikangas wurden wegen Spionage zum Tode verurteilt, während Wuolijoki am 27. März 1943 wegen Hochverrats zu lebenslänglicher Haft verurteilt wurde.

Der Fall wurde an das Oberste Kriegsgericht verwiesen, das am 23. Mai 1944 die Urteile von Nuorteva, Teerikangas und Wuolijoki bestätigte. Andere erhielten zwischen sechs und 13 Jahre lange Haftstrafen. Ethel Yli-Pohja, Leo Murriks Tochter und Wuolijokis Nichte, die in der Zwischenzeit geheiratet hatte und die Wuolijoki bei ihren Kontakten mit Nuorteva genutzt hatte, erhielt eine dreimonatige Strafe für die unbeabsichtigte Unterstützung der verräterischen Aktivität ihrer Tante. Auch Eino Yliruusi bekam eine sechsmonatige Strafe dafür, dass er Nuorteva nicht bei den Behörden angezeigt hatte.

Man hatte es nicht geschafft, Teerikangas rechtzeitig vor Kriegsende hinzurichten und er wurde aufgrund des Waffenstillstandsvertrages freigelassen. Wuolijoki wusste nicht einmal, wer Teerikangas war, aber sie kannte einen anderen Häftling, der vor ein Erschießungskommando kam – Martta Koskinen, die als Kanal zwischen Nuorteva und Wuolijoki benutzt worden war. Sie wurde nicht dafür angeklagt, sondern erhielt ihr Urteil in einem völlig anderen Fall für die Beteiligung an einer begrenzten Spionage, an der sich die illegale kommunistische Gruppe, zu der sie gehört hatte, beteiligt hatte. Sie war gelernte Schneiderin und hatte regelmäßig für Hella Wuolijoki in Marlebäck und in Jokela gearbeitet, wo sie sich zuletzt im September 1941 für eine Woche aufgehalten hatte. Eino Pekkala war ihr Verteidiger, aber seine Bemühungen retteten sie nicht vor der Todesstrafe. Als engagierte Kommunistin schrieb sie im Gefängnis idealistische Gedichte und ging am 28. September 1943 als eine überzeugte Kämpferin für das in den Tod, was, wie sie fest glaubte, eine bessere Welt war.[10]

Kerttu Nuortevas Urteil wurde in lebenslängliche Haft umgewandelt. Als es im Sommer 1944 offenkundig wurde, dass der Krieg für Finnland schlecht enden würde, bot Kastari an, für sie einen Transport mit dem Motorboot nach Schweden zu arrangieren. Als der Waffenstillstandsvertrag unterzeichnet wurde, war sie eine der Gefangenen, die die Russen zurück in die Sowjetunion geschickt haben wollten. Sie wurde zurück nach Moskau geflogen. Von ihrem Schicksal war zunächst nichts zu hören, bis man später erfuhr, dass sie 1947 eine zehnjährige Haftstrafe für Hochverrat erhalten hatte und nach Kasachstan geschickt worden war. Sie wurde 1954 entlassen und starb 1963 in Karaganda.

Wuolijoki im Gefängnis

Wuolijoki wurde am 4. Mai 1943 verhaftet, und ihre lebenslange Haftstrafe endete, wie sie vorhergesagt hatte, mit Ende des Kriegsregimes, als der Moskauer Waffenstillstandsvertrag am 19. September 1944 in Kraft trat.

Die 16 Monate, die Hella Wuolijoki zunächst in den Haftzellen der Staatspolizei und dann im Katajanokka-Zentralgefängnis fast im Stadtzentrum verbrachte, waren eine Zeit außerordentlicher Produktivität. Es war, als ob ihre jugendliche Fantasievorstellung aus der Zeit vor fast 40 Jahren, für ihre Ideale eingekerkert zu werden und die Zeit zu haben, im Gefängnis zu schreiben, in Erfüllung ging.[11] Außer der Durchführung ihrer eigenen Verteidigung, die schon das Schreiben von Hunderten Seiten von Memoranden und langen Briefen an Tanner und andere umfasste, betrieb sie das Gut Jokela durch Vappu als ihre Vertreterin mit langen Briefen voller detaillierter Anweisungen.

Alle Häftlinge waren verpflichtet, wenn möglich, in ihrem eigenen Beruf zu arbeiten, und ihrer wurde als der einer Schriftstellerin anerkannt. Dadurch konnte sie neue literarische Arbeit in Angriff nehmen. So schloss sie ihre Erinnerungen über Eino Leino und Gustaf Mattson, die nach dem Krieg unter dem Titel *Kummituksia ja kajavia* (Geister und Möwen) veröffentlicht werden sollten, schon während ihrer Untersuchungshaft ab. Sie schrieb auch die beiden ersten Bände ihrer Memoiren, *Koulutyttönä Tartossa* (Als Schulmädchen in Tartu) und *Yliopistovuodet Helsingissä* (Universitätsjahre in Helsinki). Beim Schreiben hatte sie keinen Zugang zu Unterlagen oder Dokumenten und musste sich allein auf ihr bemerkenswertes Gedächtnis verlassen. Angesichts der Umstände, unter denen ihre Erinnerungen geschrieben wurden, sind die offenkundigen geringfügigen Ungenauigkeiten in den Büchern verständlich. Wie bei jedem Memoirenverfasser war ihre Interpretation der Ereignisse natürlich subjektiv und unterlag der literarischen Freiheit. Sie konnte nicht über ihre Gefängniserfahrung schreiben, solange sie noch hinter Gittern war, aber sie hatte ihre Gefängniserinnerungen schon im Geiste konzipiert, sodass sie wenige Monate nach ihrer Freilassung fertig waren. *Enkä ollut vanki* (Und ich war keine Gefangene) wurde im nächsten Jahr als eines ihrer drei Bücher veröffentlicht, die in dieser Zeit erschienen. *Enkä ollut vanki* war eine Mischung aus Gefängnistagebuch, Charakterskizzen von Mitgefangenen mit Elementen aus anderem Memoirenmaterials, einschließlich eines Berichtes über den Aufenthalt der Brechts in Marlebäck. *Kummituksia ja kajavia* kam, obwohl schon 1943 abgeschlossen, erst 1946 heraus. Sie übersetzte auch Ivan Maiskys Erinnerungsbuch *Ennen myrskyä* (Vor dem Sturm) vom Russischen ins Finnische, und auch dieses Buch wurde 1945 veröffentlicht.

Ihre literarischen Errungenschaften während ihrer Inhaftierung waren umso beeindruckender, da während ihrer Haft lange Zeit die Möglichkeit eines Todesurteils über ihr schwebte. Der materielle Komfort eines Gefängnisses zur Kriegszeit war auch sehr beschränkt, und sie genoss keinerlei Sonderprivilegien. Ihre Gesundheit, die auf wackligen Füßen gestanden hatte, hatte ebenfalls im Gefängnis unter Bedingungen zu leiden, die offensichtlich ihre Wirkung zeigten und sich in ihren späteren Gebrechen widerspiegelten. Ein besonders grauenhaftes Erlebnis für sie waren die drei schweren Luftangriffe auf Helsinki, in einem Abstand von zehn Tagen, im Februar 1944. Bei einem dieser Angriffe wurde auch das Katajanokka-Gefängnis getroffen, und Wuolijoki beschreibt das höllische Chaos, das losbrach. Letztendlich gab es keine Verletzten, und sie kam mit dem Schrecken davon. Sie verzeichnet auch, wie die Häftlinge die kurze Freiheit, die der Luftangriff ihnen gab, genossen, sich ohne Wachen miteinander zu mischen, als die Zellentüren geöffnet waren.[12]

Tanner und Wuolijoki

Im Gefängnis fühlte sich Wuolijoki von vielen ihrer früheren Freunde verlassen. Sie hatte nicht viele Besucher außer Vappu Tuomioja und Vappus Schwiegermutter Laina Tuomioja. Bezeichnenderweise besuchte Linda Tanner sie mehrmals, einmal zusammen mit Väinö Tanner. Linda Tanner sagte in ihrem Kriegsgerichtsverfahren aus, dass sie Wuolijoki empfohlen hatte, im April 1942 zur Behandlung nach Stockholm zu gehen. Wuolijoki versuchte sehr, auch Väinö Tanners Hilfe zu gewinnen, nicht nur, um ihr eigenes Leben zu retten, wofür er hätte sorgen können, sondern auch für die Fortsetzung der Friedensmission. Die Mission war zentral bei ihrer Verteidigung, da sie das von ihr angegebene Motiv für ihre Kontakte mit Nuorteva war.[13]

Die Beziehung Tanner–Wuolijoki war komplex und kompliziert. Sie spiegelte auch das Verhältnis zwischen der Sowjetunion und Tanner wider. Ein Element war die langjährige alte ideologische Feindschaft zu Tanner, der zu Recht als der führende sozialdemokratische Opponent des kommunistischen Einflusses in der Arbeiterbewegung gesehen wurde. Doch Tanners Rolle in den finnisch-sowjetischen Beziehungen war viel dialektischer. Nach dem Bürgerkrieg war er in Moskau als ein Gegner der Intervention in Russland und, zusammen mit Paasikivi, als der finnische Architekt des Friedensabkommens von Tartu im Jahr 1920 anerkannt. Doch schon vor dem Winterkrieg, als die Verhandlungen zwischen Finnland und der Sowjetunion unterbrochen wurden, war es Tanner, neben Erkko, der persönlich Gegenstand der meisten Schmähungen war, die gegen die finnische Regierung gerichtet waren. Dann, als die Friedensverhandlungen begannen, war es Tanner, an den die Sowjets über Wuolijoki herantraten. Nach dem Krieg wurde Tanner wieder eine Hassfigur in der sowjetischen Presse und musste im August 1940 von der Regierung zurücktreten, um die Spannungen zu verringern. Wenn es auch unmöglich war, irgendwelche neutralen, ganz zu schweigen von positiven Verweisen auf Tanner nach 1940 in den sowjetischen Medien zu finden, war es doch Tanner, mit dem Terentjew und Wuolijoki im Juni 1941 die letzten Anstrengungen unternahmen,

um den Krieg abzuwenden. In ähnlicher Weise war es zum Ende des
Krieges Tanner (und Paasikivi), mit dem die Sowjets einen Kontakt herstellen wollten. Bis zum Zeitpunkt des Friedensschlusses im September
1944 hatte sich jedoch die sowjetische Gegnerschaft gegen Tanner zu
unerbittlicher Feindschaft und der Forderung, dass er als Kriegsverbrecher vor Gericht gestellt werden sollte, verhärtet.[14]

Hella Wuolijoki hätte keinen persönlichen Groll auf Tanner hegen
sollen. Auch während ihrer Untersuchungshaft hatte Tanner Erklärungen abgegeben, die ihre Rolle bei den Friedensverhandlungen von 1940
anerkannten und Verständnis für ihre Motive im Fall Nuorteva zeigten.
Nachdem ihr erstes Urteil ergangen war, schrieb er eine weitere Erklärung für das Oberste Kriegsgericht, worin er ihre Rolle bei den finnisch-sowjetischen Beziehungen erläuterte und ihre Motive analysierte:

*Während des derzeitigen Krieges ist Frau Wuolijoki stets davon
überzeugt gewesen, dass Deutschland Russland nicht schlagen
kann und das Letzteres im Gegenteil aus dem Krieg als Sieger
hervorgehen wird. Die Ereignisse haben kürzlich bewiesen, dass
sie weitblickender war als die meisten. Deshalb hat sie immer
bei unseren Treffen die Notwendigkeit für Finnland, Frieden
herzustellen, aufgegriffen. Ich bin vollkommen überzeugt, dass
es nur dieses Interesse war, das zu ihren Aktivitäten in der Weise
geführt hat, die jetzt vom Gericht untersucht werden, ich bin
ebenfalls voll davon überzeugt, dass sie bei ihrer Handlung das
Beste für Finnland beabsichtigt hat und nicht dem Feind helfen
wollte. Auch wenn sie infolge ihres in einigen Aspekten zu
lebhaften und konspirativen Charakters gegen die Kriegsgesetze
gehandelt zu haben scheint, sind nach meiner Überzeugung ihre
Motive akzeptabel. Sie hat einfach wegen ihrer guten Kontakte
geglaubt, sie könne den Weg für Friedensgespräche öffnen und
in diesem Zusammenhang als ein wichtiger Akteur handeln.*[15]

Einen Monat vor der Unterzeichnung dieser Zeugenaussage am 7. März
1944 hatte er zusammen mit seiner Frau Linda Wuolijoki im Gefängnis besucht. In ihrem anderthalbstündigen Gespräch hatte Wuolijoki
fast ausschließlich über Jartsew und seine Rolle bei Friedenskontakten gesprochen und, da Jartsew nicht mehr in Stockholm war, drängte
sie Tanner, Madame Kollontai zu umgehen und sich direkt mit Frau
Jartsewa in Verbindung zu setzen. Tanners Reaktion war abweisend:
»Ich hörte mir ungläubig diesen Rat an, bei der Behandlung der schwie-

Väinö Tanner

rigen Friedensfrage den Weg über Röcke zu gehen. Ich begriff, dass diese Ratschläge nutzlos waren.«[16] Diese abweisende Haltung mag eine zusätzlicher Grund für Hellas unerbittliche Feindschaft gegenüber Tanner nach dem Krieg gewesen sein.

Im März 1944, als das Oberste Kriegsgericht sein endgültiges Urteil noch nicht gefällt hatte, schrieb Linda Tanner an Vappu Tuomioja und versicherte ihr, dass ein Todesurteil für ihre Mutter unwahrscheinlich sei und dass sie eine Bestätigung habe, dass ein solches Urteil unverzüglich umgewandelt werden würde. Sie glaubte, es wäre wahrscheinlicher, dass Wuolijoki sogar auf Bewährung entlassen würde. Für diesen Fall bot sie an, sie zu einem Aufenthalt auf Sorkki, dem Gut der Tanners, einzuladen, wo sie ungestört und unter ruhigeren Umständen als in Jokela arbeiten könne.[17] Doch Wuolijokis Urteil war ohne Bewährung, und es ist unwahrscheinlich, dass Vappu dieses freundliche Angebot gegenüber ihrer Mutter überhaupt erwähnt hat.

Obwohl Väinö Tanner abweisend gegenüber Friedensvermittlern in Röcken war, engagierten er und die finnische Regierung sich dennoch in ernsthaften Friedenskontakten. Schon Anfang 1942 war Mannerheim pessimistisch in seiner Einschätzung der Möglichkeiten für Deutschland, den Krieg zu gewinnen, geworden. Die meisten aus dem inneren Kreis, der Finnlands Politik im Krieg bestimmte – Mannerheim, Ryti, Tanner, darüberhinaus Edwin Linkomies, der Rangell als Ministerpräsident abgelöst hatte als auch Henrik Ramsay, der Rolf Witting als Außenminister abgelöst hatte, sowie General Rudolf Walden, der Verteidigungsminister – stellten ein Jahr später nach der deutschen Niederlage in Stalingrad fest, dass Deutschland nicht siegen würde. Sie begannen, nach einem Weg aus dem Krieg durch einen Separatfrieden mit der Sowjetunion zu suchen. Diese Kontakte führten zu nichts, da die finnischen Führer bis zum Winter 1944 unrealistischerweise erwarteten, dass der Frieden zu Bedingungen geschlossen werden könnte, die es Finnland gestatten würden, seine Grenzen von vor dem Winterkrieg 1939 wieder zu erlangen und sogar das finnisch besetzte Ostkarelien als Tauschobjekt zu benutzen. Sie glaubten naiverweise auch, dass Deutschland die finnische Position verstehen und Finnland gestatten würde, sich aus dem Krieg zurückzuziehen.

Nachdem man in Stockholm vorgefühlt hatte, reisten Paasikivi und der ältere Diplomat Carl Enckell im März 1944 nach Moskau, um die sowjetischen Bedingungen für einen Frieden in Erfahrung zu bringen. Diese waren, was die Grenzen anging, im Wesentlichen dieselben, die später im September vereinbart wurden, aber damals wurden sie von der finnischen Regierung abgelehnt. Die Fassade der Einheit in Finnland hatte auch begonnen, zu bröckeln. Im Untergrund befindliche Kommunisten planten kleine Sabotageakte, für die die in der Nachkriegszeit gebräuchliche Bezeichnung »Widerstandsbewegung« völlig unangebracht war. Etwas einflussreicher war die sogenannte Friedensopposition, die ins Leben gerufen wurde und ängstlich ihre Stimme erhob, um die Regierung zu drängen, mehr für die Beendigung des Krieges zu tun. Diese lockere Koalition aus Politikern umfasste hauptsächlich Leute von der Schwedischen Volkspartei, Sozialdemokraten, die Tanner kritisch gegenüberstanden und einige Zentristen, wie Urho Kekkonen und Wuolijokis Schwiegersohn Sakari Tuomioja. Sie sollten im Nachkriegsfinnland zu führenden Positionen aufsteigen und die diskreditierte Führung der Kriegszeit ablösen.

Im Juni startete die Rote Armee ihren massiven Angriff gegen die finnischen Stellungen auf der Karelischen Landenge. Die finnische Armee wurde überrumpelt, und Mannerheim und Ryti mussten sich wegen Waffen und Material an Deutschland wenden, um den Angriff aufzuhalten. Man leistete Hilfe, aber diese hatte ihren Preis – Ryti wurde dazu verpflichtet, den sogenannten Ribbentrop-Vertrag in einem Brief zu unterzeichnen. In dem Brief verpflichtete er sich persönlich dazu, keinen Separatfrieden mit der Sowjetunion ohne deutsche Zustimmung zu schließen. Er tat das mit Zustimmung der Regierung – Tanner und die sozialdemokratischen Minister stimmten dagegen, traten aber nicht zurück – aber ohne parlamentarische Ratifizierung oder eine anderweitig verbindliche Form. Die finnische Armee musste Ostkarelien hastig evakuieren und sich auf eine Linie, die in etwa der Grenze von 1940 entsprach, zurückziehen, war aber imstande, Anfang Juli die Front in harten Kämpfen zu stabilisieren. Die Sowjetarmee stieß nicht nach, da die Truppen eher beim Wettlauf nach Berlin gebraucht wurden, sodass der Angriff endete.

Der nicht verfassungsgemäße Charakter der Ribbentrop-Vereinbarung ermöglichte es Finnland, sich aus der Verpflichtung zu lösen, falls und wenn Ryti zurücktrat. Das tat er dann auch, als der geeignete Moment gekommen war, am 1. August, und Mannerheim wurde durch ein Sondergesetz des Parlaments zum Präsidenten gewählt. Die neue Regierung von Antti Hackzell – aus der Tanner und einige der anderen am meisten kompromittierten politischen Führer der Kriegszeit ausgeschlossen waren – bat um Frieden und nahm die sowjetischen Forderungen im September an.

17
Wuolijoki und die zweite Republik

Finnland hatte es geschafft, sich aus dem Krieg mit der Sowjetunion herauszulösen, während der Zweite Weltkrieg noch wütete. Er ging auch in Finnland weiter, da Nordfinnland noch von deutschen Truppen besetzt war, die die finnische Armee entwaffnen und internieren musste. Das bedeutete auch Krieg, da Deutschland sich weigerte. Die Zivilbevölkerung von Lappland musste nach Schweden fliehen, als die Deutschen den Rückzug antraten, wobei sie die Stadt Rovaniemi und alle Häuser und Dörfer auf ihrem Weg niederbrannten. Die letzten Deutschen wurden erst im Mai 1945 über die norwegische Grenze gedrängt. Bis dahin war der Rest Finnlands wieder zum Anschein der Normalität zurückgekehrt. Schon im Februar 1945, während der Krieg in Europa noch weiterging, wurden neue Parlamentswahlen abgehalten.

Die Bedingungen für den Frieden waren wieder einmal hart, aber annehmbar – zumindest verglichen mit der Forderung nach bedingungsloser Kapitulation, die Moskau während der Junioffensive gestellt hatte. Die Waffenstillstandsvereinbarung war vorläufig, weil das endgültige Abkommen als Teil einer allgemeinen europäischen Beilegung des Krieges unterzeichnet werden würde, und basierte auf einer Rückkehr zur Grenze von 1940 mit der Ergänzung, dass nun auch Petsamo an die Sowjetunion abgetreten wurde. Anstelle des Stützpunktes von Hanko forderten die Sowjets nun für 50 Jahre die Verpachtung eines Militärstützpunktes in Porkkala, der viel näher an Helsinki lag. Finnland wurde auch dazu verpflichtet, seine Armee zu demobilisieren und Einschränkungen ihrer Friedensstärke hinzunehmen, ebenso unterlagen sie einem ein Verbot von Raketen, Flugkörpern, U-Booten und Atomwaffen. Das Land musste auch Kriegsreparationen im Wert von 300 Millionen Golddollar an die UdSSR zahlen.

Die Waffenstillstandsvereinbarung umfasste auch Artikel, die Finnland dazu verpflichteten, alle freizulassen, die wegen ihrer Aktivitäten für die Alliierten inhaftiert worden waren, alle faschistischen und »hitlerfreundlichen« Organisationen zu verbieten und alle Kriegsverbrecher vor Gericht zu stellen. Sie gestattete einer Alliierten Kontrollkommission mit weitreichenden Vollmachten, die Umsetzung der Waffenstillstandsvereinbarung zu überwachen. Unter den ersten verbotenen Organisationen waren die IKL (Die Vaterländische Volksbewegung) und die Studentenorganisation Akateeminen Karjala-Seura (AKS – Akademische Kareliengesellschaft) und eine Menge kleinerer rechtsextremer Organisationen. Später wurden auch die bewaffnete Schutzkorpsorganisation Suojeluskunta, die ihren Ursprung in den Weißgardisten der Vorbürgerkriegszeit hatte, und der Frauenhilfsdienst Lotta Svärd verboten, ebenso wie Aseveliliitto, die nach dem Winterkrieg gegründete antikommunistische Veteranenorganisation.

Die Alliierte Kontrollkommission wurde aus sowjetischen und britischen Vertretern gebildet, aber die Letzteren waren völlig stille Partner, die angewiesen worden waren, den Sowjets freie Hand zu lassen. Die finnischen Befürchtungen intensivierten sich, als die UdSSR den Leningrader Parteichef Andrei Schdanow als Vorsitzenden der Kommission nach Helsinki schickte. Er war für seine kriegerische und misstrauische Haltung gegenüber den Finnen und als der sowjetische Abgesandte bekannt, der 1940 nach Estland geschickt worden war, um die Einverleibung des Landes in die UdSSR zu überwachen.

Befürchtungen wegen der sowjetischen und kommunistischen Absichten waren im Herbst 1944 überall vorherrschend. Viele derjenigen Finnen, die sich wohlwollend gegenüber dem Nationalsozialismus geäußert hatten und diejenigen, die an Geheimdiensttätigkeiten beteiligt gewesen waren, nahmen ein Motorboot nach Schweden, einige fuhren sogar bis nach Südamerika. Eine Widerspiegelung des Misstrauens war es, dass die Armee ohne Wissen der Regierung ein heimliches Waffenversteck zum Einsatz für bewaffneten Widerstand für den Fall organisierte, dass die Rote Armee versuchen sollte, das Land zu okkupieren. Dieses wurde bald entdeckt, und viele der beteiligten Offiziere endeten im Gefängnis. In diesem Fall waren die Säuberungsaktionen gegen Vertreter des alten Regimes gemäßigt. Während die letzten zum Tode verurteilten Kommunisten hastig erschossen wurden, kurz bevor der Waffenstillstand in Kraft trat – einschließlich Risto Vesterlund, eines Deserteurs, der in Finnland mit Instruktionen zur Stärkung der Friedensopposition mit dem Fallschirm abgesprungen war und dies mit geringer Wirkung zu tun versuchte – wurde nach dem Frieden niemand hingerichtet. Die Gruppe, die am auffälligsten und am meisten zu leiden hatte, bestand aus acht Führern der Kriegszeit, die später als Kriegsverbrecher verurteilt wurden. Aber abgesehen von ihnen und der Handvoll Finnen, die auch nach dem Waffenstillstandsabkommen noch weiter für Deutschland arbeiteten, und einigen an dem Verstecken von Waffen beteiligten Offizieren erlitt niemand mehr als den Verlust seiner früheren Machtposition, und auch das war in vielen Fällen vorübergehend. Zu denjenigen, die völlig frei davonkamen, gehörten Leute wie Arno Anthoni, der während des Krieges an der Auslieferung einiger Juden nach Deutschland beteiligt gewesen war.

Natürlich sah nicht jeder den verlorenen Krieg als eine Katastrophe an. Für die Kommunisten und ihre Verbündeten war er eine Möglichkeit, die neue Visionen für eine bessere Zukunft eröffnete. Das Waffenstillstandsabkommen legte nicht nur die Freilassung derjenigen fest, die für die »Vereinten Nationen« gekämpft oder ihnen geholfen hatten, sondern auch die Aufhebung jeglicher diskriminierender Gesetzgebung, einschließlich der Antikommunisten-Gesetze von 1930. Nach dem 23. September wurden Kommunisten und andere inhaftierte Linke innerhalb weniger Tage aus dem Gefängnis entlassen. Für Hella Wuolijoki kam die Freiheit am Nachmittag des 25. September.

Anfangs gab es eine gewisse Unsicherheit und Debatte darüber, wie die neuen linksgerichteten Kräfte sich organisieren sollten. Sollte es eine neue Kommunistische Partei sein oder eine Einheitspartei mit breiterer Basis für alle linken und antifaschistischen Kräfte? Es gab Hoffnungen, dass die linksgerichteten und anderen Gegner Tanners in der Sozialdemokratischen Partei die SDP übernehmen und ein Bündnis mit den Kommunisten eingehen würden. Diese Hoffnungen erwiesen sich als unbegründet, und nachdem sie bei den beiden Parteitagen von 1944 und 1946 eine Niederlage erlitten hatte, löste die Linksfraktion ihre separaten Organisationen innerhalb der Partei auf. Die loyale Opposition in der Partei erzielte einen Modus vivendi mit der Koalition alter Tanner-Anhänger und jüngerer Kriegsveteranen – den sogenannten Aseveli-Sozialisten – die die Partei in antikommunistischen Händen gehalten hatten. Die Stellung der Antikommunisten in der SDP wurde gestärkt durch die Weigerung der sogenannten Sechsergruppe, der 1941 inhaftierten linkssozialistischen Parlamentsabgeordneten, der Partei wieder beizutreten. Einige linke Sozialdemokraten verließen die Partei auch später, einschließlich Sylvi-Kyllikki Kilpi im Jahr 1946.

Die KP wurde in Helsinki bei einem zweitägigen Treffen am 14. und 15. Oktober neu gegründet, das in einer kleinen Werkstatt abgehalten wurde, die für die Parteibüros erworben worden war. Es waren nur

27 Menschen anwesend, von denen die meisten, wie Hertta Kuusinen, gerade aus dem Gefängnis entlassen worden waren. Von denen, die nicht während des Krieges in Haft waren, war Yrjö Leino der Prominenteste. Sie alle waren der Öffentlichkeit unbekannt, außer Hertta Kuusinen, deren Familienname einen weit verbreiteten, wenn auch nicht immer positiven Wiedererkennungswert hatte. Leino trat bald in das öffentliche Bewusstsein, als er am 17. November als Minister für Soziales in Paasikivis neue Regierung eintrat und damit der erste kommunistische Minister Finnlands wurde.[1]

Die Kommunisten stellten sich eine breitere Massenorganisation auf Volksfrontbasis vor, die zusammen mit den Linkssozialisten, sozialdemokratischen Dissidenten und anderen »demokratischen« Elementen gegründet werden sollte. Das war die SKDL (Demokratische Union des Finnischen Volkes), die zwei Wochen nach der KP gegründet wurde. K. H. Wiik von der linkssozialistischen Gruppe, deren Mitglieder gerade wieder zum Parlament zugelassen werden sollten, wurde der erste Vorsitzende der Union, um einen Monat später durch Cay Sundström abgelöst zu werden. Die SKDL war erfolgreich bei der Werbung von Mitgliedern und Wählern, aber die nichtkommunistischen Elemente in der Organisation blieben schwach, weil kein nennenswerter Teil der SDP sich ihr anschloss. Als die SKDL bei den ersten Nachkriegswahlen 1945 49 Sitze gewann, waren unter den Gewählten elf nichtkommunistische Sozialisten verschiedener Richtungen; bis 1966 war ihre Zahl auf gerade mal zwei in der Parlamentsfraktion der SKDL geschrumpft.[2]

Etwa um dieselbe Zeit, zu der die KP in Finnland formell gegründet wurde, wurde im Oktober auch eine neue Finnland-Sowjetunion-Gesellschaft geschaffen. Mauri Ryömä und andere, die 1940 die Freundschaftsgesellschaft gegründet hatten, wollten die Organisation im selben radikalen Geist wieder aufleben lassen, aber die kommunistischen Führer wollten, dass die neue Gesellschaft eine breitere Basis bekäme und dass in sie prominente Nichtkommunisten und bürgerliche Politiker wie Paasikivi und Kekkonen eingebracht würden. Die letztere Sicht gewann die Oberhand, und der Linkssozialist Johan Helo wurde zum Ersten Vorsitzenden der Gesellschaft mit Hella Wuolijoki als Präsidiumsmitglied gewählt. Die Mehrheit der einfachen Mitglieder in der Gesellschaft waren Kommunisten oder ihre Verbündeten, was bedeutete, dass die KP, auch wenn sie immer die Notwendigkeit erkannte, Nichtkommunisten an Bord zu haben, das letzte Wort in der Organisation hatte.[3]

Wuolijoki als Kabinettmacherin

Bei ihrer Entlassung aus dem Gefängnis wurde Hella Wuolijoki sofort in den Strudel sich rasch ändernder Ereignisse hineingezogen. Im Jahr 1905 war sie auch schon einmal im Mittelpunkt historischer Ereignisse gewesen, aber nur als eine einfache Teilnehmerin, nicht als Führungspersönlichkeit. Jetzt, 40 Jahre später, hatte sie das berauschende Gefühl von Macht in ihren Händen. Ihre Gesundheit hatte im Gefängnis gelitten, aber das schien ihre grenzenlose Energie nicht beeinträchtigt zu haben. Sie machte sich unverzüglich daran, die Zusammensetzung der Regierung zu ändern. Antti Hackzell als Ministerpräsident hatte den Waffenstillstand in Moskau unterzeichnet, erlitt aber unmittelbar danach einen Schlaganfall. Seiner Regierung folgte die Regierung des Präsidenten am Obersten Verwaltungsgericht Urho Castrén, in der jeder eine einstweilige Übergangslösung sah.

Der Vorsitzende der Kontrollkommission, Andrei Schdanow, landete am 5. Oktober in seiner DC-3 in Helsinki. Drei Tage später besuchte er bereits Hella Wuolijoki in Jokela. Es gibt keine Unterlagen darüber, was bei dem Treffen besprochen wurde, aber ein Resultat war zweifellos die erneute Bestätigung ihres Status als Schlüsseltreuhänderin der sowjetischen Gesandten. Höchstwahrscheinlich sprachen sie über konkrete Politik und wer in der neuen Regierung, von der jeder einsah, dass sie bald die Castrén-Regierung ablösen würde, annehmbar wäre und wer nicht. Ein anderes Thema von beiderseitigem Interesse war bestimmt Hella Wuolijokis eigene Rolle im künftigen Finnland. Schdanow seinerseits erklärte die grundlegenden Richtlinien sowjetischer Politik: keine Revolution und ein striktes Festhalten an der Gesetzlichkeit, was sowohl von der KP als auch von der Kontrollkommission respektiert werden würde. Er tat auch seine Ansichten darüber kund, wie die neue Sowjetunion-Freundschaftsgesellschaft gegründet werden sollte. Über den Fall Nuorteva gab Wuolijoki offensichtlich einen ausführlichern Bericht gegenüber Jelisew ab, der zusammen mit anderen NKWD-Vertretern innerhalb der Kontrollkommission wieder in das Land zurückgekehrt war und der in seinen Memoiren einen ziemlich gestelzten Bericht des Falles gibt.[4]

Hella Wuolijoki war in den nächsten Wochen hinter den Kulissen eine der aktivsten Mitwirkenden bei den Bestrebungen, eine neue Regierung zusammenzustellen, die der Kontrollkommission genehm wäre. Schon am selben Tag war der nächste Besucher nach Schdanow Urho

Kekkonen, den sie für einen möglichen Kandidaten für den Ministerpräsidentenposten zu halten schien. Vor dem Krieg gehörte Kekkonen nicht zu Wuolijokis Kreis, und es ist wahrscheinlich, dass Sakari Tuomioja, der seit Ende der 1930er Jahre ein enger Freund Kekkonens war, sie einander vorstellte. Er und Wuolijoki wurden niemals enge Freunde, aber Kekkonen verstand ihre Position als einen wichtigen Kanal für Kontakte mit sowjetischen Vertretern, die er pflegen wollte. Für Wuolijoki war es umgekehrt. Sie und ihre sowjetischen Kontaktpersonen erkannten Kekkonens Potential und sahen ihn als einen nützlichen Kooperationspartner in der Zukunft und auch als einen potentiellen Ministerpräsidenten bereits im Jahr 1944.[5]

Hella Wuolijoki war nicht an der Gründung der KP beteiligt und trat ihr niemals bei. Hertta Kuusinen schrieb 1945 an ihren Vater, dass Wuolijoki sogar in die Partei eintreten würde, »wenn sie ihr Gut behalten könnte«, aber es scheint so, dass Hertta Kuusinen und andere sie außerhalb der Partei als nützlicher ansahen. Der Hinweis auf das Gut mag tatsächlich Wuolijokis eigener humoriger Kommentar zur Parteimitgliedschaft in derselben Art gewesen sein, wie sie auf O. V. Kuusinen verwies, der ihr Marlebäck wegnehmen wollte, als sie im Dezember 1939 an Tanner schrieb, um ihre Dienste als Friedensstifterin anzubieten.[6] Wuolijoki war auch nicht auf dem Gründungstreffen der SKDL, schloss sich ihr aber an und stellte sich als deren Kandidatin für das Parlament zur Verfügung. Sie hielt Reden auf Massenveranstaltungen für entlassene politische Häftlinge und auf Wahlkampfveranstaltungen, einschließlich einer Rede im Nationaltheater im März 1945, wo sie ihre eigene Auffassung über die finnisch-sowjetischen Beziehungen und die Verhandlungen 1938–1941 darlegte. Diese Rede wurde auch durch die SKDL als Broschüre veröffentlicht. Sie war Gründungsmitglied der Finnland-Sowjetunion-Gesellschaft und wurde in ihr Präsidium gewählt. Ihre weniger bedeutenden Aufgaben umfassten die Mitgliedschaft in dem Komitee, das dazu bestimmt worden war, die Reorganisation des Theaters in Finnland zu empfehlen. Sie war in erster Linie SKDL-Sprecherin in allen kulturellen Fragen.

Diese Art sichtbarer öffentlicher und politischer Tätigkeit, die sogar an Hyperaktivität grenzte, war für Hella Wuolijoki neu. Aber sie war immer noch sekundär für sie, da sie auch ihre Rolle als Drahtzieherin im Hintergrund beibehielt und genoss. Im Herbst 1944 war ihr Einfluss auf dem Zenit. Die sowjetischen Repräsentanten in Finnland und die Kontrollkommission nutzten sie als ihren Nachrichtenüberbringer. Während die neuen politischen Organisationen der Kommunisten und ihrer Verbündeten noch im Aufbau waren und sich noch nicht etabliert hatten – und von Leuten angeführt wurden, von denen die meisten den sowjetischen Vertretern in Finnland noch persönlich unbekannt waren – war Wuolijoki eine Person, die sie kannten und der sie vertrauten. Darüber hinaus hatte sie auch ein weites Netzwerk schon bestehender Kontakte zum alten finnischen Establishment und war imstande, Ratschläge über die Verlässlichkeit finnischer nichtkommunistischer Politiker zu geben. Offensichtlich erkannten auch Finnen aller Überzeugungen ihre Bedeutung in dieser Rolle an. Inwieweit diese Rolle die Vorstellung ihrer eigenen Ideen und die Gewinnung der Zustimmung dazu einschloss, ist schwerer festzustellen, aber es ist sicherlich übertrieben zu sagen, dass sie die Inspiration für die SKDL-Organisation war.[7)]

So ging sie als Kabinettmacherin aus dem Gefängnis hervor, deren Ansichten darüber, wer in Finnland in der Regierung sitzen sollte, gefragt waren und angehört wurden. Sogar vor ihrem ersten Treffen mit Schdanow hatte sie Pawel Orlow getroffen, den letzten sowjetischen Vorkriegsgesandten in Helsinki, der nun leitender politischer Berater in der Kontrollkommission war. Als sie am 11. November zu einem Treffen mit dem als neuen Ministerpräsidenten designierten Paasikivi ging, konnte sie auch über ihre Gespräche mit Orlow und Jelisejew über die Notwendigkeit einer neuen Regierung und die Vorteile, die sie bedeuten könnte, wenn die Spannungen mit den Sowjets verringert würden, sprechen. Sie hatte eine Liste von Kandidaten für die neue Regierung bei sich, hinter der die Kommunisten und Linkssozialisten standen. Auf ihrer Liste wurde Rudolf Walden akzeptiert, seine Tätigkeit als Verteidigungsminister fortzusetzen, doch die restlichen Kandidaten kamen aus der Linken oder der Friedensopposition. Auf ihrer Liste war Mauno Pekkala stellvertretender Ministerpräsident, Kekkonen war Minister ohne Portefeuille, Sakari Tuomioja, eines der wenigen Mitglieder der Friedensopposition aus der Fortschrittspartei, war Finanzminister, der sozialdemokratische Oppositionsmann und SAK-Vorsitzende Eero A. Wuori war Minister für Verkehrswesen, Ralf Törngren von der Schwedischen Volkspartei war Minister für Soziales und Kaarlo Hillilä – Kekkonens enger Freund, der auch in Kontakt mit Wuolijoki gestanden hatte – war Innenminister. Aus der SKDL hatte sie die Sozialisten Helo und Sundström und die Kommunisten Leino und Ryömä auf ihrer Liste. Paasikivi sagte, dass er bereit wäre, Kommunisten in die Regierung aufzunehmen, aber erst nach den Wahlen. Wuolijoki warnte, dass ein Ausschluss der Kommunisten zu großen Demonstrationen führen würde und dass Helo, Kekkonen und Hillilä ohne die Kommunisten keine Ämter annehmen würden.[8]

Paasikivi, der natürlich ähnliche Ratschläge von anderen erhielt, einschließlich Kekkonen, Hillilä, Pekkala und Wuori, akzeptierte das und brachte es mit einigen Schwierigkeiten fertig, Mannerheim als Präsident davon zu überzeugen und einzuwilligen, einen Kommunisten für die Regierung zu nominieren. Aber Mannerheim behielt seine Abneigung gegenüber Leino als Kandidat bei, und Paasikivi rief Wuolijoki an, um zu prüfen, ob er durch einen anderen Kommunisten, Matti Huhta, ersetzt werden könne. Wuolijoki stellte klar, dass dies für die Partei unannehmbar sei, woraufhin Paasikivi zu einem weiteren heftigen Treffen mit Mannerheim zurückging, der Leino akzeptieren musste.[9]

Die später am selben Tag ernannte Regierung entsprach in ihren wesentlichen Merkmalen der Liste, die Wuolijoki ursprünglich vorgelegt hatte. Leino kam in die Regierung als erster kommunistischer Minister Finnlands. Die Sozialdemokraten im neuen Kabinett waren größtenteils von der Parteiopposition, einschließlich Mauno Pekkala und Reinhold Svento, die sich beide im nächsten Jahr der SKDL anschlossen. Zu den Ministern aus der Agrarierpartei gehörten Hillilä als Innenminister und Kekkonen als Justizminister. Helo und Tuomioja wurden zu Finanzministern ernannt.

Die im Februar 1945 abgehaltenen Parlamentswahlen waren ein Erfolg für die Linke. Die SKDL gewann 49 Sitze, die SDP 50. Zum ersten Mal in ihrem Leben nahm Hella Wuolijoki an einer Parlamentswahl als Kandidatin teil. Sie war auf der Liste in mehreren Wahlkreisen, wie damals üblich, und alle Parteien benutzten bekannte Namen zum Stimmenfang. Sie bekam nicht genug Stimmen, um gewählt zu werden, aber als der sozialistische Veteran Wiik im Juni des nächsten Jahres starb, rückte sie als Abgeordnete aus dem Wahlkreis Nord-Häme nach, zu dem sie keine besonderen Verbindungen unterhielt. Eino und Mauno Pekkala, die auf der SKDL-Liste waren, wurden ebenfalls gewählt. Kuusinen und Leino waren jedoch die größten Stimmenfänger.

Paasikivi bildete die neue Regierung, nachdem die drei großen Parteien SKDL, SDP und die Agrarier sich auf ein neues gemeinsames Programm voller demokratischer und antifaschistischer Rhetorik geeinigt hatten. In dieser Regierung hatten die Kommunisten drei Portefeuilles, und Leino wechselte zum Innenministerium. Als Helo im Dezember 1945 zum Gesandten in Paris ernannt wurde, übernahm Eino Pekkala das Amt des Unterrichtsministers. Tuomioja arbeitete bis zum Juli 1945 als Finanzminister weiter und wurde dann zum Präsidenten der Bank von Finnland ernannt, nachdem Ryti gezwungen worden war, sich aus der Bank zurückzuziehen, in die er nach dem Krieg zurückgekehrt war.

Die Kommunisten und ihre Verbündeten hatten starken Einfluss auf die beiden Paasikivi-Regierungen und auf Mauno Pekkalas Regierung, die gebildet wurde, nachdem das Parlament Paasikivi nach Mannerheims Amtsniederlegung im März 1946 zum Präsidenten gewählt hatte. Eino Pekkala wurde Justizminister. Mit Leino als Innenminister konnten die Kommunisten die Staatspolizei säubern und sie mit ihren Sympathisanten füllen. Die Volksdemokraten gewannen auch Einfluss auf die finnische Rundfunkgesellschaft. Aber das waren begrenzte Errungenschaften. Die Armee und der größte Teil der Polizei wurden von ihnen niemals infiltriert, und in den Gewerkschaften behielten die Sozialdemokraten die Kontrolle in der zentralen Organisation SAK und den meisten der Schlüsselgewerkschaften.

In der Regierung war die Mehrheit in den Händen solcher Leute wie Paasikivi, Kekkonen und Tuomioja, die die Erfüllung sowjetischer Forderungen und die Zusammenarbeit mit Kommunisten als eine Notwendigkeit zur Rettung des Landes und seiner Freiheit ansahen. Während sie für die Wiederherstellung der finnischen Souveränität arbeiteten, wussten sie durchaus, wann und wo eine Grenze zu ziehen war. Ihre rechtsgerichteten Kritiker sahen in ihnen Opportunisten oder Schlimmeres. Am meisten traute die Rechte instinktiv Paasikivi, der ein früherer Führer der konservativen Partei war; ihr Zorn war in erster Linie auf Kekkonen gerichtet. Zu seinen vielen Sünden als Justizminister zählten sie seine Rolle beim Durchpeitschen der Gesetzgebung, die es in Erfüllung von Artikel 13 der Waffenstillstandsvereinbarung ermöglichte, Finnlands Führer aus der Kriegszeit als Kriegsverbrecher vor Gericht zu stellen. Kekkonen erweckte immer starke Leidenschaften bei seinen Gegnern, aber er sollte 30 Jahre lang die finnische Politik als Ministerpräsident und Präsident dominieren, nachdem er 1950 seine erste Regierung gebildet hatte.

Auch Wuolijoki wurde als Kandidatin für verschiedene Posten in Erwägung gezogen. Dabei gab es wenig, was Paasikivi und die Regierung tun konnten, um ihren Wunsch, Vorsitzende des Schriftstellerverbandes zu werden, zu fördern. Die politische Richtung des Verbandes spiegelte sich in der Tatsache wider, dass sein Vorsitzender V. A. Koskenniemi war, der Nationaldichter der finnischen Rechten, der während des Krieges in der von den Nationalsozialisten gelenkten Europäischen Schriftsteller-Vereinigung aktiv gewesen war. Im November 1944 musste er dem Druck insoweit nachgeben, dass Wuolijoki gewählt wurde, um eine vakante Stelle im aus sieben Mitgliedern bestehenden Vorstand des Verbandes auszufüllen. Im nächsten Jahr wurde sie jedoch auf der stürmischen Jahresversammlung des Verbandes nicht wiedergewählt.[10]

Es lag in der Macht der Regierung, Gesandtenposten zu vergeben, und Wuolijoki war unter denen, die in Erwägung gezogen wurden, als die Regierung die wichtigsten Posten mit Menschen besetzen wollte, die der neuen Realität gegenüber loyal waren. Ob Wuolijoki tatsächlich daran interessiert war, zur finnischen Gesandtin in Moskau ernannt zu werden, ist zweifelhaft. Sie war einer der Kandidaten, die Leino für den Posten vorschlug, als der Ausschuss für auswärtige Angelegenheiten der Regierung im August 1945 Gesandtennominierungen besprach und Unterstützung von Kekkonen, Mauno Pekkala und Wuori erhielt. Aber als die Diskussion weiterging, kamen die Männer zu der Schlussfolgerung, dass das keine geeignete Position für eine Frau sei.[11] Sie würden möglicherweise später alle zugegeben haben, dass sie wohl kaum eine schlechtere Wahl gewesen wäre als Cay Sundström, der, faute de mieux, weil andere ablehnten, nominiert wurde, und der als Gesandter kaum imstande war, mehr zu tun, als die aktuellen Ansichten der Sowjetführung weiterzugeben und ihre Annahme in Helsinki zu empfehlen.

Der Posten, den Wuolijoki wollte und dies auch offen kundtat, war der eines Generaldirektors von Yleisradio, der finnischen Rundfunkgesellschaft. Schon im November war sie als Mitglied des Programmrates der Gesellschaft bestellt worden. Der Rundfunk war natürlich ein Instrument der Kriegspropaganda gewesen und war ein ständiges Ärgernis für die Linke. Auch wenn es die offiziellen Informationsorgane der Regierung gewesen waren, die das Programm der Gesellschaft gelenkt hatten, war es offenkundig, dass Yleisradio eine der Institutionen war, bei denen Änderungen erwartet wurden, um sich den neuen Bedingungen im Land anzupassen. Nach einiger Nachhilfe seitens der Regierung trat der Generaldirektor aus der Kriegszeit J. K. Vakio am 17. Januar 1945 passenderweise zurück. Die Ernennung war nicht direkt das Geschenk der Regierung, aber da der Staat der Mehrheitseigner war und die Regierung gedroht hatte, eine außerordentliche Aktionärsversammlung einzuberufen, musste sich der Aufsichtsrat der Gesellschaft dem Wunsch der Regierung beugen, der von Yrjö Murto, dem kommunistischen Minister für Verkehrswesen, weitergegeben wurde, und Wuolijoki am 26. April zur Generaldirektorin wählen. Ihre Ernennung wurde für die Sozialdemokraten annehmbarer gemacht durch die gleichzeitige Ernennung von Onni Toivonen zum stellvertretenden Generaldirektor im Vorstand. Es war eine untaugliche Teilzeitregelung, weil Toivonen auch weiter als Abteilungsleiter im Volksversorgungsministerium tätig war.[12]

Familie und Feinde

Als Hella Wuolijoki im Juli 1946 ihren 60. Geburtstag feierte, fand die Feier auf dem Höhepunkt ihrer politischen Karriere und ihres Einflusses statt. Sie hatte jeden Grund, zufrieden und sogar ein wenig überschwenglich deswegen zu sein, wie die Dinge für sie und ihr Land liefen. Sie hatte nach dem Krieg drei Bücher veröffentlicht, von denen alle günstige Kritiken bekamen und sich gut verkauften. Sie war voller Pläne für den finnischen Rundfunk, den sie mit Schwung übernommen hatte. Sie war auch augenscheinlich zufrieden mit ihrem Status als hoch angesehene und einflussreiche politische Person. Das drückte sie freimütig, in klaren Worten und mit offener Freude besonders in ihren Briefen ins Ausland aus. So kamen Salme und Rajani Dutt, Ernestine Evans und Bertolt Brecht alle in den Genuss begeisterter Darstellungen ihrer Situation. In allen Berichten war der gemeinsame Nenner Wuolijokis Freude darüber, wie wichtig sie geworden war. Als ihr Geburtstag herannahte, schrieb sie Salme, dass der Präsident (oder zumindest seine Frau), der Ministerpräsident und andere Regierungsmitglieder und politische Führer als Gäste ihrer Feier erwartet würden.[13]

Die Familie war für Hella Wuolijoki immer wichtig. Jetzt hatte sie auch etwas, was einer politischen Familie gleichkam. Wie sie 1946 an Brecht schrieb, war Vappus »Ehemann Finanzminister und ist jetzt Präsident der Bank von Finnland, nachdem Ryti inhaftiert wurde. Mein Schwager Eino Pekkala ist Justizminister und sein Bruder Mauno Pekkala ist Premierminister. Und Hertta, die jetzt meine richtige Tochter geworden ist, ist die führende Frau im Land. Und mein alter Freund Paasikivi ist Präsident.« Yrjö Leino wurde ebenfalls in einem ähnlichen Brief an Ernestine Evans als zur Familie gehörend erwähnt. Was Sakari Tuomioja angeht, wenn er auch ein liberaler Politiker war, war er damals noch eher vergleichbar mit Kekkonen als nicht sozialistischer Favorit Moskaus, und die finnischen Kommunisten hegten die (völlig unbegründete) Hoffnung, dass seine kleine Gruppe von

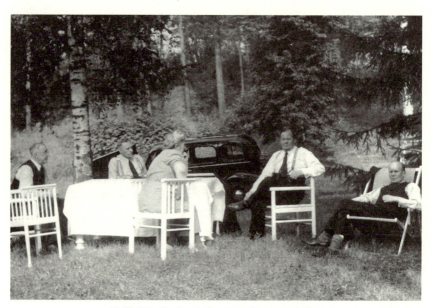

Hella Wuolijokis Geburtstagsfeier, von links:
Yrjö Soini, Verneri Veistäjä, Laina Tuomioja, Mauno Pekkala und Eino Pekkala

Progressiven, die 1946 auf dem Parteitag der Fortschrittspartei eine entschiedene Niederlage erlitten hatte, sich sogar der SKDL anschließen könnte.[14]

Salme und Rajani Dutt konnten nicht zu Hellas 60. Geburtstagsfeier kommen, aber im nächsten Sommer waren sie in Finnland. Die Sonne schien nicht gerade für die britischen Kommunisten, aber in Jokela konnten sie sich wenigstens im Widerschein des Ruhms von Salmes Schwester sonnen, mit ihren Verwandten und der politischen Familie – den Pekkala-Brüdern, Tuomioja, Leino und Kuusinen – die bei ihrem 61. Geburtstag anwesend waren.

Wuolijoki hatte auch eine rachsüchtige Seite. Sie konnte ihren politischen Gegnern gegenüber großzügig sein und engagierte sich als Rundfunkdirektorin nicht in irgendwelchen wirklichen Säuberungsaktionen. Aber ihre Feindschaft gegenüber den Politikern, die dafür verantwortlich waren, Finnland in ein Bündnis – sie kümmerte sich nicht um den beschönigenden Euphemismus »Mitkriegführender«, den die Finnen bevorzugten – mit dem nationalsozialistischen Deutschland geführt zu haben und die den Krieg mit der UdSSR unnötig verlängert hatten, war unnachgiebig und konzentrierte sich besonders auf Väinö Tanner.

Daher war Wuolijoki eine konsequente Befürworterin dessen, dass Kriegsverbrecher, wie dies in Artikel 13 der Waffenstillstandvereinbarung erwähnt war, vor Gericht gestellt werden mussten. Anfangs war unklar, worauf und auf wen sich der Artikel bezog und welche die sowjetischen Absichten waren. Das Verfahren, das die Verabschiedung einer besonderen rückwirkenden Gesetzgebung erforderte, um es zu ermöglichen, dass acht finnische Führer der Kriegszeit wegen ihrer Verantwortung für die Fortsetzung des Krieges vor ein Sondergericht gestellt wurden, ist in Finnland immer noch umstritten. Welches auch immer die politischen oder moralischen Aspekte der Verantwortung sein mochten, die Kivimäki, Linkomies, Ramsay, Rangell, Ryti, Tanner und die zwei Kriegszeit-Regierungsmitglieder Tyko Reinikka und Antti Kukkonen für den Krieg und für die Ablehnung früherer Friedensmöglichkeiten hatten, der Prozess war ein Hohn auf die Gerechtigkeit. Der Kern der Kontroverse dreht sich um folgende Frage: War der Prozess wirklich notwendig, weil Stalin und die Kontrollkommission die Regierung zwangen, ihn zu führen – mit der unausgesprochenen Drohung, die Sache den Finnen aus der Hand zu nehmen, wenn sie dazu Ausflüchte machten – oder waren es finnische prosowjetische Kollaborateure im Allgemeinen und Justizminister Urho Kekkonen im Besonderen, die den Prozess brauchten und wollten, um ihre eigenen persönlichen Interessen und politische Agenda zu fördern, wie es heute noch behauptet wird?[15]

Die Kommunisten und ihre Verbündeten unterstützten den Prozess sicher, aber sie waren nicht seine Initiatoren. Diejenigen, die wie Wuolijoki während des Krieges inhaftiert waren, waren unter den Eifrigsten, die die Führer aus der Kriegszeit vor Gericht sehen wollten. Wenn Wuolijoki auch harte Worte für Ryti und Rangell, für deren Umgang mit führenden Nationalsozialisten fand, war es doch Tanner, auf den sich ihre Feindseligkeit konzentrierte. Politische Kritik oder sogar Feindschaft gegenüber Tanner waren verständlich, wenn man davon ausgeht, dass er hätte mehr tun können, um den Krieg zu verhindern, und natürlich waren er und andere Sozialdemokraten seinesgleichen immer der Hauptfeind der Kommunisten und ihrer Verbündeten im Kampf um die Loyalität der Arbeiterklasse. Es ist auch verständlich, wenn Tanners ablehnende Haltung gegenüber ihren Friedensbemühungen und ihrem politischen Aktionismus sie verletzte, aber das reicht nicht aus, um die Tiefe ihrer Feindschaft zu erklären, die ans Irrationale zu grenzen schien. Welche politischen Fehler Tanner auch immer gemacht haben mag, war er nicht persönlich dafür verantwortlich, dass sie ins Gefängnis kam, und er hatte auch für ihre Verteidigung getan, was unter den Umständen vernünftigerweise erwartet werden konnte.

Diese Feindschaft beendete auch ihre langjährige Freundschaft mit Linda Tanner, die einer ihrer wenigen regelmäßigen Besucher im Gefängnis gewesen war. Nach dem Krieg lud Wuolijoki Linda Tanner ein, sich der SKDL anzuschließen, und als der Kriegsverbrecherprozess begann, lud Wuolijoki Linda Tanner zum Kaffee bei sich zu Hause ein, wo sie ihrem Gast sagte, dass sie dafür sorgen werde, dass ihr Ehemann eine härtere Strafe bekäme und dann mit Hinweisen darauf fortfuhr, dass ihr Grundbesitz konfisziert werden könnte. Auch wenn Linda Tanners Version dieser Begegnung gefärbt sein kann, gibt es keinen Mangel an Beweisen für Wuolijokis Agitation, öffentlich und privat, Tanner und die anderen Angeklagten bestraft zu sehen. Sie wollte sogar, dass ihre sowjetischen Kontaktpersonen mehr Beweise gegen Tanner zur Verfügung stellten, indem sie Material benutzten, das sie 1940 Grauer in Stockholm gegeben hatte.[16]

Ihr Wunsch wurde erfüllt, als das zur Verurteilung der Angeklagten gebildete Sondergericht sie alle für schuldig befand (mit massiver Nachhilfe von der Kontrollkommission) und sie zu Haftstrafen verurteilte, wobei Ryti (zehn Jahre), Rangell (sechs Jahre), Linkomies (fünfeinhalb Jahre) und Tanner (fünfeinhalb Jahre) die längsten Strafen erhielten. In Tanners Fall war die besondere Ursache für das Urteil seine Verantwortung für die Ablehnung des britischen Ultimatums, der amerikanischen Friedensinitiativen von 1941 und 1943 und des Friedensvorschlags im Frühjahr 1944.[17]

Die Rundfunkdirektorin schrieb Ernestine Evans, die Tanner auch kannte, da sie ihn für ein (nie fertiggestelltes) Buch über die Kooperative-Bewegung in den Nordländern interviewt hatte, und ihn aus der Zeit, als er noch ein relativ gutes Verhältnis zu Hella Wuolijoki hatte, recht positiv in Erinnerung hatte, in Erwiderung auf ihre Sorgen darüber, was in Finnland geschah, dass sie sich keine Sorgen über das Schicksal von Ryti und Tanner machen solle. »Beide haben eine schöne Zeit im Gefängnis« und niemand hätte sie mit der Todesstrafe oder lebenslänglicher Haft bedroht, während »Rytis Lieblinge mich 15 Monate lang mit Beschreibungen davon fütterten, wie ich erschossen werden sollte«.[18]

Im selben Brief teilte sie ihr auch ihre überschwengliche Begeisterung für Stalin mit, den sie gerade mit einer finnischen Delegation in Moskau getroffen hatte: »Mein Gott, er ist der größte Mann der Welt! Was für ein humorvolles Funkeln in seinen Augen, und was für ein verflixt scharfer Verstand!« Der Anlass für diese Begegnung mit dem großen Mann war der Besuch einer Kulturdelegation der Finnland-Sowjetunion-Gesellschaft in der UdSSR. Die Initiative für den Besuch war von Wuolijoki gekommen. Ungeachtet des vorgeschobenen kulturellen Charakters des Besuches wurde er als politische Öffnung angesehen. Wuolijoki hatte offensichtlich zumindest ebenso viel über die Zusammensetzung der Delegation zu sagen wie über die Paasikivi-Regierung. Die aus 15 Mitgliedern bestehende Delegation wurde vom Vorsitzenden der Gesellschaft Helo geleitet und umfasste Wuolijoki, Kekkonen, Kuusinen, Ryömä und den Sekretär der KP Ville Pessi sowie neun andere mit etwas höherer kultureller Qualifikation.[19]

Die Delegation flog am 17. September nach Moskau und wurde mit großem Pomp empfangen. Der Höhepunkt des Besuchs war das Treffen im Kreml am 8. Oktober, bei dem Stalin und Molotow die Besucher empfingen. Während die übrigen Finnen bei dem Treffen höchst formell und dem Generalissimus gegenüber sogar unterwürfig waren (Kekkonen war früher nach Finnland zurückgekehrt und war nicht anwesend), hatte Wuolijoki eine neckische Art. Sie erinnerte an das Treffen von 1917 mit finnischen Sozialisten, von dem sie als Erinnerung immer noch den Zettel besaß, den Sulo Wuolijoki von Lenin erhalten hatte und der besagte: »Die finnischen Genossen sind Imperialisten«. Darauf sagte Molotow, dass das nur freundliche Kritik gewesen sei und Stalin, dass man nur einen Witz gemacht habe. Wenn man die Neckerei beiseite lässt, war das politische Geschenk, das Stalin auf dem Treffen gemacht hatte, sein Versprechen, den Zeitplan für die Bezahlung der finnischen Kriegsreparationen an die Sowjetunion um zwei Jahre zu verlängern und die Bereitschaft der UdSSR, weiter finnische Produkte zu importieren, nachdem die Reparationen abgeschlossen sein würden.[20]

18
Die Zeit bei Yleisradio

Im 21. Jahrhundert, wo jeder Hunderte Rundfunk- und Fernsehkanäle mit einem Tastenklick zur Auswahl hat, ist es leicht, die Bedeutung einer Institution wie Yleisradio 60 Jahre früher als gering abzutun. Als Wuolijoki das Amt der Radiochefin übernahm, hatte Yleisradio ein Monopol auf die Übertragungen, und dieser Rundfunkkanal war der einzige, der finnischsprachigen Zuhörern zur Verfügung stand. Die Menschen konnten Langwellensender europaweit hören, aber nur wenige taten das, besonders nachdem die Sowjets und die Briten nach dem Krieg ihre finnischsprachigen Propagandasender heruntergefahren hatten. Wenn die Menschen Radio hörten, war es der Sender von Yleisradio, und die Programme der Gesellschaft waren eine gemeinsame Quelle für alle und jeden in Finnland.

Wuolijoki übernahm die Gesellschaft mit einer Mission, die sie mit Entschlossenheit und praktischem Führungsstil erfüllte. Aber entgegen populären Ängsten und Wahrnehmungen versuchte sie nicht, die Gesellschaft zu einem kommunistischen Propagandainstrument zu machen oder sie mit Menschen ihrer eigenen politischen Überzeugung zu füllen. Ein paar von der alten Garde der Gesellschaft traten aus eigener Initiative zurück, so wie der Programmdirektor Ilmari Heikinheimo – andere, wie Vakio früher, mögen auch dazu ermutigt worden sein. Es wurde sogar ein offen rechtsgerichteter Texter von vaterländischen Liedern wie Hauptmann R. W. Palmroth – auch bekannt als »Palle« und Reino Hirviseppä – von Wuolijoki selbst gebeten, zu bleiben, unter der Bedingung, dass er das Politisieren lasse, aber er entschied sich, lieber zu gehen. Sogar in einer im Rundfunk übertragenen Rede von ihr lud Wuolijoki ausdrücklich Palle, Vaasan Jaakkoo, Agapetus, Olli und Serp, alle Autoren mit mehr oder weniger betont rechtsgerichteten Ansichten, ein, weiterhin ihre humoristischen Texte für Yleisradio beizutragen.[1)]

Während des Krieges war der Reporter und Sportkommentator Pekka Tiilikainen als Leiter eines Armee-Rundfunksenders in Aunus (Onega) tätig und war natürlich auch an handfester Kriegspropaganda beteiligt gewesen. Aber seine populäre Radiostimme blieb mit dem Segen der neuen Rundfunkdirektorin in den Programmen. Als sie einander zum ersten Mal auf dem Flur des Bürogebäudes der Gesellschaft vorgestellt wurden, klopfte sie den bärbeißigen Reporter weich, indem sie auf ihren gemeinsamen Nenner mit Tiilikainen als ehemaligem Chef von Aunuksen Radio (Rundfunk im Onegagebiet) und sie als ehemalige Chefin von Aunuksen Puu hinwies. Es war eine geniale Idee von ihr, ihn für Metsäradio (Waldradio) verantwortlich zu machen, einer regelmäßigen Sendung, die für Waldarbeiter und andere gedacht war, die ihren Lebensunterhalt aus dem Wald bestritten. Die Sendung war ungeheuer beliebt und hielt sich noch Jahrzehnte, nachdem die große Mehrheit seiner treuen Zuhörer schon nichts mehr mit Forstwirtschaft zu tun hatten, im Programm der Gesellschaft.[2]

Wuolijoki brachte eine Menge neuer Leute in die Rundfunkgesellschaft. Unter den neuen Gesichtern (oder Stimmen) waren Lauri Kantola, Kalevi Kilpi, Matti Kurjensaari, Unto Miettinen, Olavi Paavolainen, Raoul Palmgren und Erkki Vala. Die meisten von ihnen waren irgendwie linksgerichtet. Kantola und Miettinen sollten später als Kommunisten ins Parlament gewählt werden, ebenso wie Kilpi (der Sohn von Eino und Sylvi-Kyllikki) auf der SKDL-Liste, aber sie waren keine von der Partei gelenkten Funktionäre, und die meisten erwarben sich Respekt als qualifizierte Journalisten. Die solide nichtkommunistische Mehrheit des Gesellschaftspersonals protestierte, als es nach Wuolijokis Sturz einen Versuch gab, auch Miettinen zu verdrängen. Daher arbeitete er weiter für den Rundfunk bis zu seiner Pensionierung in den 1970er Jahren, als ihm auch der Ehrentitel eines Professors verliehen wurde.[3]

Wuolijoki respektierte Talent und Professionalität ungeachtet der Ideologie. Korrekte politische Ansichten waren nicht genug, um ihre Zustimmung zu gewinnen, und es ist unvorstellbar, dass sie jemals solche Schreiberlinge wie Armas Äikiä beschäftigt hätte. Äikiä, der 1945 nach Finnland zurückkehrte, war »Landwirtschaftsminister« in Kuusinens Terijoki-Regierung und lautstarker Propagandist des sowjetischen Rundfunks während des Krieges. Aber sie konnte auch berechnend sein, denn es war ein weiterer kluger Schachzug ihrerseits, die Architektin Annikki Paasikivi einzustellen – manche sagen auf Initiative ihres Vaters, des Präsidenten – und ihr die Verantwortung für Frauenprogramme zu übertragen. Auch Wuolijoki schätzte die politische Einstellung von Fräulein Paasikivi positiv ein und schrieb Salme, dass »sie uns politisch sehr nahe steht und mir eine große Hilfe ist«. Als Generaldirektorin war sie auch nachsichtig hinsichtlich Annikki Paasikivis Alkoholproblemen.[4)]

Hella Wuolijoki brachte die Politik nicht ins Radio, sie öffnete es eher und ließ Stimmen von solchen politischen und sozialen Kräften herein, die bis dahin von den Radiowellen ausgeschlossen gewesen waren. Nach wie vor ausgeschlossen wurden nur Faschisten und Anhänger jener Organisationen, die aufgrund der Waffenstillstandsvorschriften verboten worden waren. Zweifellos war ein Element ihrer Politik die Beschränkung, aber nicht völlige Schließung des Zugangs der alten Rechten und der alten Eliten. Von nun an gab es Reportagen von politischen Versammlungen und Programmen, wo offen diskutiert werden konnte.

Das Hauptforum dafür war das Pienoisparlamentti (Kleines Parlament), wo ein Panel von Politikern regelmäßig politische Fragen und zeitgenössische Ereignisse diskutierte und debattierte. Bei der Vorstellung des Programms bei seiner ersten Sendung erwähnte Wuolijoki den Brains Trust der BBC als Vorbild. Aus ihrer Vorstellung der Diskussionsteilnehmer kann geschlossen werden, dass sie alle von der Direktorin selbst ausgewählt wurden. Die ursprünglichen Diskussionsteilnehmer in der wöchentlichen Sendung waren Urho Kekkonen, Hertta Kuusinen, der Parlamentsabgeordnete der Schwedischen Volkspartei Nils Meinander, der konservative Professor Alvar Wilska, der sozialdemokratische Parlamentsabgeordnete Atos Wirtanen (der sich mit Sylvi-Kyllikki Kilpi ablöste) und der Parlamentsabgeordnete der Fortschrittspartei Lassi Hiekkala. Alle wurden mit freundlichen Worten vorgestellt, besonders Hertta Kuusinen, die »wie ihr Vater an die Menschheit und die strahlende Zukunft unseres Volkes glaubt«. Mit Wuolijoki als Vorsitzender und Kilpi und Wirtanen, die im Begriff waren, die SDP zugunsten der SKDL zu verlassen, hatte die Zusammensetzung eine deutliche Linksneigung, die noch mehr betont wurde, als den Diskussionsteilnehmern eine »Arbeiterstimme« in Form eines Zimmermannes hinzugefügt wurde, der gehorsam die Linie der SKDL wiedergab.

Später wurde die »Arbeiterstimme« fallen gelassen, es gab auch andere Veränderungen, und die Parteien erlangten das Recht, ihre eigenen Vertreter zu nominieren. Wuolijoki betrachtete ihre Schöpfung jedoch weiter als politisches Instrument. Im Herbst 1948, als Karl-August Fagerholm seine sozialdemokratische Minderheitsregierung ohne die Kommunisten gebildet hatte, beklagte sie sich bei der sowjetischen Botschaft darüber, dass der neue Ministerpräsident das Programm absetzen wolle, weil es eine zu wirksame Plattform für Kuusinen und andere Kritiker der Regierung sei. Um dem zuvorzukommen, schlug sie vor, dass sie selbst und die ganze Podiumsgruppe von sechs Politikern nach Moskau eingeladen werden sollten, um eine solche Absetzung unmöglich zu machen.[5] Das Programm wurde wie zuvor fortgesetzt, ohne dass in Moskau irgendetwas auf ihre Initiative hin unternommen worden wäre.

Eine neue Sendung, in der Kritiker von Yleisradio zwangsweise politische Einseitigkeit entdeckten, war die »sprechende Zeitung«, mit der Generaldirektorin als aktiver Mitwirkender, die ihre eigenen Leitartikel verlas. Sie beruhte auf dem Modell der sprechenden Zeitungen am Theater, bei denen die UdSSR bahnbrechend gewesen war und die von den radikalen Theatern im Westen aufgegriffen worden waren. Metsäradio war nur eine der neuen Sendungen, die sich an bestimmte soziale Gruppen richteten. Andere waren Maamiehen tunti für Landarbeiter und Landwirte und Työmiehen tunti für Arbeiter. Andere, kontroversere Innovationen waren Sendungen über die Sowjetunion, die die meisten Zuhörer zweifellos als ziemlich einseitige Propaganda ansahen.

Wuolijoki war vorsichtig genug, einen Programmbereich nicht anzutasten – das war auch der gute Rat, den ihr die Präsidentengattin Alli Paasikivi gegeben hatte, mit der Wuolijoki sorgfältig freundschaftliche Beziehungen pflegte – und zwar religiöse Sendungen und die Übertragungen von Gottesdiensten am Sonntag. Stattdessen räumte sie auch für die Übertragung orthodoxer Gottesdienste und solcher der andersdenkenden Freikirche Sendezeit ein, wodurch sie das Rundfunkmonopol der evangelischen Kirche beendete.[6]

Zwei Arten von Sendungen waren der Generaldirektorin besonders nahe und standen unter ihrem besonderen Schutz: Theater und ernste Musik. Als Leiter der Theaterabteilung wählte sie zunächst Matti Kurjensaari aus und nach ihm im Jahr 1947 Olavi Paavolainen. Im Jahr 1948 wurde das Rundfunktheater mit seinem eigenen Schauspielerensemble als eines der ersten seiner Art auf der Welt geschaffen. Unter seinen Gastregisseuren waren Wilho Ilmari, Eino Kalima, Arvi Kivimaa, Eino Salmelainen und natürlich auch Hella Wuolijoki. Der Einfluss der Generaldirektorin war auch bei der Auswahl der Stücke festzustellen, mit Autoren wie Gorki und Brecht, die gesendet wurden und von denen man zuvor nichts im finnischen Rundfunk gehört hatte. Noch augenfälliger war das regelmäßige Senden von Wuolijokis eigenen Hörspielen. *Rehtorska ravintolassa* (Frau Rektor im Restaurant), *Hetamuorin pitkä reissu* (Mütterchen Hetas lange Reise), *Laki ja*

Die Direktorin des Yleisradio, Hella Wuolijoki, in ihrem Büro

järjestys (Gesetz und Ordnung) und *Oppinut kissa kultaisessa ketjussa* (Gelehrte Katze an einer goldenen Leine) wurden von 1947–1949 ausgestrahlt. Der größte Teil ihrer Arbeit für das Rundfunktheater waren jedoch die 29 Episoden der Serie *Työmiehen perhe* (Arbeiterfamilie), die sie als Gegengewicht zu der populären Serie *Suomisen perhe* (Die Familie Suominen) über eine Familie aus der Mittelschicht zu schreiben begann. Ihre Serie war einigermaßen beliebt, und spätere Versionen von ihr wurden auch an Theatern aufgeführt. Sie wurde auch zu einem Roman, *Työmies Rantasen perhe* (Die Familie des Arbeiters Rantanen), verdichtet, aber ihre Radioquoten lagen weit hinter denen ihrer Mittelschichtsrivalin, von der auch fünf Filme produziert wurden.[7]

Hella Wuolijokis Musikgeschmack war konservativ. Sie bevorzugte klassische Musik und hatte eine starke Aversion gegen populäre Musik, besonders gegen Akkordeonmusik und das, was sie »Jingles« nannte. Am meisten hasste sie die Lieder von Hiski Salomaa, einem finnisch-amerikanischen Sänger mit knarrender Stimme, und sie ging sogar so weit, seine Schallplatte von *Lännen lokari* bei einer Livesendung mit einem Hammer zu zerbrechen. Dass Salomaa auch ein Linker war und einige seiner Lieder eine klare soziale Botschaft hatten, beeinflusste ihre Meinung nicht. Die festen Ansichten, die sie über verschiedene Musikkategorien äußerte, waren echt, aber es mag auch etwas Schauspielerei dabei gewesen sein, da tatsächlich weder die Menge noch das Verhältnis der im Radio gespielten Unterhaltungsmusik verringert wurde. Ihre Liebe zu klassischer Musik spiegelte sich vor allem in der Erweiterung und der Verbesserung des Rundfunkorchesters von Yleisradio wider, das auch damit begann, regelmäßige öffentliche Konzerte zu geben.[8]

Die Generaldirektorin wäre über den radikalen Spruch der 1960er Jahre entsetzt gewesen, der erklärte, dass »guter Geschmack das Vorurteil der herrschenden Klasse sei«. Sie sah ihre Mission bei Yleisradio als eine erzieherische, kulturelle und zivilisierende, weitgehend im Geiste der Aufklärungsphilosophie.

Wir müssen [...] unsere besten darstellenden Künstler und Schriftsteller ebenso wie unsere bedeutendsten Wissenschaftler ins Radio bringen. Daher müssen wir nach dem Prinzip handeln, dass auch das Beste für unser Volk nicht gut genug ist.

In diesem Geiste waren populärwissenschaftliche Vorträge von hochkarätigen Dozenten und erbauliche Unterhaltung ihre Favoriten. Sie musste jedoch auch lernen, sich dem anspruchslosen Geschmack des Hörerpublikums anzupassen. Manchmal mussten die Programmverantwortlichen zu listigen Mitteln greifen, um ihre Programme gesendet zu bekommen. Wenn sie erst einmal ihre Nische und die Zustimmung der Hörer gefunden hatten, waren sie sicher. Wuolijoki mochte grollen und bei Programmbesprechungen vernichtende Kommentare äußern, aber Sendungen, die sie kritisierte, wie Viisasten kerho (Der Klub der Weisen) und die ungemein beliebte Serie über die Abenteuer von Kalle-Kustaa Korkki und Pekka Lipponen blieben im Programm von Yleisradio. Innerhalb der Gesellschaft folgten Meinungen zu verschiedenen Arten von Unterhaltung keiner Rechts-Links-Trennung. Daher harmonierte Wuolijokis konservativer Geschmack mitunter mit dem von Jussi Koskiluoma, Heikinheimos uneingeschränkt bürgerlichem Nachfolger als Programmdirektor. Beide Direktoren mögen zu denselben Schlussfolgerungen über einzelne Sendungen gelangt sein, aber während Koskiluoma für die Spärlichkeit seines Sinns für Humor berüchtigt war, teilte Wuolijoki diesen Charakterzug nicht, die ihren sehr wirkungsvoll in ihren Stücken anwenden konnte.[9]

Die Kommunisten werden in die Schranken verwiesen

Von Anfang an war klar, dass die Wuolijoki-Zeit bei Yleisradio keine Änderung in den allgemeinen politischen Bedingungen überleben würde, falls und wenn es eine Reaktion gegen Kommunisten in der Regierung gäbe. Dieser Umschwung kam nach den Parlamentswahlen von 1948 im Juli desselben Jahres. Den Wahlen ging eine Krise voraus, als über den Vertrag über Freundschaft, Zusammenarbeit und gegenseitigen Beistand (FZB-Vertrag) zwischen der Sowjetunion und Finnland verhandelt und dieser im Februar/März 1948 unterzeichnet und ratifiziert wurde. Der Beginn der Verhandlungen fiel mit dem Umsturz in Prag zusammen, der die Demokratie beendete und in der Tschechoslowakei die Kommunisten an die Macht brachte. Einer bleibenden Legende zufolge, die ihre Wurzeln in der geschickten Anheizung der Gerücheküche antikommunistischer Rechter und Sozialdemokraten hat, wurden die finnischen Kommunisten angewiesen, ihren tschechischen Genossen nachzueifern und im April einen Umsturz zu inszenieren, als der FZB-Vertrag zur Ratifizierung ins Parlament kam. Wenn es auch sicher hitzköpfige Elemente in der Partei gab, die von einer solchen Machtübernahme träumten, gibt es keinen Beweis dafür, dass die Kommunisten so etwas vorbereiteten oder sogar ernsthaft erwogen oder dass Moskau sie in irgendeiner Weise dazu ermutigte.

Es gab auch plumpe Gerüchte über ein rechtsgerichtetes Komplott, vor dem Yrjö Leino als Innenminister warnte, basierend auf lückenhaft zusammengefügten Informationen von der kommunistisch kontrollierten Staatspolizei. Die reguläre Polizei und die Armee unter dem Befehl von General Sihvo ergriffen mit dem Segen von Präsident Paasikivi einige Vorkehrungen, aber der Moment ging vorüber, ohne dass etwas Widriges stattfand. Der FZB-Vertrag passierte das Parlament mit nur elf Gegenstimmen, obwohl die SKDL die einzige Partei war, die echte Begeisterung für den Vertrag zeigte.

Die nächste Krise trat einen Monat später ein, als Yrjö Leino im Rahmen eines etwas unglücklichen Verfahrens ein Misstrauensvotum im Parlament erhielt. Der Grund für das Misstrauensvotum ging auf den April 1945 zurück, als er auf Anweisung der Kontrollkommmision eine Gruppe von Menschen verhaftet hatte, von denen einige die finnische Staatsbürgerschaft hatten, und sie ohne ordentliches Gerichtsverfahren an die UdSSR ausgeliefert hatte. Er wurde aus der Regierung entlassen, woraufhin die Kommunisten vehement protestierten und eine

Reihe wilder Streiks zu seiner Unterstützung starteten, die sogenannten Leino-Streiks. Sie konnten Leino nicht retten, und die Regierung wurde mit Eino Kilpi, einem nicht kommunistischen Parlamentsabgeordneten von der SKDL, der im Allgemeinen als harmlos betrachtet wurde und vom Unterrichtsministerium in das Innenministerium wechselte, und Hertta Kuusinen, die als Ministerin ohne Portefeuille in die Regierung kam, umbesetzt.

Die Ironie daran war, dass zu diesem Zeitpunkt Leino das Vertrauen seiner kommunistischen Genossen bereits verloren hatte, und auch seine Ehe mit Hertta zerbrach. Leinos politische Position wurde schon im vorherigen Sommer unterminiert. Als das Jahr 1947 zu Ende ging, hatte auch Moskau seine Unzufriedenheit mit ihm deutlich gemacht. Hertta wurde von unterschiedlichen Loyalitäten hin und her gerissen, aber sie war auch besorgt darüber, dass Leino, früher ein Abstinenzler, der, nachdem er Minister in der Regierung geworden war, von Leuten wie Kekkonen und Tuomioja das Trinken gelernt hatte, auch langsam vom Alkohol zerstört wurde.

Rajani Dutt konnte – im Nachinein ist man klüger – Leinos Fehler klar erkennen. Im Entwurf seiner Memoiren, der über 20 Jahre später geschrieben wurde, erinnert er sich an ein Treffen mit Leino in Jokela im Sommer 1947:

Hertta Kuusinen war da, mit ihrem Mann Leino, der als Innenminister weithin als ein schwaches Schilfrohr für den Posten angesehen wurde. Und wirklich war es etwas überraschend, dass jemand, der so willensstark, unabhängig und befähigt war wie Hertta, so einen Charakter wie Leino geheiratet hatte. Ich hatte bei dieser Gelegenheit einen Streit mit Leino, beschuldigte ihn, ein Versager hinsichtlich seiner Möglichkeiten und Verantwortlichkeiten als Innenminister zu sein, weil er nicht aktivere Schritte unternahm, um Kriegsverbrecher und Hitleragenten in Finnland zu verfolgen und vor Gericht zu stellen, da es meiner Meinung nach bei der viel größeren Kraft der Bewegung in Finnland eine weit bessere Basis dafür gäbe, dass Finnland eine Volksdemokratie würde, als bei einer Reihe anderer Staaten Osteuropas, während der derzeitige Kurs mir dazu angetan schien, den Weg dafür zu bereiten, dass die Gefahr einer Rückkehr der bürgerlichen Reaktion an die Macht bestand.[10]

Und so geschah es in der Tat, als die finnischen Parlamentswahlen im Juli 1948 einen Verlust von 13 Sitzen für die SKDL mit sich brachten. Das war eine böse Überraschung für die Kommunisten, da die SKDL erwartet hatte, bedeutend besser abzuschneiden und die Zahl ihrer Sitze sogar zu vergrößern. Wuolijoki mag sogar realistischere Erwartungen gehegt haben, aber sie war noch nicht besonders besorgt. In einer Wahlansprache zwei Wochen vor den Wahlen blieb sie zuversichtlich:

Weil der Hauptschutz für unsere Unabhängigkeit die Freundschaft und das Vertrauen der Sowjetunion zu uns ist, ist es ganz klar, dass es im Interesse des finnischen Volkes liegt, dass die stärkste Partei in seiner Regierung in jedem Falle die Volksdemokratische Partei sein muss, und die Regierung eine Regierung der Arbeiterparteien sein muss, was auch immer das Ergebnis der Wahlen sein mag.[11]

Obwohl nicht viele ihrer Genossen in der Bewegung es so unverblümt formuliert hätten, spiegelte das tatsächlich die Überzeugung der meisten finnischen Kommunisten zur damaligen Zeit wider. Viele Menschen in anderen Parteien glaubten es auch. Daher waren die SDP und die Agrarier als die anderen Koalitionspartner nach den Wahlen immer noch offen für die Zusammenarbeit der drei großen Parteien, aber nur auf der Basis der Gleichheit zwischen ihnen und keiner übermäßigen Vertretung oder Sonderprivilegien für die SKDL. Aber als die SKDL zunächst den Posten des Ministerpräsidenten forderte und dann mindestens das Außen- und das Innenministerium, war es für den sozialdemokratischen Kandidaten für das Amt des Ministerpräsidenten K.-A. Fagerholm leicht, ihre Forderungen abzulehnen und eine sozialdemokratische Minderheitsregierung zu bilden. Die Kommunisten sollten 18 Jahre lang in der Opposition bleiben.

Die Regierung Fagerholm, die bis zum März 1950 im Amt blieb, wurde gewöhnlich von den Konservativen, der Fortschrittspartei und der Schwedischen Volkspartei unterstützt sowie vom konservativeren Flügel der Agrarier. Sie verbürgte sich dafür, eine Rückkehr zur Normalität durchzuführen und meinte damit insbesondere die Säuberung der Staatspolizei von kommunistischem Einfluss. Das wurde durch die Auflösung der alten Staatspolizei, die Entlassung der meisten ihrer Angestellten und die Schaffung einer neuen Suojelupoliisi (Sicherheitspolizei) im Januar 1949 erreicht. Der neue Innenminister Aarre Simonen verfolgte auch eine harte Linie gegenüber kommunistisch inspirierten wilden Streiks, und in den Gewerkschaften konsolidierte die SDP ihre Herrschaft, indem sie einige der kommunistisch geführten Gewerkschaften von der SAK-Mitgliedschaft ausschloss.

Wenn die Kommunisten es nicht schafften, die Fagerholm-Regierung zu Fall zu bringen, bedeutet das nicht, dass sie es nicht versucht hätten. Auch Wuolijoki war an diesen Bemühungen beteiligt, vielleicht auch die Initiatorin für mindestens einen erfolglosen Versuch. Der Anlass war ein Abendessen, das sie am 1. Oktober 1948 gab, demselben Tag, an dem die SKDL im Parlament einen Misstrauensantrag gegen die Fagerholm-Regierung stellte. Unter ihren Gästen waren Kekkonen und zwei andere Agrarier-Politiker, der Parteivorsitzende V. J. Sukselainen und der hartgesottene politische Veteran Juho Niukkanen. Ebenfalls anwesend waren Hertta Kuusinen und zwei sowjetische Diplomaten, Alexander Feodorow und Iwan Sisojew. Dem Abendessen war ein Treffen zwischen Wuolijoki und Sisojew vorausgegangen, bei dem Wuolijoki angeboten hatte, ein Treffen zwischen dem Präsidenten und dem sowjetischen Gesandten zu vermitteln, bei dem Letzterer die Unzufriedenheit der UdSSR mit der Regierung Fagerholm zum Ausdruck bringen und so den Weg für eine akzeptablere ebnen könnte. Sisojew berichtete nach Moskau, dass er höflich abgelehnt habe, sich in die inneren Angelegenheiten eines souveränen Landes einzumischen und Wuolijoki daran erinnert habe, dass es in Finnland starke demokratische Kräfte gäbe, deren Aufgabe es sei, reaktionären Parteikombinationen zu stürzen.[12]

Diese Zurückhaltung bewahrte die sowjetischen Diplomaten nicht davor, an Wuolijokis Abendessen teilzunehmen, bei dem der Hauptgesprächspunkt war, wie man die Regierung Fagerholm los werden könnte, mit einer Koalition aus SKDL und Agrariern sowie mit der Unterstützung der Schwedischen Volkspartei als bevorzugter Alternative. Man kann davon ausgehen, dass die Gastgeberin die vorrangig treibende Kraft für diese Gespräche war, aber andererseits ist nicht klar, wie verpflichtet alle Teilnehmer dieser Idee gegenüber waren und wie sie ihre Meinung ausdrückten. Die Russen berichteten nach Hause, dass sie nur stille Beobachter am Tische gewesen seien, während die Finnen das Reden übernahmen, einschließlich Niukkanen, der mit seinen Referenzen als Freund der Sowjetunion schon vor dem Krieg prahlte. Es war jedoch Niukkanen, der Fagerholm und die Sozialdemokraten über das Dinner informierte, mit dem Ergebnis, dass es bald zum Stadtgespräch wurde – auch in der amerikanischen Botschaft, wo es als ein weiteres Anzeichen für die aktiven Versuche der Sowjets gesehen wurde, Finnland an der kurzen Leine zu halten.[13]

Der Versuch, die Regierung zu stürzen, war möglicherweise kontraproduktiv und stärkte die sozialdemokratische Position, da die Gäste des Essens auf ihre eigene Weise versuchten, sich von dem Plan zu distanzieren. Als Paasikivi von dem Essen erfuhr, fühlte sich Sukselainen verpflichtet, dem Präsidenten eine apologetische Erklärung zu geben. Dem ausweichenden Sukselainen gelang es nicht, Paasikivis Misstrauen zu beseitigen. Dieser vermerkte in seinem Tagebuch, dass etwas Verdächtiges vor sich gegangen war, das ein negatives Licht auf Kekkonen warf: »Obs. (Merke!) Kekkonen, hinterhältiger Mann, sagte nichts über das Abendessen gestern«. Das hinterließ keine bleibenden Narben in der Beziehung des Präsidenten zu Kekkonen, aber Wuolijokis Aktien müssen in Paasikivis Augen noch tiefer gefallen sein. Unter seinen Tagebuchaufzeichnungen finden sich gelegentliche Ausbrüche und Kommentare über Wuolijoki wie »ausgemachter Schuft«.[14]

Fagerholm überstand das Misstrauensvotum der SKDL im Parlament mit Leichtigkeit, wobei nur die SKDL gegen die Regierung stimmte. Dennoch fühlte sich der Ministerpräsident verpflichtet, sich mit Wuolijoki, vermittelt von Yleisradio-Direktor Toivonen, in Verbindung zu setzen und ein Treffen vorzuschlagen. Wuolijoki lud Fagerholm schon am selben Abend zum Essen ein. Das Gespräch fand in einer relativ versöhnlichen Atmosphäre statt, wobei der Ministerpräsident nochmals die Gründe für den Fehlschlag bei der Bildung einer Drei-Parteien-Regierung mit der SKDL aufzählte. Außer auf die objektiveren Gründen spielte er auch auf die Tatsache an, dass Kuusinen zum entscheidenden Treffen Atos Wirtanen mitgebracht habe und dies zum Scheitern beigetragen habe, da Fagerholm den Mann nicht ausstehen könne. Nun, da er eine mögliche sowjetische Okkupation des Landes fürchte, sei er bereit, den sowjetischen Botschafter Sawonenkow privat bei Wuolijoki zu Hause zu treffen, um die Aussichten für eine neue Koalitionsregierung zu erörtern. Das interpretierte Wuolijoki – die sofort Feodorov Bericht erstattete – als eine Handlung auf Anweisung von Paasikivi, da sie von Annikki Paasikivi gehört hatte, dass der Präsident wegen der Situation besorgt sei und sogar auf eine mögliche Okkupation Finnlands hingewiesen hatte. Als Fagerholm Paasikivi von dem Essen berichtete, präsentierte er sowohl die Einladung als auch den Vorschlag, Sawonenkow zu treffen, als Initiativen Wuolijokis. Aber dessen ungeachtet, wessen Idee es war, die Sowjets antworteten auf keines der Angebote von Fagerholm.[15]

Säuberungsaktion im Rundfunk

In der herrschenden Atmosphäre war es unvermeidlich, dass auch bei Yleisradio Änderungen durchgeführt wurden. Tatsächlich hatten die Versuche, die Generaldirektorin zu verdrängen, schon im Februar 1946 durch den sozialdemokratischen Parlamentsabgeordneten Yrjö Kilpeläinen begonnen, einen der führenden Aseveli-Sozialisten, der während des Krieges ein wohlbekannter Radiopropagandist gewesen war und in der SDP-Presse weiter unter seiner Signatur Jahvetti schrieb. Er brachte einen Antrag für ein neues Gesetz ein, um Yleisradio unter die Kontrolle des Parlaments zu stellen, das den Aufsichtsrat der Gesellschaft wählen würde und dadurch die Rolle des Ministeriums für Verkehrswesen als Vertreter des Mehrheitsgesellschafters auf der Aktionärsversammlung der Gesellschaft beenden sollte. Über 100 Parlamentsabgeordnete unterzeichneten den Antrag, inklusive zwei von der SKDL. Der Vorschlag klang unschuldig administrativ, aber seine Absicht bestand darin, einen Wechsel in der Führungsspitze herbeizuführen. Als der Antrag im März 1947 vom Ausschuss in die Plenartagung kam, verursachte er eine recht farbige Debatte mit Kilpeläinen und Wuolijoki als Kontrahenten, die manche Beobachter an die Radioduelle zwischen Jahvetti und Armas Äikiä zu Kriegszeiten erinnerten. Kilpeläinen hatte ein wohlwollendes Publikum, das ihn zweifellos als den Gewinner ansah. Wuolijoki war keine besonders gute Rednerin, und während ihrer zwei Jahre im Parlament ergriff sie nur einmal das Wort, abgesehen von dieser Debatte über Yleisradio. Sie war auch durch ihren estnischen Akzent benachteiligt, auf den zwei bürgerliche Sprecher, Akseli Brander und Johannes Wirtanen, ziemlich gehässig in der Debatte verwiesen. Wuolijokis Verteidigungsrede war voller Namen und Details, die dazu gedacht waren, alle Beschuldigungen der Parteilichkeit zu widerlegen und zu zeigen, dass Nichtkommunisten die Sendungen beherrschten, aber dies trug wenig dazu bei, die zur Verhandlung stehenden Fragen zu klären. Hertta Kuusinen war bedeutend wirkungsvoller, als sie das Wort ergriff, um die Generaldirektorin zu verteidigen.[16]

Die Kritik, auf die Wuolijoki antworten musste, betraf nicht nur die Programmpolitik, sondern auch andere Fragen wie einen kostspieligen Plan zur Errichtung neuer Büros für die Gesellschaft gleich neben ihrem Gebäude im Stadtzentrum, die aber aufgegeben werden mussten, bevor sie fertiggestellt waren, oder die Übergabe der Wellenlänge der Langwellen-Rundfunkstation Lahti an Russland nach dem Krieg. Der erstgenannte Plan wurde von Wuolijoki energisch unterstützt, weil es den Bau eines neuen Theaters für das ihrem Herzen nahestehende Finnische Arbeitertheater auf dem Gelände beinhaltete, aber die anderen Direktoren wie Onni Toivonen und Einar Sundström trugen ebenfalls Verantwortung für das schlecht gehandhabte Projekt. Der Verlust der Wellenlänge von Lahti hatte nichts mit Yleisradio oder Wuolijoki zu tun, obwohl es Beweise dafür gibt, dass sie, wenn sie Finnland auf internationalen Rundfunkkonferenzen als Generaldirektorin der Gesellschaft vertrat, sowjetischen Ansichten und Interessen ebenso viel Aufmerksamkeit widmete wie finnischen, auch wenn kein Einzelfall angeführt werden kann, wo diese sich in direktem Konflikt befanden und mit ihrer stillschweigenden Duldung entgegen finnischer Interessen gelöst worden wären.[17]

Das sogenannte Lex Jahvetti wurde mit einer klaren Mehrheit verabschiedet, aber nicht mit der benötigten qualifizierten Mehrheit, um sofort in Kraft zu treten. Nach den nächsten Wahlen musste das neue Parlament nochmals darüber abstimmen. Als es das im Oktober 1948 tat, wurde die Gesetzgebung mit überwältigender Mehrheit angenommen. Im Juni 1949 war der neue Aufsichtsrat bereit, die Generaldirektorin mit einem Stimmverhältnis von 13 zu 3 zu entlassen und den Finanzdirektor der Gesellschaft, Einar Sundström, einen farblosen Bürokraten, zu Wuolijokis Nachfolger zu wählen.

Wuolijoki hatte bis zum Schluss geglaubt, dass ihre Errungenschaften, ihr Ruf und ihre Freunde sie retten würden, und sie war wegen der brüsken Entlassung verbittert. Aber das Ergebnis wurde durch die Politik bestimmt, nicht durch persönliche Gefühle oder Loyalitäten, und angesichts ihrer leidenschaftlichen Verfolgung von Tanner, Fagerholm und anderen Sozialdemokraten konnte sie wohl kaum Unterstützung aus deren Lager erwarten. Unter den Agrariern zählte sie Kekkonen zu ihren Getreuen, aber auch er hatte keinen Grund, seinen Kopf in die Schlinge zu stecken, um die Generaldirektorin zu retten, die bei den Agrariern nicht beliebter war als bei den Sozialdemokraten. Schon im Dezember 1945 hatte der Sekretär der Parteiorganisation Arvo Korsimo in einem Bericht an die Parteiführung die in den Reihen der Parteimitglieder vorherrschende Kombination aus Xenophobie und männlichem Chauvinismus zusammengefasst, indem er sagte, dass die Menschen sich fragten, ob es wirklich notwendig gewesen war, »eine alte Hexe von so weit her wie Estland« zu importieren, um dem Rundfunk vorzustehen. Tatsächlich war außerhalb der SKDL die Unterstützung für sie auf einen Teil der Schwedischen Volkspartei beschränkt, deren Vertreter sich der Stimme enthielt, als der Aufsichtsrat darüber abstimmte, sie zu entlassen.[18]

Innerhalb von Yleisradio war sie nicht immer eine angenehme Chefin gewesen, mit der leicht auszukommen war, aber letztendlich hatten die Journalisten und die übrigen Mitarbeiter der Gesellschaft gelernt, nicht nur mit der farbigen Renaissancefigur zu leben, die ihre Chefin war, sondern sie auch zu respektieren und ihren besten Ideen die Anerkennung zu zollen, die sie verdienten. Sie wussten auch die Verbesserungen bei den Betriebsleistungen für die Angestellten zu schätzen, wie ein Ferienzentrum und Gesundheitsfürsorge, die während ihrer Amtszeit eingerichtet wurden. Tatsächlich wurden sehr wenige ihrer Programm- oder sonstigen Neuerungen zurückgenommen, nachdem sie entlassen worden war. Sogar *Työmiehen perhe* wurde für etwa ein Jahr nach ihrer Entlassung fortgesetzt.

Gleichzeitig kann nicht geleugnet werden, dass sie auch die Schuld bei sich selbst suchen musste, denn alle Kritik an Yleisradio, berechtigt oder unberechtigt, war an sie persönlich gerichtet. Sie hatte die fast kindliche Angewohnheit, ihre Nase in alles zu stecken und ihre persönlichen Ansichten zu allem kundzutun, ob man sie nun darum gebeten hatte oder nicht. Solche Angewohnheiten waren sowohl liebenswert als auch ärgerlich, wobei bei einer Wiederholung die Waage zum Letzteren hin ausschlug.

Ein Beispiel ist die Art und Weise, wie Wuolijoki die Schauspieler und Künstler des Radios herbeirief, um ihnen Lektionen darüber zu erteilen, wie Poesie zu rezitieren sei. Sie hatte zweifellos Recht damit, die pathetische und übermäßig dramatische Manieriertheit zu geißeln, die die finnische Gedichtrezitation beherrschte. Die Wirkung ihrer Predigt ging jedoch verloren, wenn sie damit fortfuhr, ihre eigene Präsentation der korrekten Art des Rezitierens von Gedichten im Radio wiederzugeben.[19]

Wuolijoki wollte auch, dass ihre eigene Stimme auf den Radiowellen zu hören war: Sie saß dem *Pienoisparlamentti* vor, las ihre eigenen Leitartikel in der sprechenden Zeitung, hielt Vorträge, gab Interviews und führte sie selbst. Abgesehen davon, dass die Mehrheit des finnischen Publikums die Idealisierung der Sowjetunion in ihren Vorträgen über Themen wie Lenins Frau Krupskaja oder die Oktoberrevolution ablehnte, war ihre wenig rundfunktaugliche Stimme schon für sich allein und dazu noch mit ihrem deutlichen estnischen Akzent dazu angetan, die Ohren vieler Zuhörer nachhaltig zu irritieren.

Sie konnte ihren Akzent nicht verbergen, aber sie wollte genauso wenig ihre estnischen Wurzeln in irgendeiner Weise herunterspielen. Die

Hella Wuolijoki

meisten Finnen bedauerten das Nachkriegsschicksal von Estland, aber Wuolijoki wollte ein freundlicheres Bild präsentieren. Zum 60. Todestag von Lydia Koidula im Jahr 1946 hielt sie einen Rundfunkvortrag über Estland, worin sie sich auf den Wiederaufbau der estnischen Kultur nach dem Krieg konzentrierte und erklärte, wie diejenigen, die während des Krieges nach Russland übergesiedelt wurden (wobei sie das Wort deportiert vermied), jetzt zurückkehrten und auch die Hoffnung zum Ausdruck brachte, dass auch diejenigen, die nach Schweden gegangen waren, sich für eine Rückkehr entscheiden würden. Im nächsten Jahr interviewte sie Arnold Veimer, den Ministerpräsidenten der Estnischen Sozialistischen Sowjetrepublik. Auch bei Veimer lag ihr Schwerpunkt auf der estnischen Kultur, aber sie befragte ihn auch über die Deportationen. Veimer versuchte, die Vorwürfe zurückzuweisen, indem er erklärte, dass nur eine kleine Zahl von Hitleranhängern vor dem Krieg als Vorbeugungsmaßnahme nach Russland umgesiedelt worden wäre.[20]

Diese Sendungen können als apologetische Propaganda für die sowjetische Politik in Estland bezeichnet werden. Sie spiegeln aber auch wider, was sie in Estland wollte und zu sehen hoffte: wirklichen Respekt für die estnische Kultur, eine Art nationaler Versöhnung, eine Öffnung der Grenzen – sie hob hervor, dass die Estnische Sozialistische Sowjetrepublik ein eigenes Außenministerium und einen eigenen Außenminister hatte – und eine rasche Wiederaufnahme direkter Kontakte über den Finnischen Meerbusen hinweg, etwas, das bis 1964 nicht realisiert wurde. Ein Anzeichen dafür, dass sie die Moskauer Sicht auf Estland und die Esten als solche nicht akzeptierte, ist der mitfühlende Artikel, den sie anlässlich von Hilda Tônnisons 60. Geburtstag im Jahr 1950 schrieb, welchen die Witwe von Jaan Tônisson im Exil in Stockholm feierte. Er war voller persönlicher Reminiszenzen über die Tônissons und Bewunderung für Hilda Tônnisons Standhaftigkeit angesichts des Unglücks und des Schicksals ihres Ehemannes Jaan.[21]

Abgesehen davon, dass sie versuchte, ihren unmittelbaren estnischen Verwandten zu helfen, ist es schwierig festzustellen, ob Wuolijoki versuchte, etwas mehr für ihre früheren Landsleute im Allgemeinen oder wenigstens für diejenigen, die es nach Finnland geschafft hatten, zu tun. Unter Letzteren waren die Esten, die 1943–1944 in der finnischen Armee in einem separaten Freiwilligenregiment gekämpft hatten. Ein kürzlich erschienener estnischer Dokumentarfilm behauptet, dass Hella Wuolijoki nach dem Krieg einen Appell an Stalin geschickt habe, nicht deren Repatriierung in die Sowjetunion zu verlangen.[22]

Zwei Wochen nach Wuolijokis Entlassung von Yleisradio schickte der sowjetische Gesandte in Helsinki G. M. Sawonenkow einen Brief nach Moskau, in dem er vorschlug, einen diplomatischen Schritt bei Präsident Paasikivi in Helsinki zu unternehmen, um gegen die unbegründete, aus politischen Gründen erfolgte Entlassung als Verstoß gegen Artikel 6 des Friedensvertrages zu protestieren – der Waffenstillstandsvertrag war ohne grundsätzliche Änderungen auf der Pariser Konferenz von 1947 in einen endgültigen Friedensvertrag umgewandelt worden – welcher die Diskriminierung demokratischer Kräfte verbot. Es gibt keinen Beweis dafür, dass Wuolijoki selbst oder jemand anderes in Finnland der Initiator dieses Vorschlages war. Die *Prawda* schrieb, wie vorherzusehen war, über Wuolijoki als ein verfolgtes Opfer, aber ansonsten blieben die Sowjets still, und Sawonenkows Vorschlag wurde von Minister Andrei Wyschinski ausdrücklich abgelehnt, weil er als Einmischung der UdSSR in die inneren Angelegenheiten Finnlands angesehen worden wäre.[23] Diese Antwort hätte sicher ein schiefes Lächeln auf finnische Gesichter gezaubert, wenn sie damals bekannt geworden wäre.

19
Kalte Krieger

Nach Hitlers Angriff auf die Sowjetunion begann sich die Unterstützung für die Kommunisten und deren Prestige in Europa schnell zu erholen und erreichte einen historischen Höhepunkt am Ende des Zweiten Weltkrieges. In Osteuropa brachte das die Kommunisten, mit maßgeblicher Hilfe von ihren russischen Freunden, an die Macht. In Westeuropa bekamen sie nur einen kurzen Vorgeschmack davon. Doch Großbritannien war eine Ausnahme.

Die Kommunisten in Großbritannien gaben sich Mühe. Mit Pollitt, der als Generalsekretär zurück war, wurde die Partei eine begeisterte und treue Befürworterin der Kriegsanstrengungen und kämpfte natürlich für die frühe Öffnung einer zweiten Front, um den Druck auf die Sowjetunion zu verringern. Mit 56 000 Mitgliedern im Jahr 1942 erneuerte sie auch ihre Bemühungen, Verbindung zur Labour Party zu bekommen – allerdings vergebens. Labour lehnte auch Vorschläge für ein Wahlbündnis für die Allgemeinen Wahlen von 1945 ab. Die KP stellte zu den Wahlen 21 Kandidaten auf, von denen nur zwei, William Callagher und Phil Piratin, erfolgreich waren. Pollitt wurde fast gewählt, aber Rajani Dutt, der zum ersten Mal als Kandidat zur Wahl stand, lag ein bedrückendes Drittel hinter den Labour- und den Tory-Kandidaten und verlor die von ihm hinterlegte Geldsumme im Wahlkreis Sparkbrook, in dem er kandidierte. Für die Partei war dieses enttäuschende Gesamtergebnis immer noch das beste Ergebnis, das sie jemals erzielte.[1]

Nach der Bildung von Attlees Labour-Regierung setzte die KP ihr einseitiges Liebesverhältnis mit Labour fort und unterstützte deren Kandidaten in den Nachwahlen. Bis 1948 hatte es der Kalte Krieg unmöglich gemacht, mit dieser Politik fortzufahren, und die Partei griff wieder auf ihre traditionelle Oppositionsrolle zurück. Bei den Wahlen von 1950 stellten die Kommunisten 100 Kandidaten auf, wobei Dutt nun gegen Außenminister Ernest Bevin stand und armselige 601 Stimmen erhielt.

Dutt blieb weiter stellvertretender Vorsitzender und Chefideologe der Partei. Nach 1943 gab es keine Komintern, von der er sein Prestige ableiten konnte, aber als sich der Kalte Krieg intensivierte, blieb er wertvoll und geschätzt als das Sprachrohr der Sowjetischen Kommunistischen Partei. Er war auch als Repräsentant der britischen Partei und als Sprecher in den neuen Volksdemokratien in Osteuropa gefragt, ebenso wie in verschiedenen Teilen des zerbröckelnden British Empire. Schon in den 1920er Jahren hatte Dutt Kontakte zu Nationalisten und zukünftigen Führern dessen hergestellt, was als Dritte Welt bekannt werden sollte. Zu diesen gehörten Mohamed Hatta, Ho-Chi-Minh, Kwame Nkrumah, Jomo Kenyatta, Augusto Sandino und viele andere. Da es keine Komintern gab, an die man sich zur Unterstützung wenden konnte, erreichten Kontakte zu und Anleitung von britischen Kommunisten für koloniale Revolutionäre und Nationalisten eine relative Bedeutung.[2]

Zu Indien hatte Dutt verständlicherweise eine besondere Beziehung. Schon im Haus seines Vaters hatte er Nehru zum ersten Mal gesehen und hatte eine gute Arbeitsbeziehung zu ihm. Eine noch engere führte er mit Krishna Menon, der den Kommunisten nahe stand, und natürlich mit indischen Kommunisten wie M. N. Roy, P. C. Joshi und dem zukünftigen westbengalischen kommunistischen Minister Juoty Basu, die alle auf Dutt als eine für ihre Bewegung bedeutende Figur verwiesen. Rajanis Bruder Clemens Dutt war sogar noch enger mit indischen Angelegenheiten befasst. Angesichts des Grades von Rajani Dutts Betroffensein von indischen Fragen und des Ausmaßes seines Schreibens über das Land – *India To-Day* von 1940 war sein bekanntestes Werk über das Thema – ist es überraschend, dass sein erster Besuch in dem Land nicht vor März 1946 stattfand. Frühere Besuche wurden allerdings durch ein Regierungsverbot von Reisen seinerseits nach Indien verhindert, das erst nach dem Krieg von der Labour-Regierung aufgehoben wurde.

Während des viermonatigen Besuches traf sich Dutt mit den Führern der Kongresspartei, Nehru und Gandhi, dem Führer der Moslem-Liga, Mohammed Ali Jinnah, und Stafford Cripps, der der Gesandte der Regierung für die Verhandlungen über den britischen Abzug war. Seine wichtigsten Gespräche führte er mit indischen Kommunisten, die er zur Einigkeit mit der Kongresspartei drängte. Bei seinem Besuch genoss er die Bewunderung der Massen und die meistens neutrale, wenn nicht positive Publicity, die die Kommunisten in Großbritannien nicht erreichten. Indien war das eine Thema, bei dem seine Loyalität zur Moskauer Linie merklich wankte, als die Kommunistische Partei Indiens (KPI) auf das von den Russen geförderte vergebliche Aufrührertum umschwenkte.[3]

Salmes Ansichten über Indien sind nicht aufgezeichnet worden. Sie blieb in London und leistete Raji auch bei seinen kürzeren offiziellen Parteireisen ins Ausland keine Gesellschaft. Hierbei folgte sie ihrem Prinzip, das sie in einer Tagebuchnnotiz für Raji zum Ausdruck brachte: ihren starken Abscheu vor Frau Chruschtschow, die Nikita Chruschtschow 1959 bei seinem Staatsbesuch in Finnland und Schweden begleitete. »Ich hasse es. Es ist wie bei Tito«. Titoismus und Trotzkismus waren die beiden »Krankheiten«, deretwegen sie immer wachsam war. »Ehefrauen pflegten sich auf ihre eigenen Verdienste zu verlassen und nicht als Ehefrauen, es sei denn in militärischen und diplomatischen Kreisen. Ich finde das unerträglich.«[4]

Während Rajani Dutt in Indien war, besuchte Hella Wuolijoki London als Gast der BBC bei ihrer ersten Nachkriegsreise nach Großbritannien. Das stürmische Programm ihrer energischen Schwester bedeutete eine hektische Zeit für Salme, wie sie Raji nach Indien berichtete, aber sie genoss das schwesterliche Wiedersehen sehr. Hella bestand darauf, Salme und Raji zur Feier ihres 60. Geburtstages nach Finnland zu holen. Der Besuch fand erst ein Jahr später statt, auch wenn Hella Pollitt das Versprechen abgerungen hatte, dass er die Dutts schon im Juli 1946 nach Finnland schicken würde.[5]

Während Raji weiter die *Labour Monthly* herausgab und seine Rolle als Eminenz der Partei spielte, zog sich Salme in eine noch größere Abgeschiedenheit zurück als vorher. Offenbar hatte ihr schlechter Gesundheitszustand damit eine Menge zu tun, und man nahm an, dass sie mehr oder weniger ständig krank war. Sie schrieb 1952 ziemlich aufgebracht an Hella:

Glaubst du, ich mag das einsiedlerische Leben, das ich führe, und die Menschen, die ich sehen möchte und die mit mir zu verbringende Zeit einzuteilen, oder die Arbeit einzuteilen, die ich tun will, oder alle Einladungen zu Empfängen usw. abzulehnen?

Aber sie wollte keine Plage für andere oder sich selbst sein, und die relative Abgeschiedenheit war eine von ihr getroffene Wahl, die es ihr erlaubte, in Frieden mit anderen und sich selbst zu leben. »Ich kann nicht viel ausgehen, aber ich verhalte mich nicht wie eine Kranke oder denke über meine Probleme nach«. Die Korrespondenz und die Abhörberichte der Sicherheitsabteilung lassen erkennen, dass sie in engem und freundschaftlichen Kontakt mit Harry Pollitt blieb und weiter politische Ratschläge erteilte; auch Hugh Rathbone und Robin Page Arnot gehörten zu dem kleinen Kreis von Genossen, mit dem sie aktiveren Umgang pflegte.[6]

Rajani Dutt wurde in der Partei respektiert, war aber nie wirklich beliebt. Er wurde als kühl und distanziert angesehen und hinter seinem Rücken wurde oft über ihn gekichert. Hier nun einige Aussagen: »Er ist rücksichtslos in der Art, wie er mit Menschen umgeht – nicht sein Umgang mit Menschen, sondern mit jeder Person, die herumalbert.«; »Er ist wie ein Vorschlaghammer und neigt dazu, den Vorschlaghammer zu nehmen, um die Erdnuss zu knacken«; »Nicht unfreundlich, hat aber eine gewisse Scheu«; »Salme muss immer um ihn sein, für den Fall, dass er sich beraten will« und »Er war ein Meister in nachträglichen Analysen, konnte aber nichts vorhersagen«. Das sind Beispiele für die Art von Klatsch, die im King-Street-Hauptquartier der KP kursierten und vom MI5 aufgegriffen und festgehalten wurden.[7]

In ihren Memoiren schrieb Raj Thapar, eine indische Kommunistin, die 1947 mit ihrem Mann Romesh bei den Dutts in London war, über das Ansehen der Dutts in der britischen Partei:

Wir besuchten RPD in seinem Büro nahe der King's Street, und auf seinem Schreibtisch lag unser Hochzeitsfoto, was mir einen zweiten Einblick in den Charakter gab, den er in sich verschloss. Es brachte auch die Mitglieder der Britischen Kommunistischen Partei dazu, Distanz zu uns zu wahren. Sie mochten ihn nicht, und sie würden uns nicht mögen, die seine Freunde waren. Es muss die Kombination aus dem gelehrten indischen Brahmanen und dem Angelsachsen in ihm gewesen sein, die ihn daran hinderte, verbittert zu werden, und ihm half, weg und über allem zu bleiben. Er hat uns zu einem Abend zu sich nach Hause eingeladen, er würde unterwegs einkaufen, eine Sardinendose öffnen, frische Tomaten aufschneiden, Kaffee machen, und dann würden wir uns niederlassen und stundenlang über eine Vielzahl von Themen reden. Er beobachtete alles genau, die populären Lieder, die Rocklänge, die Jahresmode, alles sorgfältig in seinem ungeheuren Reservoir von Zeitungsausschnitten abgelegt, um im Nu hervorgeholt zu werden.

Seine Frau Salme war Invalidin. Ich hatte damals keine Ahnung und war mir der Krankheit nicht bewusst, sodass ich niemals herausfand, was mit ihr nicht stimmte. Sie selber waren Menschen, die nie über solche Dinge sprachen, die irgendwie in ihrem Leben keinen Platz und keine Zeit in ihrem Bewusstsein einzunehmen schienen. Diese Zurückhaltung in persönlichen Dingen, gepaart mit seinem blendendem Intellekt und seiner nicht britischen Herkunft muss einen großen Teil mit der Antipathie zu tun gehabt haben, die er in der britischen Partei hervorrief. Mitglieder hatten sich darüber lustig gemacht, diesen großen, plumpen Mann unter dem Pantoffel einer anspruchsvollen Ehefrau zu erleben, der mit seiner Tasche voller uninteressanter Lebensmittel nach Hause ging und es wagte, die Führung der Partei zu übernehmen. Die Gehässigkeit war spektakulär und erschütterte mich.

Salme, Schwedin, (sic) schwarzhaarig, trug auf ihrem Gesicht die Ruhe von jemandem zur Schau, dessen Intelligenz in Verständnis übergegangen ist. Ihr Interessengebiet war weitreichend, wie bei RPD, und als ich sie zum ersten Mal traf, kämpfte sie damit, die Grundlagen indischer Musik zu begreifen und hatte eine Sitar gekauft.[8]

Ein kommunistischer Vollzeit-Parteiarbeiter zu sein – im Unterschied zum intellektuellen Sympathisanten am Rande – bedeutete gewöhnlich, sozial mehr oder weniger von dem abgeschnitten zu sein, was als zivilisierte Gesellschaft anerkannt wird. Das traf auch auf die Dutts zu, aber in ihrem Fall wurde es nicht durch die enge Kameradschaft und Solidarität kompensiert, die häufig das tragende Thema in vielen persönlichen Erinnerungen kommunistischer Aktivisten ist – zugegebenermaßen mehr unter den Arbeitern und auf Unterorganisationsebene als innerhalb der Führung, die so oft von Eifersucht und internen Machtkämpfen geplagt wird. Die Dutts führten ein ziemlich abgeschiedenes und einsames Leben, in dem sie einander die besten Gefährten waren. Rajani Dutt war bis Ende der 1940er Jahre eine Art Berühmtheit, die von der Presse als die finstere Macht bezeichnet wurde – ein Eurasier obendrein – hinter dem freundlicheren und echt britischen Gesicht von Pollitt. Erst viel später, als Dutt älter wurde, beruhigte sich diese Dämonisierung; ein nicht ungewöhnliches Phänomen bei alternden radikalen Revolutionären, vor denen sich die Menschen nicht mehr länger fürchten und die man nun als ziemlich liebenswerte alte Tattergreise zu sehen beginnt.[9]

Als Stalin 1953 starb, pries Rajani Dutt »das kreative Genie«, das ein Drittel der Menschheit aus dem Griff der Ausbeuter befreit hatte. Er war auf dem KPdSU-Parteitag im Februar 1956 im Kreml – wenn auch nicht in der Geheimsitzung – auf der Chruschtschow seine berühmte Verurteilung Stalins vorbrachte. Bis zum Juni gehörte die Rede im Westen zum Allgemeinwissen. Dutt bemühte sich, Stalins Fehler als bloße »Sonnenflecken« herunterzuspielen, und im Allgemeinen versuchten die Führer der britischen Partei, eine Debatte über das Thema zu vermeiden. Aber angesichts der vehementen Reaktion, nicht nur von den Feinden der Partei, sondern auch von ihren eigenen Mitgliedern, mussten sie, Dutt eingeschlossen, während Chruschtschows Zeit zur neuen Moskauer Linie einige Lippenbekenntnisse leisten.

Als die chinesisch-sowjetische Verstimmung in offene Rivalität ausartete, gab es anfangs etwas Unschlüssigkeit auf Dutts Seite, da er vom Temperament her dazu neigte, die chinesische Position zu verstehen, die die Loyalität mit Stalin fortsetzte. Dies ging aber bald vorüber, und die Loyalität zu Moskau gewann wieder die Oberhand. Dennoch ist es offenkundig, dass er erst nach der Rückkehr des Neostalinismus während der Breschnew-Ära nach 1964 ideologisch leichter zu atmen begann. Bis zu dieser Zeit war Dutt auch politisch in der Partei zunehmend vereinsamt. Pollitt hatte 1956 den Posten des Generalsekretärs verlassen, und die neue Führung unter John Gowan bewegte sich auf das zu, was in den 1970er Jahren Eurokommunismus genannt werden sollte. Zum ersten Mal fand Dutt sich selbst offen in der Minderheit, als er es ablehnte, sich daran zu beteiligen, die Invasion in der Tschechoslowakei 1968 zu verurteilen. Bis dahin war er schon nicht mehr im Exekutivkomitee der Partei, das er 1965, nach 43 Jahren ununterbrochener Tätigkeit, verlassen hatte.[10]

Dahinschwindende Familie

Salme war nicht länger da, um das zu sehen. Sie war ideologisch noch weniger als Raji dazu geneigt, irgendeinen Revisionismus zu akzeptieren, aber sie schwieg. Sie schrieb nichts, das unter ihrem eigenen Namen oder irgendeinem bekannten Pseudonym veröffentlicht wurde. Sie reiste praktisch überhaupt nicht mehr, und ihr Besuch 1947 in Finnland war ihr letzter in ihrer zweiten Heimat. Estland, ihr Geburtsland, sah sie nach den 1930er Jahren niemals wieder.

Salme sah auch ihre Geschwister nach 1947 nicht mehr. Auf ihrem Rückweg von Finnland reiste sie über Stockholm, wo sie, wie Hella hoffte, Mimmi sehen würde, zu der ihre Beziehungen angespannt waren. Sie trafen sich, aber das Treffen begann bitter. »Ich sagte Mimmi, was ich zu sagen hatte, trotz ihrer Schimpfkanonade und falscher Informationen«, schrieb Salme an Hella und fügte hinzu, dass Mimmi glaube (tatsächlich zu Recht), dass ihr Ehemann Karl tot sei, während Salme ihr zu versichern suchte, dass er zurückkommen werde und dass sie »einen unüberbrückbaren Abgrund zwischen sich und Karl und ihrem Land« schaffen werde. Nach diesem anfänglichen Austausch gelang es ihnen, in freundlicher Weise fortzufahren und Salme schlussfolgerte, dass ihre Schwester ziemlich zufrieden war. Aber sie trafen sich niemals wieder und korrespondierten auch nicht.[11]

Im September des nächsten Jahres starb ihre Schwester Nina in Tallinn. Keine ihrer Schwestern war bei ihrer Beerdigung, da sogar Hella, die den estnischen Ministerpräsidenten um Hilfe gebeten hatte, keine Genehmigung bekommen konnte, um der Zeremonie in Estland, das von der Außenwelt völlig abgeschnitten war, beizuwohnen. Hella schrieb an Salme über Nina, dass es bei ihr »eine Vertrautheit um sie gab, die keiner von uns hatte, und ich hoffe, ihre letzten Tage waren nicht einsam. Jetzt, wo sie fort ist, erinnere ich mich nur an ihren Charme und ihre Freundlichkeit.« Hella hatte ihr während ihrer Erkrankung beigestanden, die dazu führte, dass sie in den 1930er Jahren ungeheuer dick wurde, zu einem Zeitpunkt, als sie auch den größten Teil ihres Reichtums bei Spekulationen verlor. Nina wusste Hellas Hilfe zu schätzen, war aber etwas verstimmt über Hellas kommandierende Art. Nina hatte sich in einem Brief an Salme Ende der 1930er Jahre beklagt:

Hella hat dich [Salme] sicher über meine Lage aus ihrer Sicht »aufgeklärt«. Was kann ich machen. Erstens ist sie immer die älteste Schwester und zweitens hat sie die Macht, weil sie eine bemittelte Person ist.[12]

Vier Jahre später starb auch Leo Murrik; sein Herz versagte. Wenn Leo auch seinen Teil zum Familienkummer beigetragen hatte, betrauerte Salme ihn doch auch und sympathisierte mit Ljalja: »Sie hat sich niemals mit jemand anders außer Leo angefreundet und ihn bis zuletzt geliebt, trotz der Schwierigkeiten«, die er verursachte.[13]

Es gab auch Probleme mit Mary Pekkala. Mit ihrem wohlhabenden familiären Hintergrund hatte sie finanzielle Sicherheit genossen und

Leo Murrik

hatte beträchtliche Mittel. Wenn sie gute Vorhaben finanzierte, war es nicht immer klar, ob sie Moskauer Geld verteilte oder es aus eigener Tasche tat. Nach dem Krieg war Mary in Stockholm jedoch in Schwierigkeiten. Eino Pekkala bat Hella, an Salme zu schreiben, ob sie sich an Marys Schwester Anne French wenden und um Hilfe bitten könne. Mary hatte in Stockholm ziemlich viel an Schulden angesammelt und konnte Schweden nicht verlassen, bevor sie sie bezahlt hatte. Hellas eigener Kommentar zu den Gründen dafür war, dass »Marys Philanthropie von Jahr zu Jahr immer unsinniger wird«.[14] So oder so wurde Mary aus ihrer schwierigen Lage befreit, und sie kehrte nach Finnland zurück.

Als Hella Wuolijoki 1954 starb, schrieb Salme an Vappu, dass sie sich wie eine Waise fühle, die die letzte Verbindung mit ihrem Zuhause verloren habe. Sie war nicht in der Lage, zur Beerdigung zu kommen.

Nina Murrik vor ihrer Krankheit

Von ihren verbleibenden Verwandten sah sie nur Vappu und Sakari Tuomioja nach dem Krieg, entweder den einen oder die andere oder beide bei ihren häufigen Besuchen in London, und natürlich 1955–1957 als Sakari Tuomioja finnischer Botschafter in Großbritannien war. Vappu war ihre Lieblingsnichte, die einer Tochter am nächsten kam, und sie korrespondierten regelmäßig bis zu Salmes Tod. Die Beziehung zu Sakari blieb formeller, da die politischen Hoffnungen, die Hella und sogar Hertta Kuusinen in ihn während des letzten Besuchs der Dutts in Finnland 1947 gesetzt hatten, erloschen waren. Als Sakari Tuomioja Kandidat der konservativen und liberalen Parteien bei den finnischen Präsidentschaftswahlen von 1956 war, vermerkte sie in einer Tagebucheintragung gegenüber Raji ihre Zufriedenheit darüber, dass Kekkonen die Wahl gewonnen hatte.[15]

Im Jahr 1954 gab es ein kurzes Wiederaufleben von Salme Dutts Schreibtätigkeit. Sie schrieb mehrere philosophische Essays über eine Vielzahl von hauptsächlich Alltagsthemen, mit Titeln wie »The Poetry of Toys«, »Philosophical Trifles« oder »The Legal Profession«. Diese waren vermutlich nur für Raji und für ihre Schublade gedacht, wo sie auch blieben.

Im Jahr 1955 begann sie auch, Kommentare in *Labour Monthly* unter dem Namen Sancho Panza zu schreiben, eine ironische Wahl, die sicher von denen bemerkt wurde, die die Identität der Autorin kannten. Die Artikel waren leicht verschachtelte essayartige Kommentare über britische und internationale Politik und Ereignisse, die sich auf die Zergliederung und Analyse politischer Terminologie und Slogans wie »middle-class« (Mittelschicht), »middle-of-the-road« (politisch gemäßigt), »age of the common man« (Zeitalter des einfachen Mannes), »Western values« (westliche Werte), »the new socialism« (der neue Sozialismus) usw. konzentrierten. Diese Artikel waren voller Verweise und Zitate, die zeigten, wie eingehend Salme die Ereignisse und Debatten immer noch verfolgte und diese, wie immer, einer strikten ideologischen Analyse unterzog, auch wenn das Wort »kommunistisch« darin selten oder überhaupt nicht verwendet wurde.

Sancho hörte nach 1956 auf, zu schreiben. Salme Dutts Leben blieb noch stiller als zuvor, nur ihr Briefwechsel zeigte, wie lebhaft sie das Leben und die Ereignisse bis zu ihrem Tod verfolgte, der nach kurzer Krankheit am 30. August 1964 eintrat. Ihres Todes wurde größtenteils von treuen Genossen gedacht; wiederum waren bei der Beerdigung keine Verwandten anwesend. Vappu Tuomioja wäre sicher gekommen, aber ihr Ehemann Sakari hatte gerade einen Schlaganfall erlitten und starb einige Tage nach Salme.

Nach Salmes Tod wollte Rajani Dutt die Gedichte veröffentlichen, die sie von 1933–1936 geschrieben hatte. Er trat an einige Verlage heran, aber schließlich wurde die kleine Ausgabe von einem Selbstkostenverlag herausgebracht, wobei Raji das Geld durch Beiträge von etwa 20 Freunden und Bekannten zusammenkratzen musste. Hugo Rathbone, ein langjähriger und treuer Freund von Salme, leistete den größten Beitrag.

20
Zurück zum Theater

Nachdem sie 1948 ihren Parlamentssitz und ein Jahr später den Posten der Generaldirektorin bei Yleisradio verloren hatte, kehrte Hella Wuolijoki wieder zu ihrer Berufung als Vollzeitautorin und Gutsbesitzerin zurück. Aber sie blieb eine aktive Parteipolitikerin, hielt Reden und schrieb in den volksdemokratischen Zeitungen. Sie wurde im Juli 1949 auch in den Parteivorstand der SKDL gewählt, aber weder hatte noch suchte sie die Art von Einfluss, dessen Ausübung sie am meisten genossen hatte.

Wenn man sich die Bände von Artikeln, Vorträgen, Reden und Hörspielen ansieht, die sie geschrieben hat, während sie Chefin von Yleisradio war, kann man nicht sagen, dass sie zum Schreiben zurückkehrte, sondern dass sie sich eher wieder darauf konzentrierte. Die beiden neuen Stücke *Kulkurin valssi* (Der Walzer des Vagabunden) und *Kuningas hovinarrina* (Der König als Hofnarr), die jeweils 1945 und 1946 uraufgeführt wurden, basierten auf älteren Texten. *Kulkurin valssi* war eine Komödie in kleinem Maßstab, die von einem kleinen Provinztheater aufgeführt wurde. *Kuningas Hovinarrina*, eine beträchtlich ambitioniertere Leistung, war ihre Hommage an Juhan Liiv und Eino Leino, und es wurde höflich, wenn auch wenig begeistert aufgenommen. *Työmiehen perhe* wurde 1949 von einem neuen Theater, dem Suomen Työväen Teatteri (dem Finnischen Arbeitertheater) für die Bühne adaptiert, das Wuolijoki und den Volksdemokraten nahe stand. Sie führte 1950 auch Regie für das Theater bei dem Stück *Saksalaisia* (Deutsche) des polnischen Autors Leon Kruczkowski. Ihr Debüt als Regisseurin für ein Berufstheater erhielt positive Kritiken.[1]

Aber es war die Fortsetzung der Niskavuori-Reihe mit *Niskavuoren Heta* (Heta von Niskavuori) mit der Uraufführung am Tampereen Työväenteatteri mit Eino Salmelainen als Regisseur, mit der sie ihren Status als führende Dramatikerin in Finnland erneut fest etablierte.

Heta erzählt die Geschichte einer stolzen Tochter von Niskavuori, die von einem wohlhabenden Nachbarn schwanger wird, und um einen Skandal abzuwenden, unter ihrem Stand mit dem Niskavuori-Knecht Akusti verheiratet wird. Dieser bekommt etwas Land von Niskavuori verpachtet, um mit einem eigenen kleinen Hof beginnen zu können. Akusti ist jedoch ein sanfter und weiser Mann aus dem Volke und steigt durch harte Arbeit und treffsichere Investitionen zu einem erfolgreichen Grundbesitzer und einer respektierten Gestalt in der örtlichen Verwaltung auf, stirbt aber, ohne jemals die Anerkennung seiner ständig verbitterten Ehefrau errungen zu haben. Akusti ist die beste männliche Rolle aus allen Stücken Wuolijokis und trug als solche zum Erfolg des Stückes bei. Das Stück hatte auch einen Anklang von Brechts epischem Theater. Es wurde allgemein gefeiert, und *Heta* wurde zum populärsten Stück der Niskavuori-Reihe nach *Niskavuoren naiset*.[2]

Das fünfte und letzte Stück in der Reihe, *Entäs sitten, Niskavuori?* (Was nun, Niskavuori?), hatte seine Uraufführung im Februar 1953 beinahe gleichzeitig am Helsingin kansanteatteri und am Tampereen työväenteatteri, mit Edvin Laine und Eino Salmelainen als den Regisseuren. Das letzte Niskavuori-Stück führt die Reihe in die damalige Gegenwart, indem das Bauerngut Niskavuori den Krieg unter der Leitung der Frauen Ilona und Loviisa durchlebt. Ein mysteriöser Juhani Multia wird als Verwalter eingestellt, aber er verlässt Niskavuori und versteckt sich für die Dauer des Krieges, gegen den er opponiert, während Aarne an der Front getötet wird. Nach dem Krieg wird Niskavuori mit der Bodenreform konfrontiert, die einen großen Teil des Gutes für karelische Evakuierte und Frontveteranen fortnimmt, denen man nach dem Krieg eigenes Land versprochen hatte. Loviisas Sohn, Kaarlo Niskavuori, der während des Krieges Minister gewesen war, versucht, bei den Schwierigkeiten zu helfen. Juhani kehrt zurück, jetzt als Minister in der neuen Regierung, und es stellt sich heraus, dass er Malviinas unehelicher Sohn ist, die mit ihrem neugeborenen Kind vom Niskavuori-Hof vertrieben wurde. Am Ende wird eine Lösung gefunden, bei der Aarnes Sohn das verkleinerte Gut übernimmt, um mit dem Bestellen des Bodens fortzufahren. Politische Themen stehen deutlich im Mittelpunkt des Stückes, wobei Juhani offenkundige Parallelen zu Yrjö Leino aufweist.

Es gab erkennbare Unterschiede bei den beiden 1953 aufgeführten Fassungen. Während Laine in Helsinki energisch den politisch-ideologischen Überzug von Wuolijokis Theaterstück entfernte und ein Loblied auf das Land sang, spiegelte Salmelainens Regie die Sozialkritik der

Autorin genauer wider. Das Stück war anfangs erfolgreich, aber nach den 1950er Jahren ist es nur selten aufgeführt worden. Als Theaterstück war es das Schwächste in der Niskavuori-Reihe.

Das letzte von Wuolijokis Stücken, das seine Uraufführung in Finnland erlebte, war *Iso-Heikkilän isäntä ja hänen renkinsä Kalle*, als das Stück es 1954 endlich zum Helsingin Kansanteatteri-Työväenteatteri schaffte. *Die Puntila*-Version war von Brecht schon 1948 in Zürich inszeniert und im nächsten Jahr vom Berliner Ensemble, dem Theater, das ihm die Deutsche Demokratische Republik zur Verfügung stellte, aufgeführt worden. Es war ein Stück, das seltsamerweise in Finnland nur langsam angenommen wurde, wo die *Puntila*-Version erst 1965 zum ersten Mal aufgeführt wurde, aber seitdem sind beide Versionen zu populären Evergreens geworden.

Wuolijokis Werke im Film

Nach dem Krieg gab es eine zweite Welle von Filmen auf der Grundlage von Wuolijokis Stücken und Drehbüchern. Die ersten Produktionen basierten auf Vorkriegsstücken. *Vastamyrkky* wurde 1945 mit Yrjö Haapanen als Regisseur produziert, und *Loviisa, Niskavuoren nuori emäntä* im nächsten Jahr mit Valentin Vaala als Regisseur. Die lang erwartete Hollywood-Version von *Juurakon Hulda* wurde schließlich 1947 in den USA als *The Farmer's Daughter* unter der Regie von H. C. Potter gedreht.

Valentin Vaala führte 1949 auch Regie bei *Jossain on railo* (Irgendwo ist eine Rinne im Eis), dem einzigen der Wuolijoki-Filme, der ursprünglich als Filmdrehbuch geschrieben worden war. Der melodramatische Film war kein Erfolg, wofür Drehbuch und Regie gleichermaßen verantwortlich waren. Als aber Edvin Laine 1952 *Niskavuoren Heta* auf die Leinwand brachte, war das ein garantierter Erfolg. Laine setzte die Niskavuori-Reihe mit *Niskavuoren leipä*, das den Titel *Niskavuoren Aarne* erhielt, und *Entäs sitten, Niskavuori* mit dem Titel *Niskavuori taistelee* (Niskavuori kämpft) 1954 und 1957 fort. Auch diese waren Erfolge, aber Wuolijoki bekam sie nicht mehr zu Gesicht, da sie einen Monat vor der Premiere von *Niskavuoren Aarne* gestorben war.

Tyttö kuunsillalta (Das Mädchen von der Mondbrücke) basierte auf Wuolijokis Stück *Kuunsilta*. Kein Theater wollte die etwas süßliche Romanze auf die Bühne bringen, also schrieb Wuolijoki sie in ein Hörspiel um, das 1951 aufgeführt wurde. Darin bekommt ein Mann in mittleren Jahren eines Abends einen Anruf von einer Frau, die sich als das Mädchen zu erkennen gibt, mit dem er einmal einen romantischen Spaziergang machte. Bei dem Spaziergang beschlossen sie, in einem Anflug von patriotischer Begeisterung nach einer Studentenversammlung, in der klaren Sommernacht über eine Mondbrücke zu gehen, wobei sie voll bekleidet durch das Wasser wateten, bis sie völlig nass waren. Nach diesem Abend trennten sie sich und beide heirateten, der Mann eine reiche Erbin, die ihm zu einer erfolgreichen Geschäftskarriere verhalf. Jetzt ist die Frau verwitwet und kehrt zu der jugendlichen Romanze zurück. Nach vielen langen Telefongesprächen treffen sie sich wieder, erneuern ihre Romanze und heiraten. Den Anstoß für dieses Stück gab ein Vorfall in einem Sommer in den 1930er Jahren in Marlebäck, als eines Nachts einer von Vappus verliebten Studienfreunden, Esa Kaitila (damals ein romantischer rechtsgerichteter Aktivist in der AKS, später Professor und liberaler Parlamentsabgeordneter und Finanzminister), dazu inspiriert wurde, einen solchen Spaziergang in den Fluss zu machen, wobei er dem Mondstrahl folgte. Nur Hella Wuolijoki verstand und bewunderte den romantischen Impuls hinter dem Spaziergang. Aber wenn dieser Vorfall auch eine nützliche Eröffnungsszene für das Drehbuch war, eine umso wirksamere Inspiration für die darauf folgende Geschichte ist sicher ihr eigener Versuch, ihre jugendliche Romanze mit Antti Tulenheimo wieder aufleben zu lassen. Der Film wurde 1953 unter der Regie von Matti Kassila gedreht und hatte mäßigen Erfolg, unterstützt von den zwei populären Schauspielern Ansa Ikonen und Joel Rinne in den Hauptrollen.[3]

Am Theater war Wuolijoki immer, wenn möglich – was nicht der Fall war, als sie noch die wahre Identität von Juhani Tervapää zu schützen hatte – eine aktive Beteiligte am Produktionsprozess, die eng und manchmal streitend mit dem Regisseur zusammenarbeitete. Die bedeutendsten Regisseure in ihrer Theaterlaufbahn waren Edvin Laine und noch mehr Eino Salmelainen, die beide farbige, einfühlsame und insgesamt anerkennende und sogar liebevolle Beschreibungen ihrer Zusammenarbeit mit Wuolijoki hinterlassen haben. Salmelainen beschrieb diese folgendermaßen:

Wie jeder erraten kann, brauste Hella Wuolijoki leicht auf. Diese sogar ziemlich hitzigen Zusammenstöße waren unvermeidlich. Sie traten sowohl bei Proben als auch davor auf. Solche Szenen müssen filmreif gewesen sein. Von uns beiden war ich bestimmt nicht weniger komisch, aber auch Hella war komisch, wenn sie mit glühend rotem Gesicht schrie, wobei ihre Stimme eine extrem hohe Tonlage hatte. Auch waren ihre Gesichtszüge nicht speziell für derartige Szenen gemacht. Aber bei Hellas Streitigkeiten ging es immer um die Sache, sie hat mich nie persönlich verletzt. Darum endeten alle unsere Kämpfe mit einer Versöhnung.[4)]

Beim Filmemachen war die Autorin weit weniger oder gar nicht präsent, und wurde nur ausnahmsweise einmal am Set gesichtet. Mit Valentin Vaala, der bei sechs der Wuolijoki-Filme Regie führte, arbeitete sie gewöhnlich bei der Filmfassung zusammen. Wie am Theater hatte Wuolijoki oft gefestigte Ansichten darüber, wie die Arbeit behandelt werden sollte. Vaalas Taktik zufolge nahm er es nicht direkt mit ihr auf, sondern ließ stattdessen seinen Kameramann Eino Heino alle ihre Einwände zu den Fragen entgegennehmen, von denen sie zuvor vereinbart hatten, dass sie angesprochen werden sollten. Das Ergebnis war, dass Vaala gut mit Wuolijoki zurechtkam, die ihre Frustration an dem unmöglichen Heino ausließ.[5)]

Niskavuori lebt

Die Energie, die sie während ihrer Jahre als Generaldirektorin und politische Eminenz aufrecht erhalten hatte, begann Ende der 1940er Jahre zu versiegen. Sie behielt ihren lebhaften Geist, aber ihr Körper wurde gebrechlich und ihre Gesundheit, die niemals gut gewesen war, ließ sie im Stich. Im Frühling 1948 hatte sie an Salme geschrieben: »Mein Herz ist sehr schlecht, und ich sehne mich nach Zeit, um ins Krankenhaus gehen zu können«. Sie begann, Gewicht zu verlieren und wurde von vielen Gebrechen geplagt.

Im Jahr 1952 war sie sicher, dass sie sterben würde, und die sowjetische Botschaft und die VOKS, die Gesellschaft der UdSSR für Kulturbeziehungen mit dem Ausland, sorgten dafür, dass sie in ein von der Sowjetelite in Moskau genutztes Krankenhaus und als Rekonvaleszentin in ein Sanatorium auf dem Lande in der Nähe der Hauptstadt aufgenommen wurde. Sie wurde nach Moskau geflogen und auf einer Bahre in das Krankenhaus getragen, und ging drei Monate später auf eigenen Füßen und sich wieder wunderbar fühlend hinaus.

Es überrascht nicht, dass Wuolijoki von den Wundern der sowjetischen Medizin hingerissen war. Sie schrieb einen langen und bewundernden Artikel für die Zeitschrift der Freundschaftsgesellschaft Finnland-Sowjetunion über ihre fast sechs Monate, in denen sie normale Sowjetbürger ebenso wie hohe Akademiemitglieder, Professoren und Spezialisten der sowjetischen Medizin getroffen hatte. Die Behandlung und die persönliche Betreuung, über die sie staunte, war zweifellos die beste, die das Land zu bieten hatte. Weniger sicher ist, ob sie ernsthaft glaubte, dass dies jeder in der UdSSR erwarten konnte.[6]

In Moskau verpasste sie das große Ereignis in Helsinki, die XV. Olympischen Spiele im Juni/Juli 1952. Sie hatte nichts dagegen, obwohl sie entdeckte, dass ihre Angewohnheit, sich über diejenigen lustig zu machen, die Sport zu ernst nahmen – indem sie sie mit solchen Fragen verspottete wie »War Paavo Nurmi ein Speerwerfer oder Schwimmer?« – in Moskau noch schlechter ankam als in Helsinki. Sie musste ihre russischen Gastgeber mit aktuellen Informationen von den Spielen versorgen, die sie von der finnischen Gesandtschaft bekam.

Zurück in Finnland erwies sich die Besserung von Wuolijokis Gesundheit als nur zeitweilig. Im Oktober erlitt sie eine teilweise Lähmung, erholte sich aber in wenigen Wochen wieder soweit, um Brita Polttila, ihrer Sekretärin, *Entäs sitten, Niskavuori* zu diktieren, da sie eine Zeit lang mit ihrer Hand nicht schreiben konnte. Als ihre Genesung weiter voranschritt, schrieb sie auch ihre Erinnerungen über ihre Geschäftskarriere während des Ersten Weltkrieges unter dem Titel *Minusta tuli liikenainen* (Ich wurde zur Geschäftsfrau).

Obwohl Wuolijoki sagte, dass das fünfte Niskavuori-Stück das letzte in der Reihe wäre, gab sie noch in einem Brief an Eino Salmelainen zu, mit der Idee zu spielen, einige der Charaktere aus den Niskavuori-Stücken herauszugreifen und deren Geschichten fortzusetzen. Ihr großer Plan aber, den sie schon mehrere Jahrzehnte lang genährt hatte, war es, das große Theaterstück über J. V. Snellman zu schreiben. Sie erzählte Salmelainen sogar, dass sie es 1953 fertigstellen könnte. Er glaubte es nicht und hatte recht. In ihren Papieren hinterließ sie nur ein paar Fragmente und Ideen, die es dem Zweifel überlassen, ob sie jemals aus dem Traum, den sie niemals vollendete, einen Erfolg hätte machen können.[7]

Im Januar 1954 war Hella Wuolijoki wieder im Krankenhaus in Helsinki, nach einer kleinen Gehirnblutung, die ihre Sprache gelähmt hatte. Sie erholte sich genug, um Besucher zu empfangen und – gepflegt von zwei Krankenschwestern – nach Hause zurückzukehren. Am 1. Februar erlitt sie jedoch eine weitere Gehirnblutung, die tödlich war und sie starb am nächsten Tag im Schlaf.

Zu den letzten Besuchern bei ihr im Krankenhaus gehörten Edvin Laine und seine Frau, die Schauspielerin Mirjam Novero. Plötzlich brach Wuolijoki in unbändiges Gelächter aus. Sie habe an ihre Beerdigung gedacht und erzählte ihnen, dass ihr eingefallen sei, wie überrascht alle darüber sein würden, dass sie nicht aus der Kirche ausgetreten sei. »Der Pfarrer wird mich in der Kirche segnen. Die Kommunisten werden mit roten Bändern auf ihren Kränzen auf der einen Seite sitzen und die Bürgerlichen auf der anderen. Das wird ein Schauspiel werden!«[8]

Sie hatte Recht. Die Beerdigungszeremonie in der überfüllten kleinen Hietaniemi-Kapelle, wo der 77-jährige altgediente Pastor Sigfrid Sirenius von der Christlich-Sozialen Bewegung der Verstorbenen den letzten Segen erteilte, brachte einige der Extreme der finnischen Gesellschaft zusammen, die ansonsten nicht an denselben Zeremonien teilgenommen hätten. Aber das war das Vermächtnis einer bemerkenswerten Frau, die von stalinistischen Kommunisten, Kulturliberalen und finnischen Nationalisten gleichermaßen hoch geschätzt werden konnte, ungeachtet dessen, ob sie ihre politische Einstellung liebten oder hassten.

Hella Wuolijoki ist nach ihrem Tod nicht in Vergessenheit geraten. Weiterhin werden Neuausgaben und Übersetzungen ihrer Bücher veröffentlicht, und ihre Niskavuori-Reihe, *Puntila*, *Juurakon Hulda* und sogar einige der weniger erfolgreichen Stücke werden regelmäßig in Finnland, und manchmal auch im Ausland, aufgeführt. Ihre Zusammenarbeit mit Brecht an *Die Judith von Shimoda* wird wahrscheinlich irgendwann in der nahen Zukunft Weltpremiere haben. Sowohl Kausala als auch Hauho, die Orte des Marlebäck- und des Wuolijoki-Gutes, beherbergen beide jährlich stattfindende Wuolijoki-Seminare in Finnland.

Sie hat auch ihre Leinwandkarriere fortgesetzt. Edvin Laines Filmfassung von *Niskavuoren leipä* erlebte weniger als zwei Monate nach ihrem Tod ihre Uraufführung, und sein *Entäs nyt Niskavuori?* im Jahr 1957. Valentin Vaalas Remake von *Niskavuoren naiset* wurde 1958 fertiggestellt. Eine Filmfassung von *Herr Puntila und sein Knecht Matti* in deutscher Sprache wurde 1960 von Alberto Cavalcanti gemacht, und 1979 gab es eine finnisch-schwedische Koproduktion desselben Stückes unter der Regie von Ralf Långbacka. *Niskavuori*, eine Zusammenstellung von *Niskavuoren naiset* und *Niskavuoren leipä*, wurde 1983 von Matti Kassila verfilmt. Diese Filme werden alle paar Jahre wieder im finnischen Fernsehen gezeigt.

Hella Wuolijokis Stücke, ihr Werk als Autorin im Allgemeinen und ihre Zusammenarbeit mit Bertolt Brecht im Besonderen haben sowohl populäre Arbeiten als auch ernsthafte Studien und Dissertationen hervorgerufen. Von den bislang veröffentlichten Arbeiten verdienen die Studien von Jukka Ammondt, Pirkko Koski und Oskar Kruus die meiste Beachtung, und natürlich die von Hans Peter Neureuter (wenn er auch eine mehr Brechtsche Sicht vertritt) als dem deutschen Experten zur Zusammenarbeit Brecht-Wuolijoki.

Hella Wuolijoki erscheint in zahllosen Memoiren, einschließlich in zentraler Rolle im Buch ihrer Tochter Vappu Tuomioja. Sie taucht auch in mehreren Prosawerken, von denen die Werke der estnischen Schriftsteller Jaan Kross und Mati Unt die interessantesten sind, als reale Figur auf. Für die Bühne haben Jukka Ammondt und Pekka Lounela Stücke über sie geschrieben.

Die erste ziemlich bescheidene Biografie (quantitativ und qualitativ) über Wuolijoki wurde 1979 von Pekka Lounela veröffentlicht. Er und Matti Kassila arbeiteten zusammen 1987 auch an einem als Fiktion dargestellten Bericht über den Fall Nuorteva-Wuolijoki. Die umfangreichsten, ausführlichsten Biografien über Hella Wuolijoki stammen von Oskar Kroos und Pirkko Koski, obwohl in beiden der Schwerpunkt auf Wuolijoki als Schriftstellerin und Dramatikerin liegt.

Salme Dutt war niemals eine Figur des öffentlichen Lebens. Ihr zweiter Ehemann und ideologischer Partner Rajani Palme Dutt erfreut sich weiter einer etwas fragwürdigen Anerkennung und spielt in allen Studien über den Kommunismus in Großbritannien, aber auch über den Kommunismus in Indien eine zentrale Rolle. Wissenschaftler auf dem Gebiet des britischen Kommunismus, insbesondere John Callaghan und Kevin Morgan, jeweils Biografen von Rajani Dutt und Harry Pollitt, haben den bedeutenden, aber nicht publik gemachten Einfluss von Salme Dutt auf den britischen Kommunismus ans Licht gebracht. Morgan und Tauno Saarela haben insbesondere den entscheidenden Zeitraum von 1920–1921 der Bildung der kommunistischen Bewegung in Großbritannien und die besondere Rolle, die Salme Pekkala und andere Finnen in dieser Zeit spielten, erforscht.

Dieses Buch basiert auf all diesen und anderen Arbeiten. Ich habe mich auf die politischen und familiären Verbindungen konzentriert, die Ella and Salme Murrik ihr Leben lang vereinten. Dass sich zwei der Murrik-Schwestern dafür entschieden, sich so rückhaltlos mit der stalinistischen Version des Kommunismus zu identifizieren und sich von ganzem Herzen in seinen Dienst zu stellen, ist nicht leicht zu erklären, und gewiss nicht von unserem Standpunkt im 21. Jahrhundert aus. Niemand kann wissen, wo sie heute ideologisch stehen würden, wenn sie gewusst hätten, was wir jetzt wissen. Salme ließ sich 1956 oder danach nicht in ihrer Überzeugung beirren und starb vermutlich fest im Glauben, ebenso wie Raji, der sie um zehn Jahre überlebte. Es ist müßig zu fragen, wie Hella auf die Ereignisse von 1956, 1968 oder 1989 reagiert hätte. Vielleicht hatte sie ihre Seele schon so viele Jahrzehnte früher bei »Anatoli« als Vermittler verkauft, dass sie keine Wahl gehabt hätte. Wir wissen es nicht mit Sicherheit, ob sie jemals von »Anatolis« wirklichem Schicksal erfuhr und wie sie darauf reagiert hätte. Es ist jedoch erwähnenswert, dass Hertta Kuusinen, ihre »wahre Tochter« aus der Zeit nach dem Zweiten Weltkrieg, die bis 1974 lebte, bei der Spaltung der Finnischen Kommunistischen Partei in Stalinisten und Revisionisten (oder Eurokommunisten, obwohl dieser Ausdruck in Finnland nicht verwendet wurde) sich eindeutig für die Seite der Revisionisten entschied.

Anhang

Biografische Anmerkungen

Brecht, Bertolt 1898–1956
Der Autor und Dramatiker schuf die epische Schule des Theaters. Das erste aufgeführte Stück war *Trommeln in der Nacht* 1922. Brecht erreichte 1928 internationalen Ruhm mit der *Dreigroschenoper*. Im Jahr 1933 ging er ins Exil, lebte in Wien, Prag und Zürich, bevor er sich in Skovbostand, Dänemark, niederließ. Im Jahre 1939 zog er nach Schweden und im nächsten Jahr nach Finnland, wo er auf sein Visum für die USA wartete. Im Sommer 1940 arbeitete er mit Hella Wuolijoki an *Herr Puntila und sein Knecht Matti* in Marlebäck. Sein Visum für die USA wurde im Mai 1941 gewährt. Er reiste über die Sowjetunion und ließ sich in Kalifornien nieder. Im Jahr 1947 kehrte er nach Europa zurück, verbrachte die ersten zwei Jahre in Zürich und lebte seit 1949 in Berlin, DDR, wo er das Berliner Ensemble leitete. *Puntila* wurde dort im selben Jahr erstmals aufgeführt. Im Jahr 1949 erwarb er auch die österreichische Staatsbürgerschaft.

Diktonius, Elmer 1896–1961
Der modernistische finnisch-schwedische Dichter veröffentlichte sein erstes Buch 1921. Nach dem Bürgerkrieg bewegte er sich in radikal-ästhetischen Kreisen und stand in enger Verbindung zu O. V. Kuusinen, Salme Pekkala, Mary Moorhouse (1920–1921 in London und Paris), Eva Hubback und Lydia Stahl. Wahrscheinlich hatte er Affären mit Pekkala, Moorhouse und Stahl. Diktonius gründete die Avantgarde-Literaturzeitschrift *Ultra* in Finnland und veröffentlichte Werke sowohl auf Schwedisch als auch auf Finnisch.

Dutt, Rajani Palme 1895–1974
Dutts Vater war ein Arzt indischer Herkunft, seine Mutter Anna Palme kam aus Schweden. Dutt studierte in Cambridge und schloss mit ausgezeichneten Noten ab. Während des Krieges war er als Wehrdienstverweigerer inhaftiert, von 1919–1922 arbeitete er als Internationaler Sekretär in der Labour-Forschungsabteilung. Außerdem war Dutt 1920 eines der Gründungsmitglieder der KPGB. Im Jahr 1920 traf er Salme Pekkala, die als Komintern-Vertreterin nach Großbritannien geschickt worden war. Sie heirateten 1924 in Stockholm, von wo sie 1925 nach Brüssel zogen und dort bis 1936 blieben. Dutt startete die *Labour Monthly* im Jahr 1921 und blieb bis zu seinem Tod Herausgeber der Zeitschrift. Von 1922–1965 war er Mitglied des Exekutivkomitees der KP. Als Harry Pollitt vorübergehend in Misskredit geraten war, weil er den imperialistischen Krieg unterstützt hatte, war Dutt von 1939–1941 als Generalsekretär tätig. Nach dem Krieg war er stellvertretender Vorsitzender der Partei. Er war der Chefideologe der Partei und Autor von etwa 20 Büchern oder Broschüren, die stets die vorherrschende Moskauer Linie widerspiegelten.

Erkko, Eljas 1895–1965
Erkko machte seinen Jura-Abschluss 1922. Von 1920–1927 war er im Außenministerium mit Posten in Paris, Tallinn und London tätig. In den Jahren 1928–1938 arbeitete er als Herausgeber von *Helsingin Sanomat* und 1928–1965 als Geschäftsführer der Sanoma Oy Verlagsgesellschaft. Er war Parlamentsabgeordneter für die

liberale Fortschrittspartei 1933–1936, zweiter Innenminister 1932, Außenminister 1938–1939 und Geschäftsträger in Stockholm 1939–1940.

Evans, Ernestine 1889–1967
Evans wurde in Omaha, Nebraska, geboren und absolvierte 1911 die Universität Chicago. Evans ergriff den Journalistenberuf und war bis 1920 Moskauer Korrespondentin der *New York Tribune*. Sie arbeitete als freiberufliche Journalistin in den USA und in Europa und war während des New Deal kurzzeitig in der US Resettlement Administration (Ansiedlungsbehörde) tätig. Neben ihrem eigenen Schreiben, das mehrere Bücher umfasste, war sie auch als Literaturagentin tätig.

Gorki, Maxim 1868–1936
Gorki, ursprünglich Aleksei Peschkow, russischer Autor und Bolschewik, wird als der Schöpfer des Sozialistischen Realismus in der Literatur angesehen. Er wurde mit elf Jahren zur Waise und verließ sein Zuhause mit zwölf. Später schrieb er mit Sympathie über Menschen im Abseits, mit denen er verkehrte. Gorki traf Lenin 1902 und nahm an der Revolution von 1905 teil, nach der er kurz inhaftiert wurde. Von 1906–1913 und 1921–1929 lebte er im Ausland, größtenteils auf der Insel Capri. Seine langjährige Gefährtin war Maria Andrejewa, getreue Bolschewikin und sowjetische Agentin für den Verkauf konfiszierter Wertgegenstände und Kunstschätze an den Westen. Gorki kehrte in die UdSSR zurück und wurde zum Vorsitzenden des Schriftstellerverbandes gemacht, aber seine Beziehungen zu Stalin und der Partei waren angespannt. Er starb an Lungenentzündung oder einer Herzerkrankung – Stalin wurde verdächtigt, seine Ermordung organisiert zu haben. Seine dritte Lebensgefährtin Moura Budberg wird verdächtigt, mit den sowjetischen Sicherheitsorganen zusammengearbeitet und dafür gesorgt zu haben, dass Gorkis kompromittierende Papiere zurück in die UdSSR geschickt wurden.

Grenfell, Harold 1870–1948
Grenfell trat 1883 als Kadett in die Royal Navy ein, diente auf vielen Schiffen, im Admiralsstab und als Gouverneur des Marinegefängnisses von Hongkong. Im Jahr 1912 wurde er als Marineattaché nach St. Petersburg entsandt. Nach der Oktoberrevolution kehrte er kurz nach London zurück und wurde dann als Leiter der britischen Marinemission nach Helsinki entsandt. Aus der Marine zog er sich 1920 zurück und trat der Unabhängigen Labour Party ILP bei, die in dem linken Flügel der Labour Party aktiv war, und er schrieb in der *Labour Monthly*. Die Kandidatur als Parlamentsabgeordneter war erfolglos. Seine erste Frau war Alice Dixon, von der er sich trennte, bevor er nach St. Petersburg ging. In Russland traf er mit Anna Lewoschina zusammen. Es gelang ihm, sie nach Großbritannien zu bringen, wo sie ihm 1920 ein Kind gebar und 1924 starb. Er hatte eine intime Beziehung mit Hella Wuolijoki, ihre für 1925 geplante Hochzeit fand jedoch nicht statt.

Gylling, Edvard 1881–1940
Gylling, Klassenkamerad von O.V. Kuusinen und Sulo Wuolijoki am Gymnasium in Jyväskylä, wurde Dr. phil. und Statistiker. In den Jahren 1908–1909, 1911–1914 und 1917 war er sozialdemokratischer Parlamentsabgeordneter und 1918 Volksbeauftragter für Finanzen in der roten Regierung. Von seinem Exil in Stockholm ging

er 1920 nach Petrosawodsk, wo er bis 1935 Oberhaupt der Regierung der Karelischen Autonomen Sozialistischen Sowjetrepublik war. Seit 1937 war er Mitglied des Zentralkomitees der Kommunistischen Partei Finnlands. Nach seiner Verhaftung und Verurteilung ohne öffentlichen Prozess, wurde er im Juni 1938 in Moskau hingerichtet.

Jakolew, Wasili 1899–1950
Der NKWD-Generalmajor wurde in Smolensk geboren, wo er sich 1921 der Tscheka anschloss. Von 1923–1935 arbeitete er in der OGPU, 1932–1935 als Stellvertretender Leiter der Auslandsspionage. Er war NKWD-Resident in Bulgarien (1935–1938), in Lettland (1939–1940) und nach dem Winterkrieg in Helsinki als Handelsattaché Terentjew. Er leitete die Balkanabteilung der Auslandsspionage (1941–1945) und war stellvertretender Stützpunktleiter in Berlin (1946–1947), in Moskau (1947–1949) und Resident in Österreich (1949). Im Jahr 1950 starb er an einer Herzerkrankung.

Kallas, Aino 1878–1956
Der Vater, Julius Krohn, der finnisch-estnischen Dichterin und Schriftstellerin war Professor für Literatur, und die Familie Krohn ist voller berühmter Künstler und Intellektueller. Im Jahr 1900 heiratete sie den Esten Dr. Oskar Kallas, einen Lehrer und späteren estnischen Diplomaten. Im Jahr 1904 zogen sie nach Tartu, wo sie in der Bewegung Junges Estland führend und die Mentoren der jungen Ella Murrik waren. Von 1922–1934 war Oskar der estnische Gesandte in London. Während des Zweiten Weltkrieges waren Aino und Oskar im Exil in Schweden, wo Oskar 1946 starb. Aino Kallas veröffentlichte etwa 40 Bücher, einschließlich Gedichte, Romane und ihre Tagebücher.

Kekkonen, Urho 1900–1986
Kekkonen erhielt sein Jura-Diplom 1926 und den Titel Dr. jur. 1934. Er war finnischer Hochsprungmeister, Vorsitzender der Leichtathletik-Föderation (1929–1947) und Vorsitzender des Finnischen Olympischen Komitees (1938–1946). Er arbeitete 1921–1927 für die Sicherheitspolizei, als Anwalt des Verbandes der Landkommunen (1927–1932) und als Vorstandsmitglied der Bank von Finnland (1946–1956). Kekkonen hatte folgende Ämter inne: Parlamentsabgeordneter 1936–1956 (Agrarunion), Justizminister 1936–1937 und 1944–1946, Innenminister 1937–1939, Parlamentspräsident 1948–1950, Außenminister 1954, Ministerpräsident 1950–1953, 1954–1956, Präsident 1956–1982. Er war 1940 gegen den Vertrag zur Beendigung des Winterkrieges, schloss sich aber 1942 der Friedensopposition an und wurde nach 1944 zum herausragendsten nichtsozialistischen Politiker, der eine Anpassung an die Wünsche der Sowjetunion befürwortete.

Kilpi, Sylvi-Kyllikki 1899–1987
Die Journalistin und Theaterkritikerin hatte einen Abschluss der Universität Helsinki. Als Parlamentsabgeordnete (1933–1958) vertrat sie die Sozialdemokratische Partei bis 1946, als sie zur Demokratischen Union des Finnischen Volkes (SKDL) wechselte. In der SDP war sie Vorsitzende der Sozialdemokratischen Frauenorganisation und nach dem Krieg Vorsitzende der Finnland-Sowjetunion-Gesellschaft. Sie

war mit Eino Kilpi verheiratet, der 1932–1937 Chefredakteur von *Suomen Sosialidemokraatti*, 1948 Innenminister und 1930–1933 Parlamentsabgeordneter der SDP und 1948–1962 der SKDL war.

Kollontai, Alexandra 1872–1952

Als Alexandra Domontowitsch in eine aristokratische Familie geboren, verbrachte sie die Sommer ihrer Kindheit in Finnisch-Karelien, wo die Masalin-Familie ihrer Mutter ihre Wurzeln hatte. Ihr erstes Buch war *Die Lage der Arbeiterklasse in Finnland* (1903), gefolgt von *Finnland und der Sozialismus* (1908). Sie war produktive Autorin, frühe Feministin und Befürworterin der freien Liebe. Nach der Ehe mit Wladimir Kollontai hatte sie zwei langjährige Beziehungen mit Alexander Schliapnikow und Pawel Dybenko, die wie sie führende Bolschewiki waren. Kollontai war Volkskommissarin für Soziales in Lenins erster Regierung, trat aber zurück, um der Arbeiteropposition beizutreten. Seit 1923 war sie als Diplomatin und sowjetische Gesandtin in Oslo sowie Mexiko-Stadt und von 1930–1946 in Stockholm tätig.

Krassin, Leonid 1870–1926

Krassin erwarb 1900 einen Hochschulabschluss am Technologie-Institut Charkow, seine Studien wurden durch seine revolutionären Aktivitäten, Haft und Exil verzögert. Er war der Sprengstoffexperte der Bolschewiki, aber seine Beteiligung an Eigentumsdelikten brachte die Partei in Verlegenheit, Lenin brach 1908 mit ihm. Krassin begann für Siemens zu arbeiten, wodurch er unternehmerische Erfahrungen erwarb, welche die Bolschewiki 1918 – als Volkskommissar für Außenhandel – wieder zu nutzen bereit waren. Diesen Posten behielt er, während er als sowjetischer De-Facto-Botschafter in London sowie später in Berlin und Paris tätig war.

Kuusinen, Hertta 1904–1974

Die Tochter von O. V. Kuusinen arbeitete 1922–1934 bei der Komintern und am Lenin-Institut in Moskau und betrieb 1932–1933 Untergrundarbeit in Deutschland. Nachdem sie 1934–1939 und 1941–1944 in Finnland inhaftiert worden war, wurde sie nach 1944 führendes Mitglied der kommunistischen Führungsspitze und Parlamentsabgeordnete (1945–1972). Im Jahr 1948 war sie Ministerin ohne Geschäftsbereich und Vorsitzende der parlamentarischen Gruppe der SKDL. Kuusinen war mit Tuure Lehén (1923–1935) und Yrjö Leino (1945–1950) verheiratet und führte eine langjährige Beziehung mit Olavi Paavolainen (1950–1963).

Kuusinen, Otto Ville 1881–1964

Kuusinen bestand sein Abitur am Gymnasium in Jyväskylä und bekam 1904 den Magistertitel an der Universität Helsinki verliehen. Er war kurz in der Altfinnischen Partei und arbeitete als Journalist, bevor er sich 1904 den Sozialdemokraten anschloss und einer der Chefideologen der Partei und 1911–1917 Parteivorsitzender wurde. Als Parlamentsabgeordneter 1908–1909, 1911–1913 und 1917 war er 1918 der politisch führende Kopf als Volksdelegierter für Bildung in der roten Regierung. Außerdem war er 1918 Gründungsmitglied der Kommunistischen Partei Finnlands in Moskau. Kuusinen war 1919–1920 heimlich in Finnland und kehrte über Stockholm nach Russland zurück. In den Jahren 1921–1939 war er Mitglied des Komintern-Sekretariats, 1939–1940 Ministerpräsident der sogenannten Terijoki-Regierung, 1940–1956 Vorsitzender des Obersten Sowjet der Kareliofinnischen Sozialistischen Sowjetrepublik und 1957–1963 Mitglied des KPdSU-Politbüros.

Laine, Edvin 1906–1989

Der Theater- und Filmregisseur Edvin Laine war Schauspieler in Turku und Tampere. Er war Direktor des Arbeitertheaters Tampere (1940–1943). Er führte Regie und spielte am Volkstheater Helsinki (1943–1953) und war Direktor am Finnischen Nationaltheater (1953–1973). Laine führte zwischen 1943 und 1986 Regie in 38 Filmen, einschließlich drei Niskavuori-Filme.

Lansbury, George 1859–1940

Lansbury ist als britischer christlicher Sozialist und Pazifist bekannt. Er war 1910–1912 und 1922–1940 Labour-Parlamentsabgeordneter, Gründer, Eigentümer und Herausgeber der Zeitung *The Daily Herald*, besuchte 1920 und 1926 Sowjetrussland und trat für eine Zusammenarbeit zwischen der Labour Party und kommunistischen Parteien ein. Im zweiten MacDonald-Kabinett war er 1929–1931 Arbeitsminister. Als einzig übrig gebliebenes Kabinettsmitglied in der kleinen Gruppe von Labour-Parlamentsabgeordneten nach den Wahlen von 1931 wurde er 1931 Führer der Parliamentary Labour Party. Im Jahr 1935 musste er zurücktreten, weil sein Pazifismus zunehmend in Konflikt mit der Labour-Politik des Widerstandes gegen den Faschismus kam.

Leino, Eino 1878–1926

Leino gilt als populärster finnischer Dichter seiner Zeit, aber er schrieb auch Theaterstücke und Romane. Er gehörte zum Kreis der Jungfinnen und zum Kreis um die Zeitung *Päivälehti*. Dreimal war er verheiratet und hatte auch Beziehungen zu den Dichterinnen L. Onerva und Aino Kallas. Er wählte einen unkonventionellen Lebensstil und war ein häufiger Trinkkumpan von Sulo Wuolijoki. Der Alkoholismus trug zu seinem frühen Tod bei.

Leino, Yrjö 1887–1961

Der Agrartechnologe und Landwirt in Kirkkonummi (1924–1935) war zugleich als landwirtschaftlicher Organisator der Kommunistischen Partei im Untergrund tätig und wurde 1935–1939 inhaftiert. In den Jahren 1939 und 1940 arbeitete er kurz als Verwalter auf Hella Wuolijokis Gut Marlebäck. Er war 1945–1950 mit Hertta Kuusinen verheiratet. Im Jahr 1944 kam er aus dem Untergrund als einer der führenden Kommunisten Finnlands und war Sozialminister (1944–1945), Innenminister (1945–1948) und Parlamentsabgeordneter (1945–1951). Leino veröffentlichte 1958 seine Memoiren, aber die Auflage wurde auf inoffizielles Verlangen der finnischen Regierung eingestampft, die die negative Reaktion der Sowjets befürchtete.

Malone, Cecil L'Estrange 1890–1965

Malone ging mit 15 Jahren zur Royal Navy, und während des Weltkrieges stieg er in der Armee zum Oberstleutnant auf. Bei den allgemeinen Wahlen von 1918 wurde er als liberaler Koalitionär der Regierung in das Parlament gewählt, aber bei seinem Besuch in Sowjetrussland 1919 wurde er schnell radikalisiert, trat in die Britische Sozialistische Partei (BSP) ein und in die KPGB, als die BSP sich an der Gründung der Partei beteiligte. Für die KP war er der erste Parlamentsabgeordnete. Im Jahr 1920 arbeitete er eng mit Salme Pekkala und Erkki Veltheim an Plänen für eine kommunistische Militärorganisation. Er wurde zu sechs Monaten Gefängnis verurteilt, weil er eine gewaltsame Revolution befürwortet hatte. Er unterstützte die Angliederung der KP an die Labour Party, und als das nicht erreicht wurde, trat er der Labour Party bei. Für die Labour Party war er 1928–1931 Parlamentsabgeordneter.

Nuorteva, Kerttu 1912–1963

Nuortevas Vater Santeri war vor dem Bürgerkrieg sozialdemokratischer Parlamentsabgeordneter in Finnland, bevor er in die USA emigrierte, wo Kerttu Nuorteva in Oregon geboren wurde. Im Jahr 1920 emigrierte die Familie nach Russland, wo Santeri Nuorteva Präsident von Sowjetkarelien wurde. Nachdem Kerttu die Schule in Leningrad abgeschlossen hatte, wurde sie als engagierte Komsomol-Aktivistin für den NKWD rekrutiert. Wegen mangelnder Wachsamkeit wurde sie 1937 in ein Arbeitslager geschickt, 1940 entlassen und wieder vom NKWD eingestellt. Sie wurde für die Spionagetätigkeit in Finnland ausgebildet, wo sie im März 1942 mit dem Fallschirm absprang. Sie stellte, wie angewiesen, Kontakt zu Hella Wuolijoki her, wurde aber im September gefasst. Nach einer langen Phase von Vernehmungen machte sie eine Wandlung durch und legte ein volles Geständnis ab, das auch Wuolijoki schwer belastete. Ihr Todesurteil wurde in lebenslängliche Haft umgewandelt, während der sie ein Buch über ihre sowjetischen Erlebnisse schrieb. Ihr wurde eine Gelegenheit angeboten, vor dem Kriegsende nach Schweden zu fliehen, aber sie entschied sich dafür, in die Sowjetunion zurückzukehren, wo sie in ein Arbeitslager geschickt wurde und in Kasachstan im internen Exil starb.

Paasikivi, J. K. 1870–1956

Paasikivi machte seinen ersten Abschluss in Geschichte und anschließend einen in Jura. Er trat in die Altfinnische Partei ein und gehörte zum Sozialreformen fördernden Flügel der Partei. Er arbeitete 1900–1903 als Sekretär der Kooperativen Gesellschaft Pellervo und 1903–1914 als Generaldirektor des Außenamtes. Im Jahr 1906 wurde er in das erste Einkammerparlament gewählt, stand aber nach 1913 nicht mehr als Parlamentsabgeordneter zur Wahl. Als Finanzsenator war er 1908–1909 tätig. Als Monarchist schloss er sich 1918 der Nationalen Sammlung(spartei) (konservative Partei) an und führte 1918 die erste Nachkriegsregierung an. Generaldirektor von Finnlands größter Geschäftsbank Kansallis-Osake-Pankki war er 1914–1934. Paasikivi wurde 1934 zum Vorsitzenden der Sammlungspartei gewählt, mit dem Auftrag, deren Verbindungen zur Lapuabewegung aufzulösen. In den Jahren 1936–1939 arbeitete er als Gesandter in Stockholm und 1940–1941 in Moskau. Er hatte langjährige Erfahrung bei Verhandlungen mit Russen, denn unter anderem hatte er die finnische Delegation 1920 bei den Friedensverhandlungen von Tartu geleitet. Im Jahr 1939 war er finnischer Chefunterhändler in Moskau und Minister ohne Geschäftsbereich während des Winterkrieges. Als eine führende Figur der Friedensopposition war er 1944 naturgemäß *der* Kandidat für den Posten des Ministerpräsidenten, von welchem Posten aus er 1946 nach dem Rücktritt Mannerheims zum Präsidenten gewählt wurde. Er starb 1956, kurz nach seinem Ausscheiden aus dem Amt.

Paavolainen, Olavi 1903–1964

Als finnischer Essayist, modernistischer Dichter und Autor war er führender Vertreter der Tulenkantajat-Schriftstellergruppe. Er pflegte ein Image von sich selbst als moderner Maschinen-Romantiker und Dandy. In den 1930er Jahren arbeitete er als Werbemanager für eine Bekleidungsfirma. Seine politischen Ansichten waren eine wechselnde und diffuse Mischung aus liberalem Kosmopolitismus, radikaler Linksorientierung und ästhetischer Bewunderung des Nationalsozialismus. In seinen 1946 veröffentlichten Tagebüchern aus der Kriegszeit brachte er Kritik an der Kriegsursache zum Ausdruck, welche wiederum auf so geharnischte Kritik von rechts traf, dass er danach nichts mehr veröffentlichen wollte. Im Jahr 1947 stellte Hella Wuolijoki ihn als Direktor der Theaterabteilung bei der Finnischen Rundfunkgesellschaft ein. Er war nach dem Krieg kurz verheiratet, aber seine dauerhafteren Beziehungen waren die zu der Autorin Helvi Hämäläinen vor dem Krieg und zu Hertta Kuusinen danach, obwohl das damals ein wohlbehütetes Geheimnis war.

Pekkala, Eino 1887–1956

Pekkala war finnischer Meister im Zehnkampf (1906, 1907 und 1909), aktiver Sportfunktionär sowie Vorsitzender der Arbeitersportunion TUL (1919–1927). Er erhielt den akademischen Magistergrad der Universität Helsinki 1904, arbeitete als Lehrer und erwarb 1918 einen Jura-Abschluss. Er war Mitglied der Sozialdemokratischen Partei, jedoch bis 1919 nicht aktiv, und Gründungsmitglied der Sozialistischen Arbeiterpartei 1920. In den Jahren 1918–1920 und 1930–1933 war er inhaftiert. Pekkala arbeitete als Parlamentsabgeordneter (1927–1930 und 1945–1948), als Unterrichtsminister in der Paasikivi-Regierung (1945–46) und als Justizminister in der Regierung seines Bruders Mauno Pekkala (1946–48). Er heiratete 1913 Salme Murrik, doch 1924 wurden sie geschieden. Im Jahr 1928 heiratete er Mary Rhodes Moorhouse.

Pekkala, Mary 1889–1975

Als Mary Rhodes Moorhouse in eine reiche Familie geboren, hatte sie eine privilegierte Bildung, schloss sich aber dem Sozialistischen Universitätsforum an und wurde eine enge Mitarbeiterin von Rajani Palme Dutt, dessen Sekretärin sie für viele Jahre war. Im Jahr 1920 traf sie Salme Pekkala und Elmer Diktonius in London. Sie folgte den Dutts nach Stockholm, wo sie Salme Dutts ersten Ehemann Eino Pekkala kennenlernte, den sie 1927 heiratete. Sie arbeitete mit den Dutts in Brüssel, bevor sie nach Finnland zog. Wie die Dutts war sie an Kominternaktivitäten beteiligt, deren genaue Art und Weise unbekannt ist. Als Eino Pekkala in Haft war, gründete sie die Gefangenenhilfsorganisation und wirkte auch als Sponsorin für zahlreiche Volksfrontaktivitäten mit, einschließlich der Zeitschrift *Tulenkantajat*. Während des Krieges lebte sie in Stockholm bei ihrer Tochter und war als Verbindung zwischen der sowjetischen Gesandtschaft in Schweden und Hella Wuolijoki in Finnland tätig. Nach dem Krieg leitete sie die finnische Abteilung der Internationalen Frauenliga für Frieden und Freiheit.

Pekkala, Mauno 1890–1952

Pekkala machte 1913 seinen ersten Abschluss in Forstwirtschaft und erhielt 1921 den Magistertitel. Seit 1917 arbeitete er als Beamter bei der nationalen Forstwirtschaftsbehörde und war 1937–1952 Generaldirektor. Als Mitglied der Sozialdemokratischen Partei war er 1926 Landwirtschaftsminister in Tanners Regierung, Finanzminister in den Regierungen Ryti und Rangell (1939–1942), Minister ohne Geschäftsbereich (1944) und Verteidigungsminister in den Paasikivi Regierungen (1945–1946) sowie Ministerpräsident (1946–1948). Pekkala war als Parlamentsabgeordneter 1927–1952 beschäftigt, verließ aber die Sozialdemokratische Partei 1945 und ging in die SKDL.

Petherick, Maurice 1894–1985
Nachdem er das Trinity College, Cambridge, absolviert hatte, trat er den Armeedienst im Ersten Weltkrieg an. Im Jahr 1931 wurde er als Konservativer ins Parlament gewählt, verlor aber seinen Sitz bei den Wahlen von 1945. Bis 1931 war er Anteilseigner und Vorstandsmitglied von Aunuksen Puu Oy. Im Jahr 1945 arbeitete er zwei Monate lang als Juniorminister im Kriegsministerium.

Pollitt, Harry 1890–1960
Pollitt arbeitete als Kesselschmied und Arbeiterorganisator und gilt als Gründungsmitglied der KPGB (1920). Er war seit 1922 Mitglied der Parteiexekutive und 1929–1939 sowie 1941–1956 Generalsekretär der Partei. Er wurde 1925 für ein Jahr inhaftiert.

Reed, John 1887–1920
Reed wurde in Portland/Oregon geboren und arbeitete als radikaler Journalist. Nach der Februarrevolution reiste er nach Russland und war Augenzeuge der Oktoberrevolution, über die er in *Zehn Tage, die die Welt erschütterten* schrieb. Er freundete sich sowohl mit Lenin als auch mit den Bolschewiki an und wurde einer der Begründer der Amerikanischen Kommunistischen Partei. Bei der Reise von und nach Russland über Finnland erhielt er in Helsinki Unterkunft und Hilfe von Hella Wuolijoki. Er starb 1920 in Moskau und wurde im Kreml begraben.

Rybkin, Boris 1899–1947
Nach der Oktoberrevolution trat er in die Partei der Bolschewiki ein, wurde von der Tscheka zur Auslandsspionage angeworben und im Iran, Frankreich, Bulgarien und Österreich stationiert. Von 1935–1939 war er NKWD-Stützpunktleiter in Helsinki unter dem Decknamen Boris Jartsew. Rybkin führte 1938–1939 auf Stalins Anweisung hin Geheimverhandlungen mit der finnischen Regierung über gegenseitige Sicherheitsvorkehrungen. Er war von 1940–1944 in Stockholm stationiert. Im Jahr 1947 starb er bei einem dubiosen Autounfall in der Tschechoslowakei.

Salmelainen, Eino 1893–1975
Salmelainen war als Direktor des Tampereen Teatteri (1929–1934), des Volkstheaters von Helsinki (1934–1943) und des Arbeitertheaters von Tampere (1943–1966) beschäftigt. In Helsinki inszenierte er das erste von Hella Wuolijokis Niskavuori-Stücken, *Niskavuoren naiset*. Er trug dazu bei, den bleibenden Erfolg Wuolijokis als Dramatikerin zu schaffen und setzte seine Zusammenarbeit mit Wuolijoki bei ihren neuen Stücken bis 1941 fort.

Suits, Gustav 1883–1956
Der estnische Dichter und Schriftsteller war Mitglied der Gruppe Junges Estland und Herausgeber des Noor-Eesti Jahrbuches. Er schloss das Gymnasium in Tartu ab und ging zum Studium an die Universität Helsinki. In Finnland heiratete er Aino Thauvon und blieb als Lehrer in Helsinki, bis er 1919 zurück nach Estland zog. Während er Sozialdemokrat in Finnland war, war er Sozialrevolutionär in Estland. Von 1921–1944 war er Lehrer und Professor für Literatur in Tartu. Er veröffentlichte 1903 seine ersten Gedichte und 1950 sein letztes Buch, als er in Schweden im Exil war.

Tanner, Linda 1882–1978
Geboren als Linda Anttila, studierte sie an der Universität, gab ihre eigene Karriere jedoch auf, um 1909 Väinö Tanner zu heiraten. Sie war verantwortlich für das Betreiben von Tanners Anwesen Sorkki, während ihr Ehemann die SDP und die Elanto-Kooperative führte. Sie war ein unabhängiger Geist, der immer etwas radikaler war als ihr Mann und bis 1941 Hella Wuolijoki nahestand.

Tanner, Väinö 1881–1966
Tanner machte seinen Jura-Abschluss 1911 und hatte folgende Ämter inne: sozialdemokratischer Parlamentsabgeordneter (1907–1910, 1914, 1919–1927, 1930–1945, 1951–1954, 1958–1962), Parteivorsitzender (1919–1926 und 1957–1963), Geschäftsführer der Elanto-Kooperative (1915–1945), Finanzsenator 1917 im Tokoi-Senat, Ministerpräsident (1926–1927), Finanzminister (1937–1939 und 1942–1944) in den Regierungen Cajander, Rangell und Linkomies, Außenminister (1939–1940) in der Regierung Ryti, Volksversorgungsminister (1940), Handels- und Industrieminister (1941–1942). In den Jahren 1946–1948 war er als Kriegsverbrecher inhaftiert.

Tokoi, Oskari 1873–1963
Tokoi war als Landarbeiter in Finnisch-Bottnien, als Bergarbeiter in den USA 1891–1898 und als Farmer in Kannus 1900–1910 beschäftigt. Er war 1907–1914 und 1917 Parlamentsabgeordneter der Sozialdemokratischen Partei, 1913 Parlamentspräsident, 1917 Vizevorsitzender des Koalitionssenats und 1918 Volksbeauftragter für Ernährung in der roten Regierung. Er ging ins Exil nach Russland und wurde Oberstleutnant in der britischen Murmansk-Legion (1918–1920). In Fitchburg, USA, gab er 1921–1950 die Zeitung *Raivaaja* heraus und war Vizepräsident des Finnlandhilfekomitees in den USA während des Zweiten Weltkrieges.

Tônisson, Jaan 1868–1941
Tônisson war der unumstrittene Führer der estnischen liberalen Nationalgesinnten, wurde seit 1896 Eigentümer und Herausgeber der Zeitung *Päevaleht* in Tartu. Im Jahr 1905 gründete er die erste estnische politische Partei und wurde im nächsten Jahr in die Duma gewählt. Er wurde Mitglied der ersten Regierung nach der estnischen Unabhängigkeit 1918 und Riigivanem (Ministerpräsident) 1919–1920, 1927–1928 und 1933 sowie Außenminister Im Jahr 1931. Als Professor an der Universität Tartu führte er 1934 die demokratische Opposition zu Konstantin

Päts' autoritärer Herrschaft. Er versuchte, vor der sowjetischen Okkupation von Estland eine Art Volksfront als Alternative zur kommunistischen Herrschaft zu schaffen, wurde aber 1940 von den Russen inhaftiert und im nächsten Jahr erschossen.

Trilisser, Meier Abramowitsch 1883–1940

In eine Familie georgischer Juden in Astrachan geboren, trat Trilisser 1901 der Partei der Bolschewiki bei und leistete Parteiarbeit in Odessa, Astrachan, Samara, Kasan, Jekaterinburg, St. Petersburg und Helsinki, wo er der Leiter der militärischen Organisation der Bolschewiki und einer der Organisatoren des Viapori-Aufstandes von 1906 war. Im nächsten Jahr wurde er zu fünf Jahren Zwangsarbeit im Schloss Schüsselburg und anschließendem Exil in Sibirien verurteilt. Nach der Februarrevolution leitete er den Sowjet von Irkutsk, und von 1918–1921 hatte er verschiedene Positionen im Fernen Osten inne, wo er den Geheimdienstapparat organisierte. Seit 1921 war er stellvertretender Leiter und seit 1922 Leiter der Auslandsoperationen bei der Tscheka-OGPU, 1926 wurde er Vizevorsitzender der OGPU. Von 1930–1934 war Trilisser stellvertretender Kommissar der Arbeiter- und Bauerninspektion der Russischen Föderation. Im Jahr 1934 war er der Generalbevollmächtigte der Kontrollkommission im Fernen Osten. Im Jahr 1935 wurde er unter dem Decknamen »Moskwin« als NKWD-Vertreter zum Kominternsekretariat versetzt. Er wurde am 23. November 1938 verhaftet, am 2. Februar 1940 hingerichtet und 1956 rehabilitiert. Zu seinen Decknamen gehörten »Anatoli«, »Kapustianski«, »Mursk« und »Moskwin«.

Tulenheimo, Antti 1879–1952

Tulenheimo wurde in der Provinz Häme geboren und erhielt seinen Jura-Abschluss 1907. Nach drei Jahren als Direktor der Lebensversicherungsgesellschaft Suomi wurde er 1919 Professor für Strafrecht an der Universität Helsinki und Rektor der Universität (1926–1931). Er war 1931–1944 Bürgermeister von Helsinki, 1914 Parlamentsabgeordneter der Altfinnischen Partei, 1922–1924 und nochmals 1930–1933 von der Konservativen Sammlungspartei. Er war 1917 kurze Zeit verantwortliches Senatsmitglied für Verkehr, 1918–1919 Innenminister und 1925 Ministerpräsident.

Tuominen, Arvo 1894–1981

Vor 1918 arbeitete Tuominen als Zimmermann und 1918 als Journalist bei der Zeitung *Kansan Lehti* in Tampere. Als kommunistischer Organisator hatte er von 1920–1922 mehrere Positionen in der linkssozialistischen Organisation inne, einschließlich der des Parteisekretärs der Sozialistischen Arbeiterpartei und Vizevorsitzenden der Zentralen Gewerkschaftsorganisation. Er war 1922–1926 und 1928–1933 im Tammisaari-Gefängnis, dazwischen war er Sekretär der Zentralen Gewerkschaftsorganisation. Er ging 1933 in die Sowjetunion. In den Jahren 1935–1940 war er kandidierendes Mitglied der Kominternexekutive, seit 1938 Sekretär der Kommunistischen Partei in Stockholm, brach jedoch 1940 wegen des Winterkrieges mit der Partei. Tuominen arbeitete während des Fortsetzungskrieges als Propagandist im Armeehauptquartier, kehrte vor Kriegsende nach Schweden zurück und war Korrespondent für die sozialdemokratische Presse in Finnland. Im Jahr 1956 veröffentlichte er drei Bände sensationsgeladener Memoiren, als er nach Finnland als Herausgeber von *Kansan Lehti* bis 1962 zurückkehrte. Er war 1958–1962 sozialdemokratischer Parlamentsabgeordneter.

Tuomioja, Sakari 1911–1964

Sohn von V. V. Tuomioja, des Parlamentsabgeordneten der Fortschrittspartei, Parteivorsitzenden und Chefredakteurs von *Helsingin Sanomat*. Sakari Tuomioja machte sein Abschlussexamen in Jura und heiratete 1939 Vappu Wuolijoki. Er war Sekretär des Finanzausschusses des Parlaments, Leiter des Etatbüros des Finanzministeriums und schloss sich während des Krieges der Friedensopposition an. In den Regierungen Paasikivi wurde er 1944–1945 Finanzminister, 1945–1955 Präsident der Bank von Finnland, 1955–1957 Botschafter in London und 1961–1964 in Stockholm. Von 1957–1960 arbeitete er als Exekutivsekretär der Wirtschaftskommission für Europa (ECE, Economic Commission for Europe) und hatte verschiedene UN-Posten inne, einschließlich dessen eines UN-Vermittlers auf Zypern 1964. Außerdem war Tuomioja Präsidentschaftskandidat der Konservativen und Liberalen Partei 1956.

Woskresenskaja, Zoja 1907–1992

Sie war Oberst des KGB und trat 1921 mit 14 Jahren in Smolensk in die Tscheka ein. Sie wurde in Harbin, China, 1930–1932 unter der Tarnung als Arbeiterin von Sojusneft (Exportfirma) in Berlin und Wien 1932–1933 und in Helsinki 1935–1939 unter der Tarnung einer Intourist-Repräsentantin (staatliches sowjetisches Reisebüro) stationiert. Sie heiratete Boris Rybkin 1936. Unter der Tarnung als Presseattaché arbeitete sie 1941–1944 in Stockholm. In den 1950er Jahren war sie stellvertretende Leiterin der Spionagetätigkeit in Deutschland. Aus dem KGB verdrängt, wurde sie 1954–1956 nach Workuta als stellvertretende Lagerleiterin geschickt. Nach ihrer Pensionierung schrieb sie mehrere Kinderbücher. Sie gewann den Lenin-Preis.

Wuolijoki, Sulo 1881–1957

Wuolijoki war Schüler am Gymnasium in Jyväskylä, wo zu seinen Klassenkameraden Edvard Gylling und O. V. Kuusinen zählten. Seinen Magistertitel erhielt er 1907. Er wurde sozialdemokratischer Parlamentsabgeordneter (1907–1913) und Sekretär des Finanzausschusses im Parlament (1913–1918). Obwohl er sich nicht an der roten Regierung 1918 beteiligte, wurde er 1918 und 1920 als Gründungsmitglied der Sozialistischen Arbeiterpartei inhaftiert. Er war 1908–1923 mit Hella Murrik verheiratet.

Wuolijoki, Wäinö 1872–1947

Wuolijoki war seit 1896 Agronom und erhielt 1900 seinen Magistergrad. Er wurde zusammen mit seinem jüngeren Bruder Sulo in das erste Einkammerparlament gewählt. Er war sozialdemokratischer Abgeordneter von 1907–1910 und erneut von 1919–1927. Er war 1921 Parlamentspräsident und 1922–1927 Direktor der Zentralgenossenschaft SOK (Suomen Osuuskauppojen Keskuskunta), als er finnischer Gesandter in Berlin wurde. Nach Berlin arbeitete er 1933–1940 als Gesandter in Oslo. Er war einer der sozialdemokratischen Senatoren im Koalitionssenat von 1917 und 1926–1927 auch Verkehrsminister und Minister für öffentliche Arbeiten in Väinö Tanners sozialdemokratischer Minderheitsregierung.

Abkürzungen

ERA	Eesti Riigiarhiivi (Estnisches Staatsarchiv)
ETP	Erkki Tuomioja Papiere
FO	Foreign Office (Britisches Außenministerium)
GPU	Glawnoje Polititscheskoje Uprawlenije (Politische Hauptverwaltung, Staatspolizei der Sowjetunion)
GRU	Glawnoje Raswedywatelnoje Uprawlenije (Hauptverwaltung für Aufklärung, Militärnachrichtendienst der Sowjetunion)
GULAG	Glawnoje Uprawlenije Isprawitelno-trudowych Lagerej (Hauptverwaltung der Besserungsarbeitslager)
HW	Hella Wuolijoki
HWP	Hella Wuolijoki Papiere
JTP	Jaan Tônisson Papiere
KGB	Komitet Gossudarstwennoi Besopasnosti (Komitee für Staatssicherheit)
KP	Kommunistische Partei
KPdSU	Kommunistische Partei der Sowjetunion
KPGB	Kommunistische Partei Großbritanniens
MID	Ministerstwo Inostrannych Del (Außenministerium der Russischen Föderation)
NA	Nationalarchiv, Helsinki
NEP	Nowaja Ekonomitscheskaja Politika (Neue Ökonomische Politik)
NKID SSR	Narodny Komissariat Inostrannych Del SSR (Volkskommissariat für äußere Angelegenheiten der Sozialistischen Sowjetrepublik)
NKWD	Narodny Komissariat Wnutrennich Del (Volkskommissariat für innere Angelegenheiten)
NMLH	National Museum of Labour History, Manchester
NSA	National Security Agency
OGPU	Objedinjonnoje Gossudarstwennoje Polititscheskoje Uprawlenije (Vereinigte staatliche politische Verwaltung, Staatspolizei der Sowjetunion)
PRO	Public Records Office, Kew, Surrey
RGA	Rossiiskii Gosudarstwennji Archiv (Russisches Staatsarchiv)
RDP	Rajani Dutt Papiere
RPD	Rajani Palme Dutt
RZChIDNI	Rossijskii Zentr Chranenija i Isutschenija Dokumentow Noweischei Istorii, Moscow (Russisches Zentrum zur Aufbewahrung und Erforschung von Dokumenten der Neuesten Geschichte)
SD	Salme Dutt

SDP	Sosialidemokraattinen Puolue (Sozialdemokratische Partei Finnlands)
SIS	Secret Intelligence Service (Britischer Auslandsgeheimdienst)
SKDL	Suomen Kansan Demokraattinen Liitto (Demokratische Union des Finnischen Volkes)
SM	Salme Murrik
SP	Suojelupoliisin (EK/Valpo) arkisto (Archiv der finnischen Sicherheits-/Staatspolizei)
VRYO	Valtiorikosylioikeus (Oberstes Gericht für Verbrechen gegen den Staat)

Fußnoten

1. Der schreckliche Winter von 1940

1) HW Brief an Väinö Tanner 24.12.1939, Tanner Papiere, NA. Das Original ist in Finnisch. Es gibt auch einen Entwurf zu dem Brief vom 20. Dezember in HWP, NA. Alle Übersetzungen ins Englische in diesem Buch (außer denen aus dem Russischen) stammen vom Autor. Für die vorliegende deutsche Ausgabe wurde aus der englischen Übertragung der Originale durch den Autor übersetzt.

2) Daily Worker 30.11.1939; Laybourn and Murphy 1999, S. 109. Martin Anderson Nexös Broschüre von 48 Seiten *Finland – den politiska terrorns land* besteht aus zwei Artikeln, die vor Beginn des Krieges geschrieben wurden, aber die Broschüre wurde veröffentlicht, nachdem der Krieg begonnen hatte, als eine Rechtfertigung für den sowjetischen Angriff.

2. Kindheit und Schule in Estland

1) Kastaris Memorandum 1943, HWP, NA. HW undatierter Brief 1931 oder 1932 an Antti Tulenheimo, ETP.

2) Nach dem alten Julianischen Kalender war das Datum der 9. Juli und in Finnland, wo der Gregorianische Kalender verwendet wurde, gab Wuolijoki ihr Geburtsdatum als den 22. Juli an. Laut Haataja, 1988 (B) S. 22, wurde das Geburtsdatum dadurch vom 21. Juli, der es hätte sein sollen, um einen Tag verschoben. Das war nicht richtig, aber aufgrund dieses Fehlers hat Haataja spekuliert, dass Wuolijoki ihr Sternzeichen von Krebs in Löwe ändern wollte, HW war jedoch überhaupt nicht an Horoskopen interessiert.

Oskar Kruus (in Kruus 1996 und anderswo) hat die umfangreichste Arbeit über den Hintergrund der Familie Murrik und Hella Wuolijokis Kindheit und Schulzeit in Estland geschrieben, wie auch Kristiina Koskivaara in vielen Artikeln. Pöös schreibt 1996 auch ausführlich über die Familie Kokamägi und Koski liefert 2000 die grundlegenden genealogischen Angaben über die Familie.

Wuolijoki hat auch in ihren Memoiren ausführlich über ihre Familie und Kindheit in Estland geschrieben. Die Genauigkeit und Verlässlichkeit ihrer Erinnerungen muss kritisch eingeschätzt werden. Das ist nicht notwendigerweise der Fall, weil es das Ziel der Autorin gewesen war, irrezuführen. Vier der fünf Memoiren-Bände wurden geschrieben, als Wuolijoki im Gefängnis war und während des Zweiten Weltkrieges keinen Zugang zu Archiven und Dokumenten hatte. Abgesehen von der Tendenz fast jedes Verfassers von Erinnerungen, den Autor in günstigem Licht zu präsentieren, besaß sie auch die Fähigkeit des Stückeschreibers, zu übertreiben und Erinnerungen und Ereignisse auszuschmücken.

3) Aino Kallas Brief an Oskar Kallas 27.9.1904, Kopie in Vappu Tuomiojas Papieren, ETP.
4) Wuolijoki 1945 (B), S. 77–80; Wuolijoki 1945 (D), S. 125–126.
5) HW Brief an Tônisson 2.3. 1905, HWP, NA.
6) Kruus 1999, S. 79–81; Wuolijoki 1912, S. 138.
7) Kruus 1999, S. 23–24; Wuolijoki 1945 (B), S. 119–128.
8) Kaarle Krohns Brief (13.5.1903) an »Geehrter Herr!«, der höchstwahrscheinlich Ernst Murrik war, ETP.
9) Kruus 1999, S. 27; Wuolijoki 1945 (B), S. 281–284.
10) Wuolijoki 1945 (D), S. 129–131.
11) Leo Murriks Armeedienstakte, ERA; HW Briefe an Jaan Tônisson 25.10.1928 und an Hilda Tônisson 16.12.1928, Tônisson Papiere, ERA; Angabe von Heikki Roiko-Jokela an den Autor 20.4.2006. Vappu Tuomioja hat in einigen Anmerkungen über ihre Familie angegeben, dass der Grund für Leo Murriks Entlassung aus der Armee die unbarmherzige Weise war, wie er seine Untergebenen misshandelte (Notizen Vappu Tuomioja, ETP). HW war im Gefängnis, als Leo und Ljalja nach Finnland gingen, und es ist unwahrscheinlich, dass sie in irgendeiner Weise mit dem extremen Rechten Helanen zusammengearbeitet hätte, aber sie half den Murriks später dabei, sich im Lande zu etablieren, ohne eine Repatriierung fürchten zu müssen, was das Schicksal vieler estnischer Flüchtlinge war.
12) Wuolijoki 1953, S. 29–34; Kruus 1999, S. 14–15.
13) Wuolijoki 1945 (D), S. 238–241. Der Verlauf von Ernst Murriks sibirischer Odyssee, wenn auch nicht die finanziellen Details des Geschäftsunternehmens, kann in seinen Briefen an Kadri Murrik aus verschiedenen Teilen Sibiriens Im Jahr 1906 verfolgt werden, HWP, NA.

3. Der Weg zur Finnin

1) Koski 2000, S. 18.
2) Koski 2000, S. 19–22.
3) Aino Kallas an Ilona Jalava 2.3.1907, Kolme naista 1988, S. 275.
4) Tuomioja 1997, S. 90–93.
5) Wuolijoki 1947.
6) Zetterberg 1977, S. 26–29.
7) Thavón-Suits 1964, S. 12; Zetterberg S. 28 und 44–49. HW erwähnt in ihren

Erinnerungen, dass Suits gewählter Vorsitzender und sie stellvertretende Vorsitzende der Organisation war, aber sie mag die Wohltätigkeitsgesellschaft und den Finnisch-Estnischen Verband miteinander verwechselt haben, Wuolijoki 1945, S. 45–48.
8) Wuolijoki 1945, S. 53–56, Koski 2000, S. 24–25.
9) Ilona Jalava an Aino Kallas 11.3.1906, Kolme naista 1988, S. 259; Aino Kallas an Ilona Jalava 10.6.1906, Kolme naista 1988, S. 254.
10) Koski, 2000, S. 22, zitiert Arvo Ylppö und Linda Tanner.
11) HW Briefe an Antti Tulenheimo Im Jahr 1931, ETP; HW Brief an K. N. Rantakari 7.4.1932, HWP, NA.
12) Kujala 1989 und Salomaa 1966. Übereinstimmend mit der kommunistischen Interpretation des Viapori-Aufstandes macht auch Salomaa zaristische Agenten unter den Sozialrevolutionären für den Fehlschlag des Aufstandes verantwortlich.
13) Wuolijoki 1945 (D), S. 105–106.
14) Wuolijoki 1945 (D), S. 199–207; Paavo Kastaris Memoranden zu HW 17.8. und 20.8.1943, HW-Akte, SP, NA; Ammondt 1988, S. 103–104.
15) Wuolijoki 1945 (D), S. 160–165; Futrell 1964, S. 62–68, 91–92.
16) Wuolijoki 1945 (D), S. 165–167.
17) Wuolijoki 1945 (D), S. 227–228, 233–237; Jaanson 2002.
18) Wuolijoki 1945 (D), S. 199, 244.
19) HWs Brief an Ernst Murrik 24.5.1907, HWP, NA; Sokolov 1935, worin Trilissers Reden vor dem Parteitag abgedruckt sind. Das Buch behauptet irrtümlicherweise, dass sie auf dem Parteitag in Tampere gehalten wurden, aber der Parteitag von Tampere fand ein Jahr früher, vor dem Viapori-Aufstand, statt.
20) Koski 2000, S. 27.
21) Dienko 2002, S. 489; Kolpakidi und Prokhorov 2001, S. 98–99. Außer als »Anatoli« war er damals auch als »Mursk« bekannt. Er benutzte diesen Namen, als er auf dem Parteitag der Bolschewiki im November 1906 in Stockholm über den Viapori-Aufstand berichtete.
22) Korrespondenz zwischen Sulo Wuolijoki und Hella Murrik, HWP, NA.
23) Tuomioja 1997, S. 9–10; Kroos 1999, S. 42–43. Bei einigen Quellen gibt es sogar eine gewisse Verwirrung darüber, ob der Mädchenname von Sulo Wuolijokis erster Ehefrau Syrjänen oder Syrjälä war.
24) Wuolijoki 1953, S. 89–91, 103–109.
25) HWs Brief an Ernst Murrik Juli 1913, HWP; Wuolijoki 1953, S. 129–130; Tanner 1966, S. 46.
26) Wuolijoki 1947.

4. Eine estnische Schriftstellerin

1) Karhu 1973, S. 179–189.
2) Koski 2000, S. 39–45; Kroos 1988, S. 79.
3) Kruus 1988, S. 81–83.
4) Koski 2000, S. 45–46; Kruus 1988, S. 77–85. Die *Soja laul*-Sammlung wurde

1984 auf estnisch und deutsch veröffentlicht, mit der deutschen Übersetzung der gemeinsamen Arbeit von Wuolijoki, Bertolt Brecht und Margarete Steffin.
5) Neureuter 1984, S. 159–172; Kroos 1988, S. 84–85.

5. Von Moskau nach Helsinki

1) Page Arnot 1966, S. 8; Wuolijoki 1945 (D), S. 129–130; SMs Brief an HM 25.3.1905, HWP, NA.
2) SMs Briefe aus Moskau an HW, undatiert und 22.1.1906, HWP, NA. Der Brief von HW, auf den dies eine Reaktion ist, ist nicht verfügbar. Siehe auch SM Brief an ihre Eltern 27.8.1907, worin sie abschätzige Bemerkungen über Tônisson macht, HWP, NA.
3) Wuolijoki 1945 (D), S. 130–131.
4) Wuolijoki 1945 (D), S. 241–242; Postkarten von SM an Katharina Murrik 1907; undatierter Brief von SM an Ernst Murrik, Salme Murriks Brief an HW 4.4.1905, HWP, NA.
5) Informationen über Irkutsk und seine Geschichte sind zu finden unter www.world66.com/europe/russia/irkutsk (gedruckt 29.10. 2005).
6) SM an Mimi Murrik 8.10.1907, HWP, NA; Ernst Murrik an HW 22.1.1908.
7) Wuolijoki 1945 (D), S. 300–302.
8) Ernst Murrik an HW 6.8.1908 und 25.9.1908, HWP, NA.
9) Wuolijoki 1987, S. 209–212.
10) Wuolijoki 1987, S. 188–189.
11) HWs Brief an Ernst Murrik 2.8.1911 und SMs Brief an Ernst Murrik 24.3.1909 oder 1910, HWP, NA; Otto Sternbecks Briefwechsel mit Salme Murrik und Hella Wuolijoki 1906–1912, HWP, NA; Wuolijoki 1953, S. 237–243.
12) SMs Briefe an HW und Ernst Murrik 1908–12, HWP, NA.
13) SMs Briefe an Kadri und Ernst Murrik 28.4. und 14.5.1913, HWP, NA. SMs Briefwechsel mit Eino Pekkala ist unglücklicherweise durch Einos Tochter Salme Hyvärinen zerstört worden.
14) Hentilä 1982, über die Geschichte von Työväen Urheiluliitto und die Rolle Pekkalas.
15) Wuolijoki 1987, S. 168.
16) Page Arnot 1966, S. 8.

6. Eine weiße Krähe in einer Männerwelt

1) Paavilainen 1998, S. 78–82.
2) Wuolijoki 1953, S. 201–204.
3) Wuolijoki 1953, S. 204.
4) Paavilainen 1998, S. 58–59; Wuolijoki 1953, S. 210–213.
5) HWs Brief an Antti Tulenheimo 4.2.1931 oder 1932, ETP.
6) HWs Brief an Antti Tulenheimo 4.2.1931 oder 1932, ETP; Kastaris Memorandum 17.8.1943, HWs Akte, SP, NA.

7) HWs Brief an John Daniel 8.11.1919, HWP, NA; Briefwechsel zwischen HW und Daniel 1916–1919, HWP.
8) HWs Brief an Antti Tulenheimo 4.2.1931 oder 1932; Tuomioja 1997, S. 31.
9) Wuolijoki 1953, S. 212–213, 224–226.
10) Wuolijoki 1953, S. 195–196; Paavilainen 1998, S. 59.
11) Paavilainen 1998, S. 62–63.
12) Wuolijoki 1953, S. 213–214.
13) Paavilainen 1998, S. 62–64.
14) Wuolijoki 1953, S. 219–222.
15) Paavilainen 1998, S. 67; Briefwechsel zwischen HW und Murray Sayer 1916–1919, HWP und ETP. Im Archiv der W. R. Grace Company in der Bibliothek der Columbia University findet sich kein Schriftverkehr mit oder über Hella Wuolijoki oder irgendwelche Geschäftsabschlüsse unter Beteiligung Finnlands während des Krieges.
16) Tanner 1948, S. 83; Wuolijoki 1953, S. 232–234.
17) HWs Briefe an Murray Sayer 1917, HWP und ETP; Paavolainen 1979, S. 129–134, hat den Abschluss und seinen Hintergrund in seiner Biografie von Tanner ausführlich analysiert.
18) Paasivirta 1961, S. 74–76, worin die Politik der Alliierten im Ersten Weltkrieg bezüglich der Lebensmittelexporte nach Finnland ausführlich behandelt wird.
19) Wuolijoki 1953, S. 234–235.
20) Kastaris Memorandum 17.8.1943, HW-Akte, SP, NA.
21) Wuolijoki 1953, S. 218; Briefe von Murray Sayer an HW 1916–1919, HWP.

7. Der Bürgerkrieg in Finnland und seine Folgen

1) Für Berichte über den Bürgerkrieg und die Ereignisse, die zu ihm führten, siehe Upton 1980 und 1981.
2) Kalemaa 1975, S. 212–213.
3) VRYO, Akte 12943, NA; Rinta-Tassi 1986, S. 420–427.
4) VRYO, Akte 12943, NA; S. Wuolijoki 1945, S. 165–170.
5) Die genauen Zahlen sind das Ergebnis einer von der finnischen Regierung in Auftrag gegebenen und 2004 veröffentlichten Studie, Westerlund 2004.
6) Kastaris Memorandum 17.8.1943, HW-Akte, SP, NA; Briefe von Sayer an HW 1916–1919, HWP.
7) Paavilainen 1998, S. 73; HWs Artikelentwurf über Hilda Tônissons 60. Geburtstag 1950, HWP, NA.
8) HWs Brief an Bailey 23.2.1918, HWP.
9) HWs undatierter Brief an Antti Tulenheimo 1931, HWP; Paavolainen 1979, S. 194–195.
10) VRYO, Akte 12943, NA.
11) VRYO, Akte 12943, NA. Bell setzte sich für eine Amnestie für alle politischen Gefangenen ein, in seinen Erinnerungen behauptet er auch, ebenfalls eine Begnadigung für Sulo Wuolijoki gesichert zu haben, Bell 1950, S. 93–94, aber sein Bericht ist ungenau, da er sich auf Sulo Wuolijokis Todesurteil bezieht.

12) S. Wuolijoki 1954, S. 9–31.
13) Saarela 1996, S. 162–164.

8. Zwischen Ost und West

1) Für einen Bericht über die ersten Jahre der Kommunistischen Partei Finnlands siehe Saarela 1996.
2) Sihvonen 1997, S. 11–13.
3) Raun 1989, S. 133–136.
4) Bericht des Gendarmeriechefs in Finnland 3.6.1914, Staatsarchiv der Russischen Föderation; Zetterberg 1977, S. 29–30.
5) Tônissons Brief an HW 1918, Tônisson-Papiere, ERA; Piips Briefe HW 5.5./12.6.1918, HWP, NA; Virgo Telegramm an HW 28.1.1920, HWP, NA; Medijainen 1997, S. 115.
6) Es gibt kein erhaltenes Gästebuch oder sonstiges Verzeichnis aus dieser Zeit, aber diese Namen sind unter denen, die in Studien von Engman und Erikson, Lounela, Paavolainen und anderen und in den Erinnerungen von Tanner und anderen erwähnt werden. Die finnische Sicherheitspolizei hatte ebenfalls ein wachsames Auge auf den Salon und seine Besucher.
7) Engman und Erikson 1979, S. 59–68.
8) Sir Ronald Graham Memorandum an H. Sinclair Marinegeheimdienst 12.5.1919, FO Finnland Akten, PRO Mikrofilme, NA. Der Ton der Vorurteile der finnischen Weißen kann beurteilt werden angesichts von Donners Beschreibung Väinö Tanners als »ein finnischer Roter mit erklärten Sympathien für die Bolschewiki« in derselben Depesche, in der er sich über Grenfell beklagte.
9) Biografische Anmerkungen des Sohnes Bobby Grenfell über Harold Grenfell, geschickt an Vappu Tuomioja im August 1995; biografische Notizen der Enkeltochter Ana Grenfell über Harold Grenfell geschickt an Erkki Tuomioja am 2.4.2002, ETP.
10) Haataja 1988, S. 42–43; Tuomioja 1997, S. 44; Briefwechsel zwischen HW und Grenfell, HWP; Ernst Murriks Brief an den Gouverneur der Provinz Uusimaa 12.5.1925, HW-Akte, SP, NA; HWs undatierter Brief an Tônisson 20.1.1925, HWP, NA; Memorandum über Grenfell, undatiert 1925, Grenfell-Akte, SP, NA.
11) Lansbury 1926, S. 227–228.
12) Shepherd 2002, S. 212 und 248–249.
13) Lansbury 1926, S. 253–255.
14) HWs Brief an Grenville Hicks 15.1.1935, HWP.
15) Die umfangsreichste Studie zu Reeds Erlebnissen in Finnland von Engman und Erikson, 1979, enthält auch ein englisches Resümee, S. 227–233; Wuolijoki 1953, S.231–232. HWs Interesse daran, über Reed zu schreiben, wird in Grenville Hicks Brief an HW angegeben 9.2.1935, HWP, NA.
16) Mäkinen 2001, S. 195–197. Für einen farbigen und höchst unzuverlässigen Bericht über den Fall Stahl siehe Makin 1938.
17) Vappu Tuomiojas Anmerkungen über Budberg, ETP; Koch 2004, S. 274–288.

Zu Budbergs Leben siehe Berberova 2005, über Budberg und Gorki siehe Vaksberg 1997.
18) Kuusinen 1972, S. 13–14.
19) Ivar Lassys Brief an HW 13.12.1920, HWP.
20) Agar 1963, S. 115.
21) Bell 1950, S. 93–94.
22) Donner 1927, S. 103–107; Grenfell Brief an HW 21.3.1921, HWP, NA.
23) Kidstons Brief an Curzon 1.6.1920, zitiert in Vares 1994, S. 39.
24) HWs Brief an Henry Bell 16.11.1918, HWP, NA; Raun 1989, S. 136–141; Paavolainen 1979, S. 272–276.
25) Bericht von Detektiv Hemming 19.8.1920, HW-Akte, SP, NA.
26) Tanner 1966, S. 49.
27) »ST44«-Bericht vom 23.3.1920, »Sicht der extremen Rechten auf aktuelle Fragen«, HW-Akte KV2/1394, PRO London. Zehn Jahre später tauchte kurz solch ein rechtsgerichteter Salon in Helsinki auf, der von einer Minna Craucher alias Maria Lindell geführt wurde, einer Halbweltfigur mit einem kleinkriminellen Hintergrund. Ihr Salon wurde von Führern der rechtsextremen Lapuabewegung und ihrem Geldgeber frequentiert, aber auch von einigen Literaten wie Mika Waltari und Olavi Paavolainen. Als man annahm, dass sie für die Lapuabewegung zu sehr zu einer Last werden könnte, entsagte man sich ihrer Dienste. Sie versuchte sich offensichtlich darin, einige ihrer früheren Komplizen zu erpressen, und sie wurde im Februar 1932 ermordet in ihrem Salon aufgefunden (siehe Selen 1991, für mehr über Craucher und ihren Salon).
28) Eduard Virgos Telegramm an das estnische Außenministerium 3.2.1920 und Virgos Brief an Außenminister Poska 4.2.1920, Außenministeriumsakten, ERA.
29) Haldane Porters Anmerkungen in Berichten 13.2. und 3.3.1920, KV2/1393, PRO London.
30) Vernon Kells Brief 28.4. und Basil Thomsons Brief an Sir Edward Troupe 29.4.1920, HW-Akte KV2/1393, PRO.
31) Basil Thompsons Brief an Haldane Porter 20.4.1920, HW-Akte KV2/1393, PRO.
32) HWs Brief an George Lansbury 9.3.1920, HW-Akte KV2/1394, PRO. In seinen Memoiren bestätigt Bell Wuolijokis Bericht über seine Position, Bell 1950, S. 93–94.
33) Angefügtes Blatt zum Vernon Kell Brief an Sir Edward Troupe 5.5.1920, HW-Akte KV2/1393, PRO.
34) Marion Phillips Brief an David Lloyd George 30.7.1920, HW-Akte KV2/1393, PRO.
35) Brief der Sicherheitspolizei an den Gouverneur der Provinz Uusimaa, 2.6.1920, HW-Akte, SP.
36) Kastaris Memorandum 20.8.1943, HW-Akte, SP, NA.
37) HWs Brief an Tônisson 20.1.1925, HWP, NA; Tuomioja 1997, S. 43–46.

9. Eine Aufgabe in London

1) Coleridge Kennards Bericht an Lord Curzon 31.10.1919, FO371 3740, Kopien, NA.
2) Salme Murriks Brief an Ernst Murrik 24.3.1909 oder 1910, HWP, NA.
3) Henriksson 1971, S. 169.
4) Jörn Donners Kommentare in Diktonius 1995, S. 39; Donners Brief an ET 26.7.2005.
5) Enckell 1946, S. 69; Henriksson 1971, S. 169–184.
6) Biografische Anmerkungen über »Mary« von ihrer Schwester Anne French; Mary Rhodes Moorhouse Akte, PRO; Bericht über Mary Moorhouse 13.9. 1924, Mary Pekkala Akte, SP, NA; Enckell 1946, S. 142.
7) Olga Öhqvists Briefe an Salme Pekkala 21.7.1920, 3.8.1920, 4.8.1920 und 16.1.1921, SD-Papiere, NMLH. Ich bin Jörn Donner dankbar für die Identifizierung von »O« als Öhqvist.
8) Saarela und Morgan 1998, S. 12–13. Siehe auch Morgan und Saarela 1999, S. 190–191, wobei es sich um eine leicht überarbeitete und erweiterte englische Fassung des ursprünglich auf Finnisch veröffentlichten Saarela-Morgan-Artikels handelt.
9) Siehe Akte über Erkki Veltheim, SP, NA.
10) Salme Pekkalas Brief an HW 17.3.1920, ETP.
11) Maud an den »Lieben Genossen« Mai 1920, RZChIDNI.
12) Maud und Frederique: »Memorandumi ja raportti suomalaisen kommunistipuolueen edustajille III internationaalin IIssa kongressissa sisältäen tietoja Englannista.«, RZChIDNI. Wenn sie sich auf diesen Bericht beziehen, präsentieren ihn Morgan und Saarela größtenteils als die Arbeit von Pekkala.
13) Morgan und Saarela 1999, S. 202–205; Saarela und Morgan 1998, S.23–25.
14) Maud an Kuusinen Oktober 1920, Beilage 2 f. 516, op.2.d. 1920: 14, RZChIDNI; GLS Brief an Major Vivian (SIS), Kopie in der SD-Akte, KV 2/513, PRO; undatiertes Memorandum über Hella Wuolijoki in der HW-Akte, KV 2/1393, PRO; Bericht 17, 14, 3, 2935, HW-Akte, SP, NA. Der MI6 berichtete im Januar 1920 von einem Gespräch mit Wuolijoki, in dem sie dem nicht identifizierten Berichterstatter von einem Plan zur Gründung einer Arbeiternachrichtenagentur in Finnland erzählt hatte, die sie finanziell unterstützen wollte. Es wird auch gesagt, dass es eine sozialdemokratische Agentur sein sollte und dass sie besonders daran arbeiten würde, den von Ivar Lassy ausgesandten Falschinformationen entgegenzuwirken. Wenn es das ist, was HW sagte, war es möglicherweise eine Desinformation, um ihren Visaantrag zu erleichtern, denn sie wurde als eine Finanzquelle für Lassy's Agentur angesehen. »Proposed Labour News Agency«. Unsignierter Bericht aus Helsinki 19.1.1920, HW-Akte, KV 2/1393, PRO.
15) Saarela und Morgan 1998, S. 7–8; Veltheim-Akte, SP, NA.
16) R. P. Dutts 1970 verfasste autobiografische Anmerkungen, RDP-Papiere, NMLH.
17) Rundschreiben des britischen Innenministeriums über Salme Pekkala 15.7. 1921, SD-Akte, KV 2/513, PRO; Tuominen 1956, S. 255–256.

18) Salme Pekkalas Briefe an Ernst und Kadri Murrik 13.8. und 20.10.1921 und 2.5.1922, HWP, NA.
19) Salme Pekkalas Briefe an Tyyne Haveri 4.1. und 2.5.1922, ETP. Der Briefwechsel wurde auf deutsch geführt.
20) Salme Pekkalas Brief an Tyyne Haveri 28.4. und 11.9.1923, ETP.
21) Salme Pekkalas Brief an Tyyne Haveri 11.9.1923, ETP.

10. Rückkehr ins Geschäftsleben

1) HWs undatierter Briefentwurf von 1922 an Gylling, HWP, NA. Für Informationen über Johnson und seine Firmengruppe siehe Högberg 1990.
2) HWs Visumantrag 29.4.1922, HW-Akte KV2/1394, PRO.
3) Siehe Topolyansky, 2005, und Krassin, 1929, für biografische Details zu Krassin.
4) Polizeibericht Nr. 115 über die Aktivitäten der sowjetrussischen Mission in Helsinki, 10.10.1922, HW-Akte, SP, NA. HW verweist in ihren Briefen an Gylling (1922) und an Tônisson (1925) auf ihre Treffen mit Krassin (HWP, NA), ebenso wie bei ihren Unterredungen mit Kastari, Kastaris Memorandum 1943, HW-Akte SP, NA.
5) Axel Ax:son Johnson an HW 22.4.1922, Johnson-Archiv.
6) HWs Brief an Axel Ax:son Johnson 2.5.1922, Johnson-Archiv. Original in Englisch.
7) HWs Brief an Axel Ax:son Johnson 31.8.1922, Johnson-Archiv.
8) Briefwechsel Axel Ax:son Johnson und HW, Johnson-Archiv und HWP, NA. Carlbäck-Isotalo 1997, S. 265–269.
9) HW an Axel Ax:son Johnson 21.11.1922, HWP, NA; Polizeiberichte 25.7., 28.7. und 19.8.1922, HW-Akte SP, NA; HW an Tônisson 1925 HWP, NA; Kastaris Memorandum 1943, HW-Akte, SP, NA; Haataja 1988, S. 37.
10) Polizeibericht 10.10.1922, HW-Akte, SP, NA; Vaksberg 1997, S. 127.
11) Maria Andrejewas Brief an HW 16.9.1922; HWs Manuskript über Alexej Tolstoi 1950, HWP, NA; Wuolijoki 1945 (B), S. 162, 180–184. In ihren Erinnerungen datiert HW den Besuch auf 1922, aber in dem Artikel über Tolstoi auf 1923.
12) McMeekin 2003, S. 126–127.
13) Bericht 413–5–1531 über sowjetisch-finnische Handelsbeziehungen Im Jahr 1924, undatiert, RGA; Kastaris Memorandum 1943, HW-Akte, SP, NA. In Kastaris Memorandum wird das Turkestan-Angebot auf das Treffen Krassin-HW in Helsinki 1922 datiert, während sie in ihrem Brief an Tônisson sagt, es wurde 1923 in Moskau gemacht. Krassin, 1929, S. 184–200, berichtet über den Plan des britischen Geschäftsmannes Leslie Urquhart, in Russland eine Firma zu gründen.
14) HWs Brief an Axel Ax:son Johnson 22.4.1922, Johnson-Archiv.
15) Kangaspuro 2000 und Autio 2002 sind die neuesten und umfangreichsten Arbeiten zur Politik- und Wirtschaftsgeschichte von Sowjetkarelien vor dem Zweiten Weltkrieg.
16) HWs undatierter Briefentwurf von 1922 an Gylling, HWP, NA.

17) HWs Brief an Tônisson 20.1.1925, HWP, NA.
18) Tuomioja 1997, S. 105–117; Interview von Raine Virtanen in Hämeen Sanomat 30.12.1971; Protokoll eines Fernsehinterviews mit Lauri und Ilmi Järvi, undatiert 1970er, ETP.
19) Unsignierter Bericht 27.7.1925, HW-Akte, SP, NA; Yrjö Partanens Reminiszenzen über Hella Wuolijoki, vorgetragen auf einem Wuolijoki-Seminar 16.6.2001, ETP.
20) Mitteilung vom Handelskommissariat an den sowjetischen Handelsrepräsentanten in Helsinki 16.11.1925, Handelsrepräsentant von Helsinki an das Handelskommissariat 19.12.1925, Handelsrepräsentant S. E. Erzinkian an das Handelskommissariat 24.11.1928, Bericht des Gesandten Alexandrowski über Diskussion mit HW 13.4.1929, RGA; Autio 2002, S. 202–203.
21) Kastaris Memorandum 1943, HW-Akte, SP, NA; Faxschreiben von Sir Henry Askew an den Autor 31.3.2006, ETP.
22) Ahvenainen 1984, S. 339–340; Haataja 1988, S. 34; HWs Brief, möglicherweise an Gylling 29.9.1928, ETP.
23) Ahvenainen 1984, S. 339–340.
24) HWs Brief an Petherick 22.7.1931, HWP, NA; Rajani Palme Dutt unveröffentlichtes Manuskript für Memoiren, Kopie ETP.
25) Ahvenainen 1984, S. 329, 367; Polizeiberichte über Aunuksen Puu 29.10.1930 und 6.5.1931, Akte 495, SP, NA; Yrjö Murto im Auftrag von Puutyöväen liitto an HW 26.8.1930, ETP; Reuna 1984, S. 514.
26) HWs Brief an Petherick 22.7.1931, HWP, NA; Pethericks Brief an HW 21.2.1931, ETP.
27) Lionel Neames Brief an HW 10.10.1935 und 14.3.1936, W. F. Watts Brief an HW, 1.1.1936, ETP.
28) HWs Brief an Tônisson 26.10.1929, Tônisson isiklik fond, ERA.
29) HWs undatierter Briefentwurf von 1922 an Gylling, HWP, NA.
30) Ilmjärv 2004 (A), S. 101.
31) Ilmjärv 2004 (A), S. 79–83; Turtola 2002, S. 101–102.
32) Beschlussentwurf über den Verkauf sowjetischer Ölprodukte in Finnland 2.8.1929, RGA; Ilmjärv 2004 (A), S. 98–101.
33) Kastaris Memorandum 1943, HW-Akte, SP, NA; HWs Brief an Lionel Neame 25.9.1935, HWP, NA; Berichte von »Silvan« 24.2.1932 und 27.1.1934, SP, NA.
34) Undatierter Bericht von 1935 über HW, HW-Akte, SP, NA.
35) HWs Brief an Antti Tulenheimo 1931, undatiert, ETP.

11. Die Herrscherin von Niskavuori

1) HWs undatierter und nicht adressierter Briefentwurf, HWP, NA; Koski 2000, S. 47–53; Kroos 1999, S. 78.
2) Koski 2000, S. 61–77; Koski 1997, S. 219–225.
3) Koski 2000, S. 72.
4) Koski 2000, S. 53–55; Laine 1973, S. 153.
5) Koski 1986, S. 265–269.

6) Koski 2000, S. 94–98.
7) Koski 2000, S. 90–95.
8) Koski 2000, S. 93–94; Bericht von Schulman 25.5.1936, HW-Akte, SP, NA.
9) Laurila 1938, S. 162–163.
10) Koski 2000, S. 113–118; Vappu Tuomiojas Anmerkungen über Moura Budberg, ETP; HWs Brief an Jacques Duclos 21.8.1947, HWP, NA.
11) Sylvi-Kyllikki Kilpis Tagebucheintragungen Februar 1938, Eino- und S.-K. Kilpi-Papiere, NA.
12) Brecht 1974, S. 152.
13) Uusitalo 1988, S. 177–194, wo eine vollständige Filmografie von HWs Filmen zu finden ist.
14) Koski 2000, S. 134–136, 179–181, 235–236.
15) HWs Brief an Grenville Hicks 15.1.1935, Abschrift zur Verfügung gestellt von Max Engman, ETP; Tuomioja 1997, S. 195–203. Paavolainens Biograf behandelt den Unfall alles in allem ernster, indem er Paavolainens eigene Dramatisierung des Ereignisses wiedergibt, Paavolainen 1991, S. 132.
16) Olavi Paavolainens Brief an Lisa Tanner 28.7.1936, Abschrift in ETP.
17) Saarenheimo 1984, S. 182–189; Tuomioja 1982, S. 191–194; Kastaris Memorandum 1943, HW-Akte, SP, NA; Haataja 1988, S. 44; Sylvi-Kyllikki Kilpi Tagebucheintrag 7.2.1938, Eino- und S.-K. Kilpi-Papiere, NA.
18) Tuomioja 1997, S. 210–215.
19) Einladung zu einer Zusammenkunft zum Andenken an Ernestine Evans 9.11.1968 in New York und Nachruf auf Evans von Edward Sammis, ETP.
20) Paavolainen 1991, S. 131.
21) Kastaris Memorandum 1943, HW-Akte, SP, NA; Tuomioja 1997, S. 128.
22) Caute 1994, S. 43–47.
23) Caute 1994, S. 153–154; Briefwechsel zwischen Losey und Vappu Tuomioja, Vappu-Tuomioja-Papiere, NA; Ernestine Evans undatierte Briefe an HW, HWP, NA.
24) Tuomioja 1986, S. 48–63.
25) »Olavi« Brief an HW 1922, HWP, NA.
26) Die Briefe waren in einem separaten großen Umschlag, den Vappu Tuomioja zu Hause aufbewahrte, und mit der Angabe versehen, dass der »M.A.«, der an Hella Wuolijoki zurückschrieb, Antti Tulenheimo war. Es ist klar, dass Vappu Tuomioja wollte, dass der gesamte Briefwechsel geheim blieb, aber weder sie noch ihre Mutter unternahmen jemals Schritte, die Briefe zu vernichten.
27) HWs Brief an K. N. Rantakari 7.4.1932, ETP.

12. Britische Kommunistin

1) Informationen über die Familie Palme stammen aus dem unveröffentlichten Manuskript von Rajani Palme Dutts Memoiren und aus übersandtem Material von Erik Norberg, Direktor des Riksarkivet (Nationalarchiv) in Stockholm. Interessanterweise findet sich Anna Palme Dutt in der 1936er Ausgabe von Svenska Släktkalendern, ist aber aus der Ausgabe von 1989 verschwunden.

2) Die biografischen Angaben über RPD stammen hauptsächlich von Callaghan 1993, Dutts autobiografischen Notizen, RDP, NMLH und HWP, ETP.
3) R. P. Dutts Manuskript für Memoiren, RDP, NMLH.
4) »GML« an Major Vivian, S. I. S., SD-Akte, KV 2/513, PRO.
5) Morgan 1993, S. 56–57.
6) Polizeiakte über die Dutts und Moorhouse 1925, Zentrales Polizeiarchiv Brüssel; Anna Palmes Brief an RPD, undatiert im November 1935, RDP, NMLH.
7) Polizeidokumente 20.10. und 2.12.1927 und 2.1.1929, SD-Akte KV 2/513. Sicherheitsabteilungsarchiv, PRO. Die Dokumente enthalten mehrere Verweise auf finnische und estnische Sicherheitspolizeibriefe.
8) SD an Ernst Murrik 17.12.1926, Salme Pekkala an HW 11.9.1923, HWP, NA. Salme Pekkala/Dutt Notizbücher, RDP, NMLH.
9) SDs Briefe an Ernst Murrik 17.3. und 17.12.1926, HWP, NA. Zu Informationen über Bischof Brown siehe www.anglocatholicsocialism.org/episcopus.html, gedruckt 17.11.2005.
10) SDs Brief an HW, 30.6.1926, HWP, NA. Um 1925 wechselten die Schwestern in ihrer Korrespondenz vom Estnischen zum Englischen.
11) Die Liste ist in Vappu Tuomiojas Papieren erhalten, ETP.
12) Thapar 1991, S. 39.
13) RPDs biografische Notizen, 1970 geschrieben, RDP, NMLH.
14) Morgan 2006, S. 11–12; Callaghan 1993, S. 43–44.
15) Es ist nicht mein Anliegen, die gesamte und komplexe Geschichte der KPGB zu rekapitulieren. Für weiter reichende Lektüre über das Thema verweise ich auf die vielen Monografien von Laybourn, Macfarlane, Morgan, Murphy, Pelling, Thompson und anderen.
16) Morgan 1993, S. 34–38; Callaghan 1993, S. 46–47; Anmerkung von W. Ogilvie, RPD-Akte, KV 2/1807, Sicherheitsabteilungsarchiv, PRO.
17) Spratt 1955, S. 24.
18) Bericht 13.7.1943, RPD-Akte KV 2/1807, Sicherheitsabteilungsarchiv, PRO.
19) Anna Palme Dutts Brief an RPD 13.8.1934, RPD, NMLH.
20) Daily Worker 26.7.1938; Dutt 1938.
21) SDs Brief an HW, 15.1.1935, HWP, NA; D. N. Pritts Brief an SD 6.1.1942, RDP, NMLH.
22) Die wortwörtlichen Aufzeichnungen der Sitzungen des Zentralkomitees der KPGB im September und Oktober 1939 wurden 1990 von King und Matthews veröffentlicht.
23) Morgan 1993, S. 111.

13. Wuolijoki in der Politik

1) Haataja, 1988, S. 28 und 57, hat keinerlei Unterlagen zu ihrer Mitgliedschaft in der Sozialdemokratischen Studentenvereinigung oder dem Arbeiterverein von Leppävaara gefunden.
2) Raun 1989, S. 142–145. Die Information über die Rolle der GRU stammt von Kimmo Rentola.

3) HWs undatierter Brief an Jaan Tônisson von 1925, HWP, NA. Das Original ist auf estnisch.
4) Kastaris Memorandum 1943, HW-Akte, SP, NA.
5) Tuomioja 1982, S. 202–207.
6) Suomen Pojat Espanjassa 1939. HWs Papiere enthalten auch die Gerichtsprotokolle des Falles Antikainen und Entwürfe ihrer Übersetzung ins Englische, ETP. Antikainen wurde zu einer Haftstrafe verurteilt und nach dem Winterkrieg bei einem Gefangenenaustausch in die Sowjetunion entlassen. Dort wurde er zum amtierenden Sekretär der Kommunistischen Partei Finnlands. Er starb 1941 bei einem Flugzeugabsturz. Es gibt unbewiesene Spekulationen, dass der Unfall vom NKWD arrangiert worden sein könnte, um den unabhängiger denkenden Antikainen loszuwerden.
7) Hakalehto 2001, S. 65–70; Leino 1973, S. 57–61; Rentola 1994, S. 182. Entgegen Yrjö Leinos Behauptung war es nicht HW, die wollte, dass sie in den Untergrund gingen, Hertta Kuusinen befolgte Parteiinstruktionen, die sie direkt von ihrem Vater O. V. Kuusinen erhalten hatte, wie Rentola gezeigt hat.
8) Kalemaa 1992, S. 122–126.
9) Vappu Tuomiojas mündliche Information an den Verfasser.
10) Ernestine Evans undatierter Brief an HW 1922, HWP.
11) Ernestine Evans undatierte Briefe an HW 1922 und 1936–1937, HWP.
12) Rayfield 2005, S. 172–173, 198, 204; Vaksberg 1995, S. 38–40.
13) Tuominen 1956, S. 162.
14) Tuominen 1970, S. 185–188.
15) Rentola 1994, S. 87, 559; Kuusinen 1974, S. 143–144.
16) Blunt 1962, S. 285–286; SK Kilpis Tagebuchnotiz 11.3.1938, Eino und S.-K. Kilpi Papiere, NA; Magill 1981, S. 178.
17) Bericht von Kastari 20.8.1943, HW-Akte, SP, NA.
18) Korhonen 1971, S. 134.
19) Korhonen 1971, S. 144.
20) Woskresenskaja 1997, S. 184–192. Rybkins Besuch bei Stalin ist in Stalins Besucherliste verzeichnet.
21) Jakobson 1961 und Korhonen 1971 schrieben den umfangreichsten Bericht über die Jartsew-Verhandlungen. HWs Bericht findet sich bei Wuolijoki 1945.
22) RPDs autobiografische Anmerkungen, RDP, NMLH; Urho Toivolas Memorandum und Kommentare zu seiner Diskussion mit HW 30.9.1939, A. K. Cajander-Papiere, NA.
23) Sinitsin 1995; Rentola 2002.
24) Ilmjärv 2004, S. 334.
25) NKWD-Bericht an Dekanozow und Merkulow 18.2.1939, KGB välisluure kollektsioon, ERA.
26) »Poet«-Bericht 5.4.1939, KGB välisluure kollektsioon, ERA.
27) Ilmjärv 2004, S. 334–337.

14. Krieg und Frieden I

1) »HKs« Postkarte an HW, 7.12.1939, HWP, NA; Vladimirov 1995, S. 218–219. Ein früherer Entwurf von HWs Brief an Tanner ist datiert 19.12.1939, ETP. Magnus Ilmjärv hat in einer privaten Unterhaltung mit dem Autor auf ein mitgeschnittenes Interview verwiesen, dass er im Juni 2002 mit Anatoli Sudoplatow führte, in dem er sagt, dass die UdSSR schon im Dezember 1939 die Friedensfühler ausstrecken wollte, Ilmjärv e-mail an ET, 15.2.2006, ETP.
2) Memorandum von V. Kotilainen 4.6.1943, HW-Akte, SP, NA.
3) Zu Kollontai siehe Vaksberg 1996 und Clements 1979.
4) HWs Brief an Väino Tanner 15.1.1940, Tanner-Papiere.
5) HWs Briefe an Väinö Tanner 17.1., 22.1 und 29.1.1940, Tanner-Papiere, NA.
6) Kollontais Tagebuch, MID-Archiv, Moskau.
7) HWs undatierter Entwurf für einen Verteidigungsbrief 1943 oder 1944, ETP.
8) HWs Bericht an den NKWD, 21.1.1940, teilweise reproduziert in V. N. Merkulow Bericht an Osowski 18.7.1945, MID.
9) Seppo Isotalos Brief an ET 17.10.1995. Es sollte keine endgültige Schlussfolgerung gezogen werden, bis die Dokumente zur Verfügung gestellt werden. In seinem Brief schreibt Isotalo auch, dass »HWs Agentenberichte auf verschiedene Weise interpretiert werden können.« In unseren Gesprächen hat Isotalo behauptet, dass die Dokumente auch Tanners Verhalten in ein seltsames Licht stellten.
10) Jakobson 1961, S. 210–211.
11) Andolf 1993, S. 21–45.
12) Panu Rajala und Hannu Rautkallio sind in ihrem Buch (Rajala, Rautkallio 1995, S. 190–200) die Befürworter der Theorie, dass Wuolijoki lediglich ein Strohmann für Tuominens Aktivitäten war. Siehe auch Rentola, 1994, S. 197–207, für einen bedeutend logischeren und glaubwürdigeren Bericht über Tuominens Aktivitäten während des Winterkrieges.
13) Boris Rybkins Bericht an den »Genossen Viktor« (Pawel Fitin) 24.2.1940, ERA.
14) Für einen vollständigen Bericht über die Friedensverhandlungen siehe Tanner, 1957, und Jakobson, 1961.
15) Rentola 2002.
16) Kivimäkis Brief an Rolf Witting, Kivimäki-Papiere, NA.
17) Auszüge aus dem Briefwechsel zwischen Johannes Semper und Johannes Vares-Barbarus im November 1932, Abschrift wurde dem Autor von Kristiina Koskivaara übergeben, ETP.
18) Sinitsin 1995, S. 86–88; Kotilainen Bericht 4.6.1943, HW-Akte, SP, NA; Kastaris Memorandum über Diskussion mit Tanner 11.5.1943, HW-Akte, SP, NA.
19) Kinnunen 1998, S. 57–59. Siehe auch die Protokolle und Papiere der Kommission, Archiv des Ministeriums für Auswärtige Angelegenheiten, Helsinki.
20) Rentola 2002, S. 232.
21) Ilmjärv 2004, S. 484–486; Abhörbericht 29.5.1940, HW-Akte, SP, NA. Der Abhörbericht kann deshalb inhaltslos gewesen sein, weil Tônisson und Wuolijoki Estnisch benutzten, was der Abhörer nicht verstehen konnte.
22) Telefonabhörbericht HW-Yrjö Ruutu 7.11.1940, HW-Akte, SP, NA.
23) Ryti 2006, S. 51; Kotilainens Erklärung 4.5.1943, HW-Akte, SP, NA.

24) Paasikivi 1991, S. 24–26.
25) Abhörberichte über HW 5.6., 7.6., 9.6. und 11.6., HW-Akte, SP, NA; Kotilainens Erklärung 4.5.1943, HW-Akte, SP, NA; L. Tanner 1965, S. 190–191.
26) Kastaris Memorandum über Gespräch mit Tanner 11.5.1943, HW-Akte, SP, NA. In einer Erklärung im nächsten Jahr, als Finnland schon einen Separatfrieden mit der Sowjetunion anstrebte, gab Tanner einen bedeutend umsichtigeren Bericht über das Treffen mit Terentjew, worin er nur erklärte, dass keine Übereinkunft erzielt worden sei, er aber hoffe, in der Lage gewesen zu sein, Terentjew den finnischen Standpunkt zu vermitteln. Tanners Erklärung 7.3.1944, Tanner-Papiere, NA.

15. Brechts Besuch

1) Es gibt eine Fülle von biografischem Material über Brecht. Ich habe größtenteils Kalevi Haikara, Haikara 1992, verwendet und mich darauf gestützt, da dies eindeutig die zuverlässigste und detaillierteste Quelle für Brechts Aufenthalt in Finnland ist. John Fuegi, Fuegi 1994, ist immer ein guter Querverweis. Brechts Arbeitsjournal, Brecht 1974, Hans-Peter Neureuter, Neureuter 1987, und Pirkko Koski, Koski 2000, sind ebenfalls wichtige Quellen. Es gibt Unterschiede in ihren Darstellungen. Zum Beispiel wird Mary Pekkala von Haikara (S. 324–326) als Überbringerin von Brechts Brief an Wuolijoki ausgewiesen, während Fuegi (S. 385) davon ausgeht, dass es Ruth Berlau war, die »eine Freundin in Finnland besuchte, Hella Wuolijoki«. Die Idee mag von Berlau gestammt haben, die Wuolijoki getroffen hatte, als sie in Dänemark in *Niskavuoren naiset* gespielt hatte, aber Pekkala war sicher der Kurier.
2) Tuomioja 1997, S. 249–250.
3) FBI Akten über Brecht, http://foia.fbi.gov/foiaindex/brecht.htm., gedruckt 22.7.2008.
4) Wuolijokis Vorwort zu *Iso-Heikkilä* (Wuolijoki-Brecht 1946, S. 5–11) Haikara 1992, Fuegi 1994, Koski 2000, Neureuter 1987 und Tuomioja 1997 sind die relevantesten Quellen über die Zusammenarbeit Brecht-Wuolijoki.
5) Brecht 1974, S. 175.
6) Neureuter 2004. Die vom Suhrkamp-Verlag entworfene Tantiemenvereinbarung schlug 40 Prozent für die Rechtsnachfolger von Brecht, 20 Prozent jeweils für Neureuter und Suhrkamp und jeweils zehn Prozent an die Yozo-Rechtsnachfolger und Wuolijoki-Rechtsnachfolger vor, vereinbarte aber letztendlich 15 Prozent für die Letzteren, worauf ich aus Prinzip bestand, da aus Neureuters Artikel eindeutig hervorging, dass der Vorschlag nicht den tatsächlichen Beitrag der Beteiligten widerspiegelte.
7) Brecht 1974, S. 140–141.
8) Haikara 1992, S. 333–334 und 399–403. Norgaard, 1990, S. 114, schreibt, dass Brecht bei seiner Ankunft in Helsinki ein Empfehlungsschreiben von dem schwedischen Sozialdemokraten (und früheren Kommunisten) Zeth Höglund an Tanner bei sich hatte. Wenn das so ist, ist es unwahrscheinlich, dass Brecht davon Gebrauch gemacht hat.
9) Abhörbericht 26.5.1940, HW-Akte, SP, NA.

16. Krieg und Frieden II

1) Abhörberichte 20.8. und 28.8.1941, HW-Akte, SP, NA.
2) Polvinen 1995, S. 305–308. Ryti war auch abweisend gegenüber Kontaktaufnahmen durch Kollontai, da er das Gefühl hatte, sie hätte die Finnen in den Verhandlungen zur Beendigung des Winterkrieges irregeführt, Ryti 2006, S. 168.
3) Tuomioja 1982, S. 325–333.
4) Mimmi Mitts Brief an Ernst Murrik 15.9.1941, ETP; HWs Brief an SD Januar 1945, RDP, NMLH.
5) Das Memorandum der schwedischen Sicherheitspolizei (Säkerhetpolisen) über Mary Pekkala, HW-Akte, Säkerhetpolisen. Die Nachrichten, die im Venona-Projekt veröffentlicht wurden, können unter www.nsa.gov/venona (gedruckt 22.7.2008) nachgelesen werden. Sie sind auch von Wilhelm Agrell veröffentlicht worden, aber sein Bericht über den Fall Wuolijoki-Nuorteva ist etwas irreführend, da er nur auf Material im Archiv der Säkerhetspolisen beruht. Agrell 2003, S. 247–262.
6) Rentola 1994, S. 280–281.
7) Rentola 1994, S. 282–285.
8) Der Bericht über den Fall Wuolijoki-Nuorteva basiert auf Dokumenten im Sicherheitspolizeiarchiv (EK-Valpo) in Helsinki und Sicherheitspolizeiarchiv (Säkerhetspolisen) in Stockholm sowie auf HWs eigenen Papieren im Nationalarchiv und den von Vappu Tuomioja (ETP) einbehaltenen. Paavo Kastari hat ebenfalls einen unveröffentlichten Bericht über den Fall geschrieben, der sich in den L. A. Puntila Papieren im finnischen Nationalarchiv befindet (NA). Der umfangsreichste veröffentlichte Bericht über den Fall ist das Buch von Pekka Lounela und Matti Kassila (1987). Die undokumentierte Arbeit beruht fast ausschließlich auf dem Material in den Akten der Sicherheitspolizei (EK-Valpo) und ist mit einem hohen Grad von literarischer Freiheit geschrieben.
9) Woskresenskaja 1991, S. 138–140. Die Zuverlässigkeit dieses Berichts ist äußerst fragwürdig. Es gibt auch viele Fehler in den biografischen Angaben, die sie zu Wuolijoki macht.
10) Siehe Leino 1976 bezüglich des Falles Koskinen und HWs Manuskript für einen Artikel über Martta Koskinen, HWP, NA; auch Wuolijoki 1945 (A), S. 169–172.
11) Kolme naista, S. 304.
12) Wuolijoki 1945, S. 135–142.
13) Tanner 1965, S. 196–199.
14) Siehe Majander 2004, S. 164–184, für eine Analyse des Verhältnisses Tanner–UdSSR.
15) Väinö Tanners Erklärung vor dem Obersten Militärgericht 8.3.1944, Tanner-Papiere, NA.
16) Tanner 1952, S. 163–164.
17) Linda Tanners Brief an Vappu Tuomioja 6.3.1944, ETP. Die Fehde zwischen Väinö Tanner und HW wirkte sich niemals auf Sakari oder Vappu Tuomioja aus, die mit beiden Tanners ein gutes Verhältnis behielten. Ich erinnere mich

daran, Vappu Tuomioja einmal bei einem Besuch bei Linda Tanner irgendwann Mitte der 1960er Jahre begleitet zu haben, nicht lange vor Linda Tanners Tod.

17. Wuolijoki und die zweite Republik

1) Rentola 1994, S. 487–493; Hentilä 1984, S. 150–154.
2) Beyer-Thoma 1990, S. 77. Die Zahl der Nichtkommunisten in der SKDL-Gruppe wuchs 1946 um zwei, als Sylvi-Kyllikki Kilpi und Atos Wirtanen von der SDP, der Gegenpartei, ihr beitraten.
3) Kinnunen 1998, S. 72–79.
4) Rentola 1994, S. 481, der auch mutmaßt, dass Wuolijoki die Nachricht über die Legalität an Mauri Ryömä übermittelte; Jelisejew 1995, S. 270–274.
5) Paasikivi 1985, S. 718. Am 24.4.1949 verzeichnete Paasikivi in seinem Tagebuch, wie Reinhold Svento ihm gesagt hatte, dass HW sich im Herbst 1944 für Kekkonen als Ministerpräsidenten eingesetzt hatte, weil »er gehorsam ist« gegenüber den Kommunisten und Russen.
6) Hertta Kuusinens Brief an O. V. Kuusinen 1.6.1945, zitiert in Leino 1990, S. 77.
7) Eine von Haataja, 1988 B, S. 74, aufgestellte Behauptung.
8) Paasikivi 1985, S. 47.
9) Paasikivi 1985, S. 55–56; Beyer-Thoma 1990, S. 53.
10) Paavolainen 1991, S. 208–211.
11) Paasikivi 1985, S. 183–184, 190–191.
12) Vihavainen 1996, S. 260–261; Salonen 2005, S. 158. Paasikivi verzeichnete die Diskussion der Regierung über die Ernennung nicht in seinem Tagebuch, aber die Protokolle der inoffiziellen Diskussion der Regierung am 25. April 1945, Paasikivi-Papiere, NA, zeigen, dass Leino, Pekkala und Kekkonen unter den Ministern waren, die Wuolijoki aktiv unterstützten. Paasikivi widersprach nicht.
13) HWs Brief an SD 19.7.1946, RDP, NMLH.
14) HWs Brief an Bertolt Brecht 27.12.1946 und HWs Brief an Ernestine Evans undatiert 1946, HWP, NA; Tuomioja 1986, S. 151–156. In einem Brief an Salme Dutt schreibt Hertta Kuusinen rätselhaft: »Aber weißt du, um wen du dich auch kümmern solltest? Wir haben schon über einen unserer Freunde dort gesprochen. Aber ich erinnerte mich auch an ›Poju‹, der hin und wieder dorthin kommt. Ihm würde die Gesellschaft von Menschen wie dir sicher gut tun. Er ist ein kluger Junge, aber seine Erziehung, sein Status und sein Selbstvertrauen können ihn böse in die Irre führen. Vielleicht haben sie das teilweise schon getan. Oder sollte ich lieber sagen: Sie haben ihn nicht einmal in die Nähe des richtigen Weges herankommen lassen.«, Kuusinen Brief an SD 14.7.1947, RDP, NMLH. Das ist höchstwahrscheinlich ein Verweis auf Tuomioja, da »Poju« (Junge) sein intern verwendeter Kosename war. In ihrem Briefwechsel hatte Kuusinen die alte Gewohnheit der Untergrundarbeiter, auf Menschen nicht direkt mit ihren Namen zu verweisen.
15) Diese These, die kürzlich von Hannu Rautkallio und Lasse Lehtinen in einem neuen Buch über den Prozess eingebracht wurde, wird von Veli-Pekka Leppänen verrissen, da er sie aus einer intensiven Anti-Kekkonen-Überzeugung entstanden wissen will, die Argumente und Fakten ablehnt. Diese These beruht auf

dem Fehlen eines »rauchenden Colts«, d. h. eines von Stalin unterzeichneten Dokuments, in dem angeordnet wird, dass der Prozess begonnen werden soll. Helsingin Sanomat 19.2.2006.

16) Tanner 1965, S. 200–201; Orlow Bericht an den MID im Juli 1945, worin Orlow HWs Bitte weitergibt, ein Dokument von Tanner zu finden, das sie Grauer im März 1940 gegeben hat und das gegen Tanner in dem Prozess in Helsinki verwendet werden könnte. Die Anfrage wurde an den NKWD weitergeleitet, der antwortete, dass kein solches Dokument gefunden wurde, Brief von NKWD-General V. M. Merkulow an den NKID SSR 18.7.1945, MID.
17) Tarkka 1977, S. 220.
18) HWs Brief an Ernestine Evans, undatiert 1946, HWP, NA.
19) Kinnunen 1998, S. 87–88. HW schlug erstmals schon auf einem Treffen der Finnland-Sowjetunion-Gesellschaft im November 1944 die Entsendung einer solchen Delegation vor (HW-Memorandum, Akte 13, HWP, NA).
20) Kinnunen 1998, S. 87–88; Suomi 1990, S. 113–118; SNS-Kansan Sanomat 17.10.1945.

18. Die Zeit bei Yleisradio

1) Protokoll eines in den 1970er Jahren geführten undatierten Fernsehinterviews von Palmroth, ETP; HWs undatierter Rundfunkvortrag über die Pläne für die Programmgestaltung von Yleisradio Im Jahr 1945, HWP, NA. Hinter den erwähnten Pseudonymen standen J. O. Ikola, Yrjö Soini, Seere Salminen und Väinö Nuorteva.
2) Noponen 1987, S. 24.
3) Vihavainen 1995, S. 268.
4) Polvinen 1999, S. 155; HWs Brief an SD 23.12.1946, RDP, NMLH.
5) Bericht von Botschaftsrat I. G. Sisojew an den MID in Moskau über ein Gespräch mit HW 7.12.1948, MID-Archiv.
6) HWs undatierter Rundfunkvortrag über die Pläne für die Programmgestaltung von Yleisradio Im Jahr 1945, HWP, NA; Heikkilä 1991, S. 69.
7) Koski 2000, S. 225–228; Vihavainen 1995, S. 275–277.
8) Vihavainen 1995, S. 270–275. Das Zertrümmern von Lännen lokari fand 1951 in Niilo Tarvajärvis Radioshow statt, nachdem sie Yleisradio schon verlassen hatte, die Platte war ein zweites Exemplar aus dem Schallplattenarchiv der Gesellschaft.
9) Vihavainen 1995, S. 271. Zitat aus einem undatierten Rundfunkvortrag HWs über Pläne für die Programmgestaltung von Yleisradio im Jahr 1945, HWP, NA.
10) Rajani Dutts unveröffentlichtes Memoiren-Maniskript, RDP, NMLH. In seinem Entwurf erinnert er sich auch daran, bei derselben Gelegenheit den sowjetischen Botschafter Abramow, der ebenfalls zu Gast in Jokela war, auf einige Fehler in der derzeitigen sowjetischen Einstellung aufmerksam gemacht zu haben.
11) Entwurf von HWs Rede 14.6.1948, HWP, NA.

12) Bericht von Botschaftsrat I. G. Sisojew über Diskussion mit HW 22.9.1948, MID-Archiv.
13) Suomi 1988, S. 392–394; Rentola 1997, S. 69–70; Ylitalo 1979, S. 54–57. Polvinen, 2003, S. 19, verdächtigt Wuolijoki, das Leck zu sein.
14) Paasikivi 1985, S. 659–661, 718.
15) Bericht des Botschaftsrates A. N. Feodorov an den MID in Moskau über Gespräch mit HW 12.10.1948, MID; Paasikivi 1985, S. 661; Polvinen 2003, S. 22. Fagerholms Antipathie gegenüber Wirtanen beruhte auf Gegenseitigkeit, da Wirtanen Fagerholm für einen unsignierten Leitartikel in *Arbeterbladet* im Januar 1944 verantwortlich machte, der die lebenslängliche Freiheitsstrafe für Wuolijoki verteidigte, Wirtanen 1972. S. 57–61.
16) Protokoll der Parlamentsdebatte vom 18.3. und 18.4.1947, Vp 1947 I, S. 336–367, 494–508.
17) Berichte des Botschaftsrates M. Mukhin über Diskussionen mit HW 27.4., 8.5., 14.5. und 21.5.1948 über internationale Rundfunkverhandlungen und Vorbereitungen für die internationale Radiokonferenz in Kopenhagen, bei der sich HW deutlich von den offiziellen finnischen Positionen distanziert. Es ist nicht klar, ob dazu Fragen gehörten, die direkt finnische Interessen betrafen oder ob es nur um die generelle Unterstützung sowjetischer Positionen ging. Berichte aus dem MID-Archiv.
18) Undatiertes Protokoll eines Interviews mit Kalevi Kilpi (ETP), der sie als Erster nach der entscheidenden Abstimmung des Aufsichtsrates sah. Im Dezember nach der Annahme des Lex Jahvetti war sie immer noch zuversichtlich, dass sie als Generaldirektorin weiterarbeiten könne, I. G. Sysojews Bericht über Gespräch mit HW 7.12.1948, MID-Archiv; Hokkanen 1996, S. 297.
19) Alpola 1988, S. 37.
20) Virosta ja Virolle, Undatierter Radiovortrag von HW aus dem Jahre 1946; undatiertes Radiointerview mit Arnold Wesker 1947, HWP, NA.
21) HWs undatierter Artikel über Hilda Tônisson, um 1950, HWP, NA.
22) Mitteilung von Kristiina Koskivaara an den Autor vom 29.3.2006 über den Dokumentarfilm von Enn Säde aus dem Jahr 2002.
23) Brief von Botschafter G. Sawonenkow an das Außenministerium in Moskau, Datum unklar Juni/Juli 1949; Brief des MID-Generalsekretärs B. F. Podtserow an Botschafter Sawonenkow, 19.7.1940, MID-Archiv.

19. Kalte Krieger

1) Laybourn und Murphy 1999, S. 122; Callaghan 1993, S. 217; Eaden und Renton 2002, S. 98–99.
2) Callaghan 1993, S. 107.
3) Callaghan 1993, S. 224–230.
4) SDs Tagebuchnotiz, 27.7.1959, RDP, NMLH.
5) SDs Briefe an RPD 15.4., 27.4., 6.5. und 26.5.1946, RDP, NMLH.
6) SDs Brief an HW 9.11.1952, HWP, NA.
7) Rajani und Salme Dutt Akten, Sicherheitsabteilungsarchiv, KV 2/1808, KV 2/1809 und KV 2/513, PRO.

8) Thapar 1991, S. 37–38.
9) Callaghan 1993, S. 230–231. Der eurasische Verweis stammt aus einem Artikel von Kingsley Amis im New Statesman 1940.
10) Callaghan 1993, S. 269–274; Eaden und Renton 2002, S. 144–145.
11) HWs Brief an SD 31.8.1947, HWP, NA; SDs Brief an HW 2.9.1947, ETP.
12) HWs Brief an SD, 22.10.1946, HWP, NA; Nina Polonskajas Brief an SD, undatiert, ca. 1938, Kopie, SB-Papiere, Akte KV 2/513, PRO.
13) SDs Brief an HW 9.11.1952, HWP, NA.
14) HWs Brief an SD 20.5.1947, HWP, NA.
15) SDs Brief an Vappu Tuomioja 22.2.1954, ETP; SDs Tagebuchnotiz für RPD Dezember 1955 – Februar 1956, RDP, NMLH.

20. Zurück zum Theater

1) Koski 2000, S. 230–231.
2) Koski 2000, S. 240–245.
3) Tuomioja 1997, S. 145; Koski 2000, S. 237–238.
4) Salmelainen 1954, S. 225–226.
5) Varjola 2004, S. 54.
6) SNS-lehti 14.11., 21.11. und 28.11.1952.
7) Koski 2000, S. 251–253; T. H-u's (Toini Havu) Todesanzeige in Helsingin Sanomat 3.2.1954.
8) Laine 1983, S. 212.

Quellen und Bibliografie

Unveröffentlichtes Originalmaterial

Axel Ax:son Johnson arkiv, Fagersta
Briefwechsel zwischen Axel Ax:son Johnson und Hella Wuolijoki

Eesti Riigiarhiiv (Estnisches Staatsarchiv), Tallinn
Jaan Tônisson Papiere
KGB välisluure toimikute kollektisioon
Eesti välisministeriumi arhiivi

Erkki Tuomiojas persönliche Papiere
Diese bestehen größtenteils aus Vappu Tuomiojas persönlicher Korrespondenz und Notizen, Sulo Wuolijokis Papieren sowie einigen Papieren von Hella Wuolijoki, die sie nicht im Nationalarchiv hinterlegte. Sie enthalten auch persönliche Mitteilungen und Dokumente von Sir Henry Askew, Jörn Donner, Max Engman, Salme Hyvärinen, Magnus Ilmjäv, Seppo Isotalo, Kristiina Koskivaara, Kevin Morgan,

Tore Pryser, Säde Rotås, Timo Soikkanen und Vesa Vares. Der größte Teil dieses Materials wird nach der Veröffentlichung dieser Arbeit dem Nationalarchiv in Helsinki übergeben.

Federal Bureau of Investigations
Akten über Bertolt Brecht, freigegeben gemäß dem Informationsfreiheitsgesetz (http://foia.fbi.gov/foiaindex/brecht.htm)

Kansallisarkisto (Nationalarchiv), Helsinki
Etsivä keskuspoliisi/Valtiollinen poliisi (Sicherheitspolizei/Staatspolizei) Papiere, Akten über Harold Grenfell, Kerttu Nuorteva, Eino Pekkala, Mary Pekkala, Cay Sundström, Erkki Veltheim, Hella Wuolijoki und Sulo Wuolijoki
A. K. Cajander-Papiere
Rudolf-Holsti-Papiere
Eino- und Sylvi-Kyllikki Kilpi-Papiere
L. A. Puntila-Papiere
Väinö Tanner-Papiere
Hella Wuolijoki-Papiere
Akten des britischen Foreign Office über Finnland 1918–1920 auf Mikrofilm vom Public Record Office
Valtiorikosylioikeus-Papiere (VRYO – Oberstes Gericht für Verbrechen gegen den Staat)

Archiv des Außenministeriums der Russischen Föderation (MID), Moskau
Dokumente über Hella Wuolijoki
Tagebuch von Alexandra Kollontai

Archiv des Finnischen Außenministeriums, Helsinki
Akten der Botschaften und Konsulate
Akten der Jartsew-Verhandlungen

National Archives, Washington D. C.
Records of Foreign Service Posts RG 84, Konsular Posten, Helsinki Finnland 1918–1920

National Museum of Labour History, Manchester
Rajani Palme Dutt-Papiere

National Security Agency
Die Venona-Akten (www.nsa.gov/venona)

Public Record Office, Kew, Surrey
Geheimdienstakten über Salme Dutt, Rajani Palme Dutt, Mary Rhodes Moorhouse und Hella Wuolijoki

Russisches Staatsarchiv, Moskau
Dokumente über sowjetisch-finnische Handelsbeziehungen 1924–1930

Rossijskii Zentr Chranenija i Isutschenija Dokumentow Noweischei Istorii (RZChIDNI), Moskau
Berichte und Briefe von Pekkala und Veltheim aus Großbritannien 1920
Dokumente über Rajani Palme Dutt und Salme Pekkala

Suomen Elinkeinoelämän Keskusarkisto (Zentralarchiv des finnischen Wirtschaftslebens), Mikkeli
Dokumente über Aunuksen Puuliike Osakeyhtiö

Svenska Literatursällskapets arkiv, Helsinki
Korrespondenz von Elmer Diktonius

Säkerhetspolisens arkiv (Archiv der Sicherheitspolizei) Stockholm
Dokumente über Yngv Björnstam, Mary Pekkala und Hella Wuolijoki

Working Class Movement Library, Manchester
Rajani Palme Dutt Papiere

Veröffentlichtes Originalmaterial

Sekreti Hitlera na stole u Stalina. Razwedka i kontrrazwedka o podgotowke germanskoi agressii protiw SSSR. Mart-ijun 1941g. Dokumenti iz Zentralnogo archiwa FSB Rossii, Moskau 1995.

Valtiopäivien pöytäkirjat (Protokolle der Parlamentsdebatten) 1945–1948.

Unveröffentlichtes Material

Kotakallio, Juho, Suomen ja Ison-Britannian tiedusteluyhteistyö 1918–27, Magisterexamensarbeit in Allgemeiner Geschichte, Universität Helsinki 2004.

Neureuter, Hans Peter, Nachwort, unveröffentlichter Artikel über *Die Judith von Shimoda*, herausgegeben von Neureuter und basierend auf Zusammenarbeit von Bertolt Brecht, Margarethe Steffin und Hella Wuolijoki, 10.6.2004.

Partanen, Yrjö, Papier, vorgelegt auf einem Wuolijoki-Seminar in Kausala: 16.6. 2001.

Woskresenskaja, Zoja, Salanimellä Irina, unveröffentlichte Übersetzung aus dem Russischen von Woskresenskajas Buch durch Esa Adrian.

Zeitungen und Zeitschriften

Dagens Nyheter
Daily Worker
Hämeen Sanomat
Manchester Guardian
Suomen Kuvalehti
Uusi Suomi

Daily Herald
Helsingin Sanomat
Labour Monthly
SNS-Kansan Sanomat/SNS-lehti
Suomen Sosialidemokraatti
Vapaa Sana

[meistens einzelne Artikel und Positionen, die in anderen Akten und Verweisen gefunden wurden, wobei einige Publikationen über einen gewissen Zeitraum systematischer durchgesehen worden sind]

Literatur und Artikel

Agar, Augustus, *Baltic Episode. A Classic of Secret Service in Russian Waters*, London 1963.
Agrell, Wilhelm, *Venona. Spåren från ett underrättelsekrig*, Lund 2003.
Ahvenainen, Jorma, *Suomen sahateollisuuden historia*, Porvoo 1984.
Ammondt, Jukka, *Brecht und die Marlebäcker Geschichten*, Weimarer Beiträge 31, Heft 2, 1985.
Ammondt, Jukka, Hella Wuolijoki – taisteleva kirjailija, in: Jukka Ammondt (Hg.), *Hella Wuolijoki kulttuurivaikuttaja*, Jyväskylä 1988.
Alpola, Antero, *Viihdevuosien vilinässä. Radiokauteni ensimmäinen puoliaika*, Hämeenlinna 1988.
Anderson-Nexö, Martin, *Finland – den politiska terrorns land*, Stockholm 1939.
Andolf, Göran, Alexandra Kollontay och Christian Günther vintern 1940, in: *Grand Cru 1913*, Buch für Carl Henrik von Platen zum 80. Geburtstag, Stockholm 1993.
Autio, Sari, *Suunnitelmatalous Neuvosto-Karjalassa 1928–1941. Paikallistason rooli Neuvostoliiton teollistamisessa*, Helsinki 2002.
Bell, Henry McGrady, *Land of Lakes. Memories Keep Me Company*, London 1950.
Berberova, Nina, *Moura. The Dangerous Life of the Baroness Budberg*, New York 2005.
Blunt, Wilfred, *Lady Muriel. Lady Muriel Paget, her Husband and her Philantrophic Work in Central and Eastern Europe*, London 1962.
Brecht, Bertolt, *Arbeitsjournal 1938–1942*, Ulm 1974.
Callaghan, John, *Rajani Palme Dutt. A Study in British Stalinism*, London 1993.
Carlbäck-Isotalo, Helene, *Att byta erkännande mot handel. Svensk-ryska förhandlingar 1921–1924*, Uppsala 1997.
Caute, David, *The Fellow-Travellers. A Postscript to the Enlightenment*, Birkenhead 1972.
Caute, David, *Joseph Losey. A Revenge on Life*, St. Ives 1994.
Dearborn, Mary V., *Queen of Bohemia. The Life of Louise Bryant*, Bridgewater 1999.

Clements, Barbara Evans, *Bolshevik Feminist. The Life of Alxandra Kollontay*, Bloomington 1979.
Deemant, Kaupo, Jaan Tônissoni ja Nôukogude luure salajatest suhetest, in: *Akadeemia* 9/1998.
Dienko, A., *Razwedka i kontrrazwedka v litsach. Entsiklopeditscheskii slowar rossiiskich spetssluschb/Avtor-sost*, Moskau 2002.
Diktonius, Elmer, *Kirjeitä ja katkelmia*, Jörn Donner, Marit Lindqvist (Hg.), Keuruu 1995.
Donner, Ossian, *Åtta år. Memoaranteckningar från åren 1918–1936*, Oxford 1927.
Dutt, Salme, *Lucifer and other poems*, Thaxted 1966.
Dutt, Salme, *When England Arose. The Centenary of the People's Charter*, Watford 1936.
Eaden, James/Renton, David, *The Communist Party of Great Britain since 1920*, Chippenham 2002.
Enckell, Olof, *Den unge Diktonius*, Helsinki 1946.
Engman, Max/Eriksson, Jerker A., *Mannen i kolboxen. John Reed och Finland*, Helsinki 1979.
Fuegi, John, *The Life and Lies of Bertolt Brecht*, Glasgow 1994.
Futrell, Michael, *Vallankumouksen etappimiehiä. Maanalaista toimintaa Pohjolassa 1863–1917*, Helsinki 1964.
Gerhard, Karl, *Om jag inte minns fel*, Stockholm 1953.
Gladkow, Teodor, *Nagrada za vernost-kazn*, Moskau 2000.
Haataja, Lauri, *Demokratian opissa. SKP, vaaran vuodet ja Neuvostoliitto*, Helsinki 1988 (A).
Haataja, Lauri, Hella Wuolijoki kahden maailman rajalla, in: Jukka Ammondt (Hg.), *Hella Wuolijoki kulttuurivaikuttaja*, Jyväskylä 1988 (B).
Haikara, Kalevi, *Bertolt Brechtin aika, elämä ja tuotanto*, Helsinki 1992.
Hakalehto, Ilkka, *Yrjö Leinon salattu kujanjuoksu. Oliko ministeri kaksoisagentti?* Huhmari 2001.
Heikkilä, Toivo, *Paasikivi peräsimessä. Pääministerin sihteerin muistelmat 1944–1948*, Tampere 1991.
Helo, Johan, *Vaiennettuja ihmisiä. Tapahtumia toisen maailmansodan ja sen jälkeisenä aikakautena*, Helsinki 1965.
Hentilä, Seppo, *Suomen työläisurheilun historia 1. Työväen urheiluliitto 1919–1944*, Hämeenlinna 1982.
Hodgson, John, H., *Otto Wille Kuusinen. Poliittinen elämäkerta*, Helsinki 1975.
Hokkanen, Kari, *Maalaisliitto sodan ja vaaran vuosina 1939–1950. Maalaisliitto-Keskustan historia 3*, Keuruu 1996.
Hopkinson, Diana, *Family Inheritance. A Life of Eva Hubback*, St. Albans 1954.
Högberg, Staffan, *Generalkonsuln. Axel Ax:son Johnson som företagare 1910–1939*, Värnamo 1990.
Ilmjärv, Magnus, *Hääletu alistumine. Eesti, Läti ja Leedu välispoliitisele orientatsooni kujuneminen ja Iseseisvuse kaotus. 1920. aastate keskpaigast anneksioonini*, Tallinn 2004 (A).
Ilmjärv, Magnus, *Silent Submission. Formation of Foreign Policy of Estonia,*

Latvia and Lithuania. Period from mid 1920's to Annexation in 1940, Tallinn 2004 (B).

Jaanson, Kaido, Alexander Kesküla maailmanägemus, *Acta Historica Tallinnensia* 6/2002.

Jakobson, Max, *The Diplomacy of the Winter War. An account of the Winter War*, Cambridge 1961.

Johnstone, Monty/King, Frances/Matthews, George (Hg.), *About Turn. The British Communist Party and the Second World War. The Verbatim Record of the Central Committee Meetings of 25 September and 2–3 October 1939*, Chippenham 1990.

Juntunen, Simo, *Jahvetti. Legenda jo eläessään*, Porvoo 1976.

Kalemaa, Kalevi, *Eetu Salin. Legenda jo eläessään*, Porvoo 1975.

Kalemaa, Kalevi, *Sylvi-Kyllikki Kilpi. Sörnäisten tyttö. Poliittinen elämäkerta*, Juva 1992.

Kangaspuro, Markku, *Neuvosto-Karjalan taistelu itsehallinnosta. Nationalismi ja suomalaiset punaiset Neuvostoliiton vallankäytössä 1920–1939*, Helsinki 2000.

Karhu, Eino, *Suomen 1900–luvun alun kirjallisuus*, Tampere 1973.

Kinnunen, Kaisa, *Suomi-Neuvostoliitto-Seuran historia 1944–1974*, Jyväskylä 1998.

Koch, Steven, *Double Lives. Stalin, Willi Münzenberg and the Seduction of the Intellectuals*, New York 2004.

Kolme naista, Aino Kallaksen kirjeenvaihtoa Ilona Jalavan ja Helmi Krohnin kanssa vuosina 1884–1913, (Korrespondenz zwischen AK, IJ und HK 1884–1913) hg. v. Riitta Kallas, Helsinki 1988.

Kolpakidi, A. I./Prokhovo, D. P., *Wneschaja razwedka Rossii*, Moskau 2001.

Korhonen, Keijo, *Turvallisuuden pettäessä. Suomi neuvostodiplomatiassa Tartosta talvisotaan 2. 1933–1939*, Helsinki 1971.

Korsberg, Hanna, *Vallankumousta lavastamassa. Valtion teatterikomitea 1945–1946*, Jyväskylä 2004.

Koski, Pirkko, Introduction to Hella Wuolijoki's Law and Order, in: S. W. Wilmer (Hg.), *Portraits of Courage. Plays by Finnish Women*, Helsinki 1997.

Koski, Pirkko, *Kaikessa mukana. Hella Wuolijoki ja hänen näytelmänsä*, Keuruu 2000.

Koski, Pirkko, *Kansanteatteri 1. Kansan näyttämö, Koiton näyttämö*, Forssa 1986.

Koski, Pirkko, *Teatterinjohtaja ja aika. Eino Salmelaisen toiminta Helsingin Kansanteatterissa 1934–1939*, Helsinki 1992.

Kross, Jaan, *Professori Martensin lähtö*, Juva 1974.

Kruus, Oskar, Hella Wuolijoen tuotannon virolaiset juuret, in: Jukka Ammondt (Hg.), *Hella Wuolijoki kulttuurivaikuttaja*, Jyväskylä 1998.

Kruus, Oskar, *Hella Wuolijoki*, Tallinn 1999.

Kujala, Antti, *Vallankumous ja kansallinen itsemääräämisoikeus. Venäjän sosialistiset puolueet ja suomalainen radikalismi vuosisadan alussa*, Jyväskylä 1989.

Kuusinen, Aino, *Before and After Stalin. A personal Account of Soviet Russia from the 1920s to the 1960s*, Gateshead 1974.

Laine, Edvin, *Asiat halki*, Helsinki 1973.
Laine, Edvin, *Tuntematon sotilas ja Pylvässänky. Elämäni esirippuja ja valkokankaita*, Helsinki 1983.
Lansbury, George, *My Life*, London 1928.
Lansbury, George, *What I saw in Russia*, London 1920.
Laurila, K. S., *Taistelu taiteesta ja siveellisyydestä*, Porvoo 1938.
Laybourn, Keith/Murphy, Dylan, *Under the Red Flag. A History of Communism in Britain c. 1849–1991*, Trowbridge 1999.
Leino, Olle, *Det kommer en bättre dag. Ett dokument om finländska medborgaren Martta Koskinens liv och död*, Norwich 1976.
Leino, Olle, *Kuka oli Yrjö Leino*, Helsinki 1973.
Leino, Olle, *Vielä yksi kirje. Hertta Kuusisen dramaattinen elämä ja rakkaus Yrjö Leinoon*, Juva 1990.
Lemberg, Magnus, *Hjalmar J. Procopé – en politisk biografi*, Hanko 1989.
Lounela, Pekka, *Hella Wuolijoki, Legenda jo eläessään*, Juva 1979.
Lounela, Pekka/Kassila, Matti, *Kahden naisen sota*, Juva 1979.
Lyytinen, Eino, *Finland in British Politics in the First World War*, Helsinki 1980.
Magill, J. H., *Tasavalta tulikokeessa. Muistelmia Suomesta kuuman ja kylmän sodan vuosilta*, hg. v. Jukka Tarkka, Mikkeli 1981.
Majander, Mikko, *Pohjoismaa vai kansandemokratia? Sosiaalidemokraatit, kommunistit ja Suomen kansainvälinen asema 1944–1951*, Helsinki 2004.
Makin, William J., *A Brigade of Spies*, New York 1938.
McFadden, Margaret, In/Outsider: Hella Wuolijoki's identities and Virgina Woolf's Three Guineas, in: Johanna Gehmacher, Elizabeth Harvey, Sophia Kemlein (Hg.), *Zwischen Kriegen. Nationen, Nationalismen und Geschichter Verhältinisse in Mittel- und Osteuropa 1918–1919*, Osnabrück 2004.
McMeekin, Sean, *The Red Millionaire. A Political Biography of Willi Münzenberg, Moscow's Secret Propaganda Tsar in the West*, New York 2003.
Medijainen, Eero, *Saadiku Saatus. Välisministeerium ja saatkonnad 1918–1940*, Tallinn 1997.
Mirow, Ruth, Hella Wuolijokis Beschäftigung mit der estnischen Volksdichtung und das Poem Sôja laul, in: *Hella Wuolijoki Sôja laul*, Keuruu 1984.
Morgan, Kevin, The Communist Party and the Daily Worker 1930–1956, in: G. Andrews, N. Fishman, K. Morgan (Hg.), *Opening the Books. Essays on the Social and Cultural History of the British Communist Party*, Juva 1995.
Morgan, Kevin, *Harry Pollit*, Bath 1994.
Morgan, Kevin, The Labour Research Department, in: *Bolshevism and the British left. Labour Legends and Russian Gold*, London 2006.
Morgan, Kevin/Saarela, Tauno, Northern Underground Revisited: Finnish Reds and the Origins of British Communism, *European History Quarterly*, Vol. 29 (2) April 1999.
Mäkinen, Helka, *Elli Tompuri – uusi nainen ja punainen diiva*, Helsinki 2001.
Neureuter, Hans-Peter, Bertolt Brecht und das Estnische Kriegslied, in: *Hella Wuolijoki Sôja laul*, Keuruu 1984.
Neureuter, Hans-Peter (Hg.), *Brechts Puntila*, Baden-Baden 1987.
Niemi Irja (=Kerttu Nuorteva), *Neuvostokasvatti. Neuvostoelämän ääripiirteitä minä-muotoon kuvattuina*, Helsinki 1944.

Noponen, Paavo, *Pekka Tiilikainen, pääselostaja, Sinivalkoisen äänen legenda 1945–1976*, Jyväskylä 1987.

Norgaard, *Maendene fra Estland. Dokumentation af hidtil hemmeligholdt materiale om baggrunden for det politiska mord i Kongelunden fastelavsnmandag 1936 og den kommunistiske magtovertagelse af Estland i 1940*, Viborg 1990.

Paasikivi, J. K., *Jatkosodan päiväkirjat 11.3.1941–27.6.1944*, hg. v. Kauko I. Rumpunen, Juva 1991.

Paasikivi, J. K., *J. K. Paasikiven päiväkirjat 1944–1956, osa I*, hg. v. Yrjö Blomstedt, Matti Klinge, Juva 1985.

Paasikivi, J. K., *J. K. Paasikiven päiväkirjat 1944–1956, osa II*, hg. v. Yrjö Blomstedt, Matti Klinge, Juva 1986.

Paasivirta, Juhani, *Ensimmäisen maailmansodan voittajat ja Suomi. Englannin, Yhdysvaltain ja Ranskan sekä Suomen suhteita 1918–1919*, Porvoo 1961.

Paavilainen, Marko, *Karjalasta kaukomaille. Valtameri Osakeyhtiön ja sen edeltäjien vaiheet 1913–1998*, Keuruu 1998.

Paavolainen, Jaakko, *Olavi Paavolainen – keulakuva*, Jyväskylä 1991.

Paavolainen, Jaakko, *Väinö Tanner, patriootti*, Helsinki 1989.

Paavolainen, Jaakko, *Väinö Tanner, senaattori ja rauhantekijä*, Helsinki 1979.

Pollitt, Harry, *Serving my Time. An Apprenticeship to Politics*, London 1950.

Polvinen, Tuomo, *J. K. Paasikivi. Valtiomiehen elämäntyö 3, 1939–1944*, Juva 1995.

Polvinen, Tuomo, *J. K. Paasikivi. Valtiomiehen elämäntyö 4, 1944–1948*, Juva 1999.

Polvinen, Tuomo, *J. K. Paasikivi. Valtiomiehen elämäntyö 5, 1948–1956*, Juva 2003.

Proos, Taimi, *Südametunnistuse pärast. Hendrik Kokamäe elust ja tööst*, Stockholm 1987.

Rajala, Panu/Rautkallio, Hannu, *Petturin testamentti. Arvo Poika Tuomisen todellinen elämä*, Juva 1994.

Rauhala, Pirkko-Liisa, Havaintoja Suomen ja Viron sillalta, *Yhteiskuntapolitiikka* 5/2002.

Raun, Toivo U., *Viron historia*, Keuruu 1989.

Rentola, Kimmo, *Kenen joukoissa seisot? Suomalainen kommunismi ja sota*, Juva 1994.

Rentola, Kimmo, *Residenttimme ilmoittaa... Tiedustelun vaikutus Stalinin päätöksiin talvisodassa*, www.ennenjanyt.net/4-02/rentola.htm (abgerufen 27.11. 2005).

Reuna, Risto, *Puutyöläisten historia I. Puutyöläisten keskitetty järjestötoiminta teollistumisen sosiaalista taustaa vasten 1800–luvulta vuoteen 1930*, Helsinki 1984.

Rinta-Tassi, Osmo, *Kansanvaltuuskunta punaisen Suomen hallituksena*, Helsinki 1986.

Ryti, Risto, *»Käymme omaa erillistä sotaamme«. Risto Rytin päiväkirjat 1940–1944*, Helsinki 2006.

Saarela, Tauno, *Suomalaisen kommunismin synty 1918–1923*, Tampere 1996.

Saarela, Tauno/Morgan, Kevin, Salaperäiset suomalaiset ja Britannian kommunismin synty, in: Tauno Saarela, Joni Krekola, Raimo Parikka, Anu Suoranta (Hg.), *Aave vai haave*, Saarijärvi 1998.
Saarenheimo, Kerttu, *Katri Vala, aikansa kapinallinen*, Juva 1984.
Salmelainen, Eino, *Aioin papiksi – jouduin teatteriin. Muistelmia ja mietteitä*, Helsinki 1954.
Salonen, Seppo Heikki, *Puotipuksusta suureksi toveriksi. Onni Toivosen elämä*, Helsinki 2005.
Selén, Kari, *Madame. Minna Craucherin levoton elämä*, Juva 1991.
Shepherd, John, *George Lansbury. At the Heart of Old Labour*, Guildford 2002.
Sihvonen, Riitta, *The Vacant Throne. The Question of Supreme Authority in Finland*, Helsinki 1997.
Sinitsyn, Jelisei T., *Vaiettu totuus. Salaisen agentin todistajanlausunto*, Keuruu 1995.
Sokolov, V. N., *Viapori. Sotilaskapina v. 1906*, Petroskoi 1935.
Spratt, Philip, *Blowing up India. Reminiscenses and Reflections of a Former Comintern Emissary*, Kalkutta 1955.
Stern, Carola, *Männer Lieben Anders. Helene Weigel und Bertolt Brecht*, Leck 2000.
Sudoplatow, Pawel u. Anatoli/Schechter, Jerrold u. Leona, *Den röde terror. Historien om sovjetisystemets hemmeligen tjenester*, Oslo 1994.
Suomela, Klaus U., *Lensimme uuteen maailmaan*, Helsinki 1946.
Suomen pojat Espanjassa, hg. v. Viljo Kajava, Paavo Pajunen, Elvi Sinervo, Cay Sundström, Taimi Torvinen, Arvo Turtiainen, Katri Vala und Hella Wuolijoki, Lahti 1939.
Suomi, Juhani, *Talvisodan tausta. Neuvostoliitto Suomen ulkopolitiikassa 1937–1939. I Holstista Erkkoon*, Helsinki 1973.
Suomi, Juhani, *Vonkamies. Urho Kekkonen 1944–1950*, Keuruu 1988.
Tanner, Linda, *Tämän olen kokenut. Muistikuvia ja mielipiteitä*, Helsinki 1965.
Tanner, Väinö, *Kahden maailmansodan välissä, Muistelmia 20– ja 30–luvuilta*, Helsinki 1966.
Tanner, Väinö, *Kuinka se oikein tapahtui. Vuosi 1918 esivaiheineen ja jälkiselvittelyineen*, Helsinki 1948.
Tanner, Väinö, *Olin ulkoministerinä talvisodan aikana*, Helsinki 1951.
Tanner, Väinö, *Suomen tie rauhaan 1943–44*, Helsinki 1952.
Tanner, Väino, *The Winter War. Finland against Russia 1939–40*, Stanford 1957.
Thapar, Raj, *All These Years. A Memoir*, New Delhi 1991.
Thauvón-Suits, Aino, *Gustav Suitsu norus. Kirjadede, luuletusten ja mälestuste pôhjal*, Lund 1964.
Thomas, Hugh, *John Strachey*, Birkenhead 1973.
Thompson, Noel, *John Strachey; An Intellectual Biography*, Ipswich 1993.
Thorpe, Andrew, *The British Communist Party and Moscow 1920–1943*, Midsomer Norton 2000.
Tigerstedt, Örnulf, *Vastavakoilu iskee. Suomen taistelu neuvostovakoilua vastaan 1919–1939*, Helsinki 1942.
Topolyansky, Victor, *The Legacy of an Engineer named Krasin*, www.newtimes.ru (abgerufen 22.10.2005).

Tuominen, Arvi, *Sirpin ja vasaran tie*, Helsinki 1956.
Tuominen, Arvo, *The Bells of the Kremlin. An Experience in Communism*, hg. v. Piltti Heiskanen, Hanover 1983.
Tuomioja, Erkki, Hella Wuolijoki kanssamatkustajana ja rauhantekijänä, in: Kari Immonen, Tapio Onnela (Hg.), *Suomi ja Viro, Yhdessä ja erikseen*, Turku 1998.
Tuomioja, Erkki, *K. H. Wiik. Puoluesihteeri ja oppositiososialisti*, Helsinki 1982.
Tuomioja, Erkki, *Sakari Tuomioja. Suomalainen sovittelija*, Hämeenlinna 1986.
Tuomioja, Vappu, *Sulo, Hella ja Vappuli*, Juva 1997.
Turtola, Martti, *Presidentti Konstantin Päts. Viro ja Suomi eri teillä*, Keuruu 2002.
Unt, Mati, *Brecht ilmub öösel, Brecht bricht ein in der Nacht*, Tallinn 1997.
Upton, Anthony F., *Vallankumous Suomessa 1917–1918 I*, Jyväskylä 1980.
Upton, Anthony F., *Vallankumous Suomessa 1917–1918 II*, Jyväskylä 1981.
Vaksberg, Arkadi, *Alexandra Kollontai*, Le Flêche 1996.
Vaksberg, Arkadi, *Hotel Lux. Les partis fréres au service de l'Internationale communiste*, La Flêche 1993.
Vaksberg, Arkadi, *Le mystère Gorki*, Paris 1997.
Vaksberg, Arkadi, *Stalin against the Jews*, New York 1995.
Vares, Vesa, *Lontoon tie. Iso-Britannian diplomaattien rooli Suomen sisäpolitiikassa 1919–24*, Publikation des Politischen Geschichtsinstituts der Universität Turku C:47, Turku 1994.
Varjola, Markku, Yleiskatsaus Valentin Vaalan tuotantoon, in: Kimmo Laine, Matti Lukkarila, Juha Seitajärvi (Hg.), *Valentin Vaala*, Tampere 2004.
Westerlund, Lars (Hg.), *Sotaoloissa vuosina 1914–22 surmansa saaneet. Tilastoraportti*, Helsinki 2004.
Vihavainen, Timo, *Sodan ja vaaran vuodet. Yleisradion historia 1926–1996*, osa 1 1926–1949, Juva 1996.
Villacis, Ilmi, *Suomen ja Viron yhteiset naiset - yhtäläisyyksiä ja yhtymäkohtia Hella Wuolijoen ja Aino Kallaksen elämässä*, www.finland.ee, 28.4.2004 (abgerufen 24.7.2005).
Wirtanen, Atos, *Poliittiset muistelmat*, Keuruu 1972.
Vladimirov, Viktor, *Kohti talvisotaa*, Keuruu 1995.
Wuolijoki, Hella, *Enkä ollut vanki. Tuokiokuvia vankilasta*, Helsinki 1945 (A).
Wuolijoki, Hella, Hella Wuolijoki, in: Toivo Pekkanen, Reino Rauanheimo (Hg.), *Uuno Kailaasta Aila Meriluotoon. Suomalaisten kirjailijain elämäkertoja*, Porvoo 1947 (A).
Wuolijoki, Hella, *Koulutyttönä Tartossa*, Helsinki 1945 (B).
Wuolijoki, Hella, *Kummituksia ja kajavia. Muistelmia Eino Leinosta ja Gustaf Mattsonista*, Helsinki 1947 (B).
Wuolijoki, Hella, *Minusta tuli liikenainen, eli »valkoinen varis«, Juhani Tervapään yksinpuheluja aikojen draamassa III (1908–1918)*, Turku 1953.
Wuolijoki, Hella, *Luottamukselliset neuvottelut Suomen ja Neuvostoliiton välillä vv 1938-39 -40 -41*, Helsinki 1945 (C).
Wuolijoki, Hella, Suomentajan esipuhe, Vorwort des Übersetzers in: Maxim Gorki, *Tunnustus*, Turku 1908.

Wuolijoki, Hella, *Sôja laul, Das Estnische Kriegslied, Zusammengestellt und mit Hilfe von Bertolt Brecht und Margarete Steffin ins Deutsche übertragen*, Keuruu 1984.
Wuolijoki, Hella, *Talulapsed*, Tallinn 1912.
Wuolijoki, Hella, *Yliopistovuodet Helsingissä*, Helsinki 1945 (D).
Wuolijoki, Hella/Brecht, Bertolt, *Iso-Heikkilän isäntä ja hänen renkinsä Kalle. Komediakertomus hämäläishumalasta*, Helsinki 1946.
Wuolijoki, Sulo, *Asianajoa ja politiikkaa*, Helsinki 1945.
Wuolijoki, Sulo, *Tiilenpäitä lukemassa*, Turku 1920.
Wuolijoki, Sulo, *Vaari muistelee*, Pori 1954.
Ylitalo, J. Raymond, *Vaaran vuosilta 1950 luvulle. Muistelmia ja dokumentteja vuosilta 1948–1950*, Helsinki 1979.
Zetterberg, Seppo, *Suomi ja Viro 1917–1919. Poliittiset suhteet syksystä 1917 reunavaltiopolitiikan alkuun*, Helsinki 1977.
Zilliacus, Clas, The Roaring Twenties of Elmer Diktonius. A Centenarian as Wonder Boy, *Scandinavian Studies 69*, 1997.

Bildnachweis

Alle Fotos mit freundlicher Genehmigung des Tammi Verlag, Helsinki.